淀川長治

「映画の伝道師」と日本のモダン

“Evangelist of Cinema”
Nagaharu Yodogawa and Modern Japan

北村洋 Hiroshi Kitamura ◉著

名古屋大学出版会

淀川長治——目　次

凡例

一、引用文中の旧字体は新字体に改め、拗音・促音は現代仮名遣いに改めた。
一、引用文中の［　］は引用者による補足を示す。
一、作品名・人名については、当時使われていた表記で示す場合がある。

プロローグ――「サヨナラ、サヨナラ、サヨナラ」を超えて

「では、また来週お会いしましょうね。サヨナラ、サヨナラ、サヨナラ！」。

かつてブラウン管の向こうから、愛嬌のある声でこう語りかけてくる人物がいた。その名は淀川長治。『日曜洋画劇場』の解説者として全国的な人気を博した人物である。

淀川は、三二年間出演したこのテレビ番組の「顔」として、毎週映画の紹介と解説に尽力した。そうしたことから「サヨナラおじさん」として記憶されることが多い。しかし、この饒舌な語り部は、茶の間を賑わす人気解説者であっただけでなく、映画会社の宣伝員、雑誌編集者（そして編集長）、著述家、批評家、ラジオのパーソナリティ、講演者などとして何足もの草鞋を自在に履きこなす多能人間《ルネッサンスマン》であった。そして、後年は映画だけでなく、「生き方」の指南者としても知られるようになる(1)。

淀川に関しては、本人が著した百冊以上の単著や編著、数千に及ぶ批評やエッセイ、多くのテレビ映像やラジオ録音、その他知人や映画関係者などが著した文章が少なからず出回っているが、その人生を語る文献の多くは個人的な回想や感想に終始し、八九年間の生涯を体系的に分析した仕事は見当たらない。また、「映画批評家」「テレビ解説者」「映画の伝道師」などとして日本の映画文化に多大な影響を与えたにもかかわらず、映像やその作り手に依然重きが置かれる映画・メディア学の研究書にその名が登場することは驚くほど少ない(2)。そこで本書では、この稀有な一映画人の思考や仕事を把握すべく、その生誕から死までを、同時代の資料を可能な限り用いて辿り直したい(3)。

淀川の生涯を凝視することは、日本の「モダン」を見直すことでもある。ここで言うモダン＝近代とは、産業化、都市化、人口増加などに伴い「個体がすべて気化してしまう」ような勢いで社会のさまざまな「伝統」が変質してゆく過程を指すが[4]、近年の東アジア研究では、それが「西洋」から画一的に「世界」へと拡散するのではなく、アジアの主体によって独自に築かれる「土着的《ヴァナキュラー》」な創造物として解釈されてきた[5]。本書では、モダニティが西洋の外部で、そして被抑圧者によって、構築され得ることを踏まえ、それを国、地域、街、映画館、家庭など、大小様々な空間で生成される「多様」で「複数的」な創造物として考えていく[6]。そして淀川という一人の人間がいかなる形で「モダン」を生み出していったのかを考えてみたい[7]。

さらに、淀川がモダニティを生成する過程を見つめるにあたっては、社会の不均衡についても考える必要がある。一見過不足のない人生を全うしたと思われがちな語り部は、その実、芸者の置屋に生まれ、「低俗文化」とみなされがちだった映画を生き甲斐とし、経済的にも決して楽ではない時代を過ごした。近年、世の中の不均衡を政治的、経済的、文化的な力が絡み合って生じるもの――「交差性」もしくは「インターセクショナリティ」という言葉が使われる――として考えるようになってきており、淀川はまさにその複合的な力の構造の渦中にあったと言っても過言ではない[8]。しかし、自身の「周縁性」を引け目に思うことなく、むしろその立場から映画の「文化性」や「教養」を訴え、平易な批評や語りを通して「大衆」とのつながりを築き、東京への一極集中が加速する中で「神戸人」「関西人」として全国へとその声を発信した[9]。そして男女に二分化されたジェンダー規範に囚われることを拒んだ淀川は、「男性的」「女性的」な文章を紡いだだけでなく、複数の愛の形を擁護する姿勢を明確にしていった。淀川自身の立ち位置も、動的で「クィア」なものだった[10]。

淀川は、映画をこよなく愛した「伝道師」だっただけでなく、社会的な不平等を正し、世の中の向上を求める「変革者」であった。ただ、革命家のように政権を転覆させて新たな世界の構築を目指したのではなく、社会の中で映画の文化性を説き、異文化の理解を諭し、価値観の多様化を促した。淀川は、交差性の産物であったと同時に、それがもたらす抑圧的な力と対峙し、人や価値観の「包摂《インクルージョン》」を希求した。(11) その意味で、私たちが知る眉目温厚な「サヨナラおじさん」は、政治的な主体であった。

その淀川の「いくつもの顔」を理解するため、本書は時代の流れに基づき、複数のテーマに分けて述べていく。第1章では神戸で育まれた少年時代、第2章では熱烈な一ファンとして映画鑑賞に没頭した青年時代、第3章ではユナイテッド・アーチスツ社の社員時代、第4章では戦争から終戦直後にかけての営為を追う。第5章では占領期における雑誌『映画の友』をめぐる活動を、第6章では雑誌編集と映画批評に勤しんだ一九五〇〜六〇年代を、第7章ではテレビ解説者としての意義を考える。第8章では「黄昏期」の言説や行動を辿り、最終章となる第9章では日本映画に対する両義的な見解を明るみに出したい。

第1章　下町のモダン・ボーイ

「淀川さんの話は、ほんとうに面白く、そこで話される映画は、実際の映画よりも面白いくらいだ」。このように語ったのは品田雄吉である。『キネマ旬報』や『映画評論』の編集を経てフリーの批評家として活躍した品田は、数々の映画評や著書を執筆し、映画祭の審査員を務めたり、大学で教鞭をとるなど、さまざまな形で映画の普及に尽力した。黒澤明や山田洋次などあまたの作り手とも親交も重ねるような、映画界にとってなくてはならない存在であった。

しかし、自らもそうそうたる経歴を誇った品田にとっても、淀川長治は見上げることしかできない存在であった。それは語り部が二〇年以上歳の離れた先輩であったこともあるが、それ以上に「都会的なるもの」が感じられたからだという。北海道の留萌で生まれ育ち、自らを「田舎者」と形容する品田は、淀川の言動には自分にはない「センス」が備わっており「真似て真似られるものではない」にもかかわらず「それを学ばなければいけない」と思った。淀川は「都会的なものに対する憧れ」を体現していたというのだ(1)。

本章では、品田が感じ取った淀川の「都会的なるもの」を考えたいと思う。その根幹には、人生の大半を過ごした東京ではなく、生まれ育った神戸の感覚があったのではないかと筆者は考える。明治維新後、急速な勢いで「モダン」な街に成長したこの開港都市は、新旧の価値観がとめどなく交錯する環境にあった。その西柳原町という

「下町」で産声をあげた淀川は、料理屋と芸者の置屋を経営する家庭で人生のスタートを切った。

淀川の幼・少年期は極めてローカルで、その地理的な活動領域は決して広いとはいえない。しかし、変わりゆく草の根の生活環境で、日々西洋文化と接点を持ち、自分なりの「モダン」生活を謳歌したことは間違いない。映画との出会いもその中から生じ、家族ぐるみで鑑賞に興じるようになる。同時に、児童雑誌も愛読し、そこから多くを学んでいった。そうした日々の活発な様子は『金の船』と『童話』の投書・投稿欄から垣間見られる。

当時の淀川少年は、大人になってからの自らの活動については知る由もなかったはずだ。しかし、幼少年時代の生活と体験が、映画批評家、宣伝マン、テレビ解説者などとしての活躍を支える大事な基礎を形成したと筆者は考えている。したがって、淀川にとってその出自と年少期は、品田の見た「都会的なるもの」を育む決定的な時期であった。

1　モダニティの片隅で

淀川長治は、一九〇九年四月一〇日に生まれた。しかし、映画との付き合いが始まったのはその前日からだと本人は言う。一九八五年に出版された『淀川長治自伝』(上下、以下『自伝』)によると、長治の両親は四月九日の夜に「活動写真」を観に行っており、「この当夜に母が産気づきそのよく朝に私が生れた」という。[2] 一九七三年に刊行された『映画と共に歩んだわが半生記』(以下『半生記』)にも、九日に映画館で「活動大写真を見ているさいちゅうに産気づ」いたため、父は「母だけをひとり帰らせ」、「よく朝の十時に私は生れた」と記されている。[3] そのため「胎内で映画の洗礼を受け」たと語られてきた。[4] だが、一九五〇年に出版された『映画散策』を見ると、「母が活動写真を見ている時に産気づいた」のは「三男」の時とある。長治の出自についてそこには語られていない。[5]

図 1-1　「モダン」な造りが目を引いた神戸のオリエンタルホテル

はっきりしているのは、そんな淀川が「近代」の産物であったことだ。それは「革命」とも呼べるようなダイナミックな時代で、[6]政治方面では大日本帝国憲法や議会制民主主義に立脚した政党政治が展開し、紡績業や炭鉱業などの発展に伴って経済力も急速に増大した。「富国強兵」の名の下でアジアへの帝国主義的進出も図られた。このようなマクロな変化と連動して都市への人口移動が加速し、身分制の代わりに学歴や努力によって身を立てることが可能となる「立身出世社会」が到来する。[7]都市ではブルーカラーの労働者人口が膨張する一方で、サラリーマンや政府の役人たちが形成する新中間層が誕生する。女性の職場進出も、限定的ながら増加していった。

このような「モダン社会」の到来は、「帝都」東京を中心に語られることが多いが、地方各地でも、その場固有の環境で「モダニティ」が形成されていた。[8]淀川が生まれ育った神戸もその好例で、神戸村、二つ茶屋村、走水村の統合によって誕生した頃はまだ鄙びていたこの西の港町は、明治に入ると産業化、市区改正、貿易の発展を通して拡大の一途を辿り、人口も一九二〇年には六〇万人を超えるほどになった。[9]また、開港都市の一つとして外国の物資や文化が流入するとともに、西洋人の存在も顕著になった。初めは外国人居留地に住んでいたのが治外法権の撤廃とともに内地雑居が認められ、市内各地でその姿を目にすることが珍しくなくなった。[10]「ベル・エポック」を謳歌したとも言われるこの街には、[11]海岸通りにそびえ立つオリエンタルホテル（図1-1）、北野のトーアホテル、芦屋や西宮

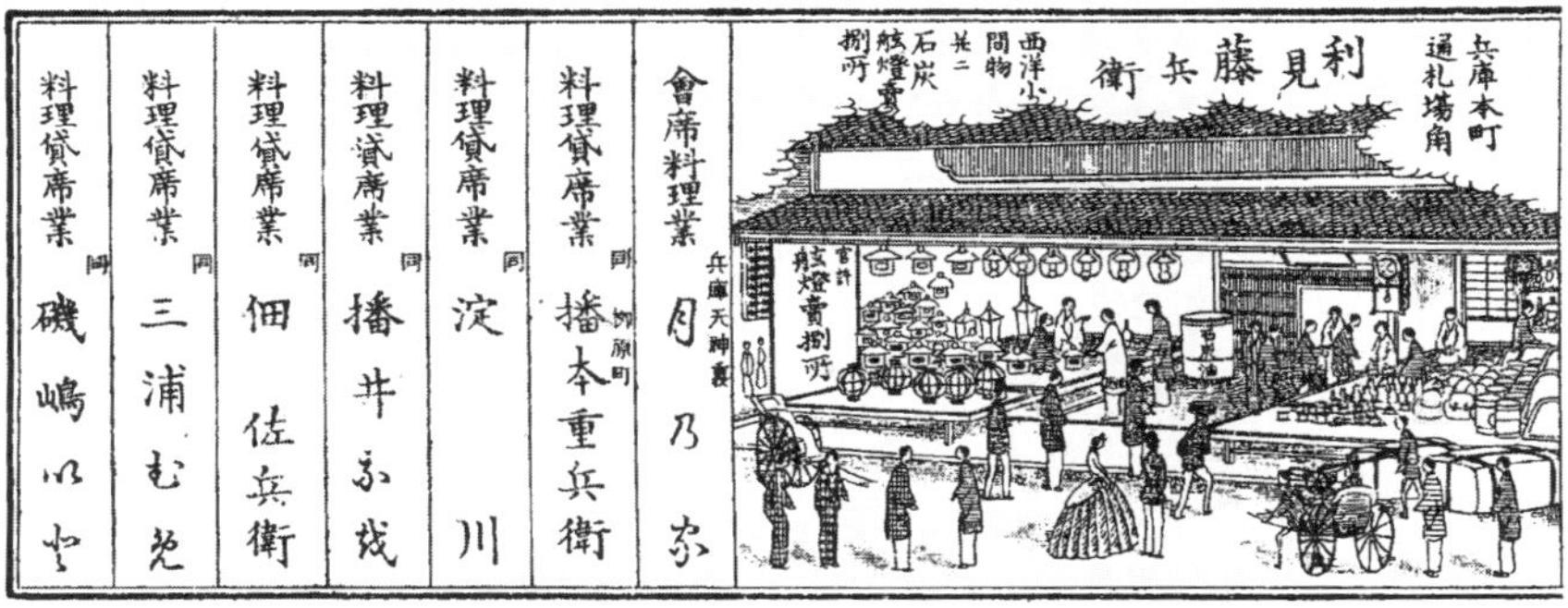

図 1–2　『豪商神兵　湊の魁』（1882 年）に記された「淀川」という貸席料理屋

に築かれたスパニッシュ様式の教会や邸宅などに示されるような「モダン」な空間が形成され、西洋美術を愛好し、六甲山のゴルフ場や打出海水浴場でレジャーに興じ、洋風の生活を愉しむ者が増加した。[12]

この活気ある新興都市において、淀川は西柳原町という「下町」で産声をあげた。本人によると、祖先の姓は「樽井」で、もともとは船で兵庫から大阪へ芝居を観に行く客に弁当を売る商売をしていたが[13]、明治に入るとその時用いられていた屋号「淀川」に姓を改め[14]、飲食業で築いた財で西柳原町に土地を購入して「料亭と置屋」を経営したという[15]。西柳原は江戸時代には西国街道の宿駅として栄えていた上[16]、明治に入ると福原や花隈と並ぶ賑やかな花街へとその姿を変えており、飲食・接待を行うには格好の場所となっていた[17]。一八八二年に出版された『豪商神兵　湊の魁』という土地の案内書を見ると、「淀川」はすでに「柳原町」で「料理貸席業」を営んでいるとある[18]（図1-2）。

この商いを営んだ「淀川」という「家」が、「近代」にありながら果たして典型的な「近代家族」であったかどうかは甚だ疑問だ。社会学者の千田有紀によれば、「近代家族」とは「一生に一度の恋に落ちた男女が結婚し、子どもを生み育て添い遂げる」という「ロマンティックラブ」のイデオロギーに立脚していたというが、淀川家はそれとはかけ離れた日常を送っていたようである[19]。『自伝』によると、父親の又七は明石から婿養子として迎え入れられ、妻のならえのほかに妾を少なくとも二人持っており[20]、ならえが病気が

図 1-3　詩人の竹中郁による淀川の生家のスケッチ（『神戸っ子』1981 年 4 月号，37 頁）

ちで子供に恵まれなかったため、りゅうという後妻を娶った。りゅうは又七との間にまず富子（長女）と久恵（次女）を身籠り、次に長治を長男として産んだ。この時点で又七は五六歳、りゅうは二六歳であった。続いて次男の又四郎（のちに敏治と改名）と三男の晴雄が誕生した（生後まもなく養子として他家に引き取られた）。一番年下の登は生後六ヶ月で病死した。[21]

また、「近代家族」とは、再び千田を引くなら「非血縁員を排除し、血縁員によるプライベートな空間を自律的なものと考え、すべての家族成員が愛情によって強くつながることを理想」としたが[22]、淀川家の場合、日々の営みの中で血縁員の「プライベートな空間」が守られていたとは考えにくい。というのも、淀川家には「喜作」という庭掃除の男が住み込みで生活していただけでなく[23]、家業が置屋であったことから「淀千代」「淀丸」「花蝶」「珠子」など幾人もの芸者が寝泊まりしていたからだ。[24] 神戸出身の詩人・竹中郁によると、淀川の実家は「拭きこんだ細格子の美しい家で二階にも同じような格子がはめて」あり、「二階の表座敷に当るところは、女の鏡台がにぎやかに列べてあった」（図 1-3）[25]。この母屋では商売が営まれ、家族は離れの建物で生活していたようだが[26]、長治少年は両親の目を盗んで「毎日のように」芸者部屋へ「遊びに行」き[27]、一緒に歌ったり踊ったりしたと後々語っている[28]。

長治は、この賑やかな家から兵庫幼稚園に通い[29]、一九一五年に卒園すると兵庫尋常高等小学校へ足を向けるようになる[30]。特筆しておきたいのは、その極めてローカルで、見方によっては「非近代的」に映る下町生活も、「モダン」の到来に伴い着実に変化していたことだ。淀川家から目と鼻の先には、毎年一月に「身動きならぬ大混乱を呈する」（『神戸新聞』）ほど賑わう「十日戎」で知られる戎神社があり[31]、長治は「おかぐら」の太鼓を叩き、「おみくじ」や「おふだ」を手伝ったというが[32]、その一方でチョコレートやサンドイッチをほおばり[33]、英語やイタリア語などの流行歌を蓄音機で聴いていた[34]。また、西洋人の観光客に「うしろからつきまとい」、近所で開かれる教会の日曜学校に通った[35]。さらに、斜向かいには探偵小説家の西田政治が住んでおり、そこで外国の雑誌を見せてもらった[36]。

長治は、家族に連れられてさまざまな芸能・娯楽も楽しんでいる。歌舞伎、浄瑠璃、文楽も含まれており、地元で手の届く舞台や公演は手当たり次第鑑賞したと思われる[37]。実家が芸妓業だったこともあり、近所の芝居小屋からは歌舞伎役者が挨拶に来た[38]。西洋の芝居やバレエにも興味深々で、自ら親に懇願して一九二二年一〇月には聚楽館で「連日大盛況」（『神戸又新日報』）を記録したアンナ・パブロワのバレエ公演も鑑賞にこぎつけている[39]。パブロワの演技は、のちに日本を代表するバレリーナとなった谷桃子も一歳の時に観て、その後「家では蓄音機をかけ、ぞうきんを頭に載せて踊り回った」と言われている[40]。淀川もその「素晴らしさ」を讃えるだけでなく、「バレエダンサーになりたい」と憧れを抱いたという[41]。

2　淀川少年の映画体験

そんな日常を送っていたことから、淀川が映画に浸り始めるのは時間の問題だった。というのも、映画はもともと欧米から日本に到来した、極めて近代的な娯楽装置だったからだ。一八九六年一一月、トーマス・エジソン研究所が開発したキネトスコープが、全国に先駆けてまず神戸で披露され、翌年にはリュミエール兄弟のシネマトグラフやエジソンのヴァイタスコープなどの輸入興業が行われる[42]。一九〇八年、六歳の頃に神戸で初めて映画を目の当たりにした荒尾親成は、当時「床が川あとの砂地に板張り」で「場内に砂ボコリが立ち込め」るような場所で映写機が回されていたと記憶している。[43] しかし時を待たずして作りのしっかりとした映画常設館での興行が始まり、「安価な娯楽」(cheap amusement) を渇望する幅広い層の人々を虜にしてゆく。[44]

神戸で映画興行の中心となったのは、湊川の付け替えを機に誕生した新開地であり、[45] 一九一五年までには帝国館、桂座、錦座、松本座、菊水館、朝日館、湊座と七つの常設館が軒を並べるようになっていた。[46] この神戸随一の盛り場は概して「ブルーカラー」の客層に支えられ、[47]「婦女子の尻を追」いかける「バラケツ」や、「スリの下回りを勤める所謂盗児」を指す「フラテン」が巣食う、「不良少年」の溜まり場という悪評が付きまとった。[48] もともと映画という娯楽媒体の評判も決して肯定的なものではなく、「公安風俗」を損ない「不良」や犯罪を育む危険があるということから、全国各地で「活動写真取締規制」が施行された。兵庫県では、興行場一般を対象とした「興行場取締規則」を通して検閲・規制が試みられた。[49]

「家ぢゅうが映画ずき」だった淀川家は、そうした風評をものともせず、頻繁に映画館へ足を運んだ。長治は、まず両親に連れられて——時には祖母や庭師と一緒に——新開地へ通い、小学校に上がると一人で映画館に行くようになる。家では活動写真が「児童に悪影響などと云う理解が頭からな」かったのだという。[50] 一家総出で通った錦座では、一九一二年に勃興した日本活動写真株式会社（日活）の新派映画や尾上松之助主演の時代劇、そしてパテ社やアートクラフト社の輸入物を観て、[51] 祖母が好んだ朝日館（後に第一朝日館）ではユニヴァーサル社の作品と出会っている。[52] 一人で——つまり自分の小遣いで——通ったのが、[53] 一九二〇年に誕生したキネマ倶楽部である。[54]「外国映画で何かにつけて第一朝日館…〈中略〉…と対抗していた」とされるその映画館では、「モダン」と思われた「大活」こと大正活動映画株式会社の作品だけでなく（第9章参照）、ファースト・ナショナル社（のちにワーナー・ブラザース社に吸収される）、ユナイテッド・アーチスツ社など外国映画会社の作品が上映された。[55]「上映映画自身が新しい香りのする映画ばかり」だったと淀川は述べている。[56]

さて、最初期の淀川はどんな映画と出会い、どのような感想を抱いたのだろうか。この問いに答えるには、同時代の記述が見当たらないため、本人の記憶に頼らざるを得ない。『映画散策』を見ると、まず「大正初めに両親につれられて」映画館で「真正面に走ってく」る「自動車」の映像を目の当たりにして「ほんとうに恐ろしかった」と記されている。(57) ここで淀川少年は目の前に迫り来る、モダンを象徴するような乗り物と相対して恐怖を感じたというのだが、この時の様子は、一八九五年にパリのグラン・カフェでリュミエール兄弟の『ラ・シオタ駅への列車の到着』を観て汽車があたかも本当にその場に迫りくると勘違いして驚いた(とされる)観客を想起させる。つまり淀川は何よりも映画のスペクタクル性に反応したと想像される。これを長い映画人生の開始地点だったと考えても不自然ではない。(58)

このようなスペクタクル性を、淀川はいささか異なる形で『新馬鹿大将』にも見出していた。(59) これはフランス人のコメディアン、アンドレ・デードが主役を演じたイタリアの人気喜劇シリーズで、日本では『新馬鹿大将の禁酒運動』『新馬鹿大将の催眠術』『迷信家の新馬鹿大将』などといった作品が公開されたようだ(60)(ちなみに「新馬鹿大将」という題名は、デードにつけられた「クレティネッティ」(=「お馬鹿さん」)という愛称が基になっている)。(61) このシリーズでは、デードの「珍妙な腰付きと、高い大きな鼻」が「日本全国の愛活家を笑わせ」たようだが、(62) 淀川少年は何よりも「主人公がキテレッツのパッパッパとか何とか叫んで…〈中略〉…姿を消すと、彼はトランクの中へ、そして其のトランクが部屋から走り出してホテルの廊下を、まるで人間が走り逃げるように走ってゆく」場面を記憶している。(63) これは当時『新馬鹿大将鞄の巻』と呼ばれた作品で(現在では『クレティネッティの借金返済法』という名で知られる)、(64) 主人公が入りこんだ鞄が動き回る様がコマ撮り撮影で表現されている。この手法は、同じくフランス人のジョルジュ・メリエスが『月世界旅行』などで用いた技法と通底するものがある(ちなみにデードはメリエスの下で映画出演を始めた)。ここでは淀川は、画面の向こうから迫り来る車の「現実性」ではなく、トリック撮影が生んだ映画の「虚構性」に魅せられたのである。

そんな淀川が「活動写真のストーリーがどうやら理解でき楽しめるようになっ」たのは、『半生記』によると

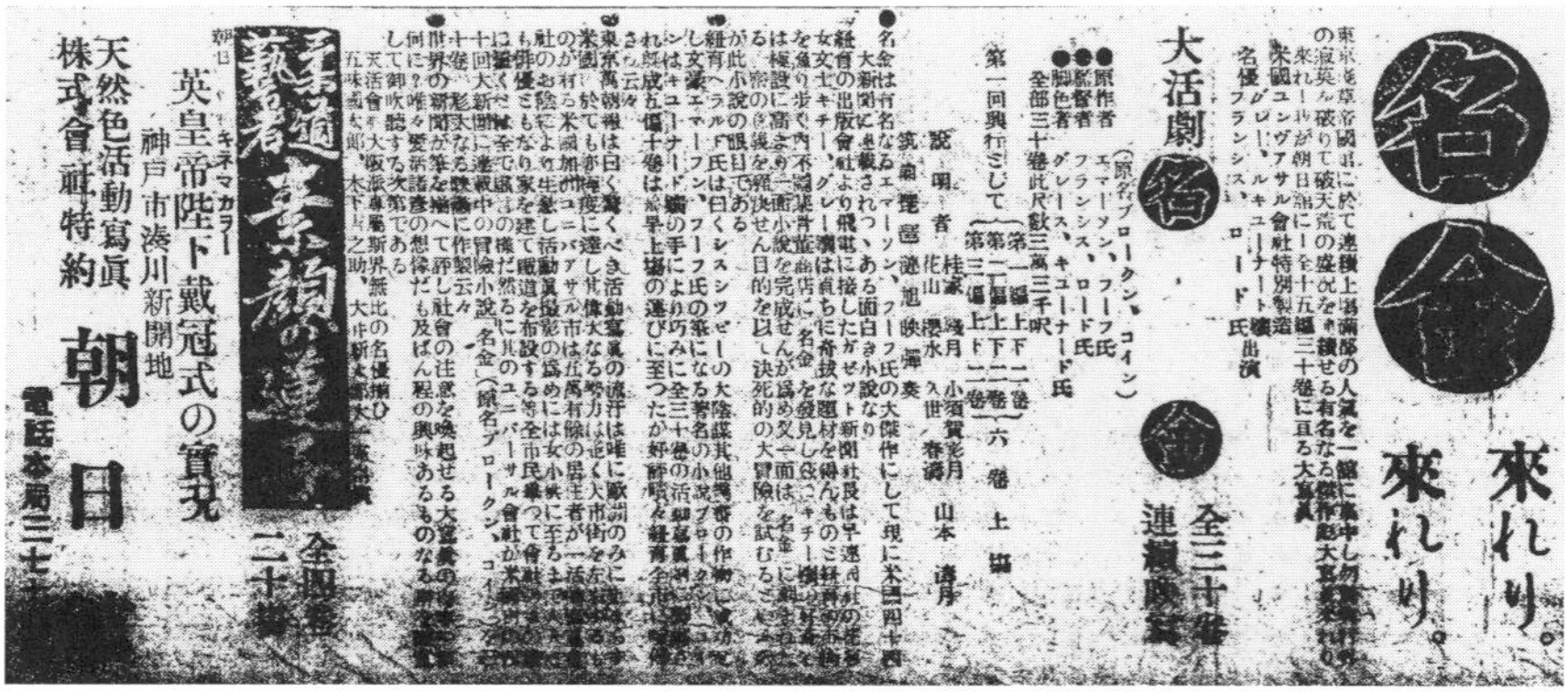

図 1-4　『神戸新聞』に掲載された『名金』の宣伝広告（『神戸新聞』1924 年 11 月 21 日，4 頁）

「八歳のころ」であったという。[65] その一年前の一九一六年、ユニヴァーサル社が日本支社を開設してアメリカ映画の直接配給を始めており、以後数年もの間、「ブルーバード映画」と呼ばれる一連の映画が市場に流通した。その内容は「踊子もの」「孤児もの」「夫婦もの」「田園（山）ロマンスもの」など様々で、「ハッピー・エンドの健康なラブ・ロマンス」に彩られたドラマ性の強い物語が多かったようだ。ブルーバード作品は、本国アメリカでは決して等級の高いものとは思われていないが、日本では多くのファンを魅了しただけでなく、作り手にも大きな刺激を与えている。[66] だが、当時「まだ七才か八才になるやならず」だった淀川は、この作品群の「洗礼は恥ずかしくも受けてはいない」とのちに告白している。[67] それよりも、めくるめくアクションが満載の連続活劇《シリアル》に足が向いたのである。

この連続活劇とは、毎週全二巻の短編が一編ずつ上映されるシリーズもので、映画学者のベン・シンガーによると、一九一二年から一九一四年初頭ごろまでの連続ものは概して一編ごとに自己完結していたようだが、それ以降はクライマックスに用意されたクリフハンガーが次編への橋渡しを行う構造となっていた。この、続きへの欲望を喚起する仕組みは「近代消費主義の新たな心理」に基づいたものだとシンガーは主張する。[68] 淀川の瞼に深く焼き付いたのは、まず一九一五年に製作された『名金』という全二二編のシリーズである（図1-4）。これはグレイス・

キュナード演じる新聞記者が、財宝のありかが記された金貨の破片を追って、とあるヨーロッパの王国でフランシス・フォードが扮する「奸悪な伯爵」と出会い、命懸けで冒険を続ける中で近しくなり、しまいには無事金貨と宝を見つけて結婚も果たすというものだ。(69) 連続活劇の先駆けとなったこのシリーズは年齢を問わず話題を呼んだ様子で、(70) 東京で育った映画監督の山本嘉次郎は「鍛冶屋に頼んで、二銭銅貨を二つに切ってもらい、その半分ずつを持ち合って「名金ゴッコ」に浮身をやつすようになってしまった」と言い、(71) 批評家の筈見恒夫も「名金ごっこと称して、ボール紙の金貨の奪い合い」をしたと語っている。(72) 淀川も、「町のオモチャ屋は、この金貨のかけらをまねて売り始め、私はいのいちばんにそれを買って、学校に持参した」と思い出深く語っている。(73)

同様の魅力は『鉄の爪』にもあった。これは全二〇話からなる一九一六年製作のシリアルで、「鉄の爪」と呼ばれた復讐魔（シェルドン・ルイス）に捕えられたマージョリー（パール・ホワイト）という娘が「笑の覆面」という謎の人物（実際はデイビーという人物、これをクレイトン・ヘイルが演じた）に救出されるアクション満載の物語である。(74) すでにこの頃までには「ストーリーが、私にはもう理解できて」いたという淀川は、もともとは医者である復讐魔が「人妻をゆすることや、主人にかくれてその妻が家つきの医者と関係したことが、すごく恐ろしく」感じられたとしつつ、「その続きが見たくて次週を待ちかねた」と『半生記』に記している。(75) それだけでなく、「小学校の校庭でマージャリーとマンレイ［おそらくデイビーの誤り］の二組に分かれて活劇ごっこ」をし、(76)「両手をロープでしばってもらい、「アレーッ、アレーッ」と叫んでパールが今や死の運命の迫るまね」をしたという。(77) 男性ではなく、『ポーリンの危難』でも人気を博した主演女性をあえて演じたという淀川は、学校では「パール・ホワイト」や「マージャリィ」というあだ名がついたと振り返っている。(78)

これらの映画は大人に連れられて観た可能性が高い。反対に、初めて一人で映画館に行って観たのはロスコー・アーバックルの「滑稽劇」だった。(79) これは『デブと海嘯《つなみ》』という一九一六年の映画だと思われ、「海水浴に行ったデブ君と彼女が、脱衣室の車のついた箱の中で色んな滑稽があって、潮が満ちてきて遂に其の箱が沖へ流されて大騒ぎになるような筋」だったと『映画散策』に記されている。ただ、鑑賞中に「一人で見に行ったと云う事に、気がさし」たため、「二巻程見た途中逃げかえった」とも書かれている。[80]

実際に映画を観ると、恋人（メイベル・ノーマンド）の両親に結婚祝いに購入してもらった海辺の一軒家（「コテージ」という説明がある）を、恋敵の男が腕っ節の強い悪党たちを雇って沖に流すという筋書きとなっており、淀川が見逃したと思われる終盤に差し掛かると、建物内に囚われた主人公二人が愛犬を陸に脱出させ、そのおかげで恋人の両親が危機を悟り、助けを呼んで荒唐無稽な救出劇が繰り広げられる（もちろん、最終的には若夫婦は無事救出され、ことなきを得る）。多少の記憶違いは否めないが、ここで注目したいのは、おおまかなあらすじを追った形跡が見られる点である。記憶はおぼつかないながらも、少なくとも物語の輪郭を辿ったとは言えるはずだ。

また、『ウーマン』にも衝撃を受けたようである。これは、夫婦喧嘩をきっかけに、夫が「女性」の歴史を回顧するオムニバス映画で、アダムとイブの物語から、クラウディウスとメッサリナ、アベラールとエロイーズ、キレネと漁師、南北戦争時の男女のやり取りへと次々に移行してゆく。淀川は一九二九年にこの映画を「アタシのメモリーの一つ」と語っており[81]、後にも幾度となく言及を重ねている。一九七一年の段階では「五編のうちの二つ」を「ちゃんと覚えて」いたといい、そのうちの一つである南北戦争のエピソードで若い兵士を匿う女性が、ポケットから懐中時計を取り出して振る仕草が「おもしろくて、おもしろくて」と言っている。特定のシーンが瞼に焼き付いていたようだ[82]。

少年期の淀川はさらに、決してアクションやスラップスティック的な笑いがその中心にない映画にも惹かれればじめる。その一つがセシル・B・デミルの『男性と女性』であった。この映画は、富豪の夫婦と召使いの男女二人が遭難して無人島に辿り着き、そこで召使いの男性がヒョウに襲われた富豪の妻を助けることによって二人の間に恋愛感情が生まれるも、結婚に至る寸前に召使い同士が結婚して物語が完結する。当時一一歳だった淀川は、このドラマ性の強い映画に「すっかり惚れこんでしまって、その映画が終るや、慌てゝ二階から駆け下りて、切符売場の電話」を使って家族を呼び寄せ、あらためてもう一度始めから観たという。[83]

3　中学時代の「モダンライフ」

このように淀川は文化的な刺激に富んだ少年時代を過ごしたが、兵庫尋常高等小学校で八年（尋常小学校で六年、高等小学校で二年）過ごした後、一九二三年に兵庫県立第三神戸中学校（現在の兵庫県立長田高等学校、以下神戸三中）に入学する。とはいうものの、『兵庫教育五十年史』を見ると、大正一〇年（一九二一年）には小学校の「尋常科」を無事卒業するも、その二年後には「高等科」を「中途退学」したとある。[84]つまり、義務教育であった尋常科のみを修了して中学に上がったということになる。ちなみに、当時は小学校を中退することは決して珍しくなく、淀川の年は高等科の卒業生二三二人に対し、中途退学者は一二〇人と全体の三四パーセントに及んでいた。[85]

中学へ進むにあたっては、兵庫県立第一神戸中学校（現在の兵庫県立神戸高等学校）や兵庫県立第二神戸中学校（現在の兵庫県立兵庫高等学校）ではなく、神戸三中を選んでいる。とはいえ、淀川が受験した年は、志願者八五八人に対して入学者が二四二人であった（合格倍率は三・五三倍）。[86]試験では「第一日の試験を終えて」という作文が課されたと記録にはあるが、[87]淀川は「顔」というテーマで文章を書いたことを記憶している。[88]緑色の制服を身にまとって校門をくぐるようになった頃には一四歳になっていた。[89]

神戸三中は、遠く神戸の市街地を眺望でき、周りを田んぼや桃畑に囲まれた「牧歌的雰囲気」の漂う学校だった。[90]はじめは図書館や武道場はおろか校舎自体も一部しか完成していなかったが、[91]「チョコレート色」の建物は「立派」で「ハイカラな学校にはいったのが誇り」だったと、ある卒業生は胸を張る。[92]教員の中には厳格な者もいたようだが、校風は概して「リベラル」で「自由な空気がみなぎって」いたとされる。[93]学年を超えた付き合いも珍しくなく、

図 1-5　卒業アルバムに掲載された淀川の顔写真（兵庫県立第三神戸中学校『第三回卒業記念写真』1928 年，頁不記載）

「上級生が下級生をいじめるということがな」かったと同校出身の作家、富士正晴は回想している。(94)

そのような伸びやかな環境で、すでにこの頃から「よどちょう」「淀川ちょうじ」と呼ばれていた淀川は、中学校生活を存分に謳歌した(95)（図 1-5）。少なくとも「表向きはとても真面目な生徒」だったと言い、「英語と図画が得意で、幾何と代数が苦手」だったそうだ。(96)『受験と学生』という雑誌による英文和訳の模擬試験に合格していることから、英語力への自信が裏付けられる。(97)また、作文でも「初春」「先輩に与ふる文」「余が敬慕する人物」などの課題で同誌の「賞外佳作」に選ばれている。(98)ここからも勉強熱心だった様子が窺えるだろう。読書は好きな方で、尾崎紅葉の『多情多恨』、有島武郎の『或る女』、谷崎潤一郎の『春琴抄』、泉鏡花の『高野聖』の他、ゾラやトルストイといった外国文学にも手を染めたという。(99)学級活動にも積極的で、三年生の時に「書記」、四年生の時には「級長」を務めている。(100)

その一方で、映画鑑賞にも浸った。学校では「興行場娯楽場等ニ出入スルコト」は原則として「最忌ムベキ事」とされてはいたが、(101)映画鑑賞が一律に禁じられていたわけではなく、職員・生徒を織り交ぜた「活動写真」の「参観」も三中の創立初年度から実施されていた。(102)学童たちは、こうした鑑賞会を通して『死の猛獣狩』（キネマ倶楽部）(103)、『青い鳥』（聚楽館）、『丘を越えて』（錦座）などを観る機会を得ている。(104)

しかし、このような学校主導の映画鑑賞に到底飽き足らなかった淀川は、学校の方針に逆らうかのように新開地へ足繁く通った。この時期、映画を「よく一人で見に行った」というが、まだ映画鑑賞を「不良」の行動とみなす傾向があったため、「学生帽をポケットか懐にねじこんで、右と左をチラリと見張ってサッと入場券を求めて暗い館内にとびこ」んでいたという。[105] それでも、観賞後は、映画を扱う謄写版パンフレットを作って校内で配布するなどして友人たちと共有した。[106] 淀川の映画好きは生徒のみならず教員の間でも知られるようになり、[107] 一九二六年五月に『ステラ・ダラス』が封切られると、[108] 淀川はその「感激」を伝えるだけでなく、「ラヴ・ロマンスが濃厚で若い者には、そこだけを見てかえるので困るのだよ」と嘆く教員に「反ぱつ」し、逆にこのヘンリー・キング作品の鑑賞を勧めた。すると、それ以後ハリウッドのいわゆる「娯楽映画」の鑑賞会が定期的に開かれるようになり、[109] 生徒たちは『バグダッドの盗賊』や『三銃士』などを堂々と観る機会を得ることとなった。[110]

そんな盛りだくさんな学校生活を送りながら、中学時代の淀川は学外でも「モダンライフ」を追い求めていった。例えば、元町にあった宝文館や川瀬日進堂書店で『モーション・ピクチュア』『シャドウ・ランド』『クラシック』などのアメリカの映画雑誌や文化雑誌を購入し、[111] 三星堂やユーハイムといった喫茶店ではレモンティーをすすった。[112] フロインドリーブではチョコレートやミートパイを買っている。[113] 特に喫茶店については、姉の富子が「オリオン」という「十五坪くらいの小さな店」を開いたこともあってひときわ身近に感じられたはずだ。[114]

4　児童雑誌という「教室」

小中学校時代の淀川の関心をさらったもののが、少なくとももう一つある。児童雑誌である。淀川が生まれ育った頃は「児童文化」の重要性が謳われるようになっており、教育関係者、知識人、文化人などの間で子供の教育をめぐる議論が盛んに繰り広げられていた。その中から、子供の感性や想像力を尊重する「童心主義」や芸術・美術に対する造詣を深める「美育」の必要性が唱えられ、[115]『赤い鳥』（一九一八年創刊）を筆頭とす

図 1-6　児童雑誌『金の船』(1919 年 12 月号)

る月刊誌が巷に出回るようになった。

淀川も児童雑誌に引き寄せられ、『赤い鳥』も読んだというが、[116] それ以上に熱を上げたのが一九一九年に創刊された『金の船』である（図1-6）。これは「外の雑誌では、とても見られない独特の面白い読物や画の外に、尚新しい時代に適った清新な読物も沢山」提供することを目指した月刊誌であった（一九二二年六月号から『金の星』に改名）[117]。一九二〇年に発刊された『童話』も愛読した。これは「子供のための雑誌」でありながら、「大人にしかよめないむずかしいご本」などを「解り易く面白くお話に書き砕いて」あり、「面白い〳〵と読んでいくうちにいつとはなく大きな知識を得られる」内容とのことだった[118]。

いずれの雑誌も、若い読者との対話を試みるために投書欄を設けており、淀川も熱心に文章を送っている。それらをもとに推測すると、淀川がまず熱を上げたのは『金の船』の方である。少なくとも一九二一年三月号にはその名が登場しており、その翌月号では前金を払って「誌友」になっている[119]。一一月号では「僕は金の船を読むと、他の本は皆いやになってしまひます」とまで言っている[120]。『童話』も発刊当初から定期的に読んでいたようだが、特に熱心になったのは中学校に通い出してからである。そのことを示す投書の皮切りとなったのが、一九二三年一一月号に掲載された次の文章である。

九月号の「小川」未明先生の「阿呆鳥の鳴く日」はすてきでした。僕はずっと前から童話をとってゐましたが投書は今度がはじめてゞす。だん〲涼しくなるので嬉しい。栗の実を焼く時が早くくればいゝと思います。[121]

以後、少なくとも二年半もの間、淀川は『童話』に投書や応募を定期的に行っている。読者欄には弟の又四郎の名前も時折記載されていることから、兄弟で愛読していたと想像される。[122]ちなみに、『金の船』への投書は一九二二年一一月以降三年近く途絶えており、その後も淀川の名は散発的にしか見られない。[123]

淀川がこの二誌に惹かれたのは、まずなんと言っても読み物として面白いと思ったからだった。どちらにも毎月、童話、詩歌、連載小説などが多数掲載されており、執筆陣も西條八十、若山牧水、田山花袋、室生犀星、与謝野晶子など極めて贅沢なものだった。淀川は西條の「靴の家」[124]、北村寿夫の「孔雀姫」[125]、吉田絃二郎の「イワンの嘆き」[126]、千葉省三の「虎ちゃんの日記」などに感銘を受けた。[127]また、毎号を彩るイラストも楽しんだ。川上四郎（『童話』）や岡本帰一（『金の船』）の「申分のない美しい絵」に見ほれた。[128]

淀川はこれらの創作家を「先生」と呼んで慕い、川上が病に伏すとその安否を気遣い[129]、水谷まさるが渡米すると知ると「いよ〲淋しくなることね！」と言っている。[130]関東大震災の後には「童話が得られるかしら？」と「四十六日間」も「心配した日」を送った。[131]季節が秋口に入ると、

暑いく〲と云ってる間に秋風が吹き初めましたね。オレンヂ色の大きな丸い月が出て、蟲のグラウンドアウタム、コンサートが開かれる夜も、もう遠くはございません。気の早い鈴蟲君が昨夜特別入場券を五枚持って来ました。取りあへず大戸先生を初め川上先生、吉江先生、それから千葉の旦那さんにお送りします。あとの一枚は僕のです。どうかお越し下さい。お待ちします。

と挨拶を編集部に送りつけている。[132]また、次のような興味深い投稿文もある。

このお手紙が誌上に出る時は、あの楽しい〲お正月の時でしょう？　で、みなさんや先生の方々に、クリス

マスとお正月の新しい年をお祝ひ申上げます。メリークリスマス、アンド、ハピイ、ニュ、イアー。先生、これ何といふ意味か知ってゐられますか？　ではサヨナラ。[133]

ここで興味深いのは、淀川が西洋の祝日を日本の正月とともに受け入れ、片仮名表記の英語で編集者との対話を試みている点である。さらに、末尾の一文はテレビ解説でお馴染みとなる締め文句の「原型」とも言える表現で、早くも一五歳の時に発せられていることが特筆される。

5　創作への意欲と傾倒

さらに、創作心をくすぐられた淀川は、一般的な投書の他に、自作の童話、童謡、図画を投稿し、幾度も「選外佳作」欄にその名を連ねている。これらの作品の内容は想像する他はないのだが、タイトルから判断すると、「サボテン」[134]、「アフヒ」(葵)[135]、「月夜の踊」(以上図画)[136]、「夕日」(詩)[137]、「椿」[138]、「蛍」[139](以上童謡)といった自然をテーマにしたものが多いことに気づく。「蟻と月」のようにアンデルセンやイソップの童謡を想起させる題目もある。[140]外国人や外国文化をめぐるものもあり、例えば「海岸通の西洋人」という自由画が「掲載外佳作」となっている。[141]一九七三年の「コウベ慕情」というエッセイで、淀川は子供の頃「メリケン波止場」の界隈を散歩することが好きで、クリスマスになるとすれ違う西洋人に「メリー・クリスマス」と呼びかけるのが「楽し」かったと語っているが、そんな思い出と重なる絵だと思われる。[142]また、「ジョッフル元帥」という自由画も「掲載外佳作」に選ばれている。[143]これは第一次世界大戦時にフランス軍を率いたジョゼフ・ジョフルのことで、一九二二年一月に来日を果たし、神戸も訪れている。[144]淀川の小学校も、神戸訪問を歓迎するため元町に「出動」したほどだ。[145]淀川少年の視野に「西

図 1-7　『金の星』に掲載された「シゲ子さん」なる図画（1925 年 9 月号，140 頁）

洋」が入っていたことがここでも確認できる。

入選して掲載された絵も少なくとも二点ある。一つは「シゲ子さん」と題された三つ編みの女性の全身像を正面から描いたイラストである（図1-7）[146]。これはのちに本人が「このような可愛いく無邪気な絵を描いていたのか」と感じてしまうような絵であり[147]、講評を担当した山本鼎は「シゲ子さんが何かに驚いて居る所だな」と評している[148]。もう一つは「雨の晩」と題された図画である（図1-8）。この絵では、横殴りの雨の中、大人、子供、自転車、人力車、自動車が道を急ぐ様子が捉えられている[149]。「「動くもの」に早くから興味を持った」と淀川はのちに語るが、この鉛筆画はいくつもの「動き」を一つのフレームにとらえる試みだったと思われる[150]。サイレント映画の一シーンを思わせるようなイラストでもある。

また、文章の書き手としても結果を出している。入選した童謡には、まず「雨のとうざい屋」という詩がある。

雨のしょぼ〳〵ふる中を
ぬれた赤い旗もった
とうざい屋がとほる
たいこの音も
鐘の音も
みーんな淋しい[151]。

図 1-8　『金の船』に掲載された「雨の晩」なる図画（1921 年 3 月号）

ここでいう「とうざい屋」（東西屋）は芝居や映画など見せ物の宣伝を行う「お披露目屋」のことを指し、大正から昭和初期にかけては「町の人気者」であった。(152) 淀川もこの「赤い旗をもった」宣伝屋がやってくるのを日々心待ちにしていたはずである。だが、ここでは、普段なら賑わいの中心となるはずの東西屋が、悪天候のため元気なく通過してゆく姿を捉え、哀感（パトス）を表現している。

また、「淋しかった日」という詩も掲載と相成っている。

春風そよく〵吹きました
庭の桜が散りました
私は病気で寝てゐたが
学校の鐘がなってから
急に淋しくな［り］ました。

おてんと様がぬくさうに
庭の桜をてらす時
学校から唱歌の声が聞えた［の］で
いっしょになって歌ったが
急に淋しくなりました
悲しくなって泣けました。(153)

ここでは、病気のため自宅で寝ていた淀川が、中学校の方から鐘の音や唱歌が聞こえてきてまたもや感じた「淋し」さや、学校へ行きたくても行けないもどかしさも表現されているようだ。

その学校生活については、『童話』で入賞した「岡崎君の万年筆」というエッセイがある。少し長めだが、全文引用してみよう。

二月十七日、朝学校へ行くと岡崎が悲しさうな顔をしてゐました。僕が何をしたん、と聞くと、万年筆を無くしたと言ってまごまごしてゐました。席を立ったり、かばんをひっくりかへしたり、席の下をのぞいて見たりして、きょろきょろしてゐました。すると竹中先生がとをがら〳〵と開けて這入って来られたので皆は急いで席につき、みんな一緒に礼をした。

雨がボロ〳〵と降ってゐて、空の方は雲がどっかりと何重にも重さなってゐました。

室はくらくてとばんの字がよく見えんでした。先生は地理のお話しをしてゐます。僕が岡崎の方を向くと、未だ嫌な青い顔をして先生の方を見てゐます。そのうちにベルがなって他の級のガタ〳〵しまふ音が聞へだしました。先生はそれでもまだ話を続けて居られます。がやがて止めて僕等は運動場に出ました〔。〕いゝ風が僕のほべたに吹きました。雨天体操場へ行くと皆、鬼ごくをしてましたのでよりました。岡崎も嫌な顔して鬼ごくしてました〔。〕帰る時「サヨナラ」をした時、岡崎はまだ嫌な青い顔してました。そのあくる日、遊びに行くと、こたつにあたって雑誌だかを見てました、で「万年筆まだ見つからんのん」と尋ねると、「あんな、たんすの横にはまったのんしらなんでゐたんや」と云ひました。それからは、もとのやうに何時でも学校でもニコニコしてゐました。[154]

この文章は中学時代の日常風景の一コマだと思われる。万年筆を無くした友人という極めて身近なテーマを題材にしているが、冒頭に「危機」が起こり、最後にそれが「収束」する物語となっている。その際、場面が教室から運動場へと変わっても依然として万年筆が見つからず「岡崎」は「嫌な青い顔」をしっぱなしだったが、その翌日あっけなく問題が解決して「ニコニコ」顔になるという小さな「驚き」で結ばれている。編集部は「短かい文章のうちに、友達に対する同情の気持ちがよく出て」いる点を評価しているが、身の回りの些細な出来事を一つのナラティブに仕上げていることも注目に値する。(155) 淀川はシーン単位の描写だけではなく、「物語」の創作にも意欲を見せていたことがわかる。

おわりに

淀川は、品田雄吉が言うように「都会」の産物であったが、その感覚と感性は、神戸の西柳原町という極めてローカルな土壌で培われたものであった。ただ、この「下町」の一角も「近代革命」の影響で内外のさまざまな文化が交錯する場となっており、幼稚園や小学校に通いながら、淀川はその「モダン」の片隅で少年時代を謳歌した。

その中心には、映画という極めて近代的な娯楽装置があった。淀川は、それを危険視する社会の風潮に逆らうかのように、家族ぐるみで日々映画館へ通い、特にアメリカの作品を満喫した。同時に、児童雑誌からも多くを得た。『金の船』や『童話』の投書欄から判断すると、淀川は読書、詩文、絵画にあくなき好奇心を抱き、創作も楽しんでいる。また、西洋の言葉や文化に強い関心を示す一方で、自然をこよなく愛する人物像も垣間見えてくる。

児童雑誌に関しては、もう一点言うべきことがある。それは、学内や地元を超えて全国の同人と交流する貴重な場であったということだ。編集者たちは、東京、静岡、山形、北海道から台湾や朝鮮まで、広域にわたる読者の声を誌面に掲載し、読者同士の対話も促した。淀川も「読者諸君いつまでも友達のやうに仲よしにして行きませう」と誌面上で呼びかけており、(156) しばし投稿を怠ると「昨今誌上に振はぬ神戸の淀川君!!今一度帰り咲きして下さい!!」

と他の読者から「叱責」を受けている。[157] 淀川は、児童雑誌を通して人とのつながりを求めていった。これは、以下の章で論じるような『映画世界』『東宝』『映画の友』の活動へと継続してゆく。

こうして淀川は近代を担う一つの主体となってゆくわけだが、それは立身出世の階段を駆け上がる「学歴貴族」とは性質を異にするものであった。家業が料理屋と芸者屋という水商売で、高等科を「中途退学」した淀川は、学校教育を中学で終え、次章以降で論じるように、そこから社会人として身を立てる毎日を送る。

ただ、大正や昭和初期に中学生活を送った者は、決して平凡な「庶民」というわけでもなかった。竹内洋によれば「尋常小学校や高等小学校卒が下積みの庶民であり、中学校や高等女学校、実業学校などの中等教育を修了した人は、地方の中堅、草の根インテリ」であり、後者は「一〇人に一人かせいぜい二人といった割合」でしかなかった。[158] したがって、一九二八年の春に無事神戸三中を卒業した淀川は、しかるべき知識と教養を身につけた「草の根のインテリ」だったということは認識されねばならない。[159]

だが、中学に入ってからは、一見生活に不自由がないように見えた淀川家の台所事情は苦しくなってゆく。又七の商売が停滞し、「人に貸した金がどれもこれも踏み倒されて、父の押したハンコの人の保証が淀川の家にまでその火の手をつけて来た」からである。[160] そのせいで、一家は商売を諦めて会下山町の一戸建てに移り、[161]「少しばかりの家財で手に入れた数軒の家賃取り立て」で食いつなぐこととなる。[162] この時期、西柳原の「花街」としての存在感も、福原や花隈の陰で薄れていった。[163]

長治が中学を卒業する頃には、それまで栄えていた淀川家の家業は、西柳原町の花街と共に衰退しつつあったのだった。

第2章　映画狂《スーパーファン》の開花

私は幸いなことに十三歳にして映画を本気で愛し、十六歳のときには、はっきりと映画で生きようと決心した。十六歳でそのように決心し得たことは今にして思うに実に幸せであった。(1)

これは『学燈』の一九八〇年七月号に掲載されたエッセイの一部である。「愛すること」というテーマで寄稿した筆者の淀川長治は、「十三歳」で映画に溺愛し、「十六歳」にはそれ一筋で人生を送ることにした旨を語っている。この、一六歳の時に「映画で一生身を立てようと決心した」という発言は、「大人」になってから——特に一九七〇年代以降——いくつもの場で、繰り返し見られるようになる。(2)

しかしながら、淀川の青年時代——特に中学卒業後の数年——を見ていくと、自信に満ちた右の発言とは裏腹に、身の振り方が定まらない日々がしばらく続いている。まずは受験に失敗し、結局無事に大学入学を果たすも授業に出ることはなく、親の仕送りに頼りながら映画鑑賞に明け暮れる。やがて雑誌社に一旦就職するものの二年のうちに神戸に呼び戻され、姉・富子の始めた西洋美術商店の手伝いを始める。職が安定するのは一九三三年にユナイテッド・アーチスツ社大阪支社に就職してからである。

それが試行錯誤の時期であったことは間違いない。しかし、映画に対する並々ならぬ情熱が維持され、育まれたのもまた事実だ。『自伝』などによると、淀川は幼少の頃から実家で映画雑誌を貪るように読み[3]、中学時代から『映画世界』や『新映画』などに投書を行うようになる。これらの遊戯的で、時として挑発的な文章では、複数のペンネームを駆使して、ジェンダー、階級、身分の異なるペルソナが演じられている。そこには流動的でクィアな立ち位置が表現されている。

さらに、一九三〇年代に入ると実名で映画雑誌にさまざまな「紹介記事」を提供してゆく。それらはあくまで「アルバイト」感覚で書かれたものだったが[4]、淀川の「公」の顔が投射されており、そこには、映画を「低俗」な娯楽とみなす姿勢を否定し、「健全」で「高級」な娯楽として一般に伝播せんとする意志が示されている。匿名・偽名の文章は、一九三〇年代半ば以降ほとんど見られなくなり、代わりに実名のそれが前景化していった。

淀川が「書き手」として広く知られるのは、戦後に入ってからのことであるが、戦前の映画関連の文章を見ると、「アマチュア」の投書家が「プロ」の物書きへ移行してゆく過程を確認することができる。それは、あたかも「青年」が「さまざまな社会的実験や遊び、時には冒険」が「許容」される「モラトリアム」の時期から「大人」へと成長する道程をなぞっているかのようだ[5]。ただ、この前者の可変的な言説は、後者の登場によって途絶えたのではなく、戦後の執筆や語りを通して再び開花してゆく。その意味で、『映画世界』と『新映画』の文章は、のちの自己表現の土台を形成したものと言える。

また、実名で書かれたエッセイは、以後一貫して見られるようになった、映画を「文化」として正当化し、ファンに「紹介」する視座を確立させるものであった。この姿勢は、戦中・戦後へと継続されてゆく。

1 中学は出たけれど……

淀川が「青年期」を迎えた頃の日本は、若者にとって決して楽な時代だったとは言えない。近代化の波が社会全体に押し寄せる中、景気の変動に左右され、職探しも一筋縄ではいかなかった。一九二〇年代後半には不景気の波が訪れ、労働者や農民の生活を脅かした。若者の生活もおぼつかず、「中学卒業程度以上の学歴で一定の職業に就いていない」者たちが増えていった。そうした者たちは「高等遊民」と呼ばれた(6)。

一九二八年の春に神戸三中を卒業した淀川も、心中穏やかでなかったはずだ。というのも、まず実家の料理屋と芸者屋が衰退の一途を辿ったため、仮に継ぎたくても継げるような家業はなく、家計も安定しない。そこで教員職を目指して広島の師範学校を志望するも落第する。この「ショックは大きかった」とのちに語っている(7)。仕方なく、その年は神戸で受験勉強に取り組んだ(8)。

翌年、淀川は大学受験のため東京へ上り、まず慶應義塾大学の予科を受験した(9)。「予科」とは「高等普通教育を施すと同時に各学部に入るに必要な予備学科を教授することを目的とし」た制度であり、慶應では三年間の修業が要されていた(その後の学部期間は医学部を除き三年(10))。見事合格していれば立身出世の階段を駆け上がれたかもしれないが、淀川は試験当日に熱を出し、受験を断念する。「東京の早春の空気が神戸育ちの私の丈夫でない咽頭を痛め」、発熱が三日続いたという(11)。

その後、『考へ方』という受験雑誌で知った「教習所」に通って翌年再び受験しようと決意する(これは「考へ方研究社」という出版社が受験生を対象に開いていた「日土講習会」だと思われる(12))。しかし、浪人生活をいざ始めようという矢先、日本大学の予科に「無試験入学」の制度があることを知る(13)。淀川はさっそく願書を提出し、無事入学を果たす。

ただし、学費まで払い込んだにもかかわらず、淀川はキャンパスへは一向に足を向けず[14]、映画鑑賞に没頭した[15]。その頃の東京は紛れもなく日本における近代化の中心地で、中央政府の主導によって関東大震災からの復興が急速に進められており、道路や鉄道といった交通網から郊外の住宅地に至るまで、「モダン」な都市空間が形成されていた[16]。映画文化も急速に立ち直り、ファンを大いに喜ばせていた。『半生記』には、邦楽座、武蔵野館、芝園館、目黒キネマ、大勝館、東京倶楽部などに足繁く通ったとある[17]。

これはまさに親の仕送りに頼って趣味に興じる息子の「甘え」であった。しかし、親の脛をかじる生活に後ろめたさも感じていたようだ[18]。そこで神戸にいた頃から愛読していた『映画世界』に「断然活動狂で、職業意識など持合さずに、愉快に仕事を手伝って頂く方が欲しい」という求人文を見つけると、出版社に足を向ける[19]。その映画世界社という雑誌社は、一九二二年に松竹映画の広告塔となった『蒲田』を発刊してその名を上げ（当初は会社名も「蒲田雑誌社」であった[20]）、その二年後に『映画世界』を創刊していた。社長の橘弘一路（のちに弘一郎と改名）は谷崎潤一郎や栗島すみ子など様々な文化人と交遊関係を築き[21]、「鎖国時代の異教徒のよう」な心境で映画鑑賞に勤しんだとのちに記している[22]。

『映画世界』は、当時まだ慶應の学生だった南部圭之助が編集を手がけたことで知られる洋画月刊誌である[23]。出版部数は最大約「一千部」で「手堅く続刊してゐる」という業界筋の評判もあったが[24]、南部は「『蒲田』であてたこの社にとっては『映画世界』は道楽雑誌で最後まで赤字であった」と語っている[25]。そのためか、一九三一年一月より『映画之友』という名で再スタートを強いられることとなる（以下『映画の友』で統一[26]）。

淀川が、麹町区三年町にあった映画世界社の門を叩いたのは一九二九年秋のことである[27]。編集員は当時六人[28]、淀川も含めてスタッフのほとんどは和服姿で[29]、「畳敷きの十畳ふた間をぶっとおした」職場に「机を五つばかり並べて作業を行っていたという[30]。淀川の仕事内容は、主に懸賞ハガキの整理、投書への対応、映画会社への配本、映画会社にスチル写真を取りに行くことなどであった[31]。「小僧さんに近い仕事」だったと本人は振り返っている[32]。しかし邦楽座の宣伝に関わっていた南部の計らいにより、午前中の試写を見る機会に恵まれた[33]。ちなみに、この頃からたばこを吸い出したとのことだ（この喫煙癖は戦後まで続く[34]）。そんな駆け出しの頃の失敗談もある。例えば、懸賞欄にグレタ・ガルボの目と口だけの写真を載せて「この俳優は誰ですか」と読者に問うコーナーで、淀川は間違えて「このグレタ・ガルボは誰でしょう」と記し、「えらい怒られ」たと告白している[35]。

とはいえ、実名で執筆する機会が与えられる。一九三〇年一月号に「新入生のホヤ〳〵」を自認しつつ記した「すてぴんぐ・はりうつど」というエッセイでは、アーネスト・ベイカー、ファンチョン・アンド・マルコ、セオドア・コズロフといった「映画界の舞踊家」に着目した。その大家たちが、自ら指導したリリアン・ギッシュ、ポーラ・ネグリ、ノーマ・タルマッジ、フランシス・リーなどのスターをどのように評価していたかが、当人たちの言葉を用いて紹介されている[36]。その年の六月号では、「え・にゆう・がある」として女優のリリアン・ロスを取り上げ、その生い立ちや「クララ・バウにノーマ・タルマッヂの気品をミックスした」風貌を解説している[37]。

このように仕事を通して映画と触れ合う生活は至極充実したものだったが、やがて大学に通っていないことが父親の耳に入り、神戸へ戻るよう命じられる（父が知る前に、祖母、母、姉はその事実を薄々知っていたという[38]）。そう言われては従うほかなく、淀川はしぶしぶ実家へ帰還する。そのタイミングは、『映画の友』の創刊から間もない頃だったというから[39]、東京に住んだ期間は二年に満たなかったことになる[40]。

神戸に戻ってからは、姉の富子が父親と共同出資して始めた「ラール・エヴァンタイュ」という西洋美術品店で働くこととなる[41]。そこは「舗道いっぱいにショーウィンドウがはり出して」ある洋風の店舗で[42]、小磯良平、小出楢重、谷崎潤一郎、山路ふみ子などといった文化人が出入りを重ねていた他、西洋人の顧客もついていた[43]。中学の同級生で、のちに彫刻家となった柳原義達も「随分洒落た店やった」と記憶している[44]。そこで淀川は、一九三三年の夏頃まで「シャンデリヤや椅子やカーペットやカット・グラスなどを売る店員」として働いた[45]。住居は会下山町から葺合区熊内町の小さな借家に移り[46]、近所に住んでいたドイツ人の「ハリール君」と仲良くなって英語を教わったり映画を観に行ったりしたという[47]。

2　投書というカーニヴァル的活動

この身の振り方が落ち着かない時分にも、映画への情熱は停滞することなく、淀川は生活の場を問わず映画鑑賞に熱中した。

その様子は当時の映画雑誌を見るとよくわかる。『自伝』などを読むと、淀川は少年時代から映画雑誌をむさぼるように読んでいたというが、先の『映画世界』だけでなく、『キネマ旬報』『新映画』『映画の友』など複数の雑誌を愛読していた。そして読むだけでは飽き足らず、盛んに投稿を行った。

図 2-1　淀川が愛読した『映画世界』の表紙（1928 年 8 月号）

その頻度が最も高かったのは『映画世界』と『新映画』である（図2-1）。この二誌は読者の参加を促すために、懸賞や質問コーナーのほかに「クラブ」（『映画世界』）や「フォアイエ」（『新映画』）という名のコーナーを設けていたが、そこでは匿名で、時として喧々諤々の意見交換が繰り広げられていた（『映画世界』には「この頁は余り顔を近づけて読むと危険です」という「注意」が記されている[48]）。そこには日常の身分、年齢、階層、性別などの転覆や倒錯も許容される非日常的な空間――いわばミハイル・バフチンの言う「カーニヴァル的空間」――が築かれていた。「無礼講」も「下克上」も許容され、むしろ四方八方から繰り広げられる意見の応酬が読者を楽しませていた[49]。

淀川は毎月、こうした「リーダー・ファースト」を標榜するファン雑誌に文章を寄せた[50]。『半生記』を見ると一六歳の頃から『映画世界』への投書を始めたとあるが[51]、調査を通して確認できた最初の投書は「ジョージ・バン黒子」名義で記された一九二八年二月号の文章である（この時一八歳であった[52]）。他にも自身のイニシャルを基にした「N・Y」「神戸N・Y」、垂水（神戸の地名）と女優のアナ・クレアを組み合わせた「タルミ・クレア」というペンネームでも投稿している。同じ号に別々の名で複数の投稿が掲載されたこともある[53]。

淀川の投書の大きな特徴は、異なる名義で複数の人物を演じ分けていることだ[54]。まずは次の文章を見てみよう（以下、傍線は引用者による）。

> キャロル・ロムバードの表紙余りにきれいなので八枚に破れてしまった。何にしろ俺の兄弟は八人共ハルポ「・マルクス」みたいなのでかくしていても直ぐ見つけやがる[55]（「神戸N・Y」）

この「神戸N・Y」は、主語には「俺」という一人称代名詞を用い、文末を「だ」や「やがる」で締めるなど、概して男性口調となっている。いささか乱暴な男性のペルソナが構築されている。

次の文は大きく異なっている。

> 今月まるできれいなお菓子の様な表紙、ピンクと白の感じのいゝこと四月号にはうってつけの色ですワ。「メリブの二十四時間」楽しく何度も読みましたの、海辺に住んでゐる私にはとてもほゝえましい景色でした、今日は初夏の様な暖さです。タルミ・ホテルでお隣りのカルトンさんとテニスをやって午後海辺を散歩しました[56]。

（「タルミ・クレア」）

この「タルミ・クレア」は「女性」である。まずは敬体（です・ます調）で話が進められ、「ワ」のような女性文末詞が用いられている。右の引用文はこの投書の冒頭部分であるが、「海辺に住んでゐる私」が「隣りのカルトンさんとテニスをやって午後海辺を散歩」したとあり、翌月の投書では海に「ヨットが白く光ってゐ」る姿を背景に映画談義に花を咲かせている。(57) 余暇を満喫する有閑階級の女性を思わせる内容となっている。

さらに、もう一文見てみよう。

相宮葵さん！あんた今日から私の子分にしたげあるワ！だって、私の思った事をつぱり云ってのけた、あんたゞけョ。〝旅愁〟なんてクルト・ベルンハルトが馬鹿さかげんを発表したに過ぎないんだもの、これは予告篇だけで結構だったシロモノね。つまり監督も役者もマゴく〵しない目ざわりのないキャメラの〝旅愁〟これがつまり一番よかったなんて痛快だヮ。(58)（「神戸・バン黒子」）

この「バン黒子」（「バン・黒子」という表記もある）は、投書の数が最も多い名義である。「タルミ・クレア」同様、「ワ」や「ね」のような女性文末詞が用いられているが、投書仲間を「あんた」と呼ぶなど、口調は「タルミ・クレア」よりもぶっきらぼうで強引だ。別の号ではルイーズ・ブルックスが表紙を飾るという念願が叶ったことに対し、『映画世界』の編集長の南部圭之助に対して「カルピスを送ろうかしら？」とした上で、さらに、

南部さん神戸に来ないこと、港の気分は銀座やブロードウエイやリバーサイドとは又異なったいゐ気分のするものヨー［。］サキソフオンとチヨコレートと白い船が待ってゐますョー。デツキでポーカーでもやったらそりゃ素敵よ！(59)

という文句で締めくくっている。ここでは神戸が、ニューヨークや東京とは異なりながらも西洋の音楽（おそらくジャズであろう）や菓子を消費し、船上で西洋の遊びを楽しむことのできる「モダン都市」として描かれており、[60]「バン黒子」はその派手な文化を愉しむ存在として示されている。東京の「邦楽座にGood-bye Kiss」をしたのち神戸で書かれた投稿文では、海岸で「蓄音機」を横に「あいす・もなか」を頬張り、沖の方で「クリーム色のモダンシップがU・S・Aのフラグふりたて」る姿を見ながら余暇を愉しむ様子が示唆されている。[61] ここには、映画をはじめとする都市の消費文化を楽しむ、時として挑発的な「モダン・ガール」（モガ）が作り上げられていると言っても良いだろう。[62]

3 男性・女性・映画

このように、淀川は映画雑誌への投稿を通して、ジェンダー、階級、社会的な身分の異なる複数の人物像を構築した。その文章の内容はゴシップ的なものから、個々の映画に対する真摯な感想まで、雑多である。読書欄を仕切る「アーサー」「ミッキー」「リンカン」といった編集スタッフだけでなく、[63]「南圭」（南部圭之助）や「筈見の野郎」（筈見恒夫）に対する喧嘩腰の文言も目につく。[64] 投書空間では私見がめくるめくように飛び交ったが、淀川は間違いなくその「首謀者」の一人だった。

そこに表現された淀川の情熱はまず、スターをめぐる言説に表されている。例えば、「女性」（主に「バン黒子」）の立ち位置から書かれた言葉を見てみよう。そこで目立つのは、男性スターへの憧れの表現だ。その対象となったのはジョージ・バンクロフトである。バンクロフトはサイレント期からトーキー時代にかけて活躍した俳優であるが、デビューして間もない頃から淀川は注目しており、質問欄では、このフィラデルフィア出身の役者の出演映画およびファンレターの送り先の住所を尋ね、[65]「バンクロフトいゝわ素的ね」[66]、「バンクロフトと新婚旅行」[67]、「「まあ！」と驚くのも構わないでキッスされたら」などと憧れを独自の形で表現した。[68] そもそも「バン黒子」というペンネームもこの俳優の名をもじったものである。また、このスターを「仲々ユーモリストであり、女の人には親切で、ナイトでもある」と絶賛する「Ｓ街のほとり憎まれ子」に共感し、[69]「このあほくさいクラブで話せる奴と云ったら、「Ｓ街のほとり憎まれ子」きりだ」と「愚痴」をこぼしている。[70]

また、「バン黒子」は、脇役出演を経て『暗黒街に踊る』や『紅塵』などで一躍人気スターになったクラーク・ゲーブルにも好意を持った。『新映画』一九三二年五月号を見ると、ゲーブルに「口を出」した「シルビア」という常連投稿者に対して「ゲーブルが凸凹だらうが大きに御世話」とし、「おゝゲーブル！ＯＨ！ＭＹ！ゲーブルにポシアンとどやされて蹴られてあのホッペタにかみついて、そのまゝ死ねたら……あア！」と声を上げている。[71] ただ、ゲーブルに入れ込む者は他にもいたようで、例えば「クラアク・さゆり」なる人物は「バン黒子」に対して「あたしのゲエブルを横取りされそうでイササカ癪」に触るとし、「マアいゝさ、ゲーブル！ゲーブル！てうんとお騒ぎあれ、あたしも負けずにがんばるわ」と対抗意識を燃やしている。[72]

反面、デビュー当初から二枚目と評判のあったケーリー・グラントは気に入らなかったようだ。グラントは、ジョセフ・フォン・スタンバーグの『ブロンド・ヴィナス』では、ナイトクラブの歌い手（マレーネ・ディートリッヒ）の不倫相手の富豪役を演じているが、その姿は「キザったらありゃしない」ものだった。グラントは、一旦は関係を終えてヨーロッパに渡るも、ディートリッヒが舞台に登場すると観客として会場に姿を見せる。そこで観客席の通路に降りたヒロインに対して、顔を横に向けて甘く囁くグラントの振る舞いがまるで「ロボットまる出し」だったという。「この大根野郎！」とも言っている。[73]

「女性」として同性の魅力を讃える文言も目につく。例えば、「タルミ・クレア」は「目の上のホンノリふくらんだ、そして素敵な口の魅力」を見せたシルヴィア・シドニーに好感を抱き、その「まぶた」と「くちびる」が醸し出す「淋しさ」が「何とすばらしい」と述べている。「都会の秋にみず色の花を見たらそれが彼女かしら」とも、丁寧な口調で言っている。[74]「バン黒子」は、プッチーニのオペラを映画化した『お蝶夫人』で和服を装い、「ダンナハーン」と口にする「チョウチョウサン」役のシドニーを「可愛い」と、[75]『街の風景』で貧困や差別の蔓延るマンハッタンの下町で育つ純粋な娘を演じる姿も「何と可憐」など言っている。シドニーの母親役で、「ぐっと落した様なしめっぽい」声を持つエステル・テイラーのことも「いつ見ても」「好き」だった。[76]

　レニ・リーフェンシュタールの「美」にも惚れ込んだ。このドイツの映画人は、一九三五年に公開された『意志の勝利』というナチス・ドイツのプロパガンダ映画の監督として有名だが、監督になる前は女優としてその名を確立しており、淀川はその女優としてのリーフェンシュタールに魅了されている。例えば『聖山』という、ドイツの「山岳映画」の代表作として知られる作品があるが、[77]「黒子」は、その物語内で見せ場となっている命懸けの登山や熾烈なクロスカントリー・スキーの競技などよりも、踊り子役として披露される「すばらしいリイフェンシュタアルの踊り」に惹かれた。そもそもディオティマという役名を「何と云［う］いい名」と讃え、海辺や花畑といった自然美を背景に現代的な踊りに打ち込むリーフェンシュタールは「自然の神秘が生んだ女だ、露を受けて旭陽に輝く聖山の霊花、エーゼルワイズにも似た神秘な力強い踊り子」だと感心している。[78]

　一方、「男性」の立場からもスターへの思いが表現される。ただ、同性に対してはその容姿の「美」を讃えることはあまりしない。代わりに、モーリス・シュヴァリエの「左のほゝ」にある「でっかいオデキの跡」を「トレイド・マーク」とみなしたり、チャーリー・ラグルスの「お尻が一番魅力がある」など、身体的特徴を、多少のユーモアを混ぜながら語る文が目につく。[79]反対に、異性に対しては「美」への言及がある。例えば、グレタ・ガルボに対しては「N・Y」が「よもぎもちを送ってサインを頼む考へなる」と述べており、[80]『映画世界』には以下の詩が掲載されている。

春の狂乱がすぎさらうとする五月
晩春五月の白い光線の中に
夢として咲くローデンドロンの花。
底知らぬ水晶の様な冷い泉に
ソッと影を落す高貴な高貴な
ローデンドロンの花。[81]

このスウェーデン出身のトップスターをローデンドロン（シャクナゲ）の花に喩えているものと思われるが、季節を「晩春五月」に設定して花の脇に透き通った泉を置いたりしていることから、ガルボの美貌を自然の「美」として表現していると解釈できる。また、春も終わる頃の「白い光線」を浴びさせている点も特筆に値する。一九二〇・三〇年代の白黒映画では、照明が特に重要な役割を果たしていたからだ。特に男性に対しては陰影を際立たせる強い光源を活用し、女性に対しては柔らかい光を当てることが少なかった。[82] この詩で淀川は、春が終わる頃のまだ柔らかい日差しで花＝ガルボを包み込み、その「美」を強調しているようだ（図2-2）。

図 2-2　「ローデンドロンの花」のように美しかったグレタ・ガルボ

クララ・ボウに魅せられた様子も表現される。ボウは『あれ』や『人罠』などの代表作を持つ人気女優で、都会の「モダン・ガール」の役を演じることが多かった[83]。ただし淀川が言及しているのは、ボウがハワイ人役を演じる『フラ』についてである。丸裸になって屋外で水浴びをし、フラの衣装を身に纏って観客を挑発するかのように踊り出し、既婚男性に対して積極的に恋愛を仕掛ける奔放な女性を演じるボウを観た「ウォーレス・バンクロフト」は、「椰子茂き情熱の島かげで奔放なる恋を成長させて行く」様子を「素適」に思い、「自暴自棄をフラ〳〵ダンスに託して踊るその野生の美」を讃えている[84]。

スターの他に、淀川はペンネームを使って個々の作品についても言及し、印象深かった映画に対しては「男女」を問わず畏敬の念を示している（それはジェンダーの垣根を超越した「映画愛」の表現と言っても良いかもしれない）。一例としてジョン・スタールの『裏街』が挙げられる[85]。これは恋多き女レイ（アイリーン・ダン）が、結婚を間近に控えた実業家役のウォルター（ジョン・ボールズ）と逢引きするところから始まるメロドラマである。しかしヒロインが急用で約束の場に顔を出すことができなかったため、ウォルターはそのまま婚約者と結婚して子供を二人儲けることとなる。そしてそれ以後も二人は互いへの想いを捨てきれずに密会を続けるが、ウォルターは病で死に、レイも後を追うように息を引き取る。

「バン黒子」の文章を見ると、二人が「音楽堂で逢へてさえゐたら」恋愛が成就していたはずなのに、結局「寂しい物語」になってしまうその「感傷に泣かされた」と書かれている[86]。特にダン演じるヒロインが「雪の日に再び忘れ得ぬ彼にあってからさみしい一生を終る」顛末に胸を打たれた様子で、「お母さんが若い頃大切にしてゐたオルゴール手箱」のような「暖か」さを感じている[87]。個々のシーンも目に留まったらしく、「流れ雲が冷く石畳を濡らし去ったアダムス通り」のショットや、客船の甲板に立って海を眺めるダンの姿が「きれいな絵」のようで「私には忘れられない」と述べている[88]。

同じく「バン黒子」は『喝采』にも拍手を送る。これはバーレスクの踊り子である中年女性とその十代の娘、そして前者のボーイフレンドの間で繰り広げられる家族の物語である。作中では、高い学費を払って娘をカトリックの学校へ通わせる母親が、その金を他に利用しようと目論むボーイフレンドにそそのかされて娘をニューヨークへ呼び寄せ、舞台に出演させてしまう。娘はバーレスクの猥雑な世界を忌み嫌いながらも、街で出会った水兵と恋に落ち、自らの幸せを手に入れたかのように見える。そしてその知らせを聞いて母親は喜ぶが、自身はもはや年齢のせいで舞台出演が続けられなくなり、失意のあまり自殺してしまう。これはルーベン・マムーリアンの初監督作品であったが、この映画「一つで、私はマムウリアンを永久に誇らしく思っ」たと淀川は当時述べている。(89)『半生記』にも「生涯忘れ得ぬ」作品と記されている。(90)

ここからも察せられるように、この時期の淀川はマムーリアンに熱を上げていたようだ。それもあってか「男性」目線でも同監督を讃えている。例えば、フランスを舞台に仕立て屋の男が貴族の娘と恋に落ちる『今晩は愛して頂戴ナ』といういわゆる「パラマウント調」の恋愛ミュージカルについて、淀川は「N・Y」として、まずパリの住民が箒で玄関を掃いたりノコギリで材木を切ったりしながら音のリズムを作ってゆく冒頭のシーンの「すばらしいキャメラの動き」に注目している。「屋根の上の洗濯女が持つひらひらした白衣」など目を引くショットに彩られ、「マムウリアンの細かい感じ」が表れているという。また、主人公二人が逢引きをする場面では「男と女の夜の囁きからダブって雲間の月を見せてベッドへ運ぶなだらかさ」に感心している。さらに視覚効果だけでなく、「唄（音楽）をあれだけのみ込んで」かつ「演技指導がきびきびさ」させる監督の腕にも一目置いている。(91)

「N・Y」はウィリアム・デミルにも好感を持ち、『明暗二人女』を「好きで好きで泣きたい程好きなんだ」とまで言っている。(92)この映画では、田舎（サウスダコタ）出身の女性役のミリアム・ホプキンスが既婚の（元）プレイボーイ（フィリップス・ホームズ）と純愛し、結婚を誓う。デミルはこの二人の関係を、ホプキンスの父や女友達と共に、ニューヨークの夜景を舞台に描写するが、「N・Y」はそこに「マムウリアンの且つての鋭角的な紐育」ではなく、「女と女と、男と女と、親と子の何時に変らぬ世の人情のうれしさ」が表現されていると言った。つまり、「紐育のあそび人の世界」に「漂ふ都会的なふんゐき」の中に「しみじみした味」を効かせているところに魅力を感じたのだ。「ホッとした気持ち」にさせられたことを喜んでいる。[93]
『極楽特急』にも感激した様子だ。この映画では、金持ちを狙う詐欺師役のハーバート・マーシャルが化粧品会社の女社長（ケイ・フランシス）に近づき、その富を奪い取ろうとするが、次第に恋愛感情を抱くようになり、同じく詐欺を働く恋人（ミリアム・ホプキンス）の嫉妬を受けるという三角関係がコミカルに描かれている。淀川は概して監督のエルンスト・ルビッチを高く評価していたようだが[94]、『極楽特急』でも、まず冒頭でマーシャルが高級ホテルのバルコニーで「シャンパンに月影を浮べて」とウェイターに要求する台詞に魅かれ、「あの最初の気持は私十年や二十年で忘れられないかも知れない」と「バン黒子」の立場から記している。そして「ルビッチ・タッチ」として説明されることの多い、「中年男女の「もめごと」がこんなにデリケートになって来る」展開を「見てゐて喜んでいゝのか感心していゝのか、何とも云えない。いゝ気持になってしまふ」と説明する。「「粋」だ！」と、のちに口癖のように繰り返されるフレーズをここで発している。[95]

　このように『映画世界』や『新映画』に盛んに投稿を繰り返した淀川は、掲載が途絶えると「バン黒子さん、如何なさいましたの、お名前が見えないので、ひどくがっかりしてます[96]」、「バン黒子さんがフォアイエに二ヶ月のお留守は気をもませる」などといったコメントが来るほどの中心人物の一人となっていった。[97]

　そして時を経ずして同志との対面の場を取り持つようにもなる。それまでも淀川は児童雑誌などを通して知り合った友人などと映画館が発行したプログラムを交換し合うなど映画愛好者との親睦を深めていたが[98]、いつしか元町の「ビーハイブ」という喫茶店で「映画好きの青年たちと映画愛好会のようなものをつくって毎月一回集ま」るようになった[99]。一九三二年四月末にルネ・クレールの『自由を我等に』が公開されると[100]、早速「店の一階一番奥の少し広い場所に十脚あまりの椅子」があるところで会が開かれ、その日は森本清という老人を歓迎している。淀川は、森本倉庫株式会社の「重役」だったというこの人物とはその後親睦を深め、映画談義に花を咲かせたという。[101]

　この定期集会の発展型と言えばよいのだろうか、『新映画』が「フォアイエの会」なるファン組織を結成すると、淀川は早速幹事の一人となり、元町のトキワヤ・フルーツ・パーラーなどで定期的に集まるようになる。[102] 時には試写会も企画したようだ。例えば、一九三七年の春には「神戸新映画フォアイエの会主催」により『噫初恋』の「名画鑑賞会」が催されているが、読者による報告を見ると、その日の会場には他の常連と共に「バン黒子さん」が「真剣な顔付」きでその場にいたという。ちなみに、その日「場内にはざっと一杯の人」が集まり、スクリーンが「粗雑」であったにもかかわらず「エポック・メイキング」なイベントになったことが「憧憬に堪えない」とある。[103]

4 「紹介記事」の内容

こうしたペンネームによる投稿と並行して、淀川は実名でいわば「物書き」あるいは「ライター」として原稿を執筆するようになる。『自伝』によると、「生れて初めて名が載り正式に原稿料というものをいただいた」のは、『映画の友』一九三二年五月号に掲載された「アロウスミス撮影記」というエッセイであった。[104] それは神戸で執筆されたものだ。[105] 以後、『映画の友』をはじめとし、『エスエス』『東宝映画』『映画と音楽』といった雑誌にも、実名での文章が掲載されてゆく。キネマ倶楽部など神戸の映画館用にも記事を書いたようだが、入場券を「原稿料」としてもらったという。[106]

これらの文章は淀川の「公」の顔であり、投書とは著しくトーンの異なる内容になっている。その大多数は、アメリカの映画誌や情報誌の内容をかいつまんで文章にした「紹介記事」であった。[107]

その文面をつぶさに見ていくと、まず個々の映画の製作背景を紹介しようとしていることがわかる。例えば、「アロウスミス撮影記」(映画の邦題は『人類の戦士』)には撮影現場へと読者を案内すべく、「チブスにかゝった一農夫にコニー「主役のロナルド・コールマン」が注射してやるシーン」、「ミネソタの農家」を描いたシーン、「北ダコ

図2-3 『人類の戦士』（アロウスミス）の英語版ポスター

タの寝室」で「ヘレン・ヘイ［ズ］が出場」するシーン、「ウェスト・インドのカリブ村落」のシーンの撮影風景を報告している(108)（図2-3）。『ステージ・ドア』を取り上げた文では、監督のグレゴリー・ラ・カヴァの「即興的」な製作の仕方に注目し、ジンジャー・ロジャースがアドルフ・マンジューの家族の写真を「くちゃくちゃにする」シーンで写真の代わりに彫刻を用いることとし、写真を「ぶっつけてくしゃ〳〵にする場面」はキャサリン・ヘップバーンが登場するシーンに移動させた裏話を語る(109)。長編アニメーションの『ガリバー旅行記』に関する文章では、監督のリチャード・フライシャーがニューヨークから「二百五十人のアーチスツをマイアミへ呼び」、マイアミで「技術家」を「三百五十人」雇って「一年間と六ヶ月」をかけて「昼夜交代で作業に取り組んだと伝えている(110)。

　このような個々の作品を扱った文章には、映画を「低俗文化」とみなす傾向に抗い、むしろそれを高尚な「文化」として捉えようという意図が反映されている。そのため、『若草物語』（一九三三年版）を紹介するのに原作者のルイーザ・メイ・オルコットに紙幅を割き、物語自体が「自身の体験」に基づいて書かれていること、また登場人物のジョーが「ルイザ女史」本人、メグが「アンナ」、ベスは「エリザベス」、エイミーは「メイ」などという「妹達」を表現したものと強調している。その中でもメグは、「フレドリック・アルコット夫人」という「今尚生存してゐる」人物であることが明らかにされる(111)。『嵐が丘』をめぐるエッセイでは、すでに一流監督として名の通ったウィリアム・ワイラー以上に原作者のエミリー・ブロンテに注目し、「これほど強い情熱を描いた作品を私は未だ且つて読んだことがなかった」と私見を述べている。特にヒースクリフという「悪魔の様な主人公が、痛ましく寂しい人間として何時までも心から離れな」いほどだったと言っている。(112)

さらに淀川は、映画を「健全な娯楽」とみなそうとしている。例えば、一九三七年に公開されたウォルト・ディズニーの『白雪姫』には魅了された様子で、「世にも楽しく美しいお伽噺」と讃えている。(113)また、『オーケストラの少女』についても、「明るい」「非常に嬉しい」「安心できる」「あの朗らかな健康性は羨やましい」などといった表現が並ぶ。「ダービンが禁じられてゐる劇場内にもぐり込んで、こっそりストコウスキイの指揮振りを眺め乍ら、曲が終るや思はず飛び上って拍手して了った、あの瞬間に「まゐった！」と思った。伸び〳〵とした悪るびれたひがみのない純心が美しい」とも熱弁されている。(114)『熱帯の女』については、「余りにも悲しく、そして余りにも美しい。それは、まるで夢幻的であり、伝説的である」と述べている。(115)

スターに関するエッセイからも映画を「文化」と捉える姿勢が窺える。確かに、不景気の中で「スターと云ふスターが殆んど皆ロールス・ロイスを売りたがってゐ」るなどというゴシップも見られるが、(116)ハリウッドの役者を論じるときは、その「美」が強調されることが少なくない。例えばタルーラ・バンクヘッドのプロフィール記事では、このアラバマ生まれのスターを「細巻きから流れる紫色の煙の様に、美しく弱々しく、同時に真夏の大空に一筋強く描かれる電光の様な感圧的な強いもの」を秘めた女優として讃えている。(117)また、グレタ・ガルボの「顔は北欧的な白青色の陰影にひそむ神秘を受け」ており、「彼女の大きな目と鼻と口が不思議な美を築いて、筆者はローランサン描く牝狐を感じる時がある」と言う。それを言い換えれば「恐ろしく高価な世界的美術品」で、「堂々たりすぎる」存在でもあった。ガルボは間違いなく「華々しく君臨する大女王」であり、「スター嫌いの厳しいファン」も「其の道を一歩ゆずるだろう」と淀川は言っている。(118)その反面、センセーショナリズムの傾向には反発しており、ヘディ・ラマーのことを「グラマアヴェラスだとかヘディ・ラマアヴェラス」などと言い立てるのを「まるで気狂

図 2-4 若き日のゲーリー・クーパー

い沙汰の宣伝」と切り捨てている。[119]

もちろん、淀川にとってスターの魅力は容姿だけでなく、その「内面」にもあった。それゆえ、有名俳優の「素顔」を捉えようと努力している。[120] 例えば『第七天国』で一躍名声を獲得したジャネット・ゲイナーについては、「殆んどのスターは監督の誰彼を文句云ひたがる」ところを、「衣服に就いて」も「とやかく云は」ず、「監督が誰であらうと、その方の云はれる事を精一杯一生懸命に演《や》るとする。そして私生活でも「ハリウッドの街には余り見受けられないつゝしまやか」な「英国風のバンガロウを建て」て生活を楽しんでいると綴る。[121] また、アンナ・ステンについては「平素は平凡極まりない一女性に過ぎ」[122]ず、自宅では「一回も宴会の経験」がなく、「家庭ではよき奥さん」だったという。[123] さらに、「ブルックリンの貧民街」で生まれ育ったバーバラ・スタンウィックは若い頃「女中見習ひ」として育った苦労人であることを強調し、大スターになってからも「懐しさ」「親しさ」「優しさ」に満ち溢れた人物だと主張する。[124]

こうしたスターに関する記事には女性を扱ったものが多く、男性俳優の記事はあまり見られない。そして数少ない男性スターをめぐる文章には、その美貌を語る文言が見当たらない。ゲーリー・クーパーを紹介するにあたっては、その容姿をつぶさに表現することはなく、モンタナの「気持ちいい大自然」の中で「鉄道修理」のために地域を訪れた「トルコ人」労働者たちに「頭を撫で」られたり「可愛がって」もらったりしたことや、兄と一緒に谷川へキャンプに出かけたら大雨に見舞われて「気狂ひの様」に心配する母親に迎えに来てもらった逸話などを紹介す

図 2-5　チャップリンとの出会いを綴ったエッセイ（『映画の友』1936 年 5 月号，106–107 頁）

るにとどめている[125]（図2-4）。ハーポ・マルクスは「オフ・スクリーン」では「恥づかしがり屋」で奥手だったという。[126] チャールズ・ロートンに関しては、一九三三年に「英国風の妙な気どりと云ふのか、芝居気たっぷりのあくどさと云ふのか、あの嫌やな感じが抜けきると可成り立派な役者になるだろうと思ひます」と予測している。そして「非常に芸術かたぎ」で「一つの芝居に身と、心もすっかりぶちこんでかゝらないと気のすまぬ所謂芸術家肌の男」と褒めている。[127]

そうした中で、諸手を挙げて礼賛された男優が一人いる。チャールズ・チャップリンである。このサイレント時代の大俳優は一九三二年に船で初来日を果たして計二〇日間を日本で過ごしたが、[128] 照国丸から神戸の地に足を下ろした途端に「歓迎の大旋風が捲き起っ」たと『神戸新聞』は報じている。[129] 淀川がこの「喜劇王」と出会ったのは一九三六年、二度目の来日の時であった。この時、チャップリンは妻のポーレット・ゴダードを連れて三月五日に東京に降り立ち、京都を経由して翌々日に神戸に到着した。[130] ユナイテッド・アーチスツ社に届いた電報を通して喜劇王の来日を知った淀川は、[131] 神戸港に停泊するクーリッジ号を直接訪れて面会している。

それまでの淀川は、確かに銀幕上のチャップリンに魅了されており、「神様」の一人として崇めてはいたが、[132] 必ずしもそのすべてを無批判に受け入れていたわけではない。例えば「バン黒子」は『街の灯』を通して見る彼に尊いまでの芸術を感じました」と認めながらも、「プライベートのチャップリンは嫌いです」と断じている。[133] この批判は、この男性役者の女性遍歴に対する嫌悪感ではないかと想像される。[134]

だが、その両義的な気持ちは直接出会うことによって完全に払拭される。その様子が報告された「チャップリンに逢ふ!」というエッセイ(図2-5)を読むと、それまで「あの偉大なる喜劇王に是非一度逢ひたいと前々から願ってゐた」淀川は、単身クーリッジ号に乗り込み、街から戻ってきたチャップリンと対面し、「一番好きな監督」や「次ぎの監督作品」などを語りあった。そして自分で持ち込んだスチル写真にサインを書いてもらっただけでなく、直接チャップリンの「余り大きくない手を握」るという念願を果たしている。その時の淀川は「平凡極まりない一ファン」になってしまっていた。[135] そこには、「批評家」や「文化人」の目線ではなく、あくまで一般の「ファン」として映画と接しようとする姿勢が表れていた。

おわりに

中学卒業後の淀川は、学生と社会人の間を揺れ動く不安定な日々を送った。この間、受験勉強に励み、雑誌社で働き、美術商店の店員を務め、次章でも述べるようにやがて映画会社に就職する。この間、住まいは神戸、東京、神戸と変わっていった。

その身の振り方の定まらない時期、淀川は「映画狂《スーパーファン》」として映画館に入り浸った。そして『映画世界』や『新映画』の投書欄という「カーニヴァル的空間」をキャンバスに、当時スクリーンを賑わせたスターや作品への思いを、複数のペルソナを通して表現している。その文章には、既存のジェンダー規範に抗う挑発的な意志を垣間見ることができる。ただし、構築された「男性」「女性」のペルソナは、それぞれ異性を恋愛対象と見る傾向が強かったようだ。特定の映画への賛辞は、性別を問わず表現された。

一方、本名で書かれた記事には、話題の新作や映画スターの魅力をさらに引き上げるような内容が盛り込まれ、映画を「高尚」な「文化」に昇華させる意図を持った文が並んだ。映画を「低俗」な娯楽とみなす姿勢が社会に蔓延る中、淀川は映画を正当で芸術的でさえある媒体として熱烈に弁護していった。その意味で、「淀川長治」名義の文章も政治的なものであった。

これらの文章の多く――特に実名で書かれたそれ――は、ユナイテッド・アーチスツ社に勤務する傍らで書かれたものである。次章ではその「本業」の活動を辿ってみよう。

第3章　アメリカ映画の商人

ここに、『キネマ旬報』に掲載された広告がある（図3-1）。宣伝されているのは『ゼンダ城の虜』[1]。とある公国の王子と外見が瓜二つの人物が、城に幽閉された王子の代わりに悪者を撃退するという歴史劇である。原作はイギリス人の作家アンソニー・ホープ、監督はジョン・クロムウェル、そしてプロデューサーはデヴィッド・O・セルズニックであり、役者の顔ぶれもロナルド・コールマン、マデリン・キャロル、ダグラス・フェアバンクス・ジュニア、メアリー・アスター、デヴィッド・ニーヴンと豪華だ。

この「品位のある」文芸大作（英語ではprestige filmとも呼ばれる）の魅力を伝えるために[2]、広告では、一人二役を演じるコールマンをはじめとする「豪華スタアの競演」であることが明確にされた他、「王宮のロマンス」や「英雄と悲恋とスリル」など多くの見せ場を持つ映画であることが約束される。とりわけ「愛の尊さ」「忠節の美しさ」「香り高き古典美の極致！」などとして映画の「上品さ」や「気品」が強調されている。

この広告をデザインしたのは、何を隠そう、淀川長治である。幼少の頃から映画館に入り浸ったこの神戸・西柳原の映画狂《スーパーファン》は、一九三三年の夏にユナイテッド・アーチスツ社（以下ユナイト社）へ入社すると、「宣伝」という極めて「近代的」な営為に関わることとなる[3]。初めの五年半は大阪支社に勤務し、その後は東京本社で宣伝部長として公開作品の宣伝を手がけた。この時期、映画宣伝が彼のなりわいとなった。

図 3-1　『ゼンダ城の虜』広告（『キネマ旬報』1940 年 2 月 1 日，頁不記載）

ユナイト社社員としての淀川は、スター談義やゴシップに花を咲かせる一介のファンではなく、ユナイト社、そしてハリウッドのれっきとした「商人」だった。そこには、映画の「娯楽」性を讃えながらも同時に「鑑賞」を促し(4)、映画の「低俗性」を否定してハイブラウな「文化」として讃える姿勢が垣間見えてくる（これは前章でも取り上げたように、実名で書かれた文章の意図と呼応している）。特に東京本社時代の活動に——そしてジョン・フォードの『駅馬車』の宣伝にも——その意志が表れている。

淀川にとって、憧れのハリウッドの映画会社の一員として働くことは、この上ない喜びだったはずだ。そして、そこで映画を正当な「文化」として扱う意識は、主に「裏方」での活動ながら、のちに映画の「伝道師」と呼ばれた淀川の知的な土台づくりに貢献したとも言える。しかし、アメリカ映画の配給網が、邦画に押されて主に都心に限定されていた一九三〇年代(5)、社会における淀川の存在感やその影響力は未だ未知数であった。

1　ユナイテッド・アーチスツ社大阪支社

前章で示したように、中学卒業後の淀川は映画鑑賞に明け暮れ、熱烈な映画愛好者として『映画世界』や『新映画』などに投稿を重ね、映画世界社にも一時勤務し、実名で原稿も執筆するようになる。その淀川が映画会社に就職したのは一九三三年の夏のことである。(6) その後、ペンネームによる投書が減り、実名の記事が増えてゆくことは指摘に値する。

勤務先となったユナイト社は、ビジネス人が興した他のメジャー・スタジオとは異なり、一九一九年にD・W・グリフィス、メアリー・ピックフォード、チャールズ・チャップリン、ダグラス・フェアバンクスら業界のスターや監督が創設した歴史的な会社である。(7) ユニヴァーサル社に続いて早くからアジア進出を目論んだユナイト社は、一九二二年に東京・八重洲の三井ビルに日本支部を設け、(8) 神戸、大阪、福岡、青森などを拠点として配給の裾野を広げてゆく。(9) しかし、その後メトロ社に配給を委託したり、(10) 日本の仲介業者との「契約違反」騒動で物議を醸すなど経営が安定せず、(11) 一九三三年に日本支部を復帰させることによってようやく腰を据えて直轄事業を進められることとなった。(12)

映画業界に職を求めるに際し、淀川は必ずしもユナイト社を第一希望と思っていたわけではなく、ワーナー大阪支社に勤務する知人のつてを辿ってまずはメトロ社の入社試験を受けている。しかしすでに自分のことを「セミ・プロ」と信じて疑わなかった淀川は、試験当日会場に幾人もの入社希望者がいたことに腹を立て、『キューバの恋歌』を観て宣伝文を作成し、英文の宣伝パンフレットを翻訳する課題を「アホらしくて一番に書いてとび出した」という。さらに、数日後「採用の意あり」という通知を受けて会社に出向くと、候補者がもう一人おり、今度は口頭試験を受けなければならなかった。これで「ますますつまらなく」思った淀川は、かねてから知り合いだったユナイト社の宣伝部長、伊丹武夫に不満をぶつけると、「きょうから来給え」と誘われ、メトロ社ではなくユナイト社への入社を決意する。[13]

経緯はともあれ、晴れてアメリカの映画会社の社員となった淀川は、まずはユナイト社の大阪支社に勤務するようになる。当時の大阪は、市域の拡張とともに人口が二〇〇万人を超える日本最大の大都市となっており、[14]その映画文化も「名実ともに東京の浅草と並ぶ」[15]千日前を筆頭として、道頓堀、新世界など市内中心部から九条、天満、福島へと広がっていた。[16]さらに二代目大阪駅の建設や京阪電車の進出によって北部にも「梅田興行街」ないし「梅田映画街」が形成される。[17]この「東京に匹敵する華々しさ」を持つと言われた「大大阪」という映画都市に、[18]淀川は最大時速三五マイル（約五六キロ）で「高速運転」をする阪急神戸線に乗って、[19]会社のある北区・堂島の堂島ビル（通称「堂ビル」）という九階建ての建物の四階に通った[20]（職場はやがて御堂筋の御堂筋ビルに移転する）[21]（図3–2）。

図 3–2　ユナイト社大阪支社があった堂島ビル

大阪支社は、主に京阪神、近畿、中国・四国地方の業務を担っており、[22]そこで淀川はまず伊丹の「助手」を務め、[23]遅くとも三年後には「宣伝部長」として辣腕を振るっていた。[24]当時、本国のアメリカでは、宣伝材料を効率的に量産する仕組みが確立されていたため、例えば一枚のポスターを作るのにも複数の社員がそれぞれ文字、背景、人物を担当するという分業体制が取られており、[25]日本支部でも、概して「邦画のそれと異って、各社何れもその色彩特性が極めて濃厚であり、その企画も邦画会社より一歩進んだ立案が試みられ効果も適確性多く、また費用も多く使はれて」いた。しかし、組織の規模が本国よりも小さかったため（地方の支社ではなおさらであった）、限られた資源を無駄なく活用して広報活動を展開することが必須となった。[26]

そんな制約がある中で、淀川は、当時の日本支社の宣伝部が主に行う三つの仕事に携わった。「パブリシティ」(publicity)、「アドヴァタイジング」(advertising)、そして「エクスプロイテーション」(exploitation)である。[27]

まず、「パブリシティ」とは、「間接的」に「一般的に人の興味をそそるもので映画を覆う」作業を指すと映画学者のジャネット・スタイガーは述べているが、[28]日本では主に「ジァーナリズムへの基本宣伝」——より具体的には批評家や新聞・雑誌記者を対象にした試写——のことを指した。[29]実際の試写は「批評家とAクラス雑誌」「BCクラス雑誌」などとランク付けされており、[30]一般の雑誌・新聞記者用の上映では「写真が優秀ならばシーンと静もり返って見て居るのだが、愚作、駄作の場合には、忽ち、遠慮のない野次、冷笑が乱れ飛ぶ」こともあったようだ。[31]会社によっては映写後に書き手を連れてバーやおでん屋になだれ込み、「試写外交」を続ける宣伝部員もいたという。[32]

ユナイト社は、東京本社内に約五〇人掛けの映写室を持っていたが、[33]大阪では試写用の映写スペースがなかったため、興行者の設備を借りるなどして新作を披露することを余儀なくされた。[34]淀川は、そうした場で主に「各新聞社の映画欄担当記者」に映画を見せたようだ。[35]また、京都や神戸へ出向いて「出張試写」を行っており、その際は、現地の映画館などの営業時間外に映写機を回してもらった。プリントを自分で運ばなければならなかったため、身体が華奢であった手前、悪戦苦闘を強いられたという。[36]

次いで「エクスプロイテーション」にも関わる。これは「利用宣伝」とも呼ばれるもので、[37]アメリカでは一般的に「バリフー」(ballyhoo)とも呼ばれる、いわば「鳴り物入り」の広報を指す。[38]他の洋画会社と比較すると、ユナイト社のそれは決して大がかりだったとは言えないが、ビクター・レコードやポリドール・レコードとのタイアップ宣伝や[39]、葉書を通して行う「メンタルテスト」（いわゆるクイズ）や「題名懸賞」などが企画されている[40]。

淀川が最も詳しく記憶しているのは、三越で開催された「映画文化展覧会」への出展である。それはキネマ旬報社が、『キネマ旬報』創刊一五周年記念を祝って開催した大規模なイベントで、「近代科学の一大産物」である「映画の世界」を「パノラマ、ジオラマ並に内外各映画会社の貴重な特別出品」を通して披露することが目的とされた。一九三五年一月七日から一七日まで東京・日本橋で開かれ、大阪では三月九日から一六日まで開催された[41]。

東京会場の内容をもとに作成された『映画文化展覧会録』を見ると、日本の映画各社にはそれぞれ個別のスペースが与えられている反面、洋画についてはアメリカ、ヨーロッパ、ソ連といった国や地域ごとの展示となっている[42]。しかし、淀川によると大阪では洋画各社はそれぞれ「十畳ひとま」の空間をあてがわれたため、そこに新作映画のポスターや写真を展示するためにさまざまな工夫を凝らすことができた。ユナイト社は『女優ナナ』『ロスチャイルド』『麦秋』などの新作映画を宣伝し、淀川は一人で「こつこつとカナズチとピンとリボンと紙テープを使いながら」装飾を行った。そこで東京から派遣された東和商事合資会社（現・東宝東和株式会社）の野口久光と初めて出会ったことが、のちの語り草となっている[43]。

さらには「アドヴァタイジング」があった。これは主にポスターや新聞・雑誌用の広告を作成し流布させる工程を言う。宣伝材料は、一般的には本国の指示や提案に従って東京で制作され、それが地方各地へ出回ったようだ[44]。淀川も「昭和九年、十年のころは映画宣伝といえば試写と新聞と映画雑誌のそれらの広告デザインをすることくらい、それも主として東京の本社がやること」だったと『半生記』で述懐している[45]。

とはいえ、淀川は、大阪支社にいた時から宣材制作に関わったようだ。例えば、チャップリンの『街の灯』のような目玉作品が公開される際は東京本社へ出張し、宣伝パンフレットの制作に携わっている[46]。また、新作の邦題を決めるにあたって東京本社と手紙で意見交換をした[47]。例えば、『Blood Money』のタイトルを決める際、淀川は「鮮血の札束」や「血ぬられた札束」などの題を提案している（これらは採用されず、邦題は結局『濡れた拳銃《コルト》』に落ち着いた)。[48] また、『Broadway thru a Keyhole』の邦題には原題の直訳を提案した。[49] その題名――「鍵穴から覗いたブロードウエイ」――は広告に小さく添えられたが、邦題には『狂乱の不夜城』がまず採用され、[50] のちに『キャバレエの鍵穴』へと変えられた。[51] フリッツ・ラングの『You Only Live Once』については「わが生命のある限り」という題を提案し、はじめは『吾が命ある限り』というタイトルで宣伝が開始される。[52] しかし時を待たずして営業部の意向で『暗黒街の弾痕』に変えられ、それが定着した。[53] 映画自体はヒットしたものの、この新題は「音に出すといやらしくて嫌だった」と淀川は苦笑する。[54]

そして、宣材制作に携わらない場合はその媒介者として、東京であまた制作された広告を市場に流通させる役割を担った。元々ユナイト社は日本支部設立当初から広告作りに力を入れており、[55] 映画のスターやジャンルを明確にするようなスチル写真やイラストが、タイトル、監督、スター、主要スタッフの名前、さらに惹句や宣伝文句と組み合わさって表示されるスタイルが一つの「基本形」として早くから確立されてきた。

淀川の手を介した当時の広告も、この「基本形」に沿ったものが多いが、その内容にはいくつかの差異がある。例えば、ページ全体を一枚のスチル写真で打ち出し、その中にタイトルやその他の文字情報を入れていくような、視覚性がさらに強化された広告が多数見られるし(図3-3)、その反面、雑誌記事や映画館プログラムを彷彿とさせるような「概略」の紹介で空間を埋めた「読み物」となるようなデザインのものもある[56](図3-4)。

また、速報性が重視された広告が多く、次回作の公開日が決まる前からプリントが「近日到着」することが当たり前のように告げられた。[57] 映画が封切られると、映画館前に並ぶ観客を写した写真が広告に載せられた。[58] こうした情報は、雑誌広告がファンだけでなく、興行者に対する宣伝でもあったことを示唆している。

戦前の映画会社はそれぞれ自社の個性を色濃く打ち出す商業活動を展開しており、メトロ社は「有力なスタア」を押し出し、パラマウント社は「都会人好み」で「洗練されてゐる」と評判の「パラマウント調」を売り物とするなど、各社工夫を凝らして会社そのものをブランド化する努力を行っていた。[59] ユナイト社は、一九二〇年代には

「高級作品」で名を上げたが、[60] 三〇年代に入っても引き続きそのイメージを継続すべく、『孔雀夫人』を「すぐれた芸術品として」扱い、[61]『小公子』を「気品高きご家族向映画」としている。[62] しかし、作品不足を補うために、サミュエル・ゴールドウィン、二〇世紀フォックス社、ウォルト・ディズニー、デヴィッド・O・セルズニックの映画、またイギリスのロンドン・フィルム、リライアンス社、クライテリオン・フィルムなどの雑多な映画の配給を行う

図 3–3　視覚性が重視された『復活』の広告（『キネマ旬報』1935 年 3 月 21 日，頁不記載）

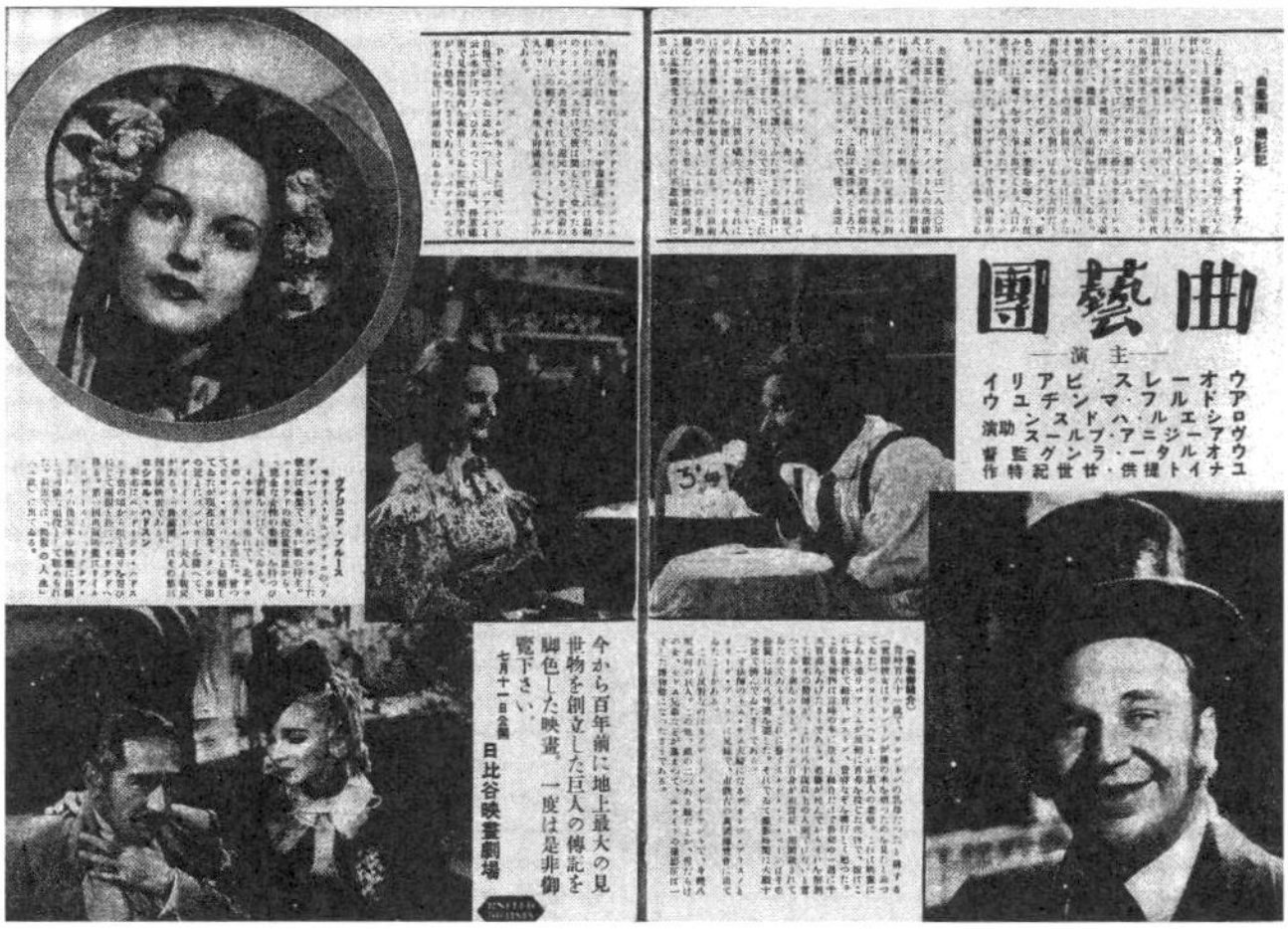

図 3–4　文字の密度が濃い『曲芸団』の広告（『キネマ旬報』1935 年 6 月 11 日，頁不記載）

図3-5　複数の製作会社の映画を売り出したユナイト社の広告（『キネマ旬報』1934年10月1日，頁不記載）

方針へと移行したため、「大衆向映画の絶対篇」とされたエディ・キャンター主演の『当たり屋勘太』（ゴールドウィン）[63]や「秋一番の大衆向映画！」と謳われた『赤陽の断崖』（リライアンス社）などが含まれるようになる。[64] 近日公開作品を列挙した広告を見ても、会社のカラーを統一することがもはや難しい状態であった[65]（図3-5）。

最後に、淀川はパブリシティ、アドヴァタイジング、エクスプロイテーションに加えて興行者との渉外にも携わったようだ。それは一般的には支配人と営業部の仕事だったが、映画館の直接経営が珍しかった日本では、興行者との連帯関係を深めるために宣伝部員も駆り出されることが少なくなかった。[66] そのため、淀川は営業部員の代わりに代金の徴収に出向いたりしている。[67]

また、淀川入社当時のユナイト社は、大阪では松竹座という四階建ての鉄筋コンクリート造を誇る松竹のSYチェーンを通して新作を封切っていたが、[68] その代表者の千葉吉造は、外国の配給会社と交渉するにあたっては外国人支配人だけでなく日本人スタッフと会うことを望み、営業部の他に宣伝部とも関わりを持った。[69] そんなことから淀川は、千葉の要請により、ユナイト社上層部の許可を得て松竹チェーンの興行宣伝を手伝うこととなる。例えば『描かれた人生』の上映時には画家の小磯良平を招いて座談会を取り仕切り、[70] 松竹座のパンフレットの作成にも協力したという。これは勤務時間外の「アルバイト」と本人は認識しており、この作業を通して他社の映画を見られることを何よりも喜んだという。[71]

そして、子供の頃から通い詰めた神戸のキネマ倶楽部でも、のちへの伏線となる仕事を一つする。それは映画の前説であった。一九三六年九月、キング・ヴィダーの『シナラ』の上映に際して、淀川は「漫談」を行うために招待される。キネマ倶楽部のプログラムを見ると、「関西映画界の寵児」たる淀川がそれを一二日の「開演前約十五分」に行うと記されており、「あの一見弱々しい美丈夫の口から、どんな鋭い言葉が飛び出るかどんな愉快な話が聞けるか」が期待されている。[72] 一方、『神戸新聞』には、「ユナイト大阪支社宣伝部長」の淀川が一、二三日に「漫談」を披露する予定とある。[73] いずれにせよ、蓋を開けてみると、「初めっから終りまでアガリっぱなしで、いったい何を喋ったかわからぬという痛い思い出」しか残らなかったと『半生記』にはある。[74]『自伝』には、その晩は観客に「やじり倒された」と言っている。[75] 若き宣伝部員には何ともほろ苦い体験となった。

2 東京本社へ

淀川が大阪支社で働いた五年半もの間に、宣伝部への評価は大きく変わった。『国際映画新聞』を見ると、入社当初は「宣伝部で困る程幹部に宣伝の理解が無い」と酷評されていたが、[76] 一九三五年には東京・大阪のいずれにおいても「宣伝」が「一頃よりはグッと積極的になって居」るとされ、[77] その翌年には「宣伝には俄然力を入れたので此頃は調子よく営業にも及ぼして居る」とある。[78] 淀川は社内での信望も厚く、出張で東京へ赴いた際は「映画や監督のことなら、大阪から来ていらっしゃる淀川サンに聞けば、なんでもわかるのじゃない」と頼りにされ、鼻高々だったようだ。[79]

こうして一九三九年初旬には日本支部の宣伝部長に就任する。[80] これはもちろん、大阪での実績を買われたからであろうが、淀川は必ずしも東京での生活を望んでいたわけではなく、「住みなれた神戸を離れることに気が重かった」ため、むしろ決断を渋ったという。[81] また、大阪という街も居心地がよく、仕事の合間に丸善書店で洋書を漁り、喫茶店「ブラジレイロ」で時間を潰し、心斎橋の「フジヤ」で食事をとる「モダン」な生活を楽しみつつ、[82] 批評家の村上忠久の自宅があった天王寺や、社会学者の酒井隆史が「ディープサウス」と形容する新世界界隈も遊歩したという。[83] ただ、『半生記』を見ると、あるとき大阪支社内で「おまえはだいたい人が良すぎるでェ、ええか、おとこと言うものはやなァ、あの男は食えん奴やでェ、悪い奴やなァ……そう言われるくらいにならんと一人まえやないのやでぇ」と批判されると憤りを覚え、「このことが、きっかけとなって私は東京行きを決意した」と告白している。[84]

東京へ到着した淀川は、まずは橘弘一路の自宅に数日居候した後、目黒区の小滝園というアパートに住まいを移す。[85] やがてまたもや橘の計らいにより、鶴見区馬場町の更地に建ててもらった一軒家に住むようになる。[86]『自伝』によると、橘は土地と家を「君にあげよう」と提案したが、それに恐縮した淀川は家賃を毎月支払うという形で合意したという。[87] 敷地は一三坪で三間しかなく、「チャップリンの『黄金狂時代』のあの崖っぷちの小屋」のようだった。[88] しかし、期せずしてマイホームを手に入れた淀川は、両親を神戸から呼び寄せ、異郷の地で同居生活を始める。

当時の東京本社は内幸町の大阪ビルにあり、淀川は毎日川崎から電車で出勤した。[89] この八階建ての建物には、ユナイト社の他にもパラマウント社、コロンビア社、メトロ社がオフィスを構えており、一見呉越同舟の気配が漂う。[90] しかし一九三〇年代も後半に入ると、日米関係の緊迫化に伴ってアメリカ映画に対する風当たりが強まり、一九三七年には外国映画の輸入が一時停止されるなど、各社にとって死活問題となりかねない状況が訪れた。そこで、ハリウッド各社はコロンビア社のマイケル・ベルゲルを代表として日本アメリカ映画協会（American Motion Picture

Association of Japan）を組織し、各社の宣伝部も「土曜会」なるグループを作って横のつながりを強化していった。[91]

ユナイト社はその洋画組織の一員であったが、その中での影響力は曲がりなりにも大きかったとは言えない。統制下での封切り本数は、一九三八年に七本、一九三九年は六本となっており、コロンビア社（二〇本、一八本）、パラマウント社（九本、二四本）、メトロ社（一五本、一三本）と比べるとかなり見劣りする[92]（表3-1）。

淀川は、その少数の映画の宣伝を、「助手の映写技師」と字幕スーパーの翻訳を担当した山本恭子しかいない宣伝部で――つまり事実上一人で――担当した。[93] しかしそれでも完全な自由があったわけではなく、宣伝を一任されながらも、営業部長や支部長には頭が上がらなかったようだ。当時のユナイト社は営業部を中心に回っており、宣伝部はその下扱いであった。淀川も「宣伝部三〇パーセント、営業部七〇パーセント」だったと言い、営業部長の中西一夫のことを「重役」と呼んでいる。[94] さらにその上には外国人支配人が聳え立ち、淀川をはじめとする日本人社員にさまざまな注文をつけた。[95]

表 3-1　日本におけるアメリカ映画の公開本数

	1938 年	1939 年	合計
コロンビア	20	18	38
パラマウント	9	24	33
メトロ	15	13	28
RKO	18	7	25
20 世紀フォックス	9	14	23
ワーナー	7	12	19
ユニヴァーサル	5	12	17
ユナイト	7	6	13
合　計	90	106	

仕事の内容を見ると、淀川は大別して二つの作業に取り組んでいる。まずは、引き続きパブリシティの一環として試写を取り仕切っている。ただ、本人の記述を見ると、東京では「新聞各紙の映画記者、通信社記者」の他に津村秀夫や清水千代太をはじめとする「批評家」を相手にしている。批評家を一堂に会しての試写には「まことに厳格」な空気が漂っており、「批評家以外」の人々の「覗き見見物は勿論ゆるされなかった」うえ、「スーパー（日本字幕）の日本文字が一字あやまっていても大目玉を受けた」という。[96]

さらに、アドヴァタイジングの一環として広告作りを行っている。アメリカとは違い、日本支部では宣材制作が分業化されていなかったため、広告の売り文句からデザインまでそのほとんどすべてを淀川が一人で請け負わなくてはな

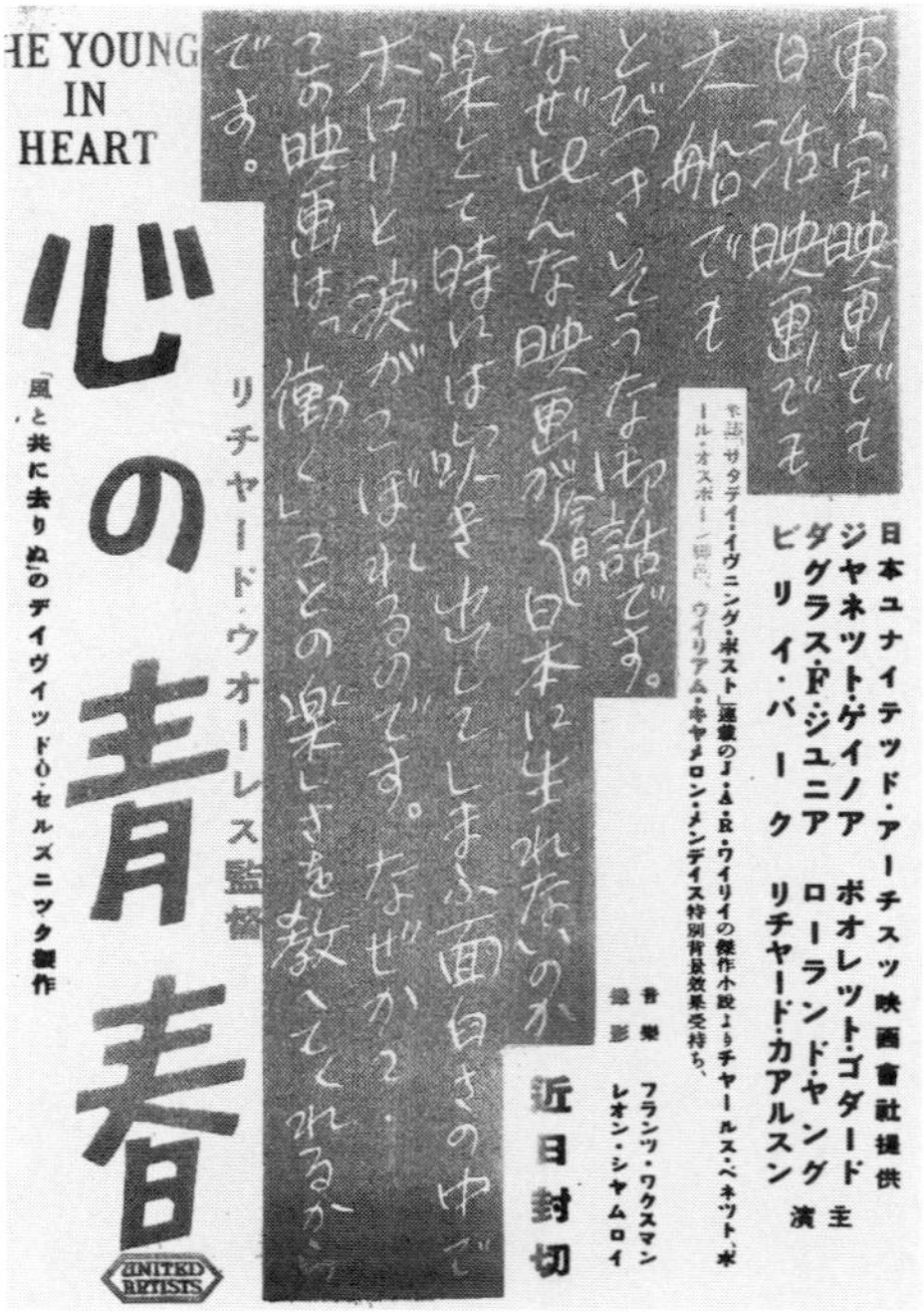

図 3-6　淀川の手書き文章が目立つ『心の青春』の雑誌広告（『映画の友』1940 年 10 月号，頁不記載）

らなかった。特にユナイト社には「図案部」がなかったために、ポスターやタイトル文字など最低限のものだけを外部に委託し、[97]図案のデザインは卓上の定規、灰皿、鉛筆、毛筆などを駆使して淀川自身が行ったという。[98]タイトルの文字を自分で書くこともあった。[99]

こうして淀川が見様見真似で手がけた広告には慣例に沿ったものが多いが、それを作るにあたり、本人は具体的に文字や文章を通して人々に訴えかける「文字広告」と、写真やイラストを前面に押し出してインパクト作りを狙う「図案広告」という二種類のデザインを区別して考えたという。[100]前者にはイラストや写真に文字を添えた広告もあるが、完全に文字のみの広告もある（図3-6）。[101]反対に、イメージを重視した後者も少なくなく、例えば『牧童と貴婦人』を売り出すにあたってはクーパーや共演のマール・オベロンのスチル写真をグラビアのように用いた大胆な広告が複数用意されている。[102]また、「デッド・エンド　愈々封切！」という文句を映画の一シーンのスチル写真に重ねただけのデザインも見られる。[103]

これら東京本社時代の広告には、淀川の「好み」や「個性」が反映されていたと考えてもよいだろう。それは特定のスターを強調する傾向に見られる。例えば、『牧童と貴婦人』はクーパーとオベロンの二人を主演とする映画であるはずなのだが、クーパーが目立つ広告が多い。[104]『心の青春』の広告では、主演がジャネット・ゲイナーで

図 3-7　ポーレット・ゴダードが全面に出された『心の青春』の広告（『キネマ旬報』1940 年 10 月 1 日，頁不記載）

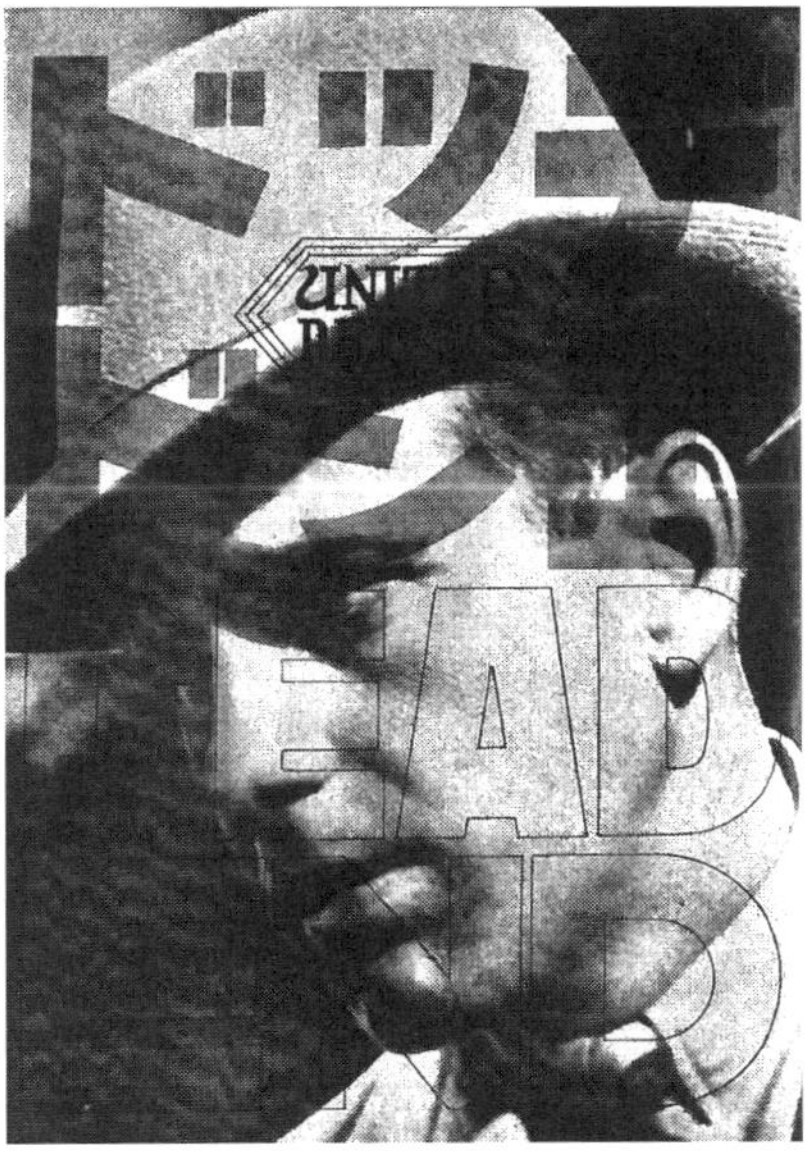

図 3-8　ハンフリー・ボガートの顔を文字と重ねた『デッド・エンド』の広告（『キネマ旬報』1939 年 8 月 11 日，頁不記載）

あったにもかかわらず、『モダン・タイムス』にも登場した準主演のポーレット・ゴダードを売り出した広告を用意し、後者で登場した裸足の貧乏娘の写真と『心の青春』でドレスを着て笑顔で闊歩する写真を並置し、「ぴちぴちした素晴らしい現代女性」であることが謳われた（図3-7）。[105]他にも、上司に「怒られ」てしまったという『デッド・エンド』の広告では、タイトルの文字にハンフリー・ボガートの顔がスーパーインポーズされた文字広告を採用している（図3-8）。主演のジョエル・マクリーではなく脇役のボガートの顔写真を用いた理由は、その役者が好みであるからに他ならない。[106]

そうした要素の他、淀川は何よりもユナイト社映画の「格」と「質」を見せつけようとしている。それは、入社後弱まっていたユナイト社の「高級映画」路線を再び引き戻す意図を反映した行為である。宣伝部長就任直後に淀川は、ユナイト社が「映画を従来の安価な見世物的規範から脱せしめ」、また「単なる使用者としての地位しか持たなかったスタア、監督者達が進んで自分達の最も良き作品を自から産み出」してきた会社であることを声高々に宣言している。[107] また、『ゼンダ城の虜』『貿易風』『デッド・エンド』を含む「九大傑作」を売り出すべく用意した広告では、クーパー、フレドリック・マーチ、ジャネット・ゲイナー、シルヴィア・シドニーなどといったスター出演者以上に監督やプロデューサー名を前面に押し出し、個々の映画を「作品」として世に送り出した。[108]

また、ジャンル映画を売り出すにあたっても、その「洗練」と「上品さ」をあらためて売り物にした。例えば、『貿易風』は殺人事件の犯人をマーチが世界を股にかけて追いかける話だが、それは「探偵趣味百パセンツのモダン・スリルが全篇にあふれるスマート篇!」として売り出された。[109]『踊るロマンス』は、パリを舞台にし、文無しを装う金持ち男性が踊り子と恋に落ちる「モダン・シンデレラ物語」と讃えられている。[110] 逆に富豪の令嬢が田舎のカウボーイと結ばれる『牧童と貴婦人』の広告では、

これを世のお嬢さん方に捧ぐ!
貴方が例へ(失礼!)お美しくていらっしゃるとも
又はお金があり余っていらっしゃるとも
そしてお暇でありせうとも
決してこの映画の彼女の
まねはなさいますな!
これを世の男子達に捧ぐ!
例へ(失礼!)貴方が
いくら彼女にまゐってゐらっしゃるとも

一度は彼女の背景をとやすだけの勇敢さを
御持ちにならぬと貴方は一生御婦人に好かれないでせう。[111]

と、富裕層に呼びかけるかのような調子で関心を誘う。さらに、『心の青春』を持ち上げるにあたっても、あえて「ギャング・スタアのアメリカにも此んな優しい御話があります」とし、「低俗」とみなされることの多いギャングものとの区別をはっきりと打ち出している。[112]

3 『駅馬車』を宣伝する

淀川が何よりも成果を上げたのが、『駅馬車』の宣伝であろう。ジョン・フォードが監督し、ジョン・ウェインの出世作として知られるこの西部劇は、アメリカで一九三九年三月二日に公開されるとたちまち大ヒットを記録した。日本でも、一年以上遅れて翌年の六月五日に封切られると「異常なる力作」として大きな反響を招くこととなる。[113] しかし映画もさることながら、その宣伝も大きな話題を呼んだ。

本人の記憶によれば、『駅馬車』のプリントが日本に到着したのは封切り二ヶ月前、一九四〇年四月のことだった。しかし前年三月にアメリカで公開された直後から淀川はこの映画を意識しており、ユナイト社の創立二〇周年を祝う広告ではしっかりと『駅馬車』を紹介している。[114]『映画の友』一九三九年七月号では、未見であったはずのこの映画の内容を二ページにわたって紹介している。当時まだ無名に近かったジョン・ウェインについてあまり言及はなく、「フォードのたくましい映画を見られることは楽しみである」と期待を募らせている。[115]

実際の宣伝にあたり、淀川は映画の品位を確立しようとしている。日本では、西部劇の多くは、日本のチャンバラ映画よろしくもともと「大衆」向けの娯楽映画として扱われることが多く、特に一九三〇年代に入ってからは本国アメリカでも「B級もの」が蔓延し、質の模索が続いていた。[116]そんな中、支配人のウィリアム・ゴルツが『地獄馬車』という邦題を提案すると、淀川はそれが「二流西部劇」にしか聞こえないと猛反発したという。ただ、『半生記』をみると、実際支配人に反対したのは宣伝部長の中西一夫だったとある。いずれにせよ、最終的にこの映画の邦題は直訳の『駅馬車』というタイトルに落ち着いた。[117]実は一九二六年に『The Pony Express』というパラマウント映画がすでに『駅馬車』という邦題で封切られていたのだが、それでもあえて直訳にこだわった。[118]

この映画の文化的な「高さ」は実際の宣伝でも強調された。例えば、プリント入荷前に掲載された広告を見ると、すでに「その芸術性に於て最高を誇るフランス映画人が此の一作には心から脱帽した」という文句が載せられ、[119]以後も「美しい、詩的な作品」「映画美の極致!」「アメリカ独特の美しい「西部劇」」などといった美辞麗句が誌面を埋める。[120]この映画が「美し」かった理由の一つは、モニュメント・バレーに代表される、ユタやアリゾナの景観が収められていたためである。そのため、「広漠たる大平原を求めて」行われたロケ撮影が、「目下、造花の花園で窒息しかゝっている」他のハリウッド作品と一線を画するものと淀川は訴えた。[121]

また、『駅馬車』の「美しさ」は、「アメリカ映画の忘れられた真摯な姿」が反映されているためとも考えられた。[122]ユナイト社に勤めだしてから快心の西部劇に出会っていなかった淀川は、『駅馬車』にはもともとトム・ミックスやウィリアム・S・ハートなどが「かつて僕たちにあたへたエモオションと喜び」が「再現」されていると考えた。[123]そこには「死力速度を以って驀進する駅馬車」のスピード感があった。[124]淀川は、『駅馬車』が入荷すると映画のプリントをコマ単位で調べ、その緻密なアクション作りに感銘を受けたという。[125]そこで、野口久光に頼んで作らせた予告編には駅馬車とアパッチ族とのチェイス・シーンを惜しげもなく盛り込み、[126]その動きのあるシーンのいくつかのフレームを起こして、スチル写真の代わりに雑誌広告にも取り入れている。[127]こうして『駅馬車』のダイナミズムを読者に伝えようとしたのだ。

しかし、淀川は、そうした動きの魅力を単にスペクタクルに留めようとはしなかった。時間も予算も限られた中、淀川は連日試写を催して、映画人、批評家、著名人だけでなく、しまいには「電話帳をくって見も知らぬお人」も試写室に招き入れ、パブリシティを通して映画を果敢に宣伝し、[128]配布した「アンケート」でコメントを募り、その一部を広告に取り込んだ。[129]その内容を見ると、疾走する駅馬車の画に、批評家、映画監督、文化人によるコメントが重ねられ、権威づけが行われている。例えば、清水千代太は「アメリカ映画でなければ表現出来ない映画美と感情とに溢れている」と言い、[130]小津安二郎が「映画が好きな士は勿論、映画が嫌いな野武士も勿論、すでに映画に愛想をつかした牢人も、これだけは見る必要がある」と太鼓判を押している。[131]

しかし、そうした映画人や文化人以上にこの映画に箔をつけたのは、監督のジョン・フォードの存在であろう。『人類の戦士』『三悪人』『男の敵』など、過去のフォード作品にも魅了されてきた淀川は、『駅馬車』を宣伝するにあたって「ジョン・フォード監督代表的傑作！」[132]として大々的に売り出している。このようにして監督の存在を中心に据えた広報戦略は、スターが不在だという事実と表裏一体の関係にある。現に、この映画が製作された時点ではジョン・ウェインはまだ一流スターとして扱われておらず、広告を見ても駅馬車に搭乗する九人のうちの一人でしかない上、その九人はすべて同格扱いを受けている。[133]しかし、淀川にとって、この一見地味な配役は何よりも「フォードの性格」を反映したものであった。[134]「スタアなしで作られたアメリカ映画の驚くべき傑作！」といった文句も用意された。[135]

蓋を開けてみると、日本の観客はこの新作西部劇に群がり、その盛況ぶりはアメリカのメディアからも注目を浴びるほどだった。[136]淀川は、「駅馬車来る！」という大胆な広告でファンの注意を引き（図3-9）、[137]宣伝を通して映画の盛況ぶりを速報を流すかのように伝えた。『駅馬車』は「絶対の驚讃を以って東京プレミアを終」えた後、「関東一斉封切」と相成り、「関東六館」で「記録粉砕！」したのち「関西へ愈々驀進」し、[138]「酷暑を征服」して「又々大ヒット!!」を記録する。その後、福井、足利、岐阜、広島、佐世保、熊本でも上映が決まり、まもなくその「メロ

図 3-9 「駅馬車来る！」と宣言された広告
(『キネマ旬報』1940 年 6 月 21 日，頁不記載)

ディー」は「札幌」にも到達する。(139) そして「全都を席捲した」果てには「朝鮮でも」上映される。(140)「全国同時公開」が稀だったこの時代、淀川は都市ごとにおける公開日の時間差を逆手にとり、この映画がもたらす「鮮度」と「興奮」を維持するような広報活動を試みている。

さらに、淀川は利用宣伝にも努力を費やした。とはいえ、予算的に特別な手当があてがわれなかった様子で、東京で開かれた有料試写会以外には目立つようなイベントは見られない。(141) しかし、宣伝部長は、「フォアイエの会」で知り合った「映画狂青年」たちを通してアルバイト人員を集め、電車の駅の伝言板に「〇〇君、〝駅馬車〟試写ひと足先に行く。××」などというメッセージを書かせたり、喫茶店などで「きこえよがしにこの映画の前評判」を言いたてさせたり、電話越しに大声で映画を称えさせたりした。(142) 公園や図書館など公共の場に宣伝用のビラを置いたりもしたという。(143) 宣伝に駆り出された者の中に、神戸三中の後輩で、フォアイエの会にも参加していた油井正一（当時慶應の大学生、のちにジャズ評論家）がおり、全国の地方紙に向けて映画の概略を、スチル写真を添えて郵送する作業を行っている。「手書きでないと没にされる」と淀川に指導された油井は、友人と一緒に、内容が少しずつ異なるあらすじ書きを一二〇〇数通したためたという。(144)

おわりに

『駅馬車』は想像以上の成績を記録し、過去数年ユナイト社にはなかったようなヒット作となった。淀川の宣伝ぶりも高く評価され、本国に報告された。するとプロデューサーのウォルター・ウェンジャーから銀時計が贈られ、淀川は感激したという。[145]『駅馬車』の宣伝は、「宣伝マン」としての集大成となった。

だが、それはユナイト社による戦前最後のヒット作品でもあった。以後、政策的な引き締めが一段と厳しくなり、日本では一九四〇年には二本しか公開が許されなかった。その翌年は紆余曲折の末、ジョン・フォードの『果てなき船路』の輸入の手筈が一旦は整い、淀川らは邦題を決める前から宣伝を開始したが、その年に日の目を見ることはなかった。[146]アメリカ映画各社の日本人社員は、次々と邦画会社や興行界の職に転職し、外国人支社長は本国に引き上げ始めた。淀川ら残されたハリウッドの社員は手持ちぶさたの状態であった。その状態は日本軍による真珠湾攻撃の日まで続く。

しかしながら、ユナイト社に勤務した八年間は、充実感に満ちたものだった。「アメリカ映画の商人」として、映画で生計を立てるという夢が実現し、何よりも映画漬けの毎日を送ることが可能となった。そして映画を単なる「娯楽」ではなく「文化」とみなす姿勢が確立され、これは戦後「伝道師」として活動する上で大きな意味を帯びることとなる。最終的には、各社で社員が目まぐるしく入れ替わる中、淀川はユナイト社一筋で戦前の仕事を終える。「戦争がなかったらもっといたでしょう」とも言っている。[147]

総じて見ると、ユナイト社時代の仕事は、淀川個人にとってはハリウッドに関する見識を深め、視野を広げる貴重な経験であったが、まだまだその活動領域は地理的に見るとほとんど東京や大阪周辺に限られ、仕事の内容も裏方的なものだったので、社会的な知名度も一部の映画人や映画ファンの間に留まるに過ぎなかった。何と言っても、戦前はアメリカ映画の上映は主に大都市に限定されており、洋画会社の社員から見ると「地方映画界は洋画配給者にとって未開拓の土地(148)」であった。ハリウッドを通して映画を「文化」として全国的に知らしめることになるのは、まだ先の話である。

その前にまず暗雲の時期を乗り越えなければならない。それは、次章で触れる、第二次世界大戦が呼び込んだ試練の日々のことに他ならない。

第4章　戦争・東宝・セントラル

それは「人類の歴史の中で最大の出来事だった」とある軍事史家は言う(1)。第二次世界大戦のことである。毒ガス、火炎放射器から原子爆弾まであリとあらゆる殺戮兵器が利用されたこの戦いは、文字通り世界中の国々を巻き込み、軍隊はもちろんのこと市民も標的とした。五〇〇〇万人もの人間が命を失ったと言われるこの「総力戦」では、各種メディアが戦意高揚の道具と化した。ラジオ、写真、ポスターだけでなく、映画も国家の「弾丸」となったのである(2)。

この未曾有の戦争は、淀川の日常を大きく変化させる。それまではユナイト社の社員、また物書きとして生活していたのが、日米開戦とともに定職を失い、生きる糧でもあった映画――特にアメリカ映画――と触れ合う機会も激減する。非常時に直面し、日々を生き延びることが何よりも先決となっていった。

この多難の時代、淀川は「東宝」という「映画・演劇の製作・配給・興行を業とする事業体」の傘下で過ごすこととなる(3)。最初の勤務先となった東宝書店では、約八ヶ月もの間『東宝』という月刊誌の編集に携わり、その後、東宝映画株式会社の宣伝部に移ってからは新作映画の宣伝に努めた。いずれの職場でも体制に従属することを要求され、それまで築かれてきた「淀川らしさ」が鳴りを潜めることとなった。

戦争が終わると、七年近くに及ぶアメリカおよび連合国の占領時代が訪れる。淀川は東宝から一転、アメリカ映画を一元的に配給したセントラル映画社へと職場を移し、ハリウッドの最新作の広報を行うこととなる。[4] この、一社員としてアメリカの映画会社を支える日々は一年を待たずに終焉するが、再びアメリカ映画と接し、執筆や講演活動を通して全国の映画ファンと触れ合う機会を得られることとなった。毎日の生活は決して楽ではなかったが、前途に希望が見られる、新たな時代の幕開けであった。

1 開戦と移籍

一九四一年一二月八日未明、ハワイ近海に到達した日本海軍の航空母艦から空中攻撃隊がオアフ島に向けて飛び立ち、真珠湾に停泊していたアメリカ海軍に対して奇襲攻撃を仕掛けた。二波に分かれて行われた爆撃は、米軍艦隊を大破させ、二四〇〇人もの死者をもたらすなど予想を超える成果を挙げた。その翌日（日本時間は九日）、フランクリン・ルーズヴェルト大統領はいわゆる「汚名演説」を通して日本の「戦闘行為」を激しく糾弾し、こうして日米決戦の幕が切って落とされた。[5]

淀川は開戦の旨を即座に知ったという。そして出勤途中に「今暁西太平洋において皇軍、米英軍と戦闘開始」（『朝日新聞』）、「英米軍と戦闘状態に入る　今暁西太平洋にて」（『報知新聞』）などと報じる新聞の号外を通して事態を確認した。[6]

日本軍進撃の報は国民を大いに沸かせたが、淀川は複雑な思いでいた。なぜなら、アメリカ映画の輸入が途絶えることが火を見るより明らかだったからだ。事実、日米戦の開始とともにアメリカ映画はドイツ映画に差し替えられ、その二日後にはハリウッド各社の解散が命じられた（日本人社員は月末までに退社しなくてはならなくなった）[7]（図4－1）。二二日には敵産管理法が公布され、アメリカ映画会社の私有財産が日本政府の管理下に置かれることとなった[8]。淀川は、その翌日「数名の役人かあるいは憲兵らしき男」がユナイト社の東京本社に押しかけ、もはや外国人支配人のいないオフィスのロッカーや金庫などを物色していったことを「鮮やかに」記憶している[9]。

こうして一転職を失ったこの元ユナイト社社員は、数週間ほど「するコトがな」い日々を送る[10]。とはいえ、一つはっきりしていたことがあった。それは、多くの仲間が強いられた道——つまり兵役——が選択肢になかったことだ。当時は一九二七年の兵役法（一八七一年に制定された徴兵制が改正されたもの）によって二十歳の成人男性には徴兵検査が義務付けられており、体格や体力を基に「甲」「乙」「丙」「丁」という四段階評価が与えられた[11]。大学生活を放棄した時点で検査を受けた淀川は、「甲種合格」が「名誉」とされる中、「丁」評価を下されている。これは身長が一五〇センチ未満か、もしくは「疾病」ないし「身体又ハ精神ノ異常」などがあるということを意味する「不名誉」である[12]。もともと体が丈夫ではなく、子供の時に腸チフスや面疔を患って入院したこともあった[13]。おかげで役員に「可哀想に」と同情されたと『半生記』にはある[14]。

図 4-1 アメリカとの戦争が始まり，「敵国映画上映」が「中止」となった

幸か不幸か、「丁」評価は兵役免除の対象となったため、淀川はホームフロントで非常時を凌ぐことになった。『自伝』や『半生記』を見ると、「昭和十七年（一九四二）の春」に東宝本社に入社したとあるが[15]、実際はまず株式会社東宝書店に籍を置いている[16]。同社は、『東宝十年史』によれば資本金五万円で作られた傍系会社で、主に芸能や文芸関連の書物

図 4-2　『東宝』の表紙（1942 年 4 月号）

を出版していた[17]。

そこでは、『映画世界』での仕事ぶりを買われたのだろうか、『東宝』の編集に関わっている[18]（図4-2）。この月刊誌は一九三四年一月に創刊されてから「一般芸能誌」として人気を博していたが、淀川が入社した頃には戦時色の色濃い「啓蒙誌、教養誌」となっていた[19]。この東宝書店在籍時代の淀川の営為を知る手がかりは少ないのだが、一九四二年三月号から一〇月号にかけて、その編集後記（「編集室から」）には「淀」名義で毎月短文が寄せられている。

その八つの文章をつぶさに見ていくと、まず言えるのは戦争を熱烈に擁護していたことである。三月号の文章には次のような文言が掲載されている。

> 二月十五日午後七時五十分、シンガポール陥落！　正に感激措く能はざる日！　こゝに銃後にあって日本芸能文化の一端を受持つ私達の使命も亦大いなるを痛感。一頁、半頁の無駄も最早や絶対に許されない。新部員の覚悟をこゝにご報告まで[20]。

その号には「南方共栄圏の芸能文化を語る」や「東宝舞踏隊仏印進駐」と題された座談会が掲載されており、「新部員」淀川の戦争支持の立場と呼応している。『半生記』にも、戦時中は「私だって日本よ勝てよ……と思ったし、忠君愛国という言葉がきれいに胸のうちにしみこむような気持ちで、歯を喰いしばって敵機襲来の戦火の光りを見つめた」と記されている。[21]

一介の雑誌編集者として国家に貢献すること、それは淀川にとって何よりも「日本芸能文化」の推進を図ることであった。だからであろう、四月号の「人形のグラフ」の特集を自画自賛し、「撮り手が文楽写真の最高、渡邊義雄氏だけに其の作品から人形の香りが美しく放たれてゐるのをおくみとり下さい」と記している。[22] 七月号には菊田一夫の戯曲「道修町」が「色々の話題を持って登場してきたので久し振りにその脚本を御紹介した」とあり、「大阪の肌ざわりを此の脚本から御くみとり出来ること〻思ふ」と胸を張っている。[23] 九月号では表紙を「漫画界の第一人者清水崑氏に御願ひして舞台人の印象画で続けること」にしたと宣言する。以後「ゆたかな感覚に踊る舞台人」が誌面を彩ることを「毎号のお楽しみにして頂きませう」とした。[24]「芸能文化なるものが全く多方面に於て学ぶべきものを持ってゐるので其れだけに編集者は欲が深く今月の多彩の苦心を御声援下さらば幸甚」と六月号に記されている。[25]

同時に、同盟国ドイツの芸能文化にも目を向けるよう読者に促している。四二年八月には引き続き日本の演劇、歌舞伎、「芸能文化人」などの記事が見受けられるが、『ファウスト』の劇場演出やクラウス・プリングスハイムへのインタビューをめぐる記事も掲載された。「獨逸演劇に関する有益な記事を多く集めました。御精読下さい」と淀川は述べている。[26] ちなみに、『東宝』にはドイツ映画への言及は見当たらないが、『映画の友』の「映画月評」では、ウーファ社の『毀れた瓶』がハインリッヒ・クライストの「原戯曲そのま〻を大切に扱って」いる点を高く評価し、「文学とか、さう云った、「芸術」を如何に大切にしてゐるかと云う獨逸国家の大きさ」を崇めている。[27]

もう一つ、「編集室から」を読んで気づくのは、読者と触れ合う喜びを感じていることだ。五月号には次のような文言が見られる。

苦心の第百号を御贈りする。ほっとする間もなく編集室では早くも次号にアッと云はせる企画を狙ってゐる。

目下一番望みたいことは読者諸賢との尚一層の握手である。その意味で、近く読者頁拡大を敢行する。大いにこぞってご声援を乞ふ。[28]

もともと『東宝』には「明転暗転」という読者向けのコーナーが設けられており、最大四〇〇字で読者からの「称讃」「激励」「注文」などが求められていたが、[29]そこへの「投書の激増は私達の疲れを忘れさせる」と淀川は語っている。[30]また、「さて来月は誰が登場するか、これは毎号のお楽しみにして頂きませう。或はそちらから誰々をと云ふ御投書を下さっても結構です」という呼びかけも行っている。[31]

2　『東宝』から東宝へ

淀川が東宝書店に入社した頃、『東宝』の景気は上り調子で、書店で売り切れると直接会社を訪れて最新号を入手しようとする者さえいた。[32]しかし、戦局の悪化とともに紙幅が縮小され、芸能雑誌の統合が今一度遂行されると一九四三年一〇月号を最後に終刊へと追い込まれてしまう。[33]

淀川は『東宝』の廃刊を待たずに出版社を「円満退社」し、知人に誘われて東宝映画株式会社の宣伝部に移る(図4-3)。[34]『社報』によると、淀川は一〇月九日付で宣伝部に「書記」として「新入社」し、「広告課広告係」に配属されている。[35]ちなみに東宝の『社員名簿』を見ると、宣伝部は広告課と連絡課という二つの部署によって成り立っており、淀川が配属された前者はさらに「広告係」と「図案係」に分かれていた。[36]

一九三七年に、写真化学研究所、ＰＣＬ映画製作所、ＪＯスタヂオ、東宝映画配給を吸収合併して組み合わさって生まれた東宝映画という会社は、[37]大陸進出が展開すると他社にも増して「大亜細亜の建設と東洋永遠の平和招来」

を目指し[38]、アメリカへの宣戦布告が行われると「宣戦の第一線を承」る映画を通して「大日本帝国の生存の為に戦ひ、如何にしても勝」つ決意を表明していた[39]。淀川は、他一二人いた広告課の一人として、国策映画の宣伝文の制作や新聞広告の割付を担当している[40]。入社後まずは『ハワイ・マレー沖海戦』、以後『加藤隼戦闘隊』『決戦の大空へ』『姿三四郎』などの宣伝を担当したという[41]。そして「張り切って竹杉君というのと二人で一生懸命うたい文句を夢中になって考えた」と言っている[42]。この「竹杉君」とは、『社員名簿』によると同じく広告課に所属していた「竹杉三郎」のことである[43]。

実際の新聞広告を見ると、作品公開時には連日、宣伝文句、イラスト、構図を変えるなど様々な工夫が凝らされているが、戦前にユナイト社で作成した「芸術性」や「モダン」を標榜する言説はすっかり影を潜め、戦意高揚を謳うスローガンに呑まれてしまっている。例えば、「大本営海軍報道部企画・海軍省後援」の『ハワイ・マレー沖海戦』を宣伝するにあたっては[44]、日替わりで「敵倒さずば死す勿れ！[45]」「壮美極まる海軍攻撃精神を描く[46]」「激烈・海軍攻撃魂[47]」「命令一下！真珠湾急襲へ！[48]」というような惹句が並び、「陸軍省後援・情報局国民映画[49]」と謳われた『加藤隼戦闘隊』については「出動切迫！[50]」「気魂こもる！[51]」「南海の空焦がす我が神鷲の猛闘！[52]」「急襲！撃墜！爆砕！連襲に次ぐ連襲！[53]」「紅鷲――連襲！連爆！[54]」「激闘数十度[55]」などの文言が見られる（図4-4）。「情報局国民映画参加作品」となった『姿三四郎』の宣伝文も[56]、「全篇肉弾飛ぶ[57]」「肉弾唸る七つの決闘!![58]」「凄絶の肉

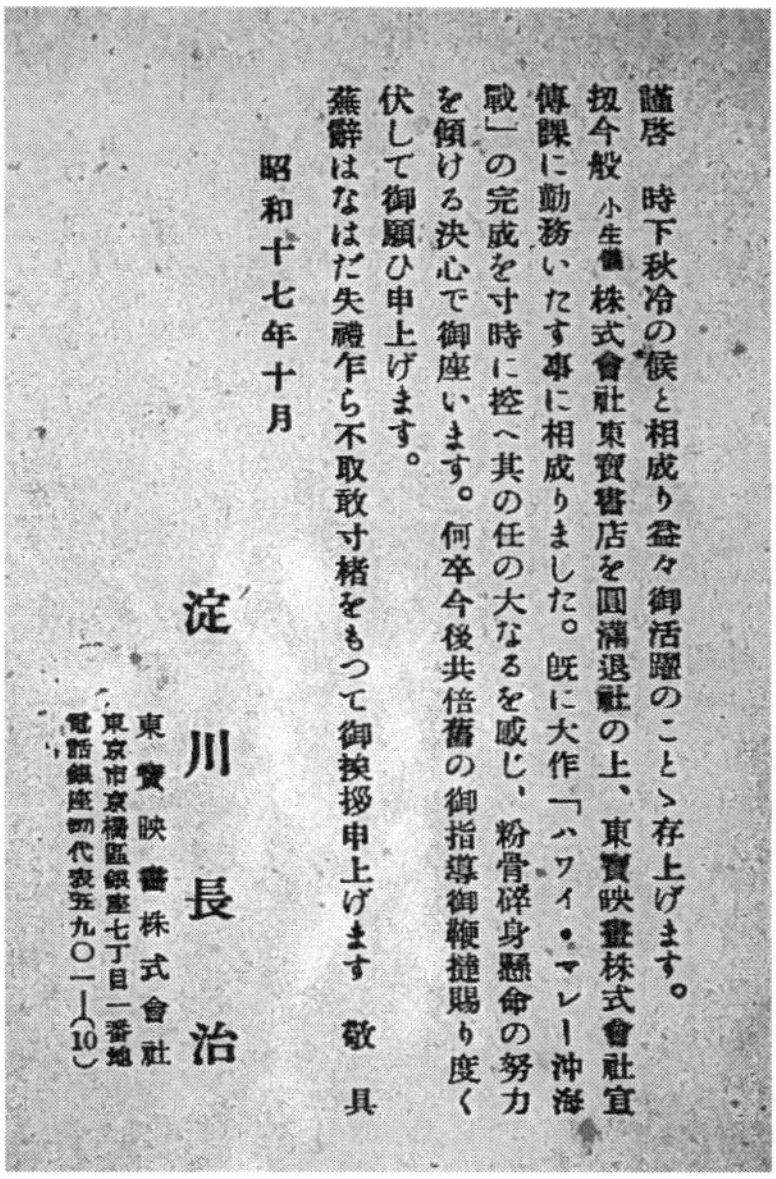
謹啓　時下秋冷の候と相成り益々御活躍のこと〻存上げます。
扨今般　小生儀　株式會社東寶書店を圓滿退社の上、東寶映畫株式會社宣傳課に勤務いたす事に相成りました。既に大作「ハワイ・マレー沖海戰」の完成を寸時に控へ其の任の大なるを感じ、粉骨碎身懸命の努力を傾ける決心で御座います。何卒今後共倍舊の御指導御鞭撻賜り度く伏して御願ひ申上げます。
蕪辭はなはだ失禮乍ら不取敢寸楮をもつて御挨拶申上げます　敬具

昭和十七年十月

淀川長治

東寶映畫株式會社
東京市京橋區銀座七丁目一番地
電話銀座(57)代表五九〇一―(10)

図 4–3　東宝書店を「円満退社」し，東宝の宣伝部に入社した際作成された挨拶用はがき（川喜多記念映画文化財団所蔵）

弾戦！[59]」「遂に両雄決戦の日！[60]」など戦場での戦いや奮闘を鼓舞しているかのようだ。

こうした売り文句からは、宣伝部の努力と工夫は窺えるものの淀川の創造性を見極めることは難しい[61]。おそらくユナイト社時代の経験を活かして、宣伝文やデザインを多様化させるのに一役買ったと思われるが、思うように意見が通らなかったようでもある。例えば『姿三四郎』を宣伝するにあたり、「名刺の二倍くらいのスペース」の広告欄に四日がかりで、初日から一日ごとに「姿」「姿三」「姿三四」「姿三四郎」という風に映画のタイトルを徐々に紹介する連続広告を提案したが、スペースの使い方が「もったいない」と「怒られ」、没になったとのちに語っている[62]。

図 4-4　『加藤隼戦闘隊』の新聞広告（『読売新聞』1944 年 3 月 3 日夕刊 2 頁）

しかしそれでも淀川は「東宝の宣伝部生活を楽しくすごし」たと振り返っている[63]。それは「コセコセしなくてやさしい」森満二郎という宣伝部長を上司に持ち、職場には、戦時中であるにもかかわらず和やかな雰囲気があったからのようだ[64]。当時宣伝部の同僚でもあった植草甚一は、作業の様子を次のように説明する。「新聞広告は八人の仲間が四人ずつ机をならべて向かいあい、いつもくだらない話ばかりしながらキャッチフレーズを考えていた[65]」。また、淀川は本社のあった「銀座と違って、まだ山の匂い、草の匂い」の香る「スタジオにまでしのびこんで」撮影の様子を見学したり、大河内傳次郎、長谷川一夫、山田五十鈴、高峰秀子ら一線の映画人と「話しこ」むことができたという[66]。

しかしそれ以上に喜ばしかったのは、ハリウッドと関わる機会が維持されたことである。そもそも、内務省の「指導」の下で国策映画を量産していたはずの東宝では、アメリカ映画を意識し、それを見習う空気が依然として生き延びていた。例えば、円谷英二は「直接トリックをやり出したのは、アメリカ映画の影響」だったと自認する作り手で[67]、『ハリケーン』『テスト・パイロット』『空の要塞』などといった特撮を多用するハリウッド作品をつぶさに勉強し、『ハワイ・マレー沖海戦』などの特撮にそれを応用している[68]。監督の阿部豊は「ジャック・阿部」としてトーマス・インスに師事してから日本で監督業に就いており、『あの旗を撃て』では「ハリウッド映画の話法を借用し、愛と正義で弱者を導くというハリウッド映画が得意とするテーマ」をフィリピンへ進出する大日本帝国軍の物語に盛り込んだ[69]。

そんなアメリカ映画を見習う空気が漂うスタジオで、「**ゲイリー・クーパー**や**クラァーク・ゲイブル**を敵と思うことが、考えられようもなかったのであった」という淀川は[70]、「キャプラと云う奴は全くうまい」「リスキンときたらどうだ…これも僕には勝ち目はない」「面白さと云うものをひさぐ技術にかけてはアメリカ映画は完璧である」などと平気で発言する若き黒澤明と意気投合し、会うたびに「ジョン・フォードの話ばっかりしていた」という[71]。また、『望楼の決死隊』で「アメリカ映画の『ボー・ジェスト』を下敷にして、満州と朝鮮の国境を舞台に、匪賊の来襲を防衛するために日夜活躍している国境警察官を描こう」とした今井正とも「よるとさわるとアメリカ映画の話をした[72]」。

時には「演技研究」という名目でアメリカ映画を見る機会にも恵まれた[73]。これには戦前輸入されたまま未公開となったもの、検閲を通らなかったもの、戦地などで日本軍に回収されたものが含まれており[74]、例えば戦時中に大映にいた監督の稲垣浩は、海軍の計らいで『怒りの葡萄』『ガンガ・ディン』『白雪姫』を鑑賞する機会を得ている[75]。東宝でも、陸軍が押収したプリントの試写が秘密裏に催され、「試写室の内側から厳重に鍵がかけられ」た中で映写機が回された[76]。淀川は『風と共に去りぬ』『心の旅路』『血と砂』などを鑑賞し、なかでもアニメーション映画

『ファンタジア』を目の当たりにして「腰が抜けたという言い方をしたいほどびっくりした」という。[77] ちなみに、ウォルト・ディズニーの映画は社内でも話題になったらしく、重役の渋沢秀雄も、動物を擬人化する手法が「ともかく大人にも子供にも十分たのしめるやうにうまく作って」あり、「敵国の映画ながら学ぶべき」と『東宝』の座談会で述べている。[78]

だが、戦局の悪化とともに「今夜にも襲われるかも知れず最悪の場合すら予想せられる状態で人が毎日毎日を生活」（大佛次郎）[79]する日々が訪れ、会社の空気も日増しに厳しくなっていった。他社同様、東宝でも映画の制作本数は激減し、電力制限や上映時間の短縮が義務付けられたため、興行もままならなくなる。[80] 一九四四年秋に東宝撮影所の企画部に入社した筈見恒夫は、「念願の製作者として、砧の撮影所に通うが、仕事はない」状態が続いたという。[81] 淀川はといえば、「モンペ姿のスタア女優が、撮影所の門をくぐる」姿を目の当たりにして「あゝ、これが女優なのか」と落胆している。[82] 映画の華やかさがすっかり影を潜めてしまい、嘆かわしかったのだろう。

同時に、生活の方も困窮していった。前述のとおり淀川は、ユナイト社の東京本社に配属されると両親を神戸から連れてきて一緒に住んでいたが、一時「丸顔のおとなしそうな女の人」が結婚を前提に同居していたともいう。しかしそれは結局成就せず、[83] 日々の生活も、配給物資だけでは食いつなげなくなり、庭にトマトやナスなどを植えてなけなしの食糧を確保する日々が続いた。[84] そして、一九四四年一一月一一日にはもはや「枯葉のごとくやせほそ」った父親が死去する。[85]「戦争がなくて食糧が十分にあったら、何歳まで生きたろう。きっと一〇〇歳まで生きたなあ」と悔やんだ。[86]

この身内の不幸に追い討ちをかけるように、同月終わりから連合国軍による本土空襲が本格的に始まる。東京では、一九四五年三月一〇日未明の「東京大空襲」以外にも多数の爆撃があり、映画を優雅に楽しむ余裕など微塵もなくなった。東宝では三日に一回、宿直の義務があったというが、[87] 淀川は勤務中に爆撃に遭い、危うく命を失いかけたという。[88] さらにB-29による空襲は、戦前から重工業の発達していた川崎や人口密度の高い横浜地区をも襲い、地元住民は「生きながらの地獄」にその身をさらされた。[89]だが、淀川の自宅は横浜・川崎の中心地から少し離れた丘陵地にあったため、辛くも被災を免れている。[90]「焼夷弾は二弾三弾かさなり続きながら、すべてが私の家の屋根すれすれに落下しながら、急カーブ描き家の屋根からピュンとはね浮かぶように家の屋根を越えて、谷へ吸い込まれるよう落ちて爆発破裂」したそうだ。[91]

3　戦争と占領の間

一九四五年八月一五日、日本の第二次世界大戦は終わりを迎えた。満洲事変から足掛け一五年に及んだ日本の戦いは、ミッドウェーでの敗北、ガダルカナルやサイパンでの死闘、度重なる本土の空襲、二つの原爆投下を経て、全面的な敗北という形で幕を閉じた。その日はラジオの周りに人々が集まり、天皇の言葉に耳を傾けた。「玉音放送」を聴いた者の多くは悲しさや悔しさのあまり、その場で泣き崩れたという。[92]淀川はといえば、昭和天皇の声を「ガァガアと雑音しきりの中」で聴き、ただ「ホッとした」と回想している。[93]

その後約七年もの間、アメリカによる占領が実施された。ダグラス・マッカーサー元帥の指揮の下、占領軍は日本の軍国主義を解体し、民主主義国家へと転換させる数々の政策を実践した。それは日本国憲法の制定や女性参政権の確立と同時に、財閥解体、農地政策など様々な方面に及ぶものだった。しかし冷戦の脅威が訪れると「逆コース」とも言われた政策転換により、占領軍は反共政策を強化していった。そのため、産業の立て直しや「レッド・パージ」が繰り広げられ、当初見られた「民主化」の傾向と根本的に矛盾する政策が実践されてゆく。[94]

淀川は、そんな政治や政策の変化よりも、とかく映画のことが気が気でなく、戦争中に輸入が途絶えたアメリカ映画の公開を特に心待ちにした。しかし、戦後数ヶ月の間はなかなか期待に応えるような作品に出会えない。そもそも、終戦時には全国の映画館数は八四五に減っており、設備の破壊や劣化、電力やプリントの欠如、極度の食糧不足や貧困などにより、日々の上映もままならない状態が続いていた。[95]「建築物に火が通ったため壁が落ちるやうな危険な小屋が封切館として無理な開館を急いで、負傷者を出すというやうな不祥事件」もあった。[96]外国映画については配給網が確立されておらず、戦後初めて公開されたアメリカ映画は、『ユーコンの叫び』という開戦前にお蔵入りになったストック映画であった。一度それが公開されると「立ち見の人波」が出来たというが、淀川は「馬鹿にして見に行かなかった。戦前はるかまえの売れ残り映画と、たかをくくった」という。[97]

このように停滞する映画業界にいてもたってもいられなくなった淀川は、アメリカ映画との距離を縮めるべく、アメリカ兵との接触を試みる。折しも国レベルでは、八月三〇日にマッカーサー元帥が厚木基地に降り立ち、その三日後には戦艦ミズーリで降伏調印がなされるが、それらの数日前から米兵が続々と日本に上陸し、やがて全国各地にその姿を見せるようになっていた。[98]『自伝』を見ると、敗戦直後のとある一日、淀川は鶴見の自宅周辺を訪れた米軍兵と「おぼろげながら英語」で話し、やがて自宅に招いてハリウッド・スターのブロマイドを物資と交換する仲になったという。[99]

右の人物は単なる映画ファンだったようだが、なかには映画業界とつながりを持つアメリカ兵もいた。一九四五年一〇月のとある夕べ、東京から横浜へ向かう満員電車の中で知り合った軍人の中に祖父が映画館の経営者である人物がおり、淀川はその人物からビング・クロスビーの『我が道を往く』、グレゴリー・ペックのデビュー作『王国の鍵』、バーバラ・スタンウィックがファム・ファタールを演じた『深夜の告白』(これはアメリカによる検閲の末、日本未公開となる)、ディズニーの長編アニメーション『ラテン・アメリカの旅』など、戦時中の公開作品に関する情報をいち早く入手している。[100]また、『ブルックリン横丁』の主演、ペギー・アン・ガーナーの父親が兵隊として来日していると知ると早速取材を申し込み、子役スターの様子などについて事細かに質問している。[101]

先の映画好きの軍人に連れられて、日本未公開の映画を観る機会も得た。占領期のアメリカは、米軍向けに定期的に映画を公開しており、淀川は第一生命ビルの映写室で、レッド・スケルトンの『シップ・アホーイ』を観ることとなった。そして「豪華船の中の水着美人の踊りや歌の中にシナトラが登場するやもう場内は拍手と口笛」が入り乱れる様子を目撃し、映画自体もさることながら、「アメリカ兵の映画の楽しみ方に、もっと面白さをたんのうした」という。[102] 淀川は、のちに幾度となくロサンゼルスやニューヨークの劇場を訪れることになるが、この時初めて「アメリカの空気」を肌で直に感じながら映画鑑賞を楽しんだと思われる。

4 セントラル映画社へ

淀川はさらに、終戦から約一年後には東宝を退社し、戦前パラマウントの宣伝部長として腕を鳴らした伊勢寿雄に誘われてセントラル・モーション・ピクチャー・エクスチェンジ（Central Motion Picture Exchange、以下セントラル映画社）に入社する。敗戦後の数年間は、アメリカの映画会社は個々の活動を禁じられ、占領政策を政治的・文化的に推進する役割を負わされた。そのために、セントラル映画社というハリウッド・メジャーの作品を一元的に配給する組織が作られたのである。設立当初は占領軍の民間情報教育局（Civil Information and Education Section：ＣＩＥ）の一部として活動し、一九四七年以降は私企業としての運営を許可された。この半官半民の組織のおかげで、日本におけるアメリカ映画のシェアが四割に膨れ上がり、ハリウッドにとっての日本市場の重要性が増してゆく。[103]

淀川がセントラル映画社に入ったのは一九四六年の夏のことであった。その証拠として、興行者向けに毎月発行された『セントラル・ニュース』の創刊号（一九四六年九月ごろ発行、のちに『ＭＰＥＡニュース』に改名）が、淀川の「新入社」をわざわざ報じている。[104] セントラル映画社は設立したての頃は東京の大阪ビルというワンルーム・オフィスを拠点としていたが、淀川が加入した頃には新橋の兼坂ビルという六階建ての建物に移っていた。内部では経理部、営業部、宣伝部、製作部などの部署に分かれた分業体制が築かれ、大阪、名古屋、札幌、福岡に支社を構えて全国的な展開を進めていた。[105] 代表を務めたのは二〇世紀フォックス社に所属していたチャールズ・メイヤー。過去の実績に基づき、淀川は宣伝部に配属された。

セントラル映画社時代の淀川は、東宝での役割と同じく、伊勢や田村幸彦の下で作業を行うあくまで会社の一社員であった。従業員が機械の歯車のように扱われる中で、淀川は主に二つの仕事に従事した。一つは宣伝用の文章の制作である。それは例えば、個々の作品の見どころを紹介する「鑑賞講座」、監督や俳優のプロフィールを記した「ファン手帖[106]」、質疑応答形式で「マーガレット・オブライエンは何歳ですか」「映画はいつ頃から始ったのですか」「ローバト・テイラアは今度どんな作品に出演しますか」などといった質問に「答える」「楽しい映画勉強」など、いくつかのタイプに分類することができる。[107] これらのテクストは、『アメリカ映画アルバム』や『SCREEN CENTRAL』などといったパンフレットの他に、[108] セントラル映画社が作成した「プレスシート」という宣伝用のチラシを通して全国に流通していった。当時宣伝部に所属し、淀川と一緒にプレスシートを担当した児玉数夫は、「当時の淀川さんはヘビー・スモーカーだった。右手にペン、左手に煙草、凄いスピードで原稿をかく、書きながら、私に色々きいてくる。原名は？いつやった？日本で封切った？ヒロイン、誰やったか？」と当時の作業の様子を語る。[109]

もう一つは講演であった。セントラル映画社は、アメリカ映画を全国に普及させるために文字や広告による従来の宣伝の他に、各地に「レクチャラー」を派遣して「正しい見方を指導」し、「政治的価値、娯楽的価値、教育的価値を正しく判断」させ、さらに「アメリカ人の人情、風俗、習慣、気質、国民性、生活、アメリカの政治、思想、社会、思想、歴史など文化を正しく認識」させようとし、[110] 淀川にその役を任せることにした。

この時、淀川はまだ世間一般からは「語り部」として認知されておらず、かつてキネマ倶楽部で『シナラ』が公開された際の苦い体験があったこともあり、「はじめはとってもいやだった」と振り返る。[111] しかし、その話術は仲間内ですでに一目置かれていた。例えば、東京に赴任して以来の友人である岡俊雄は、一九五〇年にこのように記している。「淀川さんの話はコンコンとして尽きなかった。いつかはグリフィスの不朽の名作『散り行く花』のことを資生堂の二階で二時間ほど聞いたことがあった。二十年も昔の映画を、まるで昨日みたばかりという風に生き生きとした表現で細く話して頂いたときの印象は未だにふかく心にとどまっている」[112]。

『セントラル・ニュース』によると、「レクチャラー」としての淀川の仕事は、セントラル映画社の第一回配給作品『キュリー夫人』から始まっている。ラジウムの発見で知られる女性科学者の生涯を描いたこの伝記映画は一九四六年二月二八日に東京で公開されているが、それが埼玉県松山市の松林座で上映されるにあたり、学生および保護者を対象にした試写会が二度行われ、そこで淀川は「アメリカ映画の見方およびキュリー夫人について」講演を行っている[113]。日時はおそらく一一月下旬[114]、イベントは「予期以上の成功をおさめた」という[115]。

そして一二月一〇日には、「横なぐりの吹雪」の中を新潟に駆けつけ、約一〇〇人の鉄道局職員に対して『我が道を往く』の解説講演を行い、その晩は「セントラル・グループ」というファンの集いで約八〇人を前に同作品の「見方および解説」を施した。これらのイベントは映画の評判を上げるのに「相当な反響を呼んだ」[116](図4-5)。翌年二月には宇都宮電気館で地元国民学校、中学校、師範学校、高校の学生や教員を集めて『我が道を往く』の解説を行った。「午後二時より約二時間の予定」だったのが、観

図4-5　セントラル映画社のレクチャラー時代に訪れたことのある新潟花月劇場

客の「予期以上の熱心さ」も影響し、午後七時まで話が尽きることはなかった。[117] 横浜レアルト劇場では「アメリカ映画に関するあらゆる質疑応答」が行われ、「客席から予想以上の熱心な質問」が後を絶たず「五時半開始のこの催しは九時半に漸く打切りという非常な盛況に終った」という。[118]

このようにして各地を奔走した淀川は、可能な限りファンと接することを望んでいた。そのため、東京の丸の内名画座では、「観客との結びつきを、積極的にならしめる」べく「映画に関するあらゆる質問を舞台から応答する」「映画討論会」を行い、「ヒッチコックについて」「アカデミイ賞とは何か」「一巻二巻とは、どういう意味か」「テクニカラアはいつ見られるか」などについて観客と論じあっている。[119] また、ニュー八王子では「一般観客のなかにおいて討論会という大胆な企画」が実施され、「学生、ファンに混って土地の老若男女、あるいは子供づれの母親たちも混った超満員」となった。そこでは「観客席中央にマイクを持ちこんで」議論に花が咲いたようである。[120]

こうして各地の映画文化にじかに触れる機会に恵まれた淀川は、映画観客の「質」を高めるだけでなく、映画鑑賞の環境自体を向上させる必要があると痛感する。そのため、興行者に対しては映画館の「文化的立場」を理解した上で「館内の清潔と美しさ」を保ち、「スクリーンの明るくトーキーのいゝベスト・コンデイションの館」づくりを強く要望した。「接客」の重要性も訴えている。[121] 宣伝方法についても、映画館の支配人たちとの「宣伝会議」に出席し、「ポスター製作の統一」などについて打ち合わせを行っている。[122] 戦後初のロードショー館として指定席制を導入した丸の内スバル座の宣伝部の会議にも参加したという。[123]

こうして再び戦前のように日々アメリカ映画と接しえたことは望外の喜びであったはずだが、淀川は実はセントラル映画社という組織には嫌悪感を抱いていた。それは何よりも「国策臭が感じられ」たためである。[124] そもそも、占領期の初期は、政策上の理由によって映画の選別から公開に至るまで、占領軍の民間情報教育局や民間検閲支隊(Civil Censorship Detachment)の他にアメリカ国務省や陸軍省による介入があり、占領政策の遂行に抵触すると思われる作品や場面はカットの憂き目を見ていた。その中にはフランク・キャプラ(『スミス都へ行く』)やアルフレッド・ヒッチコック(『救命艇』)など、淀川が深く崇める監督の代表作も含まれている。[125]

だが、軍や政府による検閲以上に淀川に不満を抱かせたのは会社の経営方針であった。セントラル映画社は、占領政策を担いつつも、アメリカ映画をほぼ独占的に扱うカルテルとして機能していたため、参加映画会社を平等に代表する基本方針が維持されていた。配給に際して興行者は上映本数と契約期間を軸とした契約を結び(ブロック・ブッキング)、映画館側に作品を選ぶ権利を与えなかった(ブラインド・バイイング)。そのため、セントラル映画社の作品は、その質を問わず大方同等の扱いを受けていた。この「ジョン・フォードの映画であれ二流のジャック・ターナーの映画であれすべて十っぱひとからげ」とみなす会社の姿勢は、淀川にとっては不満を超えて屈辱ですらあった。「映画を売るという熱はあっても映画を愛するという気が見えない」と淀川は吐き捨てた。[126]

極めつけは、社員に対する待遇である。セントラル映画社は、当時にしては潤沢な給料を週給で支払っていたということもあって多くの求職者を引きつけたが、入社後最初の三ヶ月を「試験期間」として給料を半額だけ支給したり、外国人経営陣の気に入らない社員の首を唐突に切るような容赦のない会社でもあった。春や秋には「スプリング・クリーニング」や「オータム・クリーニング」と揶揄されるような社員の一斉解雇もあった。[127] さらに、内職も禁じられていたため、丸の内スバル座のパンフレットなどにエッセイを寄稿する淀川も目をつけられるようになる。[128] そこで、はじめは宣伝部長アンドレアス・アルベックの横で作業をしていた淀川は、注意を受けるようになると「一番遠いところ」へ自分の机を動かし、宣伝部長に「背中を向けて座る」ようになった、と同僚の佐々木徹雄は記している。[129] 最終的には、セントラル映画社は清水千代太と淀川を槍玉に挙げ、副業から得たギャラを「不正収入」とみなした。それに憤慨した淀川は会社を退職する。[130]

セントラル映画社の上層部は淀川を機械の歯車の一つとしてしか見ていなかった。しかし日本人社員はこの損失に胸を痛めた。『MPEAニュース』には、一九四七年「九月X日」(つまり九月某日)に「淀川さんがこのたびやめられた」ことがわざわざ報告され、「今後も私たちのためによい記事を書いて下さるだろうと大いに期待している」とある。[131] セントラル映画社の代表チャールズ・メイヤーは、淀川の真価を理解していなかった。淀川がセントラル映画社の方針通りにアメリカ映画の文化性を熱心に宣伝していただけに、実に皮肉な顛末であった。

おわりに

晩年、淀川は東宝のことを「花の咲く、映画の学校」、あるいは「楽しい思い出の残っている所」と言った。[132] しかし、総じてみると戦時中は辛抱の時期であったと思わざるを得ない。特に日米開戦後は、幼少の頃から生活を形作った多くの「自由」が消滅し、日々の映画鑑賞が停止し、生活が困窮してゆく。

しかし、戦時中の体験は期せずしてのちの活動に活きる重要な下地を築くこととなる。まず、奇しくも東宝書店で雑誌『東宝』の編集に携わることとなり、読者と触れ合うことの喜びを再び感じている。東宝の宣伝部では、引き続き映画の広報に従事する機会を得ただけでなく、期せずしてアメリカ映画と接することを許された。アメリカ映画への羨望や熱意は戦中も温められていた。

日本の降伏とともにアメリカ・連合国による占領が始まり、淀川は先輩のつてを頼ってセントラル映画社の宣伝部に入社する。そこではハリウッド映画と日常的に相対することが可能となっただけでなく、宣材作成や講演を通して定期的に発信するこの上ない機会を得ている。淀川はセントラル映画社という組織を好むことはなかったが、各地で饒舌を披露し、多くの映画ファンと直に交流することができたのは大きな財産となったはずだ。

次章では、セントラル映画社を退社してからの数年に焦点を合わせてみたい。それは『映画の友』の編集に明け暮れる日々だった。映画雑誌編集者として、淀川は月刊誌の編集だけでなく、全国的な映画ファン共同体を形作る触媒の役を果たしてゆく。そこには戦時中および終戦直後の活動とのつながりもあるはずだ。

第5章　映画運動の勃興

一九四九年九月二七日、函館の丸井日活館で、ある集いが開かれた。その熱気漂う会議室では、若者を中心とした約三〇人の参加者が、常任幹事や発起人のスピーチを聞き、その後「最近見たアメリカ映画」というお題で座談会を行った。続いて映画をめぐって「二十の扉式クイズ」が始まり、正解者には映画館の招待券が贈呈された。夕方六時に幕を開けたこの集まりは、拍手や笑いに包まれて三時間以上続いた。「大いに初秋の一夜を楽し」む夕べとなった[1]。

これは、『映画の友』の呼びかけによってできた「友の会」というファン組織の活動風景の一つである。戦前は洋画一般を扱っていたこの人気雑誌は、一九四六年にアメリカ映画専門誌として再刊を果たし、終戦後の混沌にもかかわらず瞬く間に業界の人気誌として多くの映画愛好者を喜ばせた。その原動力となったのが、この時期編集長を務めた淀川長治であった。

本章では、雑誌編集に携わった淀川の、終戦後数年間の活動を追ってみることにする。セントラル映画社を退社した後、淀川は映画世界社に職場を移し、『映画の友』の編集長に抜擢される。そこではアメリカ映画を「文化」として伝える誌面づくりを行うだけでなく、読者同士の交流を促すために「映画の友・友の会」というファン・グループの育成に尽力した。その結果、各地で友の会の支部が誕生し、映画に対する情熱や思いを共有する場が増えてゆく。

『映画の友』の編集長として東奔西走した淀川は、映画の「商人」や「ファン」の領域にとどまらず、飯島正の言葉を借りれば「映画運動」を主導する存在となってゆく。[2]言い換えれば、「大衆」の「包摂」に日々を費やす「指導者」になったと言っていい。その中で、アメリカ映画の「娯楽性」を擁護しながらも、「社会性」から生活の糧を汲むようファンに呼びかけてゆく。こうして映画業界の輪を超えた、より大きな社会へ、その存在感を示し始めるようになる。

1　『映画の友』の復活

淀川がセントラル映画社を辞めた時期の日本は、敗戦の混沌に喘いでいた。戦災によって街は破壊され、飢餓や貧困がはびこり、闇市に人は群がった。しかし、血みどろの戦争から解放された安堵感も小さくなく、多くの者が、マッカーサー司令部が君臨する新たな権力構造の底辺で、自らの思い描く「民主主義国家」や「文化国家」の建設を目指した（図5-1）。

そうした場の一つとなったのが、活字の世界である。戦時中枯渇した出版界は占領期に入ると未曾有の出版ブームに後押しされ、終戦直後には三〇〇程度だった出版社の数が、一九四八年には四六〇〇社へと膨れ上がる。[3]雑誌だけを見ても高級誌からカストリ雑誌まで、多様な読者層向けの印刷物が量産された。映画関連のものも少なくなく、戦時中に休刊に追い込まれた『キネマ旬報』『映画芸術』『映画評論』などが復活を果たすと同時に『スクリーン』『近代映画』『映画春秋』といった新タイトルが本屋に並び、批評、座談会、紹介、鼎談などを通して多様な映画談義が読者に届けられた。

そんな中、戦前から映画雑誌業を牽引してきた橘弘一郎は、映画世界社を立て直すべく、看板雑誌だった『映画の友』の再刊を目指して動き出す。そのためにはまず編集長を決める必要がある。一説によると、橘はその任をまず表紙のイラストを担当していた由原木七郎に与えたいと思ったようだが、由原がそれを断ったため、内外の映画に造詣が深かった大黒東洋士に白羽の矢を立てたという[4]。戦地から復員して高知の実家に戻っていた大黒は、橘の誘いに喜んで応じ、東京へ馳せ参じる[5]。

復刊の段取りは、大黒や戦前のスタッフを囲んで橘の自宅で議論された。その結果、国内外の映画を扱った戦前の方針からアメリカ映画専門誌へと路線変更をすることとなる。その理由は、アメリカ映画が優先的に公開されると想定されていたからであるが、同時に、業界が紙不足にあえぐ中、占領軍から用紙の配給を確保しようという意図もあった。橘と大黒は早速「申請嘆願書」を民間情報教育局へ提出し、無事認可を受けると大黒は「鬼の首でも取ったような」喜びを覚えたという[6]。

図 5-1　敗戦下の銀座

こうして『映画の友』は一九四六年四月号をもって再スタートを切る。もはや「アメリカ映画専門紹介誌」となり変わったその誌面をめくると、『春の序曲』や『キュリー夫人』の批評、ジンジャー・ロジャースやジョーン・フォンテインといった女性スターのポートレイト、「ハリウッドの話題」などのニュースなどが並ぶ。ページ数は三四と薄手で、大黒も「見られたものでないぐらいお粗末」なものだったと後々認めている[7]。しかし、表紙に『キュ

図 5-2　戦後アメリカ映画専門誌として復刊を果たした『映画の友』（1946 年 4 月号）

リー夫人』と同時に封切られた『春の序曲』のスター、ディアナ・ダービンの笑顔が輝くこの月刊誌の登場は、映画ファンを大いに喜ばせたはずである（図5-2）。

復刊当初は予算の制約などからページ数が安定せず、ひと月休刊に追い込まれる「事件」もあった。[8] しかしその中で、『映画の友』はハリウッドの最新映画やスターだけでなく、占領政策に則る形で「アメリカ文化」の理解を促す誌面づくりを行った。[9] それは、アメリカ映画が「明るく楽しい」だけでなく、「日本の民主化に大きな示唆を与え」得るものだったからだという。[10] 復刊一年目の号をめくってみると、「アメリカ映画と演劇」「ベスト・セラーズと映画」といった映画の背景を紹介する文章も目につく。[11]「英語講座」と題されたコーナーでは、『エイブ・リンカーン』『緑のそよ風』『疑惑の影』の原文セリフとその日本語訳を並べて「生ける英語を学ぶ」ことが読者に薦められている。[12]

これらの文章は、大黒の目から見れば映画やその背景の「紹介」に終始するものだった。そこで二年目に入ると、一歩踏み込んだ誌面づくりを標榜するようになる。その中で「作品や人の紹介」にとどまらず、「評論的な記事」を加え、「批判的な鑑賞眼をプラスするような」内容を目指すことを宣言する。[13] テーマも「セントラル映画に新着した作品の紹介」「これ等の作品の批評と著名文化人によるアメリカ映画に関する随想」「新しいアメリカ映画界の紹介を目的とする作品とニュースの報道」の三つに絞られている。[14]

2 編集長・淀川長治

淀川にとって、戦前から慣れ親しんだ『映画の友』の復活は朗報であった。一九四六年五月号に早くも『失われた週末』とアカデミー賞をめぐる記事を書き、以後その喜びを表現するかのようにイングリッド・バーグマン、グレゴリー・ペック、アーヴィング・ラパーなどの紹介を行っている。[15]

そして、セントラル映画社を退社すると、映画世界社へ（再）入社する。その経緯にはある種の偶然が作用していた。淀川本人によると、セントラル映画社と決別してひと月も経たない頃、双葉十三郎の計らいで『キネマ旬報』に関わることになっていた。だが、その道すがら映画世界社へ挨拶に立ち寄ると、橘が「ああ、来たの」と笑い」、その場で淀川のために「きれいに拭かれた新しい」作業机を用意したという。戦前からの恩義で社長には頭の上がらなかった淀川は「二の句がつけなくな」り、双葉に対して申し訳なく思いつつもそのまま映画世界社へ入社することが決まったという。[16]

経緯はともあれ、淀川の加入は、映画世界社にとっては心強いニュースだった。そのニュースは『映画の友』一九四七年九月号に次のように記されている。

アメリカ映画の紹介と批評に活躍しつゝある淀川長治君が、この度セントラル映画を退社して本社に入社しました。今後は『映画之友』編集部の一員として腕をふるってもらいます。同君の入社によって本誌は更に千鈞の重みを加えたといえるでしょう。[17]

とはいうものの、淀川が一介の編集委員に留まったのはものの七ヶ月に過ぎず、それ以降は、大黒に代わって『映画の友』の編集長として辣腕を振るうこととなる。[18] この人事起用——特に映画雑誌編集の経験が長い大黒を差し置いてのもの——は一見意外に映るかもしれないが、大黒本人はエリートなシネフィルを主体とした「急進的なファン」を意識した誌面づくりを目指していたため、[19]より「一般的」な読者層を想定していた『映画の友』にはある種の限界を感じていたようだ。幸いなことに、戦時中に廃刊となった『映画世界』を復活させる話が同時に持ち上がっていたため、大黒はこの「もう少しハイブロウな内外映画総合雑誌」の編集へと鞍替えすることとなる。そしてその約二年後、個人的理由から映画世界社を辞め、フリーランスの批評家としての活動を開始する。[20]

一方、『映画の友』の舵取りを引き受けた淀川は、引き続きアメリカ映画・文化の紹介という路線を継続したが、いささかアグレッシブに誌面の「大衆化」を目指すことにした。[21]ここで用いられた「大衆」という言葉はいくつもの意味合いを孕む複雑な語であるが、淀川はとりわけ縦の権力関係がもたらす不平等を意識し、「知識階級」や「インテリ」と対峙するニュアンスを強調したように思われる。[22]というのも、初の単著となった『映画散策』（一九五〇年）の中で、淀川は日本を「アランの『幸福論』やジイド全集」を嗜む「ジイド組」と、『右門捕物帖』を贔屓にする「ミイチャン、ハアチャン」ないし「右門組」の二つに分断された社会とみなしており、「気力」を欠く前者が「ミイチャンを軽蔑こそすれ一向引き上げる様な運動はしなかった」ことを問題視したからだ。[23]自身を「右門組」の一人とみなしていた淀川は、「ジイド組」の識者のように読者を上から見下ろすことを拒み、『映画の友』を「大衆」による「大衆」のための雑誌にしたいと考えた。したがって、「本誌は「私」のものでなく「貴方と私」のもの」と述べている。[24]

しかし『映画の友』を「大衆化」させるには、雑誌と読者の距離を縮める必要があり、そのためにいくつかの策を講じることとなった。例えば、映画やスター紹介の執筆を依頼する上でスタッフや批評家には平易な文体表現を求め、読みやすい誌面づくりを心がけた。[25]読者用のコラムにも気を配り、戦前から人気だった「CLUB」欄を拡張し、その中に「感想欄」（「批評欄」ではなく）や「質問室」を設けて気軽に投書できるようにした。他にも地方の映画文化を紹介する「アワ・タウン」[26]、一〇〇字以内で映画に関する意見を述べる「ブルウ・リボン」[27]、特定の映画についての感想を募る「読者ノート」などのコーナーを充実させた。[28]

そして世論を把握するために、はがきによる「世論調査」を実施した。これは元々大黒が再刊一年目に始めたものだったが[29]、人々の「調和」を育む企画だと確信した淀川は[30]、以後毎年続けることにした。調査にあたっては、参加者の年齢、性別、職業などのデータを集積するとともに、その年のベスト作品、好きな俳優や監督、「アメリカ映画を一カ月何本見るか」、「黒白映画と色彩映画とどちらが好き」か、「指定席、時間表を示すロード・ショウ興行と、流しこみの普通興行とどちらが好き」かなどを問うている。[31]

図 5-3 「聾啞学校」の生徒との記念写真（淀川は前列右から 3 人目。『映画の友』1950 年 5 月号，66 頁）

こうしたファンをめぐる調査などを基に、淀川はいくつかの観客層に的を絞った。その筆頭に挙げられるのは若者――とりわけ学生――であり、淀川は事あるごとに自ら「青少年」に向けてメッセージを発信し[32]、執筆陣にも若者向けの文章を要求した。[33]「日本国じゅうの学校の図書室に『映画之友』を必ず一冊。これがいまの私の一番の希望」とも言っている。[34] また、女性ファンへのアピールを心がけた。占領下の日本では女性の「解放」が謳われ、淀川もそれに呼応するように「現代女性の積極性」を求めた。[35] さらに、家族層にも積極的に呼びかけ、「すいせん映画」を選定したり[36]、子供向けの作品を取り上げたりした。[37]「全家庭の人にも愛読して頂くような」雑誌づくりが一つのモットーとなっていた。[38]

その他にも、さまざまな職種や地位の人々との「握手」を図るため、[39]「アメリカ映画街頭録音」を行い、巷の僧侶、駅長、動物園の園長に映画に関するインタビューを行っている。[40]また、高校生や大学生はもちろんのこと、[41]巡査、雑誌の編集長、映画会社の若手スタッフ、音楽家、小学校の校長、「聾啞学校」(現在の特別支援学校)の青少年などを招いて座談会を開き、社会の様々な方面から意見を集めている[42](図5-3)。

3 「友の会」

こうした企画以上に『映画の友』の「大衆化」に大きな役割を果たしたのが「友の会」である。これは『映画の友』が主宰したファンクラブであるが、当時全国各地で誕生した学校の映画研究部や映画館の集いの会とは異なり、全国的に展開された淀川の「映画運動」の一翼を担う組織だった。

とはいうものの、このファン組織は淀川が考案したわけではない。その前身には戦前に『映画の友』が始めた「ファン連盟」がある。[43]それは毎月五〇銭の会費で加盟でき、会員は投稿への便宜、機関紙『映画週報』の独占配布、撮影所の見学などといった特典を約束された。[44]また、「友の会」の結成は、淀川が入社する半年ほど前、大黒の下でまず発表されたことは特筆しておきたい。とはいえ、その活動内容については方針が定まっていなかったようで、読者に対して「いいアイディアがあったらご遠慮なく提案願いたい」という呼びかけが行われている。[45]

淀川自身も、過去に『新映画』の「フォアイエ」のまとめ役を引き受けたり『東宝』で読者との「握手」を試みていたことからもわかるように、読者との触れ合いの場を持つことを切望していた。そこで、入社と同時にファン共同体の育成に向けて動き出す。一九四七年九月、淀川の入社が報告された号で早速「従来の『映画之友・友の会』を改組し、全く新しい構想のもとにアメリカ映画愛好者グループを全国的に結成する」ことが宣言された。[46]一

○月号の「社告」では「「映画之友・友の会」生る」と高らかに宣言され、「愛読者諸兄姉を打って一丸としたアメリカ映画鑑賞グループ」を結成し、「雑誌の上だけでなく諸兄姉との直接の繋がりをもってアメリカ映画の普及と正しい鑑賞に貢献したい」という抱負が語られた(47)（図5-4）。

淀川は、この集団を組織するにあたり、あくまで読者目線でファンと接することを心がけた。そのため、「各府県主要都市に「友の会」支部を設け」ることにより、「全国の熱心なアメリカ映画愛好者と直接堅く手を結んで、現在のような頁数の限られた雑誌の誌面では到底扱いきれないほど沢山あるアメリカ映画に関する色々な問題や話題を、共に語り共に研究して」いくことを約束する(48)。参加費は戦前の「ファン連盟」と違ってあくまで無料とし、「映画が好きなら『旬報』の愛読者であれ、どの雑誌の読者であれ」熱く歓迎した。「お役所式」、もしくは「軍隊式」の組織とは違って規約を設けず、気軽に参加できる空気づくりを心がけた(49)。

そしてこけら落としとして、一九四八年四月二日の午前九時に、ロードショー館の新宿ヒカリ座で『ミネソタの娘』の特別鑑賞会が開かれ、「友の会」の会員が招待された(50)。その

全アメリカ映画ファンを一丸とした

「映画之友・友の會」生る

社告

アメリカ映画鑑賞指導誌として最も古い歴史を持つ本誌は、その優れた内容と相俟つて、愛讀者の質においても同期雜誌中最も優秀であるとの定評をうけてきています。この點私達は、常に御愛讀を賜わつている愛讀者諸兄姉に深謝しているところです。

本誌はかねてから愛讀者諸兄姉を打つて一丸としたアメリカ映画鑑賞グループを全國的に組織し、雜誌の上だけでなく諸兄姉との直接の繋がりをもつてアメリカ映画の普及と正しい鑑賞に貢献したいという念願を抱いて參りました。今度設足いたしました「映画之友・友の會」は私達のこの念願によつて生れたものです。

ではこの「映画之友・友の會」（以下「友の會」と略）はどのような趣旨のもとに、どのようなことをやつて行く會でしようか？

趣旨――アメリカ映画の愛好者が集まつて、ハリウツドの新しい消息や作品、監督、スターのこと、或いは古い思い出話でもよし、このようにいろいろな話題について語り合うことは、フアンにとつて本當に樂しく、そして、意義のあることです。皆様は映画を見たり雜誌を讀む以外に、きつとこのようなグループをもちたいという希望をおもちのことゝ思います。そういつた方達のためにせいぜい利用していたゞきたいと思つて生れたのがこの「友の會」です。

「友の會」はどんなことをするか――

一、アメリカ映画に關する研究、鑑賞質問等を中心として、會員相互の親睦を計つて行きます。

一、これは全國的な組織ですから會員數も相當尨大なものになる見込みです。このため縦と横との連絡をうまくとつて行くため、會員が推す決定の上、各府縣主要都市に「友の會」支部を設けたいと思つています。

一、「友の會」の會員が集まつてアメリカ映画の講演会、座談會、討論會のようなものをおやりになる時、その企劃を「友の會」まで申込んで下さると、いつでも御相談に應じますし、また喜んで後援いたします。地方の方達で、例えば學生が學校の講堂を利用してアメリカ映画に關する講演會を開くとか、或いは土地の映画館とタイアツプして何か意義ある映画が上映されるのを機會に午前中の時間を使つてフアンの會合を催したいとかいう場合、御相談さえあればこちらから講師を送るとか、また本誌所有の優秀なスチルの展覧會を開くとか、出來るだけの御便宜を計るようにいたします。たゞしこのような會合の場合、出來ることなら町の映画館を中心として、その館が意義ある名画を上映の際、「友の會」の主催なり斡旋によつて、その館において一般觀客をも加えた會が出來れば、尚更結構だと思います。私達はこの「友の會」を通じて、全國の熱心なアメリカ映画愛好者と直接堅く手を結んで、現在のような頁數の限られた雜誌の誌面では到底扱いきれないほど澤山あるアメリカ映画に關する色々な問題や話題を、共に語り共に研究して行きたいと思つています。この點皆様の御賛同と御支援とをお願いする次第です。たまたま長い間セントラル映画社にあつて各地の講演會に出席し親しくフアンの皆様と接してきた淀川長治君が本社に入社しましたのを機會に、この「友の會」は同君のこれまでの豊富な經驗を生かして、誰からも喜ばれる會にしたいと願つています。今後同君はこの「友の會」で大いに活躍することになつていますから、きつと皆様の御期待に副い得ることゝ思います。

會員資格――これは廣く全國のアメリカ映画のフアンに呼びかける樂しい映画鑑賞グループですから、「映画之友」の愛讀者に限らず、誰でも入會出來ます。この機會にこぞつて御加入されるようにお勧めいたします。

入會手續――葉書に、住所、氏名、年齢職業（出來るだけ具體的に。學生の場合は在學中の學校名を記入のこと）を明記の上申込んで下さい。

申込先―東京都千代田區有樂町一ノ七
電氣會館
映画世界社「映画之友・友の會」係
☆詳細は係まで御照會下さい。新しく御報告したりお願いすることが出來たらその都度「映画之友」誌上に發表いたします。

アメリカ映画
上映館主諸氏へ

上記のように「友の會」を設けましたこれまで個人的には各地の皆様の、このような催しに參加いたしましたが、今度は「映画之友」が率先してこの運動を起すことになりました。これまで、このような樂しい企画をたてられても、わざわざ上京されて、講演者との交渉、その他で大變な御苦労がだつたことゝ思いますが今度は、それを「友の會」が御斡旋いたします。講演會とかスチル展、映画は何々、演題は「アメリカ映画の性格」とかいつたようなことを申しこまれますと、こちらは、それに御後援いたします。詳細は「友の會」の係りまで御手紙で御相談になつて下さい。「友の會」が誕生しましたのを機會に、こぞつて館主諸氏も御地のフアンの文化向上に御力をそゝがれんことを御願い申上げます。

「映画之友・友の會」淀川長治

ふるつて御参加下さい！

図5-4 『映画の友』の「友の会」の結成が宣言された社告

約半年後、一〇月三〇日の午後二時に「東京地区定期集会」が開催された。会場となった上野高校は、旧制中学が占領期の教育改革で改組されて誕生した学校で、淀川はその映画部の顧問としてすでに幾度か校舎を訪れていた。[51]雨模様の当日、淀川は「五十人の会員の集まり」を想像していたが、[52]蓋を開けてみれば一〇〇人もの人々が会場に集まっていたという。当時映画部の部長だった佐藤有一によれば、その内訳は「ほとんどが高校生で、中には中学生や大学生、それにサラリーマンが交じって」おり、神奈川や栃木だけでなく、大阪から訪れた者もいたようである。[53]このようなたくさんの熱心な映画ファンを前に、淀川は「アメリカ映画の見方」について熱弁を振るい、会は質疑応答を含めて五時間にも及んだ。淀川は「実に、まじめな雰囲気」を目の当たりにし、「こんな嬉しかったことも最近めずらしい」と目を細めた。[54]

上野高校での賑わいは、のちの成功を予感させるものだった。以後、東京では毎月例会が開かれ、[55]参加者数もまたたく間に数百人へと増加してゆく。[56]同時に、横浜、川口、名古屋、京都、大阪、岡山、松山、函館、平などで次々と支部が誕生し、[57]全国の会員数は一九五一年二月時点で九二七〇人に膨れ上がっていた。[58]

各地の活動は、『映画の友』の「われらの友の会」という報告欄から窺うことができる。それによると、全国様々な会場では映画のポスターやスチル写真が飾られ、[59]催し物も映画人や文化人による講演の他に、[60]映画討論、[61]好きな映画や俳優などの「世論調査」、[62]「わたしは誰でしょう?」「二十の扉」「話の泉」「お好き?お嫌い?」「ゼスチュア遊戯」などのクイズやゲーム、[63]人形劇、[64]レコード・コンサート、[65]ギター演奏、[66]コーラス、[67]スクエア・ダンス、[68]ピクニックなど[69]が実施された。一二月にはクリスマス・キャロルの合唱、クリスマス・ツリーの装飾、プレゼント交換などを楽しみ、[70]年明け最初の会ではお年玉交換を行うグループもあったようである。[71]

淀川はこうした活動を積極的に支援した。そのため、雑誌の読書欄に掲載しきれない投書などを別冊のパンフレットの発行によって補い、会員用のバッジを作成してメンバー意識を高めようとした。[72]そして業務の絶えない中でも、東京と横浜の例会には毎月出席し、他の支部には手紙やメッセージを送るなど共同体づくりを叱咤激励した。[73]

また、ファンの活動を奨励するために、各地で有志を募って「世論調査」を行ったりした(74)。

4　アメリカ映画の「見方」

『映画の友』の誌面づくりに勤しむ一方で、友の会の育成に労力を惜しまなかった淀川は、もはや一雑誌編集者の域を超えたファン共同体の「指導者」となっていた。あくまで「大衆」という立場からの映画鑑賞を推奨する淀川は、巷の映画批評家、知識人、大学生などのエリート的視座に逆らうかのような「見方」を推奨していった。

それはまず、映画を「気安く楽しいもの」とみなすことから始まった。「学生諸君」に対するある文章で、淀川は「アメリカ映画は見るものであって読むものではない。楽しむものであって書くものではない」としているが、ここでは過度な批判を行うために神経を尖らせるのではなく、何よりも映画を「楽しく見る」ことを勧めている(75)。そこには映画が描く「夢」を堪能してもらいたいという願望も込められていた。右のエリート観客の中にはアメリカ映画が「楽天的でありすぎ」るがあまり「批判精神が欠けている」と見る者が少なくなかったというが(76)、淀川はむしろ「夢を見るときには、その夢の中に生きるだけの豊かさが必要」だとし(77)、おおらかな気持ちで映画と向き合うことを望んだ。

この「楽しさ」の追求は、芸術一辺倒な鑑賞を退けることも意味していた。映画を芸術的・美学的観点から論じるという立場は、戦前から一線で活躍する批評家やエリート学生たちが標榜しており(78)、戦後に入ってからも、例えば終戦当時東京大学で映画文化研究会の一員として活動していた荻昌弘のように、「上野の図書館に通ってプドフキンやエイゼンシュタインを読」み、「映画を見てそのノートをつけ」、「映画を作家個人の芸術」と解するべきか、または「社会のひろがりや経済の動きから把え」るべきかなどを延々と議論している者が少なからずいた(79)。淀川も幾度となくそのような学生と出会っていた。例えば、全国学生映画連盟との座談会の中で、ある代表者（大学生）は「いろんな芸術の中で映画ほど多角的な芸術はない」とし、「音楽、美術から写真術、録音に至る科学まで、あらゆるものを含んだ総合芸術」であるため「文化勉強に最適」と淀川に説いている。[80]

淀川は、そんな学生たちの「映画愛」を喜んだものの、高校や大学の「映画研究会」ではびこっているとされる「映画芸術論をたたかわせ」る風潮には「インテリ臭」が漂うとし、[81] あくまで「娯楽」としての鑑賞を推進する。特にアメリカ映画については「芸術至上主義を振りかざしていない」ところが逆に魅力だと確信しており、[82] 一人で身構えながら映画と対峙するのではなく、「二、三の友と肩をならべて」映画を見ることを良しとした。[83]

とはいえ、一方でハリウッド映画の「気やすさ」を評価した淀川は、決して無為な映画鑑賞を促していたわけではない。むしろ「楽しい」体験を通してアメリカ映画の「社会性」を理解すべきだと思っていた。「娯楽」とは何かを考えるにあたり、それを「労働」の対極に位置する時間の過ごし方、つまり「非生産的」で「現実逃避」の手段とみなす見方があるが、[84] 敗戦後の淀川は、そうした日々の現実を「忘却」するための鑑賞を否定し、代わりに映画を楽しむことによって「凡そ幅の広い教養」を身につけてほしいと言っている。[85] なぜなら、アメリカ映画の根底には「リーダーズ・ダイジェスト式の教訓」が備わっており、それこそが「アメリカ映画の特質」だと思われたからである[86]（ちなみに、『リーダーズ・ダイジェスト』とは、知識と教養を広い読者層に伝播しようと努めたアメリカの代表的雑誌である）。その「教訓」を理解し、一般に伝えるため、本人は日比谷にあるＣＩＥ図書館などで『ヴァラエティ』や『モーション・ピクチャー・ヘラルド』などのアメリカの業界紙を手に取り、映画の製作や背景に関する情報を入念に収集したという。[87]

このようにしてアメリカ映画の「社会性」を「楽しむ」ことを奨励した淀川であるが、当時の文章を見るとハリウッド映画を画一的なものと見ていたわけでは決してない。個々の映画作品の特徴を把握するのはもちろんのこと、日本市場に流通する映画の傾向や特色を見極めようと尽力していた。それはアメリカ映画をおしなべて褒めたかったからではなく、個々の作品の優劣を判定し、「良作」とおぼしき作品を幅広い観客層に見てもらいたかったからである。

5　アメリカ映画の「社会性」

淀川が推奨したアメリカ映画は、監督、スター、ジャンル、製作会社などを問わず多様であったが、終戦直後は何よりも「社会性」を評価したようだ。そのことを示す一例が『アメリカ交響楽』である。アーヴィング・ラパー監督によるこのワーナー映画は、ジョージ・ガーシュウィンの生涯を描いた伝記映画であるが、そこではニューヨークのロウアー・イーストサイドの舞台で音楽的才能が開花し、やがてブロードウェイの作曲家として大成する主人公の生き様が描写されている。「平凡」な一個人が社会の階段を駆け上がってゆくこの話は、ホレイショ・アルジャーの小説を彷彿とさせる物語でもあり、淀川もそれを「アメリカの文化と共に何時も生活力に満ちたアメリカ人の性格を教えてくれる」ものと評価した。音楽に一生を捧げたガーシュウィンの「エネルギッシュなファイティング・スピリット」にも「惚れ惚れ」してしまったという。「明日の日より見ばかりしている日本人には大変いい刺戟になる」とも言っている(88)。

このように描かれたガーシュウィンの生き様が「アメリカ的」に映ったのは、それが「ヨーロッパ的」なものとは根底から異なっていたからでもある。それはガーシュウィンが、「当時の人にはとても理解のできない」ような楽曲を「一生かかって」頑なに追求するクラシック音楽の大家とは異なり、あくまで「今日の人に、今日の音楽

図 5-5　『子鹿物語』の英文対訳シナリオ

を」与えんとするところに見られる「アメリカ人気質」を持っていたからだ。映画の中には、師匠の前でショパンのレッスンを受けるシーンがあるが、主人公はそこで「何時の間にか、浮き浮きした調子のかるい誰もが喜びそうな」調子で弾いてしまい、叱責される。しかし淀川はそこに「大衆なくして何の音楽ぞ」と信じて疑わないガーシュウィンの信念を確認し、「拍手を贈」った。[89]

同じようにアメリカ的な「社会性」が『子鹿物語』にもあった[90]（図5-5）。もちろん、このクラレンス・ブラウン監督作品は、音楽映画ではなく、フロリダの開拓地でたくましく日々を送る家族の生活記で、子供と野生の鹿との友情が大きなテーマとなっている。淀川はまず、大熊と猛犬の戦いなどを盛り込んだフロリダの生態系の「記録映画」的な描写に目を見張り[91]、動物が殺される場面をあえて見せないなど、観客への配慮が行き届いているところに「好意が持て」たと言う。[92] しかしそれ以上に「主役のジオディと子鹿と、その家族」が物語の主軸を形成している点を評価した。[93] 物語では、農作物を食い荒らし続ける子鹿を殺さねばならなくなり、最後はジョディ少年が引き金を引き、この悲しい体験を通して「子供」から「大人」へと成長してゆく。主人公の少年が家族と共に日々の生活を営む様子に「人生感の在り方」が描き出され[94]、「十歳から六〇歳までの人を楽しませる」内容になっている、と淀川は考えた。[95]

淀川は『我等の生涯の最良の年』にも高い評価を与えている（図5-6）。この作品は、階級や出自の異なる三人の復員兵が戦後に友人や家族の元で新たな生活を始める様子を描き、日本では丸の内スバル座で一七週間にわたってロードショー上映されるなど話題を呼んだ。いつしかウィリアム・ワイラー監督を崇めるようになった淀川は[96]、まずはアカデミー賞を九部門獲得したこの映画の「上品な香り」に惚れ込み[97]、ディープ・フォーカスなどを多用したカメラマン、グレッグ・トーランドの仕事が「無技巧の技巧ともいえる自然の視野」だと絶賛する[98]。さらに、「かなりハイ・クラスのくせに」多くの日本人が共感できる内容となっている点に注目した。物語の中では、社会復帰を目指す労働者階級のフレッド（ダナ・アンドリュース）や戦場で両手を失ったホーマー（ハロルド・ラッセル）が苦しい現実に直面するが、身内や周囲の人々が二人を暖かく支え、勇気づけてゆく。こうした場面が表現する「社会への思いやりの細かさ」が、東京のサラリーマンやエリート観客はもちろんのこと、「地方の小都市」でも観客に「よく理解されて」いることに淀川は何よりも感心したようである[99]。

図 5-6　『我等の生涯の最良の年』の雑誌広告

一方、『卵と私』には『我等の生涯の最良の年』のような「ハイ・クラス」な香りはなく、フレッド・マクマレイ演じる夫が都会での平凡な仕事を辞めて、妻（クローデット・コルベール）と二人でワシントン州の田舎で養鶏場を始める物語となっている。そこでは、終始楽観的な夫と田舎生活に不慣れな妻が、あばら家のような家屋に引っ越し、日々の労働や価値観の相違と格闘しながら苦難を乗り越えてゆく様がコメディ・タッチで描かれている。

淀川は、派手なアクションやドラマ展開が

欠けていると思ったためか、はじめは『卵と私』に「余り期待せなかった」という。しかし蓋を開けてみるとそれは「思いもかけぬ拾いもの」であった。物語自体はあくまで喜劇なのだが、新生活を志す夫婦の日常を通して、「叩かれようとも、打ちのめされそうとも、何がなんでもヤリとげる、その涙ぐましい生活へのファイティング・スピリッツ」が描かれているところに「心地よい建設精神」が見られたというのである。また、養鶏場が火災で焼失してしまうと、打ちひしがれた夫婦を支援すべく、近所の住民たちが励ましの言葉をかけ、物理的、経済的な支援を約束する。そんな村人たちの善意にも、「アメリカ人の良さ」がみなぎっていると思われる[100]。

図 5-7　丸の内スバル座が発行した『裸の街』のプログラム

このようにしてハリウッド映画に見られた「社会性」は、スタジオ内ではなく、アメリカの街並みの中で撮影された映画にも見出すことができたようである。そうした理由から、コネチカット州スタムフォードの街並みの中で撮影された法廷ドラマ『影なき殺人』には、「生きいきしたアメリカが感じられる」と評している[101]。また、ジュール・ダッシン監督の『裸の街』にも同様の効果が見られた。その物語では、ニューヨーク市警察が犯罪者を追いつつ、街の平和を維持すべく日々尽力する様子が描かれているが、何よりも話題となったのが、ほぼ全編がロケ撮影で構成された「セミ・ドキュメンタリー」形式の映画作りである[102]（図5-7）。淀川は特に「紐育の裏町の洗濯物をほした風景や、地下鉄や、高架線や通勤時間のラッシュ・アワーや、ショー・ウインドーの前に立っている娘たちの会話」から窺える「紐育じゅうの風景」に感銘を受け[103]、「私たちも住めそうな紐育が呼吸している」と述べた。そして「作者が紐育を愛し、その愛情が、スクリーンに盛り上っている」ことをひとえに喜んだ[104]。

さらに、『イースター・パレード』にはアメリカ映画の「良さ」がみなぎっていると思われた。これはフレッド・アステアとジュディ・ガーランドの歌と踊りが存分に披露されるミュージカル映画であり、淀川は何よりも色彩映画としての「美しさ」に惹きつけられている。先述のように淀川は「芸術至上主義」的な映画の見方を嫌ったが、映画に潜む「美」を頭ごなしに否定していたわけではなく、社会の権力構造の中で確立された「芸術」という特権的なカテゴリーに反発していた。そのため、身分や教養を問わずに万人が感知できるような「美しさ」には躊躇なく賛辞を送り、『イースター・パレード』についても「いつものカラーより鮮やか」である点を評価した。例えば、ガーランドの恋敵役のアン・ミラーが舞台で踊るシーンについては、

数人のテイル・コートの男がブラックで、そこへ一人アン・ミラーが赤いスカート、赤い羽根扇で、それがブラック・アンド・レッドの強いコントラストで背景が無地のホワイトで、そしてアン・ミラーが踊り乍ら、その真赤の扇をやわらかく振って客席すなわちスクリーンいっぱいに近かずいた時、スクリーン全部が赤一色に塗りつぶされて、まさに溜息！

と配色とデザインの構図に感嘆の声を上げている[105]。「色彩映画は映画鑑賞を更に楽しくしてくれる。その楽しさの中には、ほのぼのとしたとか、しみじみとしたとか、という言葉ではなく、生きいきしたとか、温かな、というような言葉で表現したい楽しさがある」と『映画散策』には記されているが、淀川は『イースター・パレード』にそのような感想を抱いたと思われる[106]。

しかし占領期の淀川には、そうした映像美についても「社会性」と結びつける傾向が強かった。そのため淀川は、物語の核心となる二つの舞台の色彩に着目する。その一つは、アン・ミラーがアステアと親友のピーター・ロー

フォードとぎこちない三角関係を披露するレストランであるが、そこでは緑の観葉植物、真紅のカーテン、黄土色の椅子が主人公たちを囲んで「上品」な空間を形成し、アステアが手に取る「金色のフチをとったコップ」にはひときわ「品の良さ」が漂っていたという。それとは対照的に、ガーランドとアステアが初めて出会う酒場は、淡い白色の壁、黒光りするカウンター、灰色調の壁画など、総じてシックな色使いが特徴的であるが、淀川はその「小粋な調子」を讃え、そこに「下町の意気さ」を感じている。そうした階層の差異をも表象する巧みな色使いが、「ハイカラ」と評価された。[107]

6　「駄作」の批判

淀川はこうした作品を大いに喜び、それらを臆することなく読者に勧めた。しかし、セントラル映画社の方針下では、間違っても「模範的」とは言えない映画も数多く市場に流通し、淀川を残念がらせた。当時の文章を辿ると、淀川は、「模範的」映画を褒めちぎる一方で、質的な価値が低いと思われる作品には容赦なく批判を浴びせている。「駄作」は残念ながら「楽しむ」ことができず、実りある「社会性」も感知できなかったため、間違ってもファンに推薦することはできなかった。

批判の矛先はまず、自動車工場よろしく量産されたジャンル映画（いわゆる「クィッキー」映画）に向けられた。例えば、占領期に複数公開されたアボットとコステロのコメディ映画がその一例で、『凸凹空中の巻』については「めまぐるしいギャグの連続であるが最早やこれまたギャグの手がつき、一向にフレッシュ、タッチは感じられない」とする。[108] 一九三〇年代に水泳選手ジョニー・ワイズミュラーを主役に起用して人気を博した「ターザンもの」についても辛口であった。例えば『ターザン砂漠へ行く』は「人をワシづかみにするような大きな毒の花」などの

「トリックも見事でなく」、最大の魅力の一つであったはずの「野性的ロマンチックは、遠くの彼方へ消えてなくな」ってしまっていた。「最早や手をつき盡したターザンの、なれの果て」でしかなかったという[109]。

こうした映画の多くは戦前・戦中に作られていたため、戦後の最新作と比べると質的な差が否めなかった。「十年以上も以前の映画で、それも特にすぐれた名作でない限り、今日それを見ることは色あせたカビ臭い煙草を喫わされたような感じ」にさせられる、と淀川はあるとき語っている[110]。『ごくらく珍爆弾』というローレル・アンド・ハーディのドタバタ喜劇も、「昔なつかしい寄席の味」が「近代感覚に圧倒されて元気」がなく、「なまぬるい電気の切れかかった扇風機の様」にしか映らなかった[111]。『影なき男の影』についても「再上映の映画を見たような気がした」と素っ気ない[112]。

また、一九四一年に製作された『ジキル博士とハイド氏』は時代的に色褪せていたわけではないが、不満が残るものだった。有名な原作を基に、あるイギリス人科学者の狂気が二人の女性との三角関係を通して表出するこの映画は、スペンサー・トレーシー、イングリット・バーグマン、ラナ・ターナーによって演じられた。淀川は、同じくバーグマンが主演し、一九世紀後半のロンドンを舞台とした『ガス燈』については、監督（ジョージ・キューカー）の描く「きらびやかなロンドン風俗絵、江戸の錦絵のやうな、それらを楽しみ乍ら、名優の名演技を鑑賞すると言う立場で見ることが大切」と諭したのに対し[113]、『ジキル博士とハイド氏』については、バーグマンは『ガス燈』と「同じことをしている」に過ぎず、そのためかトレーシーも「苦労の仕損」だったという。しかも、観客を癒すような「ロマンティック」な「夢」が不在で、トレーシーが劇薬を飲んでジキルからハイドへ転換する不吉なモンタージュが「超現実派気どり」で困ったという[114]。

『ジキル博士とハイド氏』に対する批判は、「権威」を決して鵜呑みにしないという意志を示すものでもあった。それは、アカデミー賞に三部門ノミネートされた「名作」に対してためらうことなく否定的評価を下しているところからも窺える。同じような見地から、淀川は『カサブランカ』にも物言いをつけている。これはいうまでもなく

図 5-8　公開当時に厳しい評価を下した『カサブランカ』

ナチスからの亡命者が集うモロッコの一都市で、バーを経営するニヒルなアメリカ人（ハンフリー・ボガート）が、フランス人のレジスタンスのリーダーの国外脱出に協力する戦争映画である。イングリッド・バーグマンが共演するこの作品は、一九四三年にアカデミー作品賞を受賞し、一九九八年にはアメリカ映画連盟によって、『市民ケーン』に続きオールタイムで第二位の作品と評価された。

　淀川にとって、『カサブランカ』は「一寸もいいとは思」えない凡作であった（図5-8）。それは「浅草のアンちゃん趣味を少しも出ていない」からである。[115] より具体的な理由は公開当時の文章には細かく明記されていないが、ボガートとバーグマンの恋愛が組み込まれた物語展開が「キザ」に映ったとのちに語っている。[116] 古典的ハリウッド映画においては、物語が往々にして二つのプロットの交錯を通して展開するが、『カサブランカ』も多分に漏れず、ボガートが演じる男性が西側のレジスタンスに加担する戦争のプロットと、かつての恋人（バーグマン）との再会をめぐる恋愛のプロットが重なることによって緊張とドラマ性が高められている。[117] そうした定式化された内容が不満だったのか、淀川はボガートについて「彼の味を呑みこみすぎて型ができてしまって、かえって彼は息苦しそうであった」と不満を表している。[118] そして、『ジキル博士とハイド氏』同様、共演者のバーグマンが「勿体ない」くらいだったという。[119]

「超現実派気どり」であったり「キザ」であったりした映画には、現在を生きる上で建設的なメッセージが欠如していようにも思われた。淀川は、そうした「社会性」の見られない映画に不満であった。その批判は、『アラビアン・ナイト』にも当てはまる。これはもちろん中東の有名な説話集を基にした映画であるが、物語自体の寓話的な意義を強調せず、「興行価値をのみ狙った」ナラティブとなってしまったことに憂いを覚えている。敬愛する『駅馬車』などをプロデュースしたウォルター・ウェンジャーが監督を務めた作品だっただけに、落胆の度合いも大きかったのかもしれない。特に、テクニカラー映画でありながらも、『イースター・パレード』のように社会性を表象することもなく、「安っぽい色彩映画」に成り下がっていることが「残念」で仕方がなかった。淀川からすると、『アラビアン・ナイト』の色の「美しいというのはアラビアン・ナイト的に美しいと云うのではなく撮影の色彩調が冴えている」に過ぎず、全体的に「無邪気」な展開に食傷気味だったようだ。[120]

おわりに

敗戦後の数年間、日本はアメリカ軍の指導下で再建を目指すという、前代未聞の環境に置かれた。淀川の人生の中でも、それは特殊な時期だった。その中で、兎にも角にもアメリカ映画に浸った。

前章で述べたように、淀川はまずセントラル映画社の宣伝部でハリウッド作品の広報を担当した。しかし会社を辞めると、映画世界社へ移り、『映画の友』の編集長として活躍する。「インテリ臭」を嫌った淀川は、アメリカ映画を「文化」として扱うこの月刊誌を通して「大衆」とのつながりを何よりも求め、映画――特にアメリカ映画――を「娯楽」として、そして「社会」を知るための「教養」の素材として公に知らしめていった。その結果、『日本読書新聞』は一九五〇年に、『映画の友』の「青年層の興味の角度をよく心得た編集で、若い読者に映画をたのしみながら教えてゆく」という「教科書」的な方針は「頭がいい」と評価し[121]、売り上げも映画雑誌としては異例の八万部に達した。[122] しかし雑誌の販売部数以上にファン共同体づくりの意義の方が大きかったのではないか。少なくとも、南部圭之助は、この時期の淀川は「アメリカ映画の基本ファンの育成に実に献身的な仕事をしている。むしろこの方の仕事で彼の存在は大きいと言い得るのである」と語っている。[123]

雑誌編集の仕事は、一九五〇年代に入ってからも継続される。しかし、淀川の時間は他の営為——特に「批評」——にも枝分かれしてゆく。次章では、その経緯を見ていくことにしよう。

第6章　編集から批評へ

「もはや「戦後」ではない」――これは敗戦後、予想をはるかに超えるペースで回復した日本経済を語るのに、経済企画庁が用いたフレーズである。時は一九五六年。アメリカによる占領が終結し、サンフランシスコ講和条約によって主権回復を果たしてからまだ数年と経っていない。にもかかわらず、日本は「国際収支の大巾改善」や「インフレなき経済の拡大」に恵まれ、「発展のテンポを取戻した」、と『経済白書』にはある。(1)

この、目まぐるしい変化の中で日本が「高度経済成長期」に突入しようかという頃、淀川長治は、引き続き『映画の友』の編集長として奔走していた。一九五〇年代に入っても多くのファンを喜ばせたこの月刊誌は、日本がアメリカからの「独立」を果たすのと並行して「世界」の映画を扱う「洋画専門誌」としてその視界を広げてゆく。同時に、ハリウッドとのさらなる接近を図るべく、さまざまな工夫が凝らされた。淀川は特派員として二度アメリカへ赴き、端役としてハリウッド大作への出演も果たすことになる。

また、雑誌編集と並行して「映画批評家」としての活動が本格化する。戦前から個々の作品への思いをペンで表現してきた淀川ではあるが、「批評」という営為に本腰を入れ始めたのは、一九五〇年代以降のことである。それは『キネマ旬報』への定期的な寄稿によって決定的となった。ただし、「論壇」の権威に違和感を覚えた淀川は、常に「大衆」の立場から文を綴ることをモットーとし、自らの文章を「紹介批評」と呼んで、映画から「社会性」

と共に「娯楽」「芸術」「人間」を見出すことを目指した。

本章では、まずは「編集」、そしてやがて「批評」に重きを置くこととなった淀川の一九五〇～六〇年代の活動に焦点を当て、映画に向けられた視座を今一度炙り出してみたい。そうすることによって、淀川の多能性の一端を確認すると同時に、引き続き「大衆」を意識する姿勢をあらためて見出すことができるはずだ。また、占領期とは多少異なる視野や視座についても考えたい。淀川の価値観が時代の流れとともに変化していった様子が看取できるのではないかと思われる。

1　「アメリカ」から「世界」へ

朝鮮特需や神武景気に後押しされた一九五〇年代の日本経済は、『経済白書』が指摘したように大幅な回復を果たすが、社会の末端では依然として貧困が蔓延り、草の根では労働運動が広く展開し、米軍に対する反対運動も日常の一つとなっていた。ただし、国民の「中流化」が進み始めたのもまた事実で、都心や郊外では団地やマイホームの建設が本格化し、市場では「三種の神器」（洗濯機、白黒テレビ、冷蔵庫）が売り出され、人々はさまざまな「レジャー」を求めていくようになる。

この変化の著しい時分、日本の映画文化も戦後の「黄金時代」を謳歌し、映画館数、観客数、公開本数などが記録的に増加していた(2)。それに後押しされるかのように、『映画の友』の好調は続いた。雑誌業界が「週刊誌ブーム」や「総合誌ブーム」で沸き立つ中(3)、発行部数は「十数万」に達し(4)、各号のページ数も一九五一年末には一二〇頁前後だったのが、ほんの数年のうちに二〇〇頁強へと膨れ上がる。製本の型も、誌面の肉厚化に伴い、安価な中とじ方式から背表紙が平坦な平とじ形式へと切り替わり、書棚でも見栄えのする体裁となった(5)。紙質も貧弱なわら半紙から光沢用紙に「格上げ」となった。

この拡大する月刊誌を支えたのは、編集長の淀川はもちろんのこと、同じく「ファン」として「友の会」の結成などに尽力してきた佐藤有一、赤尾周一、乾直明らの若手社員たちである。[6] 周囲から「代表的なモガ」と見られていた小森和子も欠かせない存在になっていた。[7] 小森はもともと大黒に誘われて原稿の翻訳などを行っていたが、淀川に勧められて「映画評論」の執筆を開始する。以後、映画世界社の「嘱託」として取材にも関わるようになる。[8]

図 6-1　映画世界社の移転先となった「巴里ビル」のイラスト

『映画の友』の成功は、会社全体の躍進につながった。一九五二年、映画世界社は永田町の古家屋から銀座六丁目にある、合理主義的建築で知られる広瀬鎌二が設計した三階建ての通称「巴里ビル」に移転した[9]（図 6-1）。ワンルーム形式の「斬新な構造」が目を引くその職場では、『映画の友』と姉妹誌の『映画ファン』のスタッフがそれぞれ左右に分かれて作業を行い、社長の橘弘一郎は両者を俯瞰できる前面中央にデスクを構えていた。[10] 淀川は『映画の友』の編集長を務める傍らで、会社の「編集部長」として橘の右腕的存在になっていた。[11]

さて、そんな「新時代」の『映画の友』はといえば、占領期と同じく「教養」や「文化」を伝播するという基本路線を継続し、「アメリカ・ミュウジカル発達史」[12]「映画とバレエ」[13]「映画の思想と現実と表現」[14]「ヘミングウェイ文学の映画」[15]などといった記事や特集を読者に提供している。また「読み物」であると同時に「見る雑誌」としての魅力を強化するために、カラーフィルムの印刷技術を積極的に取り入れてスターや映画最新作の写真を満載した。[16]

そして引き続き、「大衆」を意識したファン参加型の姿勢も維持された。読者欄にはさまざまな趣向が凝らされ、「友の会」を通して全国各地で例会やイベントなどが多数催された。地方のファン向けに、毎月抽選で二名を東京へ招待する企画も実行された。[17]最も熱心なファンにとって、『映画の友』は「聖書」でさえあった。[18]我が子に「トモコ」という名を与えた者もいる。[19]

ただ、その中で取り扱う映画の範囲が大きく変化する。一九五〇年代になると、多様な外国映画が日本のスクリーンをにぎわすようになってきたため、[20]淀川はハリウッドにのみ的を絞るのは「映画鑑賞雑誌」としては「百パーセント全力的ではない」と考え、一九五一年八月号より扱う映画の対象を「世界」へと拡大した。[21]以後、『絶壁の彼方に』(イギリス)[22]、『のんき大将脱線の巻』(フランス)[23]、『夏の嵐』(イタリア)[24]、『バルセロナ物語』(スペイン)[25]などのヨーロッパ映画はもちろんのこと、『地下水道』(ポーランド)[26]や『その窓の灯は消えない』(ソ連)[27]といった共産圏の作品も顔を見せるようになった。「映画で世界をとび歩く」という連載を通してそうした国々の背景を紹介する努力も見られる。[28]

その反面、入荷本数の少ないラテンアメリカ、アフリカ、中東、アジアからの映画が誌面に登場することは稀であったが、時折『大砂塵の女』(メキシコ)[29]のような作品が紹介され、「ラテン・アメリカの旅」「カメラはアフリカを駈けめぐる」といったタイトルの記事も登場している。[30]また、「印度古典の美術的な香り」を取り上げたジャン・ルノワールの『河』[31]、ジャワ島やタイの習俗を捉えたイタリア人のドキュメンタリー監督レオナルド・ボンツィらの『失われた大陸』[32]、「アフリカ」を描いたゾルタン・コルダの『コンゴウ部隊』や『キング・ソロモン』などを通して「非西洋」を紹介した。[33]これらはあくまで西洋人の視点から撮られていたが、「未だ見ぬ世界の各地を知り、その匂い、その土地の気風までも悟」るためには手段を厭わない淀川の意図を少しでも満たす仕事と考えられた。[34]

2　アメリカとのさらなる接近

以上見てきたように、『映画の友』は一九五〇年代に入るとその国際色をさらに強めていくわけだが、引き続きハリウッドがその中心にあったことは確認しておかねばならない。実際に誌面を見ると、『ローマの休日』『バス停留所』『サイコ』といった目玉映画から『西部の旅がらす』や『非情の青春』のような「知られざる」作品まで、たくさんのアメリカ映画が取り上げられている。(35)「編集会議で最初に決められ」たという表紙の写真も、ハリウッド女優のものが圧倒的に多い。(36)

だが、映画を記事にするだけではアメリカ映画との「距離」を縮めるのは難しいと考えた淀川は、いくつかの策を講じた。まず、アメリカの映画人に直接便りを書き、返事が届くと「こんな個人的な手紙」を誌面に掲載した。(37)また、「ファン・レターを出しましょう!!」なるコーナーも創設し、「自信をもってどしどし」スターに手紙を出すことを奨励した。手紙の翻訳を手伝ったり「書き方」の指導も行っている。(38)手紙を送れば、四分の一ぐらいの確率で返事が返ってきたという。(39)

また、一九五〇年四月号より「ハリウッドへの手紙」という一ページのコラムを設け、日本語と英語で編集部の方針や願望を示した。(40)そこでは、日本で「いかにアメリカ映画が愛されているか」が強調された。(41)このコラムには、キング・ヴィダーのような映画人に対する感謝や、(42)「質的に優れた名作を送ってほしい」という希望が表現されていたりする。(43)ハリウッドとの「直接的な結びつき」を通して「アメリカ文化研究」に取り組む意気込みも表明されている。(44)

さらに、アメリカで現地取材を敢行する。当時の日本では海外への渡航が厳しく制限されていたが、「日本のファンをハリウッドとむすびつける」ためには「編集者がハリウッドと直結する以外にはない」と直感した橘は、淀川をハリウッドに「特派員」として派遣することを決定する。「淀川君のハリウッド訪問によって、今まで以上に、ハリウッド映画人と日本のファンが密接に握手できること、そして、講和条約の真義を映画人のうちにも、より深く生かせることを信じてやまない」と一九五一年一一月号に記されている。(45)

こうして「特派員」として淀川がハリウッドに初めて降り立ったのは一九五一年の秋のことである。(46)その後約二ヶ月間、大手スタジオをつぶさに見学し、最新作を特別試写で鑑賞したり、リトル・トーキョーからハリウッド・ボウルまでロサンゼルスの街並みを見て回り、翌年から半年にわたって『映画の友』誌上でその様子を報告した。(47)勢いづいた橘は、今度は淀川にアカデミー賞の取材を命じ、一九五三年の三月から七月まで再び渡米させる。その年は、黒澤明の『羅生門』が美術監督・装置賞にノミネートされており、もし受賞となれば淀川がオスカー像を受け取る手筈となっていた（残念ながら『羅生門』は受賞を逃してしまう）。(48)この二回目の訪米では、ニューヨークにも足を伸ばし、数号にわたって街並みや舞台などの様子を事細かく報告した。(49)

特派員としてアメリカに降り立った淀川は、仕事とは言いながらあくまで「ファン目線」で報告を行った。だから、初の渡米に際しては「ついにハリウッドへ！　まるで夢のようである」と記し、(50)ワーナー社のスタジオに到着すると「まるでモダン美術館のような、きれいな建物」に目を見開いた。(51)人気スターに会う度に感激し、グロリア・スワンソンについては思わず「緑がかったブルー」の目、「少しも老けていない若々しさ」、「そしてどぎついメイキャップをしていないスワンソンの…なんと美しい顔」に見入ってしまった。(52)また別の日にはＲＫＯ社のスタジオでロバート・ミッチャムと遭遇し、「あの眠っているような細い小さな目」や「ギリシャ鼻のような鼻筋のとおった高い鼻」を特長とみなし、「彼のカツ色がかった金髪」の「美しかったこと」と臆することなくその容姿を誉めている。(53)

淀川の渡米は話題を呼んだが、そのための経費が会社への負担となり、その後の現地派遣は、小森和子が「特派」された一九五八年秋まで待たねばならない。(54)ただ、占領期が終わる頃からスターや監督が過去に例を見ない頻

図 6-2　『八月十五夜の茶屋』で米の配給係を演じる淀川（左端）

度で来日するようになっていたため、海外へ出ずして取材を行う機会は格段に増加していた。そうした状況にかこつけて、淀川はジェームズ・スチュワート、ケーリー・グラント、アルフレッド・ヒッチコック、ジェニファー・ジョーンズ、パトリシア・ニールなどを取材している[55]。少なくとも七回は来日しているウィリアム・ホールデンの来訪記事はあたかも恒例行事であるかのようだった[56]。ゲストとして友の会に参加する要人もおり[57]、例えばレッド・スケルトンは「総立ち」の「約一二〇人の若い読者」の前でパントマイムを披露し、会場は「拍手連続」となった[58]。

他にもハリウッドとの距離を縮めた出来事がもう一つある。淀川の映画出演である。一九五六年四月、メトロ社は俳優と製作スタッフを日本に派遣し、『八月十五夜の茶屋』の撮影を行った[59]。この映画は第二次世界大戦直後の沖縄の占領を風刺的に描いた作品である。淀川は、『東京ファイル212』や『底抜け慰問屋行ったり来たり』のように、あからさまなオリエンタリズムを表象した映画には懐疑的であったが[60]、『八月十五夜の茶屋』は、マーロン・ブランドとグレン・フォードはもちろん、大映の協力によって京マチ子らも出演することとなった上、アメリカによる占領を風刺的に描いていることに惹かれた。監督のダニエル・マンを取材すると逆に出演を依頼され[61]、初めは断るも最終的には橘らに説得されて承諾したという[62]。

実際の作品を観ると、淀川は「トビキ村」の住人として登場している。

具体的には米の配給係の役で、村民を一列に並ばせるも、京マチ子演じるロータス・ブロッサムという芸者を割り込ませて皆に反感を買うというシーンを演じている（図6-2）。ここでの淀川はあくまで端役でしかなかったが、出演の機会を大いに喜び、「これまでの日本人の出演するアメリカ映画がなんとなく日本人ばなれのした妙な日本人ばかり出てくるのでがっかりでしたが、今度の京マチ子、清川虹子は日本人の私たちが見ても大いに大喝采したい日本人そのものだったので安心だったし嬉しかったです」と感慨深く述べている。[63]

『八月十五夜の茶屋』以外にも、『サヨナラ』、『Stopover Tokyo』（日本未公開）、『あしやからの飛行』などがクランクインするとアメリカから撮影隊が続々と来日し、映画ファンの期待を募らせた。淀川は作品そのものだけでなく、「ハリウッド来訪」の事実を喜び、誌面に取り上げた。一九五七年の夏にはこうも記している。「もうハリウッドは日本から、そう遠い彼方とは思わなくていいという時代になりましたよ[64]」。

3　「批評」の開花

『映画の友』の編集業は充実したものだったが、年を追うごとに作業が「マンネリ」化していったという。[65] そんなこともあり、一九六〇年代に入ると誌面上における淀川の存在感は次第に薄れだし、六三年ごろから赤尾周一に事実上編集の統括を任せている（正式には一九六五年一月号をもって編集長の座を譲っている）。[66] だが、それと反比例するかのように映画評をものする量が増えていった。つまり「批評家」として台頭してゆくのである。

淀川にとって「批評家」になることはかねてからの念願であった。[67] そもそも映画狂《スーパーファン》として神戸の映画館に通い詰めていた頃から批評に「あこがれ」ており、清水千代太、飯島正、津村秀夫、杉山静夫、南部圭之助らの文章を逐一追っていた。[68] そのためであろう、淀川は『映画世界』や『新映画』だけでなく、『キネマ旬報』の「読者寄書欄」

にも投書文を送っている。

その一つは一九三三年に書かれた「映画に現はれたダンス」という文章だ。それは、少年時代から好きだった舞踏への情熱が表現された「「ダンス」の印象記」で、洋画に披露された「ジャズ」「ワルツ」「ルムバ」「ニグロの踊り」「アメリカ・インデアンの踊り」などに関する箇条書きの文章である。そこには、敬愛するガルボが『マタ・ハリ』で見せた「東洋の古典舞踏」には「感心出来なかった」が、ルドルフ・ヴァレンチノが『黙示録の四騎士』で披露した「タンゴ」は「一番いゝもの」だったとある。[69] また、その翌年の「今日のウェルマン」と題されたエッセイでは、『女心を誰か知る』や『猫の寝間着』などパラマウント（またその前身のフェイマス・プレイヤーズ＝ラスキー・コーポレーション）時代の作品に見られる「きれいで、それでゐて徒らに夢を追ふ事なく程よい柔らかさ（「センチメンタリズム」とも言っている）と比較して、ワーナー社で世界大恐慌に突入する中で製作された『飢ゆるアメリカ』には「まぎらはしくない率直な社会観」が投影されており、それこそが「健康的な今日のウェルマン」を築いていると主張した。[70]

『半生記』によると、若い頃の淀川には「映画の何たるかがわかったような自信」がまだなく、[71] 右のような文章は「批評」とみなされていない。文体やスタイルにも、まだ一貫性があるとはいえない。だが、戦後に入ると心境が変化し、セントラル映画社を退社した前後に「ようやくはじめて批評とか評論という仕事への筆をとってもよかろう」と思い立つ。[72] 一旦『キネマ旬報』への就職を目指したのはまさにその理由からである。しかし結果的に『映画の友』の編集長となってしまったため、「映画の批評その評論」は「おあづけ」になる。以後、「編集者」として「いかにして立派な人に原稿を書かし得るか」を意識しながら仕事に臨んでいくこととなった。[73]

とはいえ、身を粉にして編集に尽くす傍らで、淀川は着実に「批評家」としての道を築いていった。そのため、前章で見たように、占領期にはすでに『映画の友』などで映画を論じている（これは「批評家」になるための「準備期間」と考えても良いかもしれない）。また、一九五〇年には『映画散策』という著作を世に送り出している。これは本人が「早産の子」と謙遜する初の単著であったが、そこには最新のアメリカ映画、舞台映画、色彩映画、時代劇などに関するエッセイが盛り込まれており、親友の双葉十三郎は「『映画之友』の紙面では云いきれないムズムズしていた色いろな事柄」が著されていると太鼓判を押している[74]。

『映画の友』誌上では、一九五一年六月号を皮切りに「批評」という名のもとで映画を論じるようになり、『われら自身のもの』[75]『愛欲と戦場』[76]『豪族の砦』[77]『野性の女』[78]『暴力教室』などを俎上に載せている[79]。同時に、『映画芸術』や『映画評論』といったシネフィル向けの専門誌、『映画手帖』や『映画ストーリー』と言った一般ファン向けの映画誌[80]、『文芸朝日』や『文藝春秋』などの文芸誌[81]、『婦人の友』や『主婦と生活』などの女性誌にも文章が掲載されるようになる[82]。

おそらく「批評家」としての地位を決定づけたのは、『キネマ旬報』に定期的に登場するようになってからだろう。誌面を見ると、一九五一年初旬に『ひばり』『命ある限り』『剣なき闘い』を論じる機会を得ているが、以後七年もの間その名は登場しない[83]。だが、編集部が陣容の再編を試みる中で[84]寄稿者の「巾を広げ」る動きが生まれ[85]、一九五八年度の映画ベスト・テンの選評に「映画批評家」として登場する。以後、淀川は「映画評」欄の常連となり、時を待たずして同誌の看板批評家となってゆく。

では、そこまで淀川の情熱をかきたてた「批評」とはそもそも一体何だろうか。それは一般的には「人間がなすことやその作物について、それがどのようなものであるか、どのような価値があるかという比較・吟味を施し、ことばで表明する」活動と定義されようが[86]、「映画批評」——とりわけ日本のそれ——には少なくとも二つの形態が見られると映画学者のアーロン・ジェローは指摘する。一つは、一九一〇年代の純映画劇運動を通して確立された、「映画を観ながら受けた印象を語る」ことによって「作品の質」を規定する「印象批評」。もう一つは、プロレタリア映画運動の影響を受けた左翼的な「イデオロギー批評」である。後者は、映画をブルジョワによって経済的・社会的搾取を行う手段とみなして批判的な解釈を実践したものだ[87]。

淀川はといえば、まずイデオロギー批評が実践したような一元的な政治的視点からは距離を置き、むしろ率先して「左にも右にも偏せず、リベラルな立場をもって」活動に臨む「六日会」という「映画批評家クラブ」の幹事を司るなどして立場的な偏向を避けている[88]。そして、この「六日会」のメンバーだった飯島正、清水千代太、津村秀夫、戸川直樹など多くの批評家がそうしたように、印象批評を実践した。しかし、批評家の権威が醸し出すアウラに反発し、あくまで一般のファンの立場に立って映画を論じることを心掛けた。その、「人に読ますこと」を最大の目標とした自らの映画評を、「紹介批評」と呼んだ[89]。

この「紹介批評」にはいくつかの特徴が見られる。まずは「読みやすさ」を重視した文章だということだ。あくまで「誰にも解る」文章を目指した淀川は[90]、平易な語彙を多用し、ひらがな（例えば「かんたん」[91]「たいくつ」[92]「ゆいしょ」[93]「どれい」[94]「こどう」[95]）やカタカナ表記（「スガスガしい」（清々しい）[96]「ソシャク」（咀嚼）[97]）を織り混ぜるなどして文の密度を和らげている。比較や比喩による説明も随時盛り込まれた。

また、文に流れをつける努力をしている。執筆にあたり、淀川は原稿を音読して文の調子を確認したというが[98]、批評文を見ても、短文、句読点、体言止めを多く活用して文体にメリハリをつけていることが多い。例えば、次の文を見てみよう。

> ナチ収容所から処刑寸前に抵抗派同志十二人が救出される。ところが十三人いた。誰か一人がスパイだ。しかしその一人が軽犯罪のなんでもない男とわかる。しかし仕方がない射殺。ところが十二人のうちの一人が哀れんで逃す。するとまたその男、舞い戻った。ぐるりは敵でとりかこまれているとその男が言う。これでまた此奴スパイかと疑いだす。とうとう、この十三人目、逃げ出した[99]。

これはコスタ＝ガヴラスの『奇襲戦隊』評の一部であるが、淀川はそのあらすじを歯切れ良く、極めて直線的に説明している。戸田学によればこのような淀川の文章には「話術とはまた違ったリズムがあ」ったという。品田雄吉も、淀川の文章がその「見事なリズム」のおかげで「最初のページからではなく、途中から読んでもすんなり理解できる」とする。[100]

このようなリズムを持った文章には、原作（小説、舞台など）、監督、役者、カメラマン、スタッフなどといった個々の作品の基本情報や、大まかなあらすじの説明があった。また、「紹介」とは言いながら作品の評価もしっかり行っている。シナリオの質、物語の組み立て方、役者の演技、ショットの撮り方、音楽の使い方、編集の手法などを含めた総合的な判断だ。ただ、例えばソフィア・ローレンとアンソニー・パーキンスが主役を務めた『真夜中へ5哩』のように「失敗した作品」であっても、「部分々々が面白」いとして、頭ごなしの批判は避けられている。[101] 特に印象に残った映画に対しては、「見たあと、かえりながらも涙を落とした」などと「感情」を表現し、自身の思い入れを明確にしている。[102]

4 「紹介批評」の展開

当然のことながら、淀川の映画批評はさまざまな内容を含んでおり、極めて万華鏡的だ。しかし、一九五〇～六〇年代の文章を概観すると、引き続き「社会性」に目を向けていたことがわかる。例えば、エルヴィス・プレスリー主演の『夢の渚』については「アメリカ精神への「あこがれ」が、プレスリー・ファンの彼への「あこがれ」と、その二つの「あこがれ」つまり「ドリーム」を満足させるように企画されているのが巧い」。娯楽映画だが文化がそれを「あんがい上等」にしている。「土地問題、自力生活、民主裁判などから教えられるアメリカのデモクラシィが力説でなく漫画風に描かれる」という。[103] 子供の誘拐事件を題材にした『誘拐』に関しては、担任の教師が新聞記者に対して学校を批判的に扱うような記事を書くなと注意するのを目撃した子供の母親が怒りをあらわにする場面を見て、「世界の手本のような教育国」でも見られる問題を「ばくろ」されている「手きびし」さを痛感している。[104]

しかし、占領期には顕著だった、「リーダーズ・ダイジェスト的教訓」を見出す傾向が減少したのもまた事実で、映画の政治性や社会性から距離を置く見解も少なくない。例えば、『招かれざる客』は、シドニー・ポワティエ演じる黒人医師が白人女性と結婚する旨を彼女の両親に会って伝えるも反発を受けるという、人種差別を描いた映画であるが、公民権運動が続く一九六〇年代後半に公開されたこの映画のテーマが「アメリカ人には、なんともせつない大問題にちがいない」と一見理解を示しながらも、「遠く離れている」日本から見ると「喜劇」に見えてしまうと本音を言う。[105]

その反面、「娯楽」、つまり映画が純粋に観客を楽しませるか否かにはこだわり続けた。その一例として挙げられるのが『掠奪された七人の花嫁』である。これはアメリカの西部開拓時代のオレゴン・トレイルで日々を生きる七人兄弟が町で結婚相手を探す物語を「陽気なミュージカル」にしたものだが、淀川にとっては「開拓者たちの生態がよくスケッチされて」いる以上に、「オレゴンの髭男」たちが「モダン・バレエ」を踊るその創造性に魅了された。「バンジョーなどの楽器で踊るバレエの楽しさはアメリカならでは」のものであり、「近ごろこんなに楽しんだ映画も珍らしい」と感心する。[106] ロジャース&ハマースタインの人気舞台劇を映画化した『王様と私』も、大いに楽しめる映画であった。淀川にとって、これはブロードウェイで観た芝居を思い出させる感慨深い作品で、ジェローム・ロビンズの「素晴らし」い振り付け、シャムの国王を演じるユル・ブリンナーの「ちらりと覗くセクシイのお上品」さ、そして「優しさあふらせて」プライド高きシャム王と相対する「気品」に満ちたデボラ・カーの演技が素晴らしいと思った。[107]

この二本の映画は、大好きなミュージカルであるほか、あくまで「家じゅうで楽しめる」内容となっていたため、「誰方にも見てほしい」ものと絶賛している。[108] ただ、その一方でエロティシズムやセクシュアリティを表に出した

「大人向け」の映画——特にヨーロッパ映画——も推奨するようになる。例えば、イングマール・ベルイマンの『夏の夜は三たび微笑む』は、浮気と不倫をコメディ仕立てのドラマにしており、女中が服のボタンをはだけて神学校を志す若息子をもてあそび、その若息子も自分よりも年下の義母と駆け落ちする。淀川は「この映画をいやらしく鼻の下に汗をかいて見るようでは見ちゃいけません。これは喜劇なんですよ。サラッと笑って見る腹をこさえ」るようにと諭している。[109] また、『ボッカチオ'70』は四人のイタリア人監督によるオムニバス映画だが、その中でも「禁欲主義の独身の中年男」がアニタ・エクバーグの巨大な看板を見て道徳的危機に陥るフェデリコ・フェリーニの「誘惑」というエピソードに魅了された。特に、青ざめてゆく主人公の目の前で作業員が「足」「腰」「胸」という順で看板をつなげてゆく「演出の面白さ」や、巨大化したエクバーグの「偉大な胸部」に挟まれて「雨傘を思わず胸の凹部の間へすべり落す」ような「悪ふざけ」が楽しめた。このような作品を「艶笑喜劇」と呼んでいる。[110]

淀川はアクションやサスペンス映画も大いに「楽しんで」いる。そのような映画を批評するにあたり、「名人芸」が目立つヒッチコックが基準にされていることが多い。[111] その一方、たとえ「B級」であっても娯楽性に長けた映画には褒め言葉を与えた。例えば、七人の男と一人の女が銀行から金塊の山を盗もうとする『黄金の七人』は、「ヒッチコックの高級スリル」とは異なるものの、「その盗みが馬鹿げた大がかりで滑稽で漫画的でしかもニュー・ルックのちかごろはやりのハイカラさがあって面白」かった。[112] スタンリー・ドーネンの『シャレード』には「サスペンスのオリジナル性」が不足していたかもしれないが、他の映画を想起させる「パロディだからこそ面白」かった（図6-3）。ケーリー・グラントとオードリー・ヘップバーンが財宝探しや殺人を通して恋愛関係に陥ってゆくその流れは、「英国的な残ぎゃくさが今もって根定にあ」るヒッチコックの「「男」スタイル」とは違い、同じくドーネンが監督した『パリの恋人』のような「ミュジカルたっち」で「エレガント」な「女型」であった。「女が男のサスペンスをきれいにまね」をしている点が「面白い」とした。[113]

「パロディ」がもたらす「遊戯性」、これは「マカロニ・ウェスタン」にも見られた。[114] 淀川は『シェーン』から

『荒野の決闘』まで多くのアメリカ西部劇を愛好したが、「ただお遊びのように」先住アメリカ人がなぎ倒されてゆくアクション一辺倒のハリウッド・ウェスタンには食傷気味になる。[115] そんな中、セルジオ・レオーネの『夕陽のガンマン』は「その精神というか性格はイタリア的」であり、そこが「まことに面白い」と思われた。[116] 南北戦争後の南軍兵のその後を描いた『荒野の一ドル銀貨』は、一見「何でもない復讐物」の域を出ない「珍ウェスタン」だったが、それでも「いささか御きげん」になったという。その最たる理由は、作り手がハリウッド・ウェスタンに「あこがれきっていて、それが意外に純心に思えるから」であり、イタリアで西部劇を「大まじめに作っている」からであった。[117]

図 6–3　パロディとして楽しめた『シャレード』に登場するオードリー・ヘップバーン

淀川が見る「娯楽」の幅は広く、そこには戦争映画も含まれている。『大脱走』はナチス・ドイツの捕虜となったアメリカ兵たちが収容所から大掛かりな脱走を試みる物語だが、淀川は、スティーブ・マックイーン、チャールズ・ブロンソン、ジェームズ・ガーナー、ジェームズ・コバーンを含むオールスター・キャストが売り物となったこの作品の見どころを何よりもエンターテインメント性にあると考えた。なので「二百五十個のタマゴを籠に入れ、それを三本の指の先でさし上げたまま二十五メートル歩けるかどうかを見物」するかのような「スポーツの勝ち負けの面白さ」を評価している[118]（図6–4）。『クロスボー作戦』は、ナチスが秘密裏に開発していたV型ミサイルを調査し、破壊する目的で実行された実際の作戦を題材にした作品だが、淀川はイギリス人スパイ役のトム・コートネイと、蒸発した夫

図 6-4 『大脱走』にて脱走を試みるスティーブ・マックイーン

を探すソフィア・ローレンがあっさり「射殺」される「意外」、そして兵器工場が爆破されるクライマックスの「スリル」に「面白さ」を見出している。つまりこの戦争映画は「立派な娯楽映画とはこれという見本」であった[119]。ここで興味深いのは、六〇〇万人以上のユダヤ人などを殺害したナチス・ドイツを描いた作品を「娯楽映画」として捉えている点だ。これらの作品に対し、淀川は教義性を求めていない。

「娯楽」以外にも、批評家としての淀川は「美」という尺度からも映画を凝視している。前章で言及したように、淀川は占領期から「芸術至上主義」を否定してきたが、「美しい」とおぼしきものには賛辞を惜しんでいない。それは、まず『愛の泉』が披露した「ローマの美術的な古都[120]」や『恋のなぎさ』の舞台となった南フランスの「夏の「海」」の映像など[121]、視覚的要素に対する評価から始まる。こうした画に「美」を見出した背景には、ロケ撮影がもたらす「原風景」を肯定すると同時に、海外へ飛び出ることがままならなかった時代に「世界」を目の当たりにできることへの喜びも込められていると想像される。

小説や戯曲など、文学・芸術界の「古典」に一目置く言説も目立つ。ただし、淀川は原作を模倣しただけの仕事には満足しなかった[122]。だから、一九四四年版の『ヘンリー五世』を称賛したのも、主演のローレンス・オリヴィエが「さすがイギリス最高の品格の下に大胆な独創」を駆使して「このシェイクスピア劇をハイカラな映画にした」

からだった。[123] また、ヘンリー・フィールディングの小説に基づいた『トム・ジョーンズの華麗な冒険』については、主人公の型破りな日常を描写するにあたり、「画面しぼり」（アイリス・ショット）、「画面から観客に話しかける手法」、「キャメラのはげしい動き」など様々な技巧を駆使した点に注目する。「クラシック趣味をしっかと摑みつつ一方では英国特有の記録映画精神」を体現したトニー・リチャードソンの仕事を「見事な芸術映画」と称賛している。[124]

とかく映画ならではの「美」を求めた淀川は、ルイ・マルの『恋人たち』も高く評価する。ヴィヴァン・ドノンの短編小説を下地にしたこの作品は、三人の男性の間を揺れ動く女性（ジャンヌ・モロー）の心理と決断を主題としているのだが、マルの表現には「サイレント期の前衛映画の血が流れていると思えるほどの画像の美しさ」が満ちあふれていたという。特に「車と、鏡と、それに、あの夜の遊園地の廻天車が次第に速度をたかめる、あのネオンの車軸の燐光の美しさ」が目を引いた。また、音の表現も特徴的で、例えば、

男女のコップがかち合つて放つガラス器の高らかな音。寝しずまった屋敷内の広間の蠅の羽音。ブレスレットを鏡の前のグラスのゴブレットにむぞうさにかける音。その音が、むしろサイレントのしじまを強調する

と淀川は述べる。『恋人たち』の何よりの魅力は「映画演出の美しさ」、より具体的にはカメラマンのアンリ・ドカエが生み出したその「黒白の美しさ」であった。[125] それによって「男女の恋愛描写」が、「これまでのどんな映画までもが嘘に見えてしまったほど美しく本物」に見えたという。[126]

また、ブロードウェイの舞台劇からの映画化となった『ウエストサイド物語』は、タイトルデザインを行ったソウル・バスから音楽を担当したレナード・バーンスタインまで「立派な芸術家」たちによって作られた作品であったが、とかく「シネ・ミュージカル」として成功したことを喜んだ。特に「踊りをフィルムの編集とカメラの捕えかたで、まったくの映画にこなしきって」おり、「すばらしいミュージカルでありながら、すばらしい映画になっ

図 6-5　「芸術への信念」が感じられたジャック・タチの『プレイタイム』

ている」ことに感心した。[127] 逆に、テネシー・ウィリアムズの戯曲が土台となった『去年の夏　突然に』は「映画と舞台の二つの中で迷った」ため、「舞台のセリフで語られる美しさと、映画の目にしみこむ描写の美しさの間にはさまって、しかも映画ゆえに説明過多の失敗をくり返した」と批判的だ。[128]

さらに、「いかなるすぐれた文学の映画化」よりも「それらよりはるかにオリジナルの『8 ½』のほうに映画の価値を認めてしまう」という発言からもわかるように、淀川は映画独自の創作に価値を見出した。[129]『8 ½』はいうまでもなくフェデリコ・フェリーニの代表作の一つであるが、精神療養中の監督が少年期の体験を夢想したりする様子が、フェリーニ本人の個人的体験に基づいたものと言われている。もう一つ挙げられるのは『プレイタイム』である（図6-5）。これは監督も務めたジャック・タチが扮するユロ伯父さんが大都会を訪れ、アメリカ人観光客のバーバラと交友するほのぼのとした物語であるが、この映画の最大の魅力は「芸術への信念」が感取できることにあった。「タチヴィル」とあだ名された都会のビル群のセットが見せる「ビルの線とガラスの線とその線と線の美しさが、あたかも大きな額ぶちの中のフランスの絵画ビュッフェの絵を思わせる」ものだった。また、タチが随所で披露する「パントマイム芸術」は、『街の灯』でチャップリンが見せた演技を彷彿とさせたという。総じて「エクレアの舌ざわりであり、エスカルゴの洒落た食つうの味覚である」として、『プレイタイム』の高級感を称賛している。[130]

もう一つ関心を持ったのは「人間」の描写であった。映画が「人間」を十分に描き、それを体現しているかどうかが大きな見どころと考えられた。ある時、「映画批評の着眼点は何ですか」と問われると、淀川は「人間をほんとうに描ききっているかどうかです」とさえ言っている。[131]

その基準を満たした作品の一つが、『大人はわかってくれない』である。大人に理解されずに不良扱いされる少年を描いたこの物語は、物品を盗んで「警察の護送車にほうりこまれ」る主人公の頬から「涙があふれ落ち」、感化院から脱走して海辺で「もう行くところがな」くなるところでフレームが静止し、映画が終わる。チャップリンとヴィットリオ・デ・シーカを「一作に吸収」したような内容だと思った淀川は、大人の「残酷」さや「スケッチの一つ一つのこわさ」を映像化した弱冠二八歳のフランソワ・トリュフォーが「根底に人間を摑んでいることの深さ」を何よりも讃えた。そして、フランスのヌーヴェルバーグを語るにあたり、形式よりも「人間」に執着する姿勢に感銘を受けた。[132]だから、クロード・シャブロルの『二重の鍵』という南仏の邸宅で起こる殺人ミステリーでも「人間解剖」がなされている点を良しとしている。[133]ロベール・ブレッソンの『スリ』についても、「他人のポケットに、ショルダー・バッグに」指を入れて犯行を繰り返す「スリル」を看めながらも、「スリ病を利用して人間の「孤独」を無惨に摑んでいること」に「強れつな印象」を受け、逆に監督が「暖かい心の持主」であると思った。「それでこそ名作」と淀川は言う。[134]

この「人間探究」に関しては、フェリーニも劣っていなかった。例えば、『道』を初めて見た時、貧困で頭の弱い女性を演じたジュリエッタ・マシーナを「白々しく」思ったが、やがてそれが「全部人生のシンボリックな人形」であるように思え、「ひどく美しい映画」だと思い直したという。それだけでなく、ニーノ・ロータの主題歌を小さなバイオリンで奏でるリチャード・ベイスハートの演技からも、「世の中にこう云う人間がいることで私たちは生命に力が加わるようでもある」と確信している。[135]また、物質的豊かさに浸る大人たちの退廃を描いた『甘い生活』には、「否定の中から、酔いしれる心の温もりを感じてしまう」ような良さが満ち溢れていた。何よりも

図 6-6　フェリーニの『甘い生活』には「人間」を見たと淀川はいう

「人間の人間らしさを抱きしめたフェリーニの人間愛が美しい」と淀川は感心する[136]（図6-6）。

ジョン・フォードは同じく特権的な位置にいた。『黄色いリボン』では、ジョン・ウェイン演じるブリトル大尉が、退役前の最後の数日、大西部の過酷な自然を背景に騎兵隊を指揮する様が描かれているが、淀川は冒頭で「死者を乗せた駅馬車を狂走させて、そのプロローグのスピードが、やがて大河の流れのような静けさに変ってゆく」展開に目を留める。公開時より崇めてきた『駅馬車』では、駅馬車そのものが大西部を疾走する道中の出来事が物語の主軸となっていたが、その「活動写真的な」展開にはもはや「幼さ」が感じられたという。それに対し、『黄色いリボン』では、ブリトル大尉の人情や喜怒哀楽が興味の中心となっており、クライマックスの先住アメリカ人たちとの対決においても直接的な衝突が回避されるなど、アクション自体が全体的に抑えられている。淀川は、騎兵隊の「生活」や「その中の人間」を凝視する物語性にフォードの変化を見出し、「まさに堂々たる大作である。六畳敷一杯に描かれた油絵の大作という感じである」と褒めちぎった[137]。

この「人間」重視の描写こそが、円熟期におけるフォードの特長だと思われた。例えば、陸軍士官学校（ウェストポイント）で兵隊の育成にその一生を注いだマーティ・マーを題材にした『長い灰色の線』の魅力は、何よりも「愛情の美しさ」や「心がけの高さ」を表現している点だと淀川は考えている。物語では、子供に恵まれなかったマーが、若き士官兵たちを、時には厳しく、しかし常に温情的に指導し、最後はアイゼンハワー大統領に称えられるような名教官になるまでの人生が描かれている。淀川は、主役を演じたタイロン・パワーの「立派」な演技や「心がすーとするほど気持ちがいい」音楽を楽しんだ他、フォードによる「人間愛」の「謳歌」を一際喜んだ。特に、もはや髪が白髪と化したマーが士官兵たちの行進を目にして感極まるラストシーンで、死んだはずの妻と父親が生きているかのごとく登場するショットなどから、フォードが「ねっからの美しい心の持主」であることを確認している。「もう、こんな暖かい人間味のある映画を作る監督は居なくなるだろう」とさえ言っている。(138)

おわりに

一九五〇・六〇年代の淀川には少なくとも二つの「顔」があった。まず頭角をあらわしたのは「雑誌編集者」としてのそれである。セントラル映画社退社後、淀川は映画世界社の雑誌編集長として、『映画の友』を業界の有力誌に育て上げ、アメリカの占領が終了してからもこの月刊誌に多大なエネルギーを注いだ。そして「世界」の映画を紹介するだけでなく、ハリウッドへのさらなる接近を試み、編集長として一定の成果をあげた。

もう一つの「顔」――つまり「批評家」――としては、まずは水面下で活動を開始し、一九五〇年代の終わりまでには「紹介批評」という型を確立する。ここでも淀川は、シネフィルよりも一般の読者を意識してペンを走らせた。概して言えば、この移り変わりの速い占領後の時代、「批評家」として台頭し、「編集者」としての活動は減少してゆく。やがて『映画の友』の編集から身を引き、フリーランスへと転身する。

ただ、実際には一九六〇年代に入るともう一つの「顔」が台頭してくる。それは「テレビ解説者」としてのそれである。淀川がテレビに手を染めたのは、一九六〇年の『ララミー牧場』の解説がきっかけとなっており、一九六六年以降、映画解説の先駆けとしてブラウン管に毎週登場するようになる。そこに映った淀川の「顔」はどのようなものだったのだろうか。次章では、この疑問に答えてみようと思う。

ちなみに『映画の友』はといえば、一九六〇年代に入ると赤尾らの努力もむなしく衰退の道を辿り、一九六八年三月号を最後に休刊へと追いやられてしまう。会社も経営不振に追い込まれ、負債が一億五千万円にまで膨れ上がったという。最盛期は〇・五パーセントだったと言われる返本率も、最後は四〇パーセントに及んだ。オードリー・ヘップバーンが表紙を飾る最終号の発行部数は七万六千部に留まった。[139] 洋画ファンは、ライバル誌『スクリーン』や一九七二年に創刊した『ロードショー』などにその眼差しを向けてゆく。[140]

興味深いことに、『映画の友』の生命はここで尽きたわけではなく、商標権を譲り受けた近代映画社が、一九七六年に『EIGA NO TOMO』を創刊する。これは日活ロマンポルノの特集などを中心にしたアダルト雑誌であり、初代編集長の小杉修造によれば、淀川の承諾を得た上での刊行であった。[141] この「エロ本」は瞬く間に人気雑誌となり、最盛期は四〇万部の売り上げを叩き出すまでに至った。[142] この経済的成功を、長年『映画の友』を文化的に「高尚」な雑誌に仕立て上げようと尽力した淀川はどのように思ったのだろうか。残念ながら、その心境を知る術は見当たらない。

第7章　ブラウン管の劇場

一九六八年七月二一日。夜の九時が回って茶の間のテレビのスイッチを入れると、そこには白髪のちらつく丸顔の男性の姿が映し出される。番組は『日曜洋画劇場』。ブラウン管を眺めていると、その人物が、その日の放映作品『汚れた顔の天使』に描かれた「アメリカの腐敗」について熱く語っている。

画面上で熱心に映画解説を行うその人物——淀川長治——には、つい見入ってしまうような魅力があった。その晩、この初老の映画解説者を初めて目の当たりにした紙芝居作家の加太こうじは、「眼鏡をかけていなければ村の鍛冶屋の小父さん」のような人物の口から「近代的な言葉が矢つぎ早やにとびだす」調子に新鮮な感覚を覚えた。その「ソツがない」語りは、戦前に弁士として名を上げた徳川夢声ら先達のそれを過去のものとし、「テレビ時代といわれる今日における話し手」を「代表」するものだと確信した(1)。

前章までに述べてきたように、戦前から戦後にかけて、淀川は映画会社の宣伝部員、雑誌の編集長、批評家など何足もの草鞋を自在に履き替え、映画界ではすでに名の通る存在となっていたが、その名が「全国区」となるのはテレビに登場するようになってからである。そのきっかけとなったのが、『ララミー牧場』というテレビ西部劇であり、続いて『日曜洋画劇場』では解説者として毎週視聴者と相対してゆく。以後、淀川はブラウン管の「顔」として活発に活動を続けることになる。

淀川はブラウン管を通して全国的な知名度と名声を獲得するが、テレビ出演をあくまで映画の普及を促すための手段と考えていた。一九六〇年代に入ると映画観客数は減少の一途を辿り、国内だけでなく、アメリカでも映画会社は経営難に陥ってゆく。その中で、淀川はテレビを敵対視するのではなく、映画の普及を促す媒介とみなしていた。自身は「テレビ局にもぐり込んだ映画スパイ」だという言い方をする。(2)

とはいえ、淀川が一方的に恩恵を被ったわけではなく、テレビ業界にとっても淀川の存在は大きな意義をもっていた。淀川のおかげで、ブラウン管上のドラマや映画の人気が上昇し、楽しくも時として知的なその「語り」を通して、テレビ自体の「品位」と「教養性」が築かれていった。淀川とテレビは、互いを高めあう相乗関係にあった。それは、本章で主に取り上げる一九六〇年代と七〇年代にひときわ顕著に見出すことができる。

1　「テレビ時代」の到来

テレビは、戦後日本を語るのに欠かすことができない装置である。もともとアメリカで誕生したこのメディア装置は、日本でも戦前から技術開発や実験放送が重ねられていたが、(3)一九五三年二月一日に日本放送協会(以下NHK)が先陣を切ってテレビの本放送を開始し、その数ヶ月後に正力松太郎率いる日本テレビ(NTV)が民間放送第一号として後に続いた。放送開始当初のテレビ業界はまだ規模も小さく、例えば日本テレビは「平家」のオフィスで「制作から営業から総務から何から」を取り仕切っていたという。(4)テレビ自体もまだ一般家庭には手の届かない高級品であったため、国民の大多数は盛り場各所や飲食店、電気店などの店頭でしかそれを楽しむことができなかった(5)(図7-1)。

しかし、予備免許の交付によって放送局の「開局ラッシュ」が湧き起こり、(6)ラジオ東京テレビ(現・TBS、一九五五年）、富士テレビ（現・フジテレビ、一九五九年）、日本教育テレビ（現・テレビ朝日、一九五九年）、東京教育テレビジョン（一九五九年）、東京12チャンネル（現・テレビ東京、一九六四年）という順で新たな放送局が続々と誕生した。放送網も東京、大阪、名古屋から全国へと広がり、「全国民が一つのできごとに対して同時に考え、判断を下す」体制（『朝日新聞』）が構築されてゆく。(7) 需要の高まりに後押しされてテレビの価格は下がり、「皇太子ご成婚」のパレード中継が話題をさらった翌年の一九六〇年には、売り上げ台数が三〇〇万台を突破する。(8) もはやテレビは洗濯機や冷蔵庫と並ぶ「三種の神器」の一つとして、「総中流」の必需品になりつつあった。(9)

図 7-1　1953 年，東京のピカデリー劇場に設置されたテレビ

　最初期の番組を語るにあたっては「街頭テレビ」を通して広がったプロレス、野球、相撲などのスポーツ中継がよく挙げられるが、実際は舞台、音楽、ゲーム番組など複数のジャンルが混在していた。(10) 放送時間もはじめ一日四時間だったのが八時間（一九五八年）、そして全日放送（一九六二年）へと拡大し、番組編成が多様化・重層化されてゆく。(11) その中にはドラマ番組も少なくなく、初の国産ドラマとされる『山路の笛』（一九五三年）を皮切りに放送が七年続いた探偵サスペンス『日真名氏飛び出す』（一九五五～六二年）、中村竹弥を一躍テレビ界のスターに仕立て上げた時代劇ドラマ『江戸の影法師』（一九五五～五六年）、柳家金語楼主演のホームドラマ『金語楼劇場　おトラさん』（一九五六～五九年）などがブラウン管に登場する。(12) しかし、国産ドラマは予算や設備の不足から粒が揃わず、「むかしの活

動写真程度」「原始時代の日本映画に近いもの」などと酷評されるような有様であった。[13]

こうして制作が滞る国産番組を尻目に台頭したのがアメリカのテレビドラマである。その多くがアメリカ国務省や米国広報文化交流庁（U. S. Information Agency）の後押しを受けていたとされる初期のアメリカの番組は、「アメリカン・ウェイ・オブ・ライフ」の表象、あるいは「《近代》的な生活スタイルのわかりやすい具体例」として社会に発信された。[14] はじめは『パパは何でも知っている』『ハイウェイ・パトロール』『スーパーマン』『名犬リンチンチン』などの三〇分番組が主流であったが、次第に六〇分番組が増えてゆく。買い付け価格はまちまちで、当初は局が直接交渉を行っていたが、需要の高まりとともに「インポーター」と呼ばれる輸入業者が仲介を行うようになった。[15] その競争は熾烈で、一九六二年までには二〇以上の輸入業者がしのぎを削るようになっていた。[16]

テレビ用ドラマの増加とともに劇場用映画の放送も増加した。まず『山びこ学校』（一九五三年二月六日）や『母のない子と子のない母と』（三月）などの邦画がブラウン管に登場し、翌五四年五月二六日、ジュリアン・デュヴィヴィエの『舞踏会の手帖』を皮切りに洋画放送も始まる。[17] 劇場公開作品は、『テレビ名画座』（フジテレビ）、『日曜映画劇場』（NHK）、『週末名画劇場』（フジテレビ）などといった専門番組を通して放映されるようになる。[18]

テレビ放送が解禁されてから最初の数年、邦画各社はテレビにも作品を提供していたが、次第にテレビに対する警戒心を強め、一九五八年三月に料金交渉が決裂すると一転して提供を停止し、以後ブラウン管には「空白の六年」と呼ばれる邦画不在の時期が生じる。[19] その穴を埋めるかのように、外国映画――とりわけアメリカ映画――が多数流入した。番組編成も、当初は「二流三流」の作品が主だったのが、ものの数年のうちにいわゆる「名作・傑作映画の放送が多くなって」くる。[20] その中にはヒッチコックの『海外特派員』、ブレッソンの『田舎司祭の日記』、オーソン・ウェルズの『市民ケーン』など、日本未公開作品も含まれていた。[21] 気がつけば「アメリカの新作は各局の間で、猛烈な争奪戦が現在くりひろげられ」るようになり、外国映画の輸入業者から苦情が出るまでになった。[22]

2 テレビを擁護する

このようにしてテレビが日本を席巻しつつあったころ、淀川は『映画の友』の編集を続ける傍らで、批評家として旺盛な執筆活動を行っていた。しかしテレビに対しても、大きな関心を持っていた。

テレビをめぐる当時の評価は期待と不安の間で揺らいでいた。確かに加藤秀俊のように「見るコミュニケイションを日常化し、あたらしい記号体系をわれわれの生活のなかに持ちこんで」きたとそれを肯定する者はいたが[23]、それよりも岩崎昶のように「影像というまやかしを実在のほんものと取りちがえる危険」を危惧するような否定的見解の方が目立つ[24]。番組内容に対する批判も少なくなく、大宅壮一は『何でもやりまショウ』というバラエティ番組を「紙芝居以下の白痴番組」と切り捨て、「〝一億白痴化〟運動が展開されている」と警鐘を鳴らした[25]。それに呼応するように、児童への悪影響を懸念した保護者や教育者たちは、幾度となく「もっと健全な番組」を各局に求めてゆく[26]。

淀川はといえば、「モダン」な土壌で培われ、幼少の頃から映画というテクノロジーの賜物に魅せられてきたが、ただの「新し物好き」であったわけではない。その証拠として、セルロイドの眼鏡をかける3D映画やワイドスクリーンに対しては懐疑的だった[27]。しかし、テレビに対しては早くから肯定的な意見を持っており、一九五一年、ロサンゼルスで共同通信の特派員の自宅に招待された場では、「夕食のあとテレヴィを楽しむ子供たち」を眺めながら「まことに羨しい」と述べている[28]。また、その二年後にアカデミー賞に参列した際、九台のカメラが動員された中継体制を「素晴らし」いと言っている[29]。その年に目の当たりにしたテレビの撮影技術も、「平面的なセット臭い舞台から一段と自由にキャメラが動くようになり、移動あり、パン（キャメラの向きがそのまま動いて変る）ありで、大変進歩している」と感心しきりだった[30]。

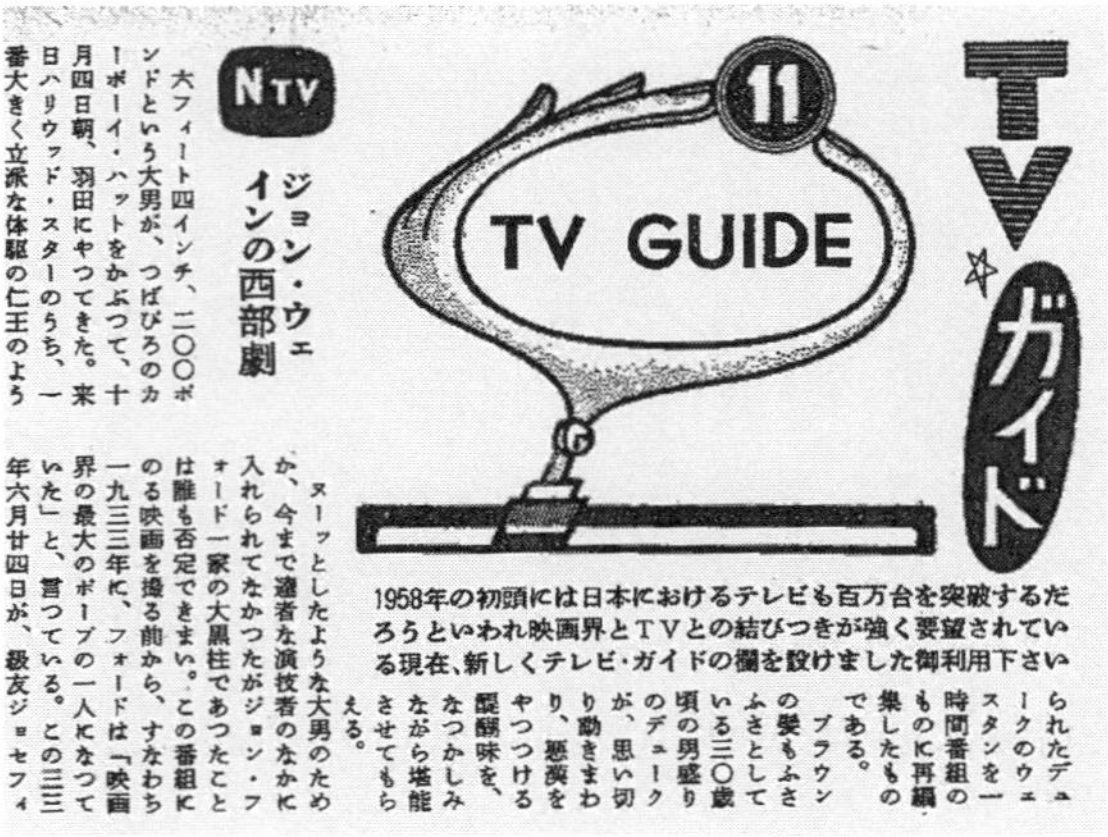

図 7-2　『映画の友』に新しく設けられたテレビのコーナー

そして、まだ孵化途中のこのニューメディアが「映画の客を一人残らず取りこんでしまう」可能性があると危惧しながらも、淀川はテレビを擁護し続け、一九五七年に岡俊雄、荻昌弘らと一緒に取り組んだ共同研究では「いまや、映画とテレビは決して義絶した兄弟ではなく、仲の良い肉親として共有するようになった」と述べている[31]。のちにも、「ラジオがでてきたときに、レコードが売れなくなるといったときと同じで、映画がテレビをこわがるのは、なさけないんです。わたし自身が映画の味方ですが、弟ができて兄貴がこわがっているのと同じで、こんなおかしなことはないんですよ」と説いている[32]。

そこで、淀川は小画面で映画やドラマを鑑賞するようになる。その専らの関心は、セットの「船が動か」ず「ぶっつけ本番ぶり」ばかりが目立つ『山椒大夫』など日本の「寸劇」よりも、「パトロールがどんな役をするか」を「教えてくれる」『ハイウェイ・パトロール』や「タイミングを面白く」工夫して「夫婦は助け合っているんだ」ということを知らしめる『アイ・ラブ・ルーシー』などといったアメリカのドラマにあった[33]。

それと並行して『映画の友』でもテレビに対応した誌面づくりを行うようになる。まずは一九五七年一二月号のために人気番組『ヒッチコック劇場』の紹介を飯島正に依頼し[34]、翌年一月から「ＴＶガイド」欄を設けて各局の注目番組を紹介した[35]（図7-2）。このコーナーは二月号から「TV Film Guide／テレビ映画御案内」に改名され[36]、『ドラグネット』や『スーパーマン』などの人気ドラマだけでなく[37]、劇場用作品の紹介も始まる。「テレビでもっと映画を見ましょう」と呼びかけられることもあった。[38] 雑誌上では、館内が混み合いがちな映画館とは違い、「家でゆっくりとくつろいで家族揃って映画をみる」ことができる点が長所として謳われ、「わたくしたち映画ファンにとっては全くの幸運がテレビ時代とともにやって来ました。〝テレビは映画の敵である〟などと目に角を立てて怒るよりも、もっとテレビを貴方の映画鑑賞の為に大いに利用すべきでしょう」と主張された。[39]

3 『ララミー牧場』の衝撃

そんな時、淀川が実際ブラウン管に登場するきっかけが訪れた。『ララミー牧場』の解説者としてである。このドラマは一九五九〜六三年に全米で放送された西部劇で、流れ者のジェス・ハーパー（ロバート・フラー）と牧場主のスリム・シャーマン（ジョン・スミス）が、ワイオミングにある駅馬車中継場を拠点に活躍する「ホームドラマ的西部劇」(domestic western）であった。[40] 主役の二人はいずれも映画俳優としてデビューするも主にテレビで活躍した役者であり、他にも毎回目玉俳優がゲストとして登場した。番組は四シーズンに分けて全一二四話制作されたが、その評価は決して高くない。[41]「おすすめできる点が事実上皆無」と切り捨てる批評もある。[42]

日本で『ララミー牧場』を放送したのは日本教育テレビ（ＮＥＴ）だった。この局は運営を開始して以来、民放局でありながら「教育局」として機能していたため教育番組を五三％以上、教養番組を三〇％以上組み込まねばならず、[43] はじめは「視聴率も低く、営業はとても売り物にならない」状態だった。[44] そこで、外国のテレビドラマに依存して「急場を切り抜け」る策に出る。[45] そして一九五九年一一月から放送が始まったクリント・イーストウッド主演の『ローハイド』が人気を博すると、太平洋テレビが買い付けてきた『ララミー牧場』にも目を向ける。[46] 後者にはまだ知名度がないという欠点があったが（ちなみに『映画の友』が初めてこの番組を紹介した時、『ララミー劇場』とその題目を誤記し、訂正を強いられている）[47]、アメリカでたばこ会社がスポンサーにつくような「大人向け」の西部劇であった前者とは違い、子供や家族が楽しめる「キッド・ウェスタン」として「食後のひととき家族団らんの場をねらって全員がそろって楽しくとけこめる」と考えられた[48]。スポンサーについたアサヒビールは、「ワン・クール（三カ月）で視聴率二〇パーセントを取」れると強気だった[49]。

幸か不幸か、『ララミー牧場』は本編の長さが四五～四八分と他の一時間ドラマと比べて数分短く、規定に沿って六分間のコマーシャルを足しても時間が埋まらない[50]。そこで、解説者を立てる案が浮上する。当時すでに『映画の窓』『洋画への招待』『お茶の間試写室』などといった複数の映画紹介番組がオンエアされており、南部圭之助、荻昌弘、山本恭子、若山弦蔵などが映画について弁舌を振るっていた[51]。しかし、番組スタッフは淀川に解説を依頼することを決める。それを提案したプロデューサーの米田喜一は、『映画の友』の「友の会」で淀川の饒舌ぶりを目の当たりにしており、案内人役にはこの雑誌編集長が最適だと確信していた（番組に解説をつける案は、スポーツ新聞のテレビ欄に見られた「ナイター今日の見所」というようなコラムを見て思いついたという）[52]。淀川ははじめ『ララミー牧場』をあくまで「西部劇としてはC級」としか思っていなかったが[53]、『脱出』や『我等の生涯の最良の年』にも出演し、音楽家としても知られるホーギー・カーマイケルが出演していることを知ると興味を示し、解説を通して「映画の西部劇というものが少しは一般の人にもわかってもらえ」るかもしれないと考えるようになる[54]。また、前年川崎に建てた一軒家の住宅ローン（五年）を背負っていたこともあり、毎回出演時に発した時数が「原稿料」に加算されて得られる収入（最初は一万二～三千円）は魅力的だった[55]。

番組の放送は一九六〇年六月二三日（木曜日）の午後八時から始まる。これは野球のナイター中継で高視聴率獲得を求める他局に対して「逆手をねらった」時間帯だった[56]。そのエピソードでは、流れ者のジェスがスリムの牧場に辿り着き、ギャングを倒したことをきっかけに「ララミー牧場」に住みつくことを決意する。淀川は、本編終了後に「西部こぼれ話」という四分三〇秒のコーナーで番組デビューを果たした[57]。題目は、スポンサーがビール会社であることにちなんで付けられ、「本篇を見た後の余剰の処理場」として「一家団欒の話題をさらに豊富にする」ことが期待された。[58] その日の視聴率は一二・八％と、同時間帯に放映されたＮＨＫの「安保批准を終って」（特別番組、二三・〇％）、日本テレビのプロ野球中継（巨人―阪神戦、三三・四％）には及ばなかったものの、まずまずの滑り出しであった。[59] とはいうものの、まだ慣れないためか、初回の解説は「硬い感じ」だったと関係者は語る。[60] 淀川の知名度もまだ未知数で、新聞のテレビ欄にはその名が記されていない。

以後、局は輸入会社とスポンサーと三つ巴になって日本の視聴者にアピールするための工夫を凝らした。字幕が主流だった映画館の興行とは異なり、テレビの外国ドラマや映画は吹き替えで放送されたが、スタッフは会話内容などを「浪花節」調に大幅に書き換え、主人公二人が「あくまでもヒーローに」なるよう努めた。そのため、「名保安官」を演じるゲストを「ニセ保安官」に変更するなどして「話をデッチ上げ」ることもあったという。[61] 日本放映用には、デューク・エイセスによる主題歌が番組のテーマメロディに重ねられた。市販のレコードは即売り切れとなり、関係者を驚かせた。[62]

淀川も解説を番組の見どころとすべく尽力した。「西部こぼれ話」ははじめ生放送で届けられたが、のちに放送日の前日に収録されるようになる。その準備は以下のように行われたという。

話しすべき要点のみを最初にメモ形式に原稿で書いておきます。そして放送まえに一回そのメモにしたがって話しながらタイムを計ります。そしてタイムがオーヴァーすると、放送のときには早口にするか、または必要のないところは自分でカットして、どうやらタイム一杯に合わせるよう努力します。話すときに原稿用紙は見ないことにしております。[63]

リハーサルは一度だけ行い、その後「すぐ本番」となった。[64] スタジオに入った淀川は「まったく真剣そのもの」で、毎回の収録は「ピタリ四分三〇秒、ＮＧが出たことはありません」と番組スタッフは胸を張った。[65]

そして右のようなルーティンを作りつつ、番組にも独自の「型」を築いた。それは「ハーイ、またアナタとお逢いしましたね」という呼びかけで始まり、[66] 番組終了時には「ではごきげんよう、さよなら、さようなら」というフレーズと一緒にカメラに向けて両手を「ニギニギ」と握る動作で番組を締めくくるというものだった（この動作は一種のトレードマークとなり、淀川はいつしか「ニギニギおじさん」と呼ばれるようになる）。[67] また、使い慣れない標準語ではなく、持ち前の関西弁でトークを行った。これには当初「聞きづらい」などといった批判があったというが、蓋を開けてみれば視聴者との距離を縮め、親近感を抱かせる効果があったようだ。[68] 内村直也は八月六日の『毎日新聞』にて淀川の話しぶりに注目し、「妙な日本語だが、視聴者に直接話しかけようとする話し方に特徴があって面白い。愛嬌があって親しめる。アナウンサー諸氏は一度見る必要がある」とコメントしている。[69]

無論、淀川は語りの内容にも力を入れていた。番組を通して特に「アメリカの西部劇には見ておいて損のないおもしろい知識や人情のあることを知ってもら」うために、淀川はスタッフとともに歴史、文化、風俗などの調査を日夜行い、視聴者からの手紙に基づき「一番多く希望する声」に番組上で応えるようにした。[70] そして毎回「西部劇独特のフロンティア・スピリット」から「テンガロン・ハット」という帽子の名前の由来（一〇ガロンの水が入るぐらい大きな帽子という意）から、先住アメリカ人の言葉が地名化した場所の話まで、さまざまな逸話や小咄を紹介した。[71] 特に「ストーリーの中にかくされた西部への勉強」を促すことを心がけ、ジェスとスリムの活躍の背景にある歴史、文化、風俗を理解することによって「アメリカ人への正しい認識と理解の目が開く」と信じて解説に臨んだ。[72] また、「楽しい」番組作りを意識し、吹き替えの声優たちに（画面外から）質問を投げかけてもらい、淀川がそれに答えたりする「架空対談」を取り入れたりした。[73]

こうした努力が功を奏し、『ララミー牧場』は見る間に視聴者の心を摑み、東京や大阪では人気番組の上位ランキングに君臨するようになった（表7-1、表7-2）。一九六一年六月には三一・五％と視聴率が一位を記録し、それ以後も高視聴率が維持された[74]（一九六二年三月にはＮＨＫの人気クイズ番組『ジェスチャー』に次いで二位の視聴率を獲得し、スタッフを狂喜させた(75)。この時期、日本教育テレビも他局に対して「じりじりと成績を上げ」るようになったと『朝日新聞』は指摘している(76)。局やスポンサーには毎週何千通ものファンレターが届き、スタッフは連日対応に追われたという(77)。

こうして日増しに加熱していった『ララミー牧場』人気は、やがてジョン・スミス、ホーギー・カーマイケル、脚本を担当したポール・サヴェージの来日へとつながってゆく(78)。しかし誰よりも注目を集めたのはロバート・フラーであろう。番組内ではあくまでスミスに次ぐ「二番手」の役者であったフラーは、一九六一年の四月に東京に

表 7-1 東京地区，阪神地区における 1961 年 8 月の人気番組ベスト 10（電通）

東京地区のテレビ人気番組ベスト 10					
1	NTV	プロレス実況	（金）	夜 8:00	60.2 %
2	NTV	モーガン警部	（金）	夜 9:15	43.9 %
3	NHK	事件記者	（火）	夜 9:00	43.9 %
4	NET	ローハイド	（土）	夜 10:00	43.5 %
5	NHK	ジェスチャー	（火）	夜 7:30	41.7 %
6	NET	ララミー牧場	（木）	夜 8:00	40.6 %
7	NHK	お笑い三人組	（火）	夜 8:30	37.3 %
8	NHK	私の秘密	（月）	夜 7:30	36.3 %
9	TBS	名犬ラッシー	（土）	夜 7:30	35.8 %
10	NHK	暑さにめげず働く人々におくる音楽会	（木）	夜 7:30	34.8 %
阪神地区のテレビ人気番組ベスト 10					
1	YTV	プロレス実況	（金）	夜 8:00	60.0 %
2	MBS	ララミー牧場	（木）	夜 8:00	44.6 %
3	YTV	モーガン警部	（金）	夜 9:15	43.9 %
4	MBS	ローハイド	（土）	夜 10:00	43.5 %
5	NHK	ジェスチャー	（火）	夜 7:30	41.5 %
6	MBS	皇室アルバム	（月）	夜 9:45	40.7 %
7	KTV	土曜劇場	（土）	夜 8:00	31.8 %
8	NHK	私の秘密	（月）	夜 7:30	31.1 %
9	MBS	山麓	（月）	夜 10:00	29.3 %
10	KTV	検事	（日）	夜 9:00	28.6 %

出所）「テレビ視聴率もち直す ことし 3 回目の電通調査」『朝日新聞』1961 年 8 月 30 日，5 頁。8 月 3 日～10 日に集められた電通視聴率調査のデータより。

表 7-2 東京地区における 1961 年 8 月の人気番組ベスト 10（トンプソン）

1	NTV	プロレス中継	（金）	夜 8:00	44.8%
2	NET	ローハイド	（土）	夜 10:00	31.3%
3	NHK	私の秘密	（月）	夜 7:30	30.4%
4	NET	ララミー牧場	（木）	夜 8:00	27.5%
4	NTV	プロ野球巨人×大洋	（水）	夜 8:00	27.5%
6	NTV	モーガン警部	（金）	夜 9:15	25.7%
7	NHK	ジェスチャー	（火）	夜 7:30	25.6%
8	NTV	スポーツ芸能レポ	（金）	夜 9:45	21.4%
9	NET	指名手配	（水）	夜 10:00	21.0%
10	NTV	スポーツニュース	（金）	夜 9:10	19.9%

出所）「トンプソンのテレビ視聴率」『朝日新聞』1961 年 9 月 16 日，7 頁。日本トンプソン市場調査研究所によって 8 月 15 日～22 日に集計されたデータに基づく数字。

図 7-3　羽田から九州へと向かうフラーと淀川（『テレビジョンエイジ』1961 年 6 月号，30 頁）

降り立ち、二一日間の滞在中に箱根、名古屋、京都、大阪、福岡などを訪れた[79]。自らの提案で子供のためのチャリティ・ショー（不幸なこどもにおくるチャリティー・ショー・ララミー牧場大会）も行い、人々の共感を呼んだ[80]。行く先々でファンの熱烈な歓迎を受けたフラーの姿は新聞、週刊誌、テレビでも大々的に取り上げられ（図7-3）、『ジェスが日本にやって来た』や『ララミー大会』といった特別番組は高視聴率を獲得した[81]。「ジェス人気」はその後も絶えることはなく、その年の九月に両親とともに再来日を果たす運びとなった[82]。

関係者をも驚かせた番組の成功は、淀川の知名度を上昇させた。そのため、ドラマの出演者だけでなく、淀川にも連日多数のファンレターが舞い込むようになり、「町で見知らぬ人にあいさつされることもしばしば」だったという[83]。フラー来日時にイベントの司会を担当した関光夫は「フラーと淀川さんが同じくらい人気があってびっくりした」と後に語っている[84]。なかでも、映画雑誌の読者層を超えて子供や家族層の間でもその名が知れ渡るようになり、「やさしいことばで、話しかけてくれ」る調子が青少年に好印象を与えたようで、淀川は『小学生画報』『中学生画報』『日の丸』などといった少年少女向け雑誌でも『ララミー牧場』や西部劇の「解説」を行うようになる[85]。

淀川は『ララミー牧場』の添え物ではなく、両者は相乗効果の波に乗って全国的な人気を作り上げていった。『キネマ旬報』は、『ララミー牧場』が「日本で特に成功した原因に映画評論家淀川長治氏の「西部こぼれ話」があることは忘れられない」と評している。[86]

4 『日曜洋画劇場』へ

『ララミー牧場』は予想を遥かに超える盛況に恵まれて、一九六三年に放送が終了した。[87] 淀川は、その後は世間に「顔がわかることのきゅうくつさ」を痛感し、「対談であろうがゲスト出演であろうが出来るかぎり逃げた」という[88]が、実際は『洋画サロン』のような映画紹介番組にゲスト出演しており、ブラウン管から身を引いていない。[89]

やがて再びレギュラー出演のチャンスが訪れる。その番組こそ『日曜洋画劇場』であった。これははじめ『土曜洋画劇場』として、一九六六年一〇月一日の午後九時から毎週土曜日に放送され、翌年四月九日より日曜へ移動した。[90] 企画を担当した日本教育テレビは、それまでは大映など日本映画の旧作を『木曜映画劇場』で放送するも、思うように視聴率を稼げず、洋画放送を目指すべく一九六五年の春ごろから映画の買い付けを行っていた。[91] 当時は劇場用映画の放映が増えていたが、その多くが一時間や一時間半の長さで、フジテレビの『テレビ名画座』のように平日の午前中に同じ映画を週替わりで毎日放送する番組もあった。[92] そこで、スタッフは時間枠を二時間に拡大し、他局との差別化を図った。

このような長めの時間枠では「はじめの五分間で勝負しないと、視聴者がほかのチャンネルへ逃げていってしまう」可能性が否めない。[93] そこで、解説者を起用することとなり、『ララミー牧場』で実績をあげた淀川に白羽の矢が立てられる。淀川にははじめ局のスタッフが、テレビ放送用の作品を選別するための「相談」を持ちかけ、二度目の打ち合わせの場で解説を依頼したという。[94] 『ララミー牧場』の時と同様、淀川ははじめ躊躇したようだが、テレビドラマではなく銀幕の長編作品が、それも二時間枠で毎週視聴者のもとに届くことに魅力を感じ、引き受けることにした。[95]「これで一人でも洋画ファンが増えたなら」という思いを抱いて番組に関わることとなる[96]（図7-4）。

淀川が選んだ道は、映画館での鑑賞にこだわる映画愛好家の間では評価が分かれるものだった。というのも、テレビでは映像の外枠が画面のフレームに合わせて削ぎ落とされ、放送の時間枠に合わせて長さが縮められ、コマーシャルの挿入によってナラティブが細切れにされたためだ。[97]また、字幕の代わりに吹き替えが用いられたため、『ララミー牧場』のように作品本来の台詞のニュアンスが大きく変形されることも珍しくなかった。大林宣彦は、テレビのCMディレクターであったにもかかわらず、「『日曜洋画劇場』が始まった時、ぼくら映画好きはみな不快感を持った。サイズは変えられる、CMでズタズタにされる。吹き替えである……等々」と記憶する。[98]さらに、公開時の邦題がテレビ用に再度変更されることも少なくなく、多くのシネフィルの反感を買った。

図 7-4　日本教育テレビの試写室で西部劇を観る淀川

しかし、そのような批判を「小さな根性」の現れとしか思わなかった淀川は、映画館での鑑賞にこだわるよりも、むしろ手段を問わず映画との触れ合いを促すことに価値を見出していた。[99]もともと淀川は若い頃は「映画は一人で見ないと気がすまな」いたちであったというが、終戦以降は「一人で見に行くよりも、二、三の友と肩をならべて見た方が更に楽しくなった」という。[100]そして家庭での映画鑑賞が現実味を帯びるにつれ、本編放送中の雑談や途中退出も容認するに至る。その考えの根底には次のような思いがあった。

> テレビは家じゅうで批判しながら見るべしだ。だまって見るのは映画館。テレビの洋画の楽しさは、学校で会社であるいは工場で〝ユンベ見たいあれはよかったなあ〟。これがテレビの洋画。しゃべりながら見ることが時にその映画の見方の研究にもなってくる。父の年齢で母の年齢でそしてジャリたちの感覚で。そして終ったあとの家族そろっての〝話し合い〟つまり〝話題〟。これは家の中を暖める。それから途中で立ったっていい。しゃべりながらママは途中で立つ。何をしにゆくのか。冷蔵庫からジュースをとりに。だからテレビの洋画をめくじらたててカット反対と怒ってばかりいるのは考えもの。

この時点での淀川は、もはや「作品」の「鑑賞」はさることながら人々の「交流」にも気を配っており、「『映画の友』友の会」の和気あいあいとした雰囲気を茶の間の一般家庭に植え付けたいと考えていた節もある。さらに「日本国じゅう同時進行」で映されるブラウン管の映画放送は「東京の人とサッポロの人」を結びつけることを可能としたため、放送終了後は「友人に電話をかけ、いま見た映画の互いの感想交換」を促すとも言っている。これもテレビならではの長所だと思われた。[101]

こうした人々のつながりを築くべく初回に選ばれた映画は『裸足の伯爵夫人』であった。これは、女性の視聴者層を取り込むため放送開始時に打ち立てられた番組の「M・Mライン」（ミス・ミセス路線）を反映した選択であったというが、初年度の放映作品を調べてみると、戦争映画（『渡洋爆撃隊』）や西部劇（『スプリングフィールド銃』『左きゝの拳銃』）など「男性向け」の映画も含まれており、総じて見ると多様な視聴者層に向けた番組編成となっている。[102]

淀川は、それらの雑多な映画を「楽しく楽しく見て」もらえるようにするため、毎回前説（一分）、後説（一分半）、予告（一分）を担当した。[103] 収録に際しては事前に映画鑑賞を済ませてメモを取り、本番ではなるべくカメラから視線を外さずにアドリブも盛り込んだ。放送日には、可能な限り自宅で番組を一部始終鑑賞した。(104) 毎回収録の際には、照明、カメラ、セットなど計八人のスタッフが立ち会った。(105)

解説を録るにあたって、淀川はいくつかの心がけを持って臨んだ。まず、雑誌の「紹介批評」(第6章参照)よりも対象をさらに広げ、「みんな」に解説を行う意識を心に据えた。(106)「テレビの前にすわっている人」の中には映画館や友の会の場に群がる「若い映画の虫」以外にも「お父さん、お母さん、それからそのそばにきっと七十歳ぐらいのおじいちゃん、おばあちゃん」が鑑賞者として想定され、そこには「まだ洋画を見たことない」者も「いっぱい居」る。(107) そうした幅広い視聴者層——特に洋画初心者——の心を摑むため、ニュース解説のように一方的に情報を伝達するのではなく、あくまで「(対話)のムードでしゃべる」ようにしたという。(108) 以下はその典型例である。

さあ、いよいよ、お待ちかねの『イヴの総て』の登場ですね。もう、あなた何回ご覧になりましたか。いえ、まだ、はじめて。まあ、なんという不幸わせな方でしょ。(109)

お父さんお母さん、あすはお休みですね。だから今夜はほんとうにゆっくり子供さんに、この名作を見せてあげて下さいね。さあ、この番組は今夜で十年を迎えました。十周年記念です。だから何を放映するか。そこで思いきって、あのミュージカルの傑作『サウンド・オブ・ミュージック』をついに、放映することにいたしました。(110)

このように、淀川は呼びかけやあいづちを盛り込んで視聴者との呼応を図っている。いつからか「ハイみなさん今晩は」(前説の冒頭)、「それではあとでまたお会いいたしましょうね」(前説の末尾)、「ハイ、いかがでしたか」(後説の冒頭)などという文句も毎回加わるようになり、番組の締めには「サヨナラ、サヨナラ、サヨナラ」という惹句をあてがえた。(111) それは実は『ララミー牧場』の「西部こぼれ話」にて「サヨナラ、サヨナラ」という形でまず披露され、『日曜洋画劇場』で定着させたものである。[112] この有名なフレーズを発する時の顔が「実に上機嫌」になるよう意識して毎回の収録を終えたと淀川は語る。[113] そうした努力が功を奏し、放送開始から三年のうちに「サヨナラはすっかり流行語」になったと品田雄吉は指摘している。[114] 以後、淀川のイメージは「ニギニギおじさん」から「サヨナラおじさん」へと移行してゆく。

右のような演出には淀川を親しみやすい語り手として構築する効果があった。とはいうものの、限られた時間内に伝えたい話をすべて詰め込むのは至難の技で、「一気呵成にしゃべって」も、「五ついいたい話を、三つぐらいいったところ」で時間切れになってしまったという。[115] そこで、語りの速度とテンポを速めた。『読売新聞』によれば、『ララミー牧場』の頃はまだ「トットツとした歯切れが悪い口調」だったが、『日曜洋画劇場』では「できるだけ多くのことを盛り込みたいという気持ちが先走り、猛烈な早口になっていった」という。[116]

解説の内容については、前説では映画のジャンル、スター、監督の話を中心に語った。『バルジ大作戦』を紹介するにあたっては「今晩の映画は壮烈な大戦車戦です」と切り出し、『レベッカ』の見どころは「ヒッチコック監督のドキドキ、ハラハラ、そしてヒヤヒヤ」、また『暗くなるまで待って』では「お待ちかねのオードリー・ヘプバーン」が「とっても怖い演技」をすることが示唆された。[117] 後説では「映画ツウになるような種」を意識的に散りばめた。[118] そこで、『三つ数えろ』の後説ではこの映画が「おもしろい」ことに「フランスで有名」であると語り、『アラバマ物語』を紹介するにあたっては原題『To Kill a Mockingbird（ものまね鳥を殺す）』の真意を解説し、不況下の社会を背景とした『俺たちに明日はない』にはジョン・スタインベックの『怒りの葡萄』の「片鱗が見え」ると力説した。[119]

また、全体的に映画を褒める姿勢を築き上げ、個人的に評価する映画だけでなく、過去に一蹴したような「駄作」も好意的に扱った。その理由は、「批評家」と「解説者」の役割が本質的に異なると考えられたからである。その違いについて、淀川はこう説明する。「批評はときに〈あらさがし〉。解説は〈みぃさがし〉」。[120]

表 7-3　『日曜洋画劇場』1966–76 年の高視聴率番組（ビデオ・リサーチ調べ，関東地区）

タイトル（＊は再放映）	放送年月日	視聴率
『史上最大の作戦』（後編）	1972 年 7 月 16 日	27.2％
『007 ゴールドフィンガー』	1974 年 4 月 7 日	26.7％
『恐怖のジェット旅客機』	1972 年 5 月 7 日	25.7％
『荒野の用心棒』	1971 年 1 月 10 日	24.2％
『バルジ大作戦』（後編）	1973 年 10 月 21 日	23.6％
『大魔境突破』	1971 年 5 月 2 日	22.5％
『サウンド・オブ・ミュージック』	1976 年 10 月 10 日	22.4％
『鉄道員』	1969 年 2 月 23 日	22.1％
『史上最大の作戦』（前編）	1972 年 7 月 9 日	22.1％
『激突！』	1975 年 1 月 5 日	22.1％
『南から来た用心棒』	1971 年 3 月 14 日	21.9％
『北京の 55 日』	1971 年 4 月 4 日	21.7％
『夜の大捜査線』	1972 年 11 月 5 日	21.5％
『吸血鬼ドラキュラ』	1969 年 8 月 10 日	21.3％
『史上最大の作戦』（後編）＊	1974 年 10 月 20 日	21.0％
『夜空の大空港』	1972 年 2 月 20 日	20.7％
『007 ゴールドフィンガー』＊	1975 年 4 月 6 日	20.7％
『ジャイアンツ』（前編）	1974 年 2 月 3 日	20.6％
『ジャイアンツ』（後編）	1974 年 2 月 10 日	20.5％
『頭上の敵機』	1971 年 2 月 7 日	20.3％
『求婚専科』	1970 年 3 月 22 日	20.2％
『アラモ』（後編）	1972 年 10 月 15 日	20.1％
『ロード島の要塞』	1970 年 12 月 6 日	20.0％
『インディアン狩り』	1973 年 3 月 18 日	20.0％

出所）淀川長治監修，テレビ朝日編『淀川長治と『日曜洋画』の 20 年――映画はブラウン管の指定席で』テレビ朝日，1986 年，158–159 頁。

したがって、テレビ解説では「書き手」として過去に批判した『カサブランカ』を「名作」と謳い、初公開時には「全員がまさに見事なるミス・キャスト」と思われた『ジキル博士とハイド氏』についても、「品のある学者肌の名優」スペンサー・トレーシーが人格が豹変する主人公を演じている点が「一番の見どころ」と述べている。[121] 魅力が欠けた映画に対しても批判の刃を向けるのではなく、背景や小道具など側面的な要素に時間を割くことによってその場を切り抜けた。[122] ただし、舞台裏では「どうしてもイヤだ」と思う映画に対してはスタッフに「これはやりなさんな」と注文をつけており、淀川の一声で「お払い箱」になった映画もあったようだ。[123]

このようにしてただ「映画をほめたたえるばかり」の解説に対し、「感心できない」という意見が時々上がった。[124] しかし、こうした批判は淀川の真意をいささか取り違えていると思われる。というのも、淀川は空虚な語りを目指したのではなく、映画解説を通して、むしろテレビによって小画面化し、細切れにされ、形を変えられた映画そのものの品位を保とうとしていたからである。そのため、解説の中では映画のことを「作品」と呼び、随所で「演出芸術の見事さ」を讃えている。[125] ブラウン管上でも「まさにこれが映画」という体験が味わえると淀川は力説した。[126] もちろん、映画に潜む「教義性」も忘れてはいない。例えばジョン・ウェイン主演の『コマンチェロ』は「おもしろくておもしろくてしかたないけれども、アメリカの西部の歴史を教えてくれ」ると淀川は主張している。[127]

こうした工夫や努力が功を奏し、『日曜洋画劇場』は一躍人気番組となり、そのおかげで「旧作」だけでなく「準新作」の放送も盛り込まれるようになる。放映開始後一〇年の間に視聴率が二〇パーセントを超える作品が多数登場した（表7-3参照）。長編作品を見せるために二時間半へと番組枠を拡大して「ノーカット放送」を行うようにもなった。[128]

『日曜洋画劇場』の成功は、番組制作に大きな刺激を与えた。まず、日本教育テレビは新たに『土曜映画劇場』の放送を開始して週末の晩を映画放送で固め、[129] 他局でも『月曜ロードショー』（TBS）や『ゴールデン洋画劇場』（フジテレビ）などといった新しい「洋画劇場」が次々にスタートした。[130] こうした番組には解説者がつくことが常となり、食通としても知られる荻昌弘や映画宣伝部上がりの水野晴郎は独自の個性を打ち出して多くの視聴者を獲得した。とりわけ水野は、淀川よろしく番組終了時に放つ「いやぁ、映画って本当にいいものですね」というキャッチフレーズで知られる

図 7-5 『週刊 TV ガイド』の表紙に登場した淀川

ようになった。(131)

このように変わりゆく周囲の様子をよそに、淀川はその後も第一人者として独自のスタイルを継続した（図7-5）。「淀川長治は、彼一流の話し方と独特な映画の見方、手持ち資料の豊かさと加えて、なによりも映画にめいりこんでいるあのクレージーさがユニークな解説となり、よき手引きになっている」と『読売新聞』にはある。(132)解説者の大方が「淀川さんのエピゴーネン」で「バカバカしくって見ていられない」と語る小沢遼子は、それでも「淀川さんの場合は、もう映画が好きで好きでタマラナイ、っていうのがわかるからいい」と認めている。(133)少年時代に番組を「父と一緒に」鑑賞したという佐藤卓己は、『日曜洋画劇場』には「「テレビ的教養」と呼ぶべき何か」が存在したと振り返っている。(134)

おわりに

戦前から大画面を愛して育った淀川と、戦後登場したテレビジョンという新メディアは、一見相容れない関係にある。しかし、淀川は早くから後者に関心を示し、『ララミー牧場』と『日曜洋画劇場』を通して驚くほど近しい関係を築いた。

本章では「テレビ解説者」としての先駆的な活動を行った一九六〇年代から七〇年代に焦点を当てたが、この時期、淀川は映画とテレビという二つの近代装置を結びつけただけでなく、ブラウン管を用いた映画の新しい見方を擁護し、アメリカおよび西洋の文化の魅力を讃え、「娯楽」の中に「教養」を見出す姿勢を全国に普及させていった。「サヨナラおじさん」の意義は重層的であった。

とはいうものの、以後、淀川は一方でテレビ解説にエネルギーを注ぎつつも、ラジオ、講演、執筆などを通して一層多面的な活動を続けてゆく。次章ではその一端を探ってみようと思う。一九七〇年代以降の淀川は、「映画の伝道師」として、「老いてなお盛ん」と言えるような精力的な活動を続けた。この時期には、映画の見方にも一つの変化が訪れることとなる。

第8章　黄昏期《ゴールデン・エイジ》の伝道師

一九八九年三月某日、淀川はマガジンハウス社に招かれて、ある長尺インタビューに臨んだ。それは「淀川長治ワンマンショー」という企画のためのもので、「おしゃべり」「美意識」「生き方」という三つのテーマをめぐって存分に語ってもらうというものだった。[1] その場は大いに盛り上がり、淀川も上機嫌だったのだが、それとは対照的に、心中穏やかでない人物が一人いた。インタビュアーを務めた川本三郎である。

川本は脂の乗った書き手として旺盛な評論活動を行っていたが、その日は思いの外「震えて」いた。それはひとえに淀川のことが「こわかった」からだ。川本によれば、淀川は「強烈な美意識の持主」であり、「うわべだけの言葉や、付け焼刃の映画の知識は通用しない」。そしてその批評の尺度は「いい、悪い」ではなく「好きか嫌いか」であり、「強烈な感情を批評の基準にまで高め」たものだという。したがって、生で相対する語り部は、テレビで見慣れた「単なるやさしい先生」ではなく、「リア王」のように「こわい」存在だった。淀川には「〝ほんもの〟の迫力」があった。[2]

その場で川本が相対した淀川は、新聞、雑誌、テレビ、ラジオ、講演など多様なメディアを跨いで自在に活躍し、映画業界の権威となっただけでなく、一人の「タレント」あるいは「文化人」として知られるようになっていた。[3] 映画の日特別功労賞（一九七一年）、山路ふみ子映画功労賞（一九七九年）、勲四等瑞宝章（一九八四年）、川喜多賞

（一九八六年）など数々の名誉を獲得し、[4]周囲の者からは「先生」と崇められた。[5]一九九二年には、映画文化の発展に大きく貢献した人物に贈られる「淀川長治賞」が、雑誌『ロードショー』によって設立された。

「一九六〇年代」以降——ここでは「黄昏期《ゴールデン・エイジ》」と呼んでおこう——の淀川は、引き続き映画の「伝道師」としての活動を続けながらも、過去に実践してきた「紹介批評」よりも「感覚」で映画を評価する、いわば「感覚批評」とも言える視点を標榜するようになっていた。それは川本の言う「好きか嫌いか」の判断を展開したものだった。また、その観点から過去への「ノスタルジー」を全面に出す傾向が強まり、「現在」のハリウッドへの不満も露呈されてゆく。とはいえ、「モダン」の追求を止めることはなく、ミニシアターブームに乗って続々と入荷する「ワールド・シネマ」に可能性を見出すようになる。そこには、幼少の頃から一貫して時代や社会の「変化」を希求する眼差しがあった。

1 淀川長治百花繚乱

晴れて「映画批評家」として名を上げ、「テレビ解説者」として茶の間の顔となった淀川は、一九六九年に還暦を迎えた。しかし、その生産力は年齢に逆らうかのような勢いだった。一九六〇年代末の日本社会は、学生紛争や公害の悪化などによって大いに揺さぶられたが、記録的な経済成長を経て、終戦直後には想像し難かった物質的な豊かさが社会に浸透し、その勢いは一九八〇年代のバブル期に最高潮に達する。国自体が大量消費社会へと移行する中で、淀川の言葉やイメージがさまざまなメディアを通して拡散し、いわば「百花繚乱」の状態になった。

その一端は、まずおびただしい数の映画評やエッセイから窺える。それらは『キネマ旬報』『シネ・フロント』『スクリーン』『ロードショー』などといった映画誌はもちろんのこと、『朝日新聞』『読売新聞』などの大手新聞、

『週刊朝日』『週刊読売』『サンデー毎日』のような週刊誌、『教育じほう』『学習の友』『教育の森』『子どものしあわせ』といった教育誌、[6]『現代思想』『ユリイカ』『文化評論』のような人文誌、[7]『月刊世界政経』『経済界』『近代中小企業』『経済往来』のようなビジネス誌、[8]『週刊少女フレンド』『少年マガジン』『セブンティーン』のような青少年向けの雑誌、[9]『婦人生活』『an-an』のような女性誌、[10]そしてさらに『航空情報』『道路建設』『郵政』『自警』『更正保護』などといった業種別の刊行物にも及んだ。[11]このような書き物の多くは『私はまだかつて嫌いな人に逢ったことがない』(一九七三年)、『映画・映画・映画』(一九七八年)、『ぼくの教科書は映画だった』(一九八〇年)、『映画のおしゃべり箱』(一九八六年)、『わたしは映画からいっぱい愛をもらった』(一九九二年)、『映画が教えてくれた大切なこと』(一九九五年)など、いくつもの単行本にまとめられてゆく。

ブラウン管上での露出も着実に増えていった。前章で述べたように、淀川は一九六六年から『日曜洋画劇場』に出演していたが、その他にも『映画の時間』(のちに『私の映画の部屋』に改名)、『淀川長治の映画専科』(東京12チャンネル)、『淀川長治です　ハイ、こんにちは!』(NET/テレビ朝日)、『淀川長治の映画教室』(日本テレビ)などのレギュラー番組を抱え、『おはよう8時です』(TBS)、『徹子の部屋』(NET/テレビ朝日)、『3時に逢いましょう』(TBS)、『3時のあなた』(フジテレビ)、『生活の知恵』(NHK)をはじめとする多くの番組にもゲストとして顔を出すようになる。[12]

ラジオへの進出にも積極的で、すでに一九六三年九月からニッポン放送の『西銀座デイトタイム』という二〇分番組にレギュラー出演し、[13]一九六八年七月からは文化放送の『ミュージックシネサロン』という三〇分番組の「ホスト」にも起用され、オンエア上で「たたみかけるような早口、形容詞を重ねる話法、やわらかい話術」(『読売新聞』)を披露していた。[14]さらに、一九七三年一〇月からは『淀川長治ラジオ名画劇場』(TBSラジオ)という一時間番組を一九八一年三月まで持つようになる。[15]そこでは『日曜洋画劇場』とは違って「四〇分ちかくおしゃべりができ」たため、淀川は「うれしく」思っていた。[16]その他にも『私の部屋』という平日二分半の番組(のちに『いいですね！楽しいですね』に改名）に出演し、『おはようパーソナリティ』（朝日放送）、『土曜ワイド』（ＴＢＳラジオ）、『日曜喫茶室』（ＮＨＫラジオ）、『音楽のすべて』（ＮＨＫラジオ）などにゲストとして登場する。[17]「声」の出演に関していえば、解説が吹き込まれたＬＰレコードやカセットブック——のちにＣＤ——も発売されている。[18]

図 8-1　1973 年 9 月 8 日，東京「友の会」でジョン・フォードをテーマに熱弁をふるう淀川

そして「生」で人と触れ合うために、数多くの講演も行った。『映画の友』が一九六八年に廃刊となってからも、東京と横浜では「友の会」の集まりが毎月開かれ、それ以外でも札幌、芦別、川口、町田、名古屋、富山、金沢、大阪、和歌山、鳥取、松江、萩、下関、福岡、熊本など日本全国を駆け回った[19]（図８-１）。淀川の講演会は学校、映画館、工場、銀行、税務署、警察署など場所を問わず開催され、観客数は数十人から数百人が主であったが、二〇〇〇席をゆうに超える会場が満員になることもあった。[20] 一時は講演の依頼二〇件に対して一件を引き受けるようなペースだったという。[21]

その他にも、一九七一年六月に日本航空の機内上映用の映画の選定を行うためにニューヨークへ出向き、それは以後毎年の恒例行事となった。現地では、仕事の傍らブロードウェイの芝居やミュージカルを観劇し、映画館では最新の公開作品を鑑賞した。[22] 時間のある時は美術館、セントラル・パーク、ブルックリン橋などを観光し、その様子を雑誌などに報告している。[23] 現地の日本人学校で講演を行ったこともある。一九九四年にはイギリスに出向いて、ショーなどを鑑賞する傍ら講演を行っている。[24]

「黄昏期」の淀川は、もはや一介の映画人の枠を超えて「タレント」「芸能人」「文化人」などとして扱われるようになっており、そのおかげでマスコミに私生活を詮索されるようになった（図8-2）。「なぜ結婚しない」のか、「ママコンプレックス」なのか、「ホモ」ではないか……。[25]それに対する淀川の返答は多義的で、錯乱的ですらある。例えば、一九七〇年五月二九日に最愛の母親が他界すると、深い悲しみの意を表し、寂しくなったからだろうか、結婚をしなかったことを後悔している。[26]しかし、のちに伴侶を持たなかった理由は「母を犠牲にした「家」というものに復讐」したかったため、[27]「大好きな映画の仕事」に身を捧げることができなくなるため、[28]「セックスを下等と見た」ため、[29]「一人で暮らした方が邪魔くさくない」などとしている。[30]「ホモ」だという見解に対してはまず「残念ながら見当ちがい」とひとまず返しているが、[31]次第に「私には女性的なところがあ」って「ホモ的恋情を抱いていた」（『自伝』）、「五〇年前、ホモセクシャルだったの」（『ＦＲＡＵ』）などと述べている。[32]

図 8-2　川崎の自宅にて，母のりゅうと

こうした多様で流動的な自己主張に、立ち位置の可変性——すなわち淀川のクィア性——が表現されていると筆者は考える。そして戦前は『映画世界』や『新映画』などの場で限定的に披露されていた多義的で挑発的な言説が、今度はより広範な表現空間をキャンバスにして展開されていることは注目に値する。「カーニヴァル」の領域

がマスメディアに広がっていったと言っても良いかもしれない。同時に、「バン黒子」や「N・Y」名義で書かれた文章には見られなかったような社会性が表出している。それは例えば、公民権運動やベトナム戦争に揺れる「アメリカで騒いでいるブラックやホワイトという区別」を「げせないこと」という発言に現れているが[33]、日本に関しても、淀川は被差別部落をめぐって私見を述べている。一九七三年の『サンケイ新聞』では語り部が「特殊な部落にある銭湯に入った」逸話が紹介されており、「そのときわたし、この貧しい人たちと液体で結ばれたと思ったのねえ。エリートってだめですねえ」という本人のコメントが載っている[34]。この記事は、被差別部落を中傷したとして部落解放同盟の糾弾会への出席を要請される事態に発展し、淀川は「差別の問題はよくわかっているつもり」だったが、「十五分の対談を数十行にまとめたので真意が十分に伝わらなかった」と釈明を余儀なくされる[35]。ただ、すでに一九六二年の『神戸っ子』に淀川は中学生時代の出来事とする同じ逸話を紹介しており、そこでは部落差別には「腹が立って仕方がなかった」ため、周囲の静止をよそに「わざと」そこの靴屋で靴を直してもらったり、「ひそかに」銭湯に入ったのだと言っている[36]。淀川は被差別部落を他者化し、誤解を生む表現を発したが、その真意はあくまで社会的な不平等に物申すものであったと筆者は解釈している。

淀川のこうした社会性は、異性愛恋愛に立脚したジェンダー規範に対する文言にも表れている。一九八〇年代に入ると、淀川は「オカマ・コンビ」として知られた「おすぎとピーコ」と懇意になり[37]、『an-an』で連載されていた「おすぎとピーコの「いい映画みなさい!」」というコラムを引き継ぐだけでなく、おすぎこと杉浦孝昭と『広告批評』などで幾度も対談を重ねる。そのおすぎを軽蔑する者に対して、「私はオカマという非常に礼を失したコトバにひっかかる」と淀川は述べ、それが

黒人をニガーあるいはブラックというごときであり、ユダヤ人をジュウというごときであって、今の世の中の御当人に向って「君は、もはやオカマであってはならない」などということは思いあがりもいいところである。

人間は男になろうが女になろうが自由であるべきである。まして芸術の世界ではそれこそが本道とさえいえるかもしれぬ

と主張している。「人間はイチからジュウまでが男は男、女は女、そんなに単純であるわけはな」いと信じて疑わない淀川は、「男と女、その両面感覚のするどい持ち主でなくてはならない」と言っている。[38]

2 「感覚」で観よう

このようにいくつものメディアを縦横に駆けめぐり、全国的な人気と知名度を誇るようになった淀川は、講演、座談会、対談、鼎談などに積極的に参加し、編集者の聴き取りによる映画評やエッセイも増えていった。表現も、テーマ、媒体、対談相手などによって変わったが、さまざまな文体が織り混ざるようになる。参考までに、その多様化した表現の具体例を挙げてみよう。

a　妖怪のお話ですか。困ったね、わたしちっともこわくないのよ。お化けも幽霊も、ちっともこわくないのよ。幽霊出てくるとうれしいねえー。これホントよ。夜中にお便所に行ったら、お母さんの幽霊が出てきたなんて、そんなことあったらうれしいですねえー。[39]

b　しかれども、はるかなる大正八年、そのとき十歳の『ウーマン』を見ていらい今日にいたるまで、この老いの八十歳にいたるまで、いまだに脱線と申せば脱線のこの道、変りなく、これが本道なるや脱線つづきなるや、つらつら思えば我が人生のその脱線一筋のまま今にいたりしが実に恥ずかしや。[40]

c『ディーバ』というのはフランスのデバガメやないで、これはあこがれの女神のことや。オペラの最高の女の歌手のことや。[41]

この三つの例文を見ると、aでは「のよ」「ホントよ」などと「女ことば」が用いられ、bは文語体の体裁を取っている。関西弁調となっているcは、『スクリーン』誌に連載された「一〇〇万人の映画教室」の一九八三年一二月号からの引用である。このエッセイには「関西弁で語るタメになるゲイジュツ映画談義」という見出しがついている。

その内容——より具体的には映画に対する文言——を見ると、一九五〇・六〇年代に主流だった「紹介批評」よりも、映画を「感覚」で観る姿勢が重視されるようになる。

「感覚」とは、ある辞書によれば「外界からの光・音・におい・味・寒温・触などの刺激を感じる働き」の他に「美醜やよしあし、相違などを感じとる心の働き」を指すが[42]、淀川はそれを「肌にじかにその瞬間に伝わる感受性」と説明し[43]、それが備わっていれば「愛」や「思いやりの豊かな人」になれると信じていた。「感覚」とは「人間で一番大切なこと」とも言っている。しかし、優れた「感覚」を持つためには、それを養わねばならない。そのために映画を観ることを淀川は奨励した[44]。

では、具体的に映画をどのように観ればよいのか。それは「世界文学全集を目で見てしまってポケット知識を得」る——つまり情報的な知識ばかりを追い求める——のではなく[45]、「算数的な理づめ」でスクリーンを凝視するというのでもない。それは五感に訴えかける「感じのゆたかさ」を「嗅ぎわけ身につけ」る行為を指す[46]。例えば、バラの「デザイン」やスイートピーの花の「色」を見て「きれいでしょう」と答える者と、「だってこれは植物ですよ」と反応する者がいたとしたら、後者のように「テーマだけでみ」るのではなく、前者のように「瞬間の美しさ」を「抱きしめ」ることだと淀川は主張する[47]。

淀川は随所で、この「瞬間の美しさ」を求めている。例えば、『わが青春のフロレンス』が捉えたイタリア・フィレンツェの「下町の裏長屋、喧騒の食品市場、さびれた公園の片すみ」の「画調の豊かさ」に注目する。[48] また、「映画の画家」たるルイ・マルが『プリティ・ベビー』で描いた「美人写真をとる中庭のあの風景」や「少女のおひろめに見せた花火線香」は紛れもなく「美術」であった。[49]『アメリカの伯父さん』のラストシーンでは「崩れくさりかかったアパート」の「汚い建物と建物の間に〝みどりのすばらしい木〟が視界に入る。それは「美しかったのだが、近くで見ると「〝このみどりの大木〟が実は〝ペンキ絵〟」であり、「れんがに描かれたそのペンキ絵がレンガ一個一個にペンキのみどりをなすりつけた人工のわびしさをむき出し」にした。それこそが「私たちを鞭打った。いや、楽しませた、いや、驚かせた、いや、アラン・レネ美術に脱帽させた」と語る。[50]

ただし、映画の「シーンの美しさに酔ったりする」のは「感覚を養う第一歩」に過ぎず、続いて「そのシーンの表現（演出）」を感取する必要があった。だから、ロバート・ミッチャム主演の『さらば愛しき女よ』の冒頭に登場する「オレンジがかった赤いネオンのにじんだ」色合いを例に取り、そこから「何か人間の夜の裏通りの人生の、疲れた〝運命〟」が感じられるとし、[51] イングマール・ベルイマンの『叫びとささやき』の「血の色を思わせる」タイトルバックと「時計の針の音を思わせる金属音の伴奏音響に、〝血〟と〝時〟すなわち生きている人間そのこと」が投射されていると述べた。[52]

そして、一つのシーンに留まらず一本の映画全体に対しても「感覚」で観ようとする。例えば、フランスからの麻薬の密輸をテーマにした『フレンチ・コネクション』に関しては、「ニューヨークの戸外にとび出してカメラのあらんかぎりの自由さ」で撮られた映像スタイルに目をとめる。電車で逃げる麻薬密輸犯をポパイ警部（ジーン・ハックマン）が追いかける「地下鉄内の足と足」、ポパイの「帽子のくたびれ姿」、電車で逃走する犯罪者をポパイが車で追いかける「まっぴるまのニューヨーク」を、手持ちカメラも用いてダイナミックに撮ったこの作品を、淀川は、「オールロケの新聞記事ふうの写実」を装いながらも即興性や意外性に満ちた「アメリカのジャズでみせた

ごとき映画」と評価した。(53)

ジム・ジャームッシュの『ストレンジャー・ザン・パラダイス』も、撮影手法や形式を通して「感覚の出来不出来」を測りうる作品だった(図8-3)。この作品はハンガリー人の女性主人公エヴァがアメリカに住む従兄弟とその友人の三人で繰り広げるロード・ムービーだが、白黒で「これ見よがしの演出も演技もいっさい無」く「タンタンと無表情で進」(54)む展開が「ドキュメンタリータッチ」でかつ「芸術的」であった。(55) そして「一六ミリを手まわしで見せているように進」み、「ときどきフィルムの入れかえのように、一〇秒くらい画面がくらくなる」構造に「活動写真」が本来持っていた「オリジナル」の姿があった。それを「〞うめえぞ〟と、あなたがこの映画にのりだしたとき、あなたの感覚は本物となる」と淀川は考えた。(56)

図 8-3 「感覚」で観るべきとされた『ストレンジャー・ザン・パラダイス』

『カイロの紫のバラ』には、また違った見どころを秘めていた。このウディ・アレン監督のコメディ映画では、世界大恐慌時代の田舎町でウェイトレスをするセシリア(ミア・ファロー)が、白黒の銀幕世界から現実世界に抜け出したトム(ジェフ・ダニエルズ)と一騒動を起こすのだが、淀川はまず、「カイロ」がサイレント時代に頻出した舞台で、「紫」も『三日月の下の紫菖蒲』のような古い連続活劇を彷彿とさせる語であることを指摘し、このタイトルから「〞ああ、古めかしいなァ、おもしろそうだなァ〟と感じうる人はうれしい人」とする。(57) そして「画面から主役が出てきて映画館の客席の彼女と手を組んで映画館から出てゆく」という、過去にバスター・キートンが披露したような「アイディアをあなたが見ることで、あなたの感覚が見ぬ前よりも見たあとのほうがぐんとユーモア感覚の翼は羽ばたくであろう」と言っている。(58)

「感覚のみごとさ」を論じるにあたっては、ヴィスコンティに勝るものはなかった。(59) だから『ベニスに死す』が公開されると、淀川はそれを「ためらうことなく」その年の第一位に挙げている。(60) トーマス・マンの短編を原作とするこの作品には美的要素が満載で、例えば落ちぶれてゆく小説家のアッシェンバッハ（ダーク・ボガード）が「両手で窓のよろい扉を開く」と「サッと目に迫る海水浴場」の「キャメラ構図の見事さ」や、その主人公が恋愛感情を抱くタジオ少年の「開いた両足の美しさ」に目が行った。それ以上に、死にゆくアッシェンバッハを通して「美を求め美に殉じた残酷の美があふれ」ている点を「見事」とする。(61) ラジオ番組でも、「キャメラもきれい、音楽もきれい、あの主役もいいし、あの少年もきれい」で、「純粋の美を求めて、もう恥もなにもなく、そのほんとうの美に対して最敬礼する、この男の精神に触れたとき」の魅力を語っている。(62)

他にも、アンドレイ・タルコフスキーの『サクリファイス』は間違いなく「感じさせる」映画であった。これは世界戦争の勃発を背景に、苦悩と絶望感に苛まれた主人公が大いなる「犠牲」を自らに課す物語である。このロシア人監督を、「これほど感じる映画を大胆に作る人もいない」とする淀川は、「核爆弾でみんななくなるかもしれない」話の展開だけでなく、冒頭で子供が森の中から一瞬いなくなるような一見「なんでもない」シーンにまで「恐さ」や「脅迫観念」が感じられるとした。また、他のタルコフスキー作品にも通底する「水や火」といった「原始的なもの」が水溜りや家の放火を通して表現されていることに「僕らには説明できないショックがある」という。ただし、このような描写が「インテリや大学の先生の愛玩物だとしたら、私は嫌い」と釘を刺し、「いちいち意味付けない」で「シンプルに見たらいい」と勧める。(63)

淀川が映画から特に強く「感じ取る」ことになるのが「ノスタルジー」である。ノスタルジーとは、元々は生まれ故郷へ戻る願望を指す語だが[64]、それは都市化や産業化——つまりより広義には「近代化」——と共に広がる傾向がある。日本でも、すでに明治期には「故郷」への想いが、地方の県や地域の同志が集う「同郷会」などといった場で表現されてきたが[65]、戦後に入って経済成長政策が本格的に実践されると産業化以前の日々への憧憬がさまざまな人たちによって表現された[66]。また、大量消費社会の加速に伴い、生まれ故郷に限らず「日本中どこにでもふるさとを求める」欲求も強まってゆく[67]。それは地方各地への旅を促した国鉄の「ディスカバー・ジャパン」や「エキゾチックジャパン」といった宣伝キャンペーンの成功、横溝正史の小説や映画のリバイバル的な流行、演歌の根強い人気からも窺えるだろう[68]。

3 「過去」への渇望

淀川も年齢を重ねるにつれて「過去」を羨望する語りが増えてゆく。それは、生まれ育った神戸の西柳原町で過ごした幼少期の家庭や近所の様子に始まり、新開地の映画街の活況の様子、映画世界社で「小僧」として働いた頃の東京における映画文化、ユナイト社宣伝部員時代に体験した外国映画の配給会社の日常など、若い頃の自己体験をめぐるものが多い。そして、『ウーマン』『散り行く花』『男性と女性』『グリード』など、同時代に鑑賞して特に強く印象に残った映画について繰り返し話すようになる。「映画の神様」チャールズ・チャップリンに関しては、「二年がかり」で上梓した『私のチャップリン』(一九七七年)をはじめとして雑誌や講演会などで幾度となくその魅力を訴えた[69]。一九八〇年代に『マリ・クレール』に連載された蓮實重彦と山田宏一との座談会や、一九八五年の講演をきっかけに一九九一年からアテネ・フランセ文化センターで開催されるようになった「淀川長治映画塾」でも、やはり「往年の」映画文化が大きなテーマとなっている[70]。

しかし、このような「過去」への憧憬は、同時に「現在」の映画からも感じられたようだ。例えば、フランシス・フォード・コッポラの『ワン・フロム・ザ・ハート』は、喧嘩別れした男女がそれぞれ違った異性と逢引きし、再びよりを戻すという人間関係の交差する恋愛物語だが、淀川は、スタジオ時代のミュージカルを彷彿とさせるようなラスベガスのセットに色とりどりの照明が眩く当たる中で、主人公たちの「こころ」が描写されている様に「〝映画〟へのノスタルジー」を見た。そして「もう一度〝映画そのもの〟を取りもどしたい」というコッポラの意気込みを称揚した。[71] 同じくコッポラ監督による『ペギー・スーの結婚』は、中年女性のペギー・スー（キャスリーン・ターナー）が高校の同窓会で気を失い、気がついたら一八歳の頃に逆戻りしていたことから起こる恋愛喜劇だ。この映画を観て淀川は、ソーントン・ワイルダーの『わが町』が描いたアメリカの田舎町の暖かな人間関係を思い出し、「もっと過去を大事にすればよかった」というメッセージがコッポラの映画にもあると考えた。そして「大正か昭和のはじめの頃の、アメリカの娘のポーズ」を想起させるターナーの仕草から「ペギー・スー」という名前に至るまで、さまざまなものへの「ノスタルジー」が見受けられるとした。[72]

『フィールド・オブ・ドリームス』では、アイオワの田舎で農業を営むキンセラ（ケビン・コスナー）が「それを建てたら彼らはやってくる」という声を聞き、トウモロコシ畑をつぶして野球場を作る。すると、シューレス・ジョー・ジャクソン（レイ・リオッタ）をはじめとする往年の名選手の幽霊が現れて野球を始めるというファンタジーだ。監督のフィル・アルデン・ロビンソンに関する予備知識をほとんど持たずにこの映画を鑑賞した淀川は「最近見た中では最高」と感動する。その理由は、「ほんとうのアメリカ映画が帰ってきた」からだった。この映画には、経済的な打算を度外視してまで夢を追い求める「クラシックなアメリカ精神」が満ちており、[73]「サイレント時代のよきアメリカのアメリカ人の映画を思い出させるノスタルジィ」が感じられた。[74] そしてそんな「ドリームズ・カム・トゥルー」の描写を見て、「もういっぺんアメリカが素直に、ほんとう自分になろうとしている」と思ったという。[75]

このような感慨は、アメリカ映画だけでなく、「もう気味が悪いくらいにノスタルジック」なイタリア映画からも得られた[76]。例えば、タヴィアーニ兄弟の『グッドモーニング・バビロン！』は、アメリカへ渡ったイタリア人の兄弟が、D・W・グリフィスの『イントレランス』のセット作りに関わる物語だが、淀川はまず「バビロン」というタイトルからサイレント期の「バビロン時代の映画」を嬉しく思い出し、「エキストラの女の子」の「なんでもない白いベール」から[77]、敷地内に電車が走る広大な「スタジオの肌ざわり」まで[78]、「サイレント映画撮影風景のほほえましき画面再現」に見とれている[79]（図8-4）。「イタリア映画がアメリカのハリウッド初期のグリフィスの『イントレランス』をふりかえる作品を作ったということは、なんとも嬉しいこと」とも語っている[80]。また、エンリオ・モリコーネの叙情的なサントラに乗せて、大成した映画監督がシチリアの故郷へ戻り、子供の頃通いつめた町の映画館や青春期のほろ苦い恋愛を感慨深く思い出す『ニュー・シネマ・パラダイス』を観た淀川は、フィリップ・ノワレやジャック・ペランなど往年の俳優の存在によって生まれる「スターのノスタルジー」、そして「テレビもビデオもなかった頃」に「みんな家族連れで映画館に行った」頃のことを思い出して感傷に浸った。当時弱冠二九歳だった監督のジュセッペ・トルナトーレは「宝物を作った」と思われた[81]。

『プレタポルテ』はロバート・アルトマン監督が手がけたオールスター・キャストの映画で、モードの都・パリでファッションデザイナー、カメラマン、ジャーナリスト、モデルなどが繰り広げる人

図 8-4　「ノスタルジー」が満ち溢れていた『グッドモーニング・バビロン！』

間ドラマが、殺人事件（？）も交えてコメディ調で描かれている。実際の有名ファッションブランドが多数登場し、華やかなブティックや地下鉄の駅をキャットウォークにアレンジし直したショーの会場など、あくまでファッション界の「最先端」を見せる作りとなっているのだが、淀川はそこにもやはり「ノスタルジイ」を見出している。キャストを見ると、若手だけでなくローレン・バコールやアヌーク・エーメなど往年のスターが名を連ねており、マルチェロ・マストロヤンニとソフィア・ローレンに至っては『昨日・今日・明日』や『ひまわり』のパロディを演じている。決して絶賛しているというわけではないが、淀川はセシル・B・デミルの『男性と女性』のような「オールスター映画」を思い出し、「あれもこれもと嬉しがらせる」作りを楽しんでいる。[82]

4　ハリウッドの「斜陽」

「ノスタルジー」に傾くのは、自身を取り巻く現状に対して不満を持っているからという場合が多い。淀川の残した文章からもそんな心境が窺える。世代を経るにつれ、「大人」が「ゴルフに明けくれ、四季のレジャアの旅行を楽し」み、「すっかり映画を見なくなったこと」を嘆く。[83] 日々接する若者に対しても懐疑的になった。一九七〇年には、「ヒッピー」「ゲバ棒」「フリーセックス」などに「本当の深みのある人間の美しさを私はまだその具体実像から残念ながら感じたことはない」と述べている。[84]

それと並行して、作り手の変化が著しいハリウッドの「質度が落ちた」と繰り返すようになる。戦後のアメリカでは、一九四八年のパラマウント判決によって産業の垂直統合体制に亀裂が入り、台頭するテレビ産業の煽りを受けて興行成績が下落、「黄金時代」を支えたスタジオ・システムが崩れていった。そのため、銀幕のスターも小粒になり、全盛期ののマーロン・ブランド、ジェームズ・ディーン、エリザベス・テイラーらが誇示してきた「スケール」が失われたことを淀川は残念がった。「アメリカ映画の映画の本質が消え去った」とさえ思われた。[85]

その失望感はスクリーンに対して向けられた。ハリウッドでは、産業の再編を期すべく、一九六八年に、映像倫理を維持してきたプロダクション・コード（いわゆるヘイズ・コード）が廃止されてレーティング・システムという新たな検閲の仕組みが導入され、より直接的な暴力描写がスクリーンを埋めるようになる。そのおかげで銀幕のヒーローたちが「虫みたいにパッパと人を殺してしまう」と淀川は嘆いている。[86] 例えば、ゲーリー・クーパーの『真昼の決闘』のようにガンプレイがクライマックスまで温存された西部劇とは異なり、登場人物が次々に血祭りに挙げられる『ワイルドバンチ』は「観客をびっくりさせてやろうという意図を持ったアメリカの無教養のワイルドバンチ」と批判する。[87] 淀川はもともと監督のサム・ペキンパーのことを「鼻について好きでない」と言っていたが、[88]『ワイルドバンチ』を観て「あいつらは何というバカなことをやってるんだとか、パンパンパンと非人情的に殺すのがアメリカだというように、映画の中で説教している。説教されると、西部劇でなくなっちゃう。新しいスタイルだけど、冷たくなった」と語る。[89]「格好よくパンパンパンパン人殺しちゃう」ところが「ウソばっかり」とも述べている。[90]

当然、暴力や殺人の描写が多い戦争映画には概して好感を持っていない。その中でも、ベトナム戦争映画に対しては一段と語気を荒げ、「あれで、どれだけ人が殺されるかわからない」と憤る。そして「ベトナム戦争の影響」で「明るさ」が「なくな」り、「アメリカ映画は堕落した」とさえ言う。[91] ここで引き合いに出されたのはオリバー・ストーンの「ベトナム戦争三部作」である。その皮切りとなった『プラトーン』では、アメリカの小隊がカンボジア国境付近のジャングルで激しい戦闘を行い、農村の人々に卑劣な暴力をふるい、味方同士で醜い「戦争」を繰り広げる。この暴力に満ちた反戦映画はアカデミー賞を四部門獲得するが、淀川にとっては「もうわかっていますというくらいのつらい映画」でしかなかった。[92]

この「第一印象」が災いしてか、続く『七月四日に生まれて』も酷評の対象となる（図8-5）。ここでもまたアメリカ兵による暴力が描かれているが、その「リアリズム」には「何のひねりもな」く、[93] トム・クルーズが演じる

図 8-5　酷評の対象となったオリバー・ストーンの『7月4日に生まれて』

車椅子の傷痍軍人に至っては「ベトナム帰りの若い兵士、下半身やられてセックスがダメ。これを今さらに見せられては、こちらが恥ずかしい」と愚痴をこぼす。(94)『天と地』は「見るほどに気がめいってくる」ような「下品」な映画で、「本当にベトナムを思っているのであろうか」という根本的な問いを禁じ得なかった。(95)ストーンは「馬鹿」で「最低」な作り手だった。(96)

暴力や戦争と同じくらい問題となったのは、レーティング・システムへの移行によって過激化した性描写だ。セックスへの「興味だけで客をひく映画を私はわびしく思う」と嘆く淀川は、セクシーな女子学生たちを前に性欲を抑えきれない童貞の高校生が、学生との浮気に走るカウンセラー（ロック・ハドソン）との親交を通して性的に開花する『課外教授』（監督はロジェ・ヴァディム）を何よりも「あきれた映画」とする。(97)また、「色情狂」のキャサリン（シャロン・ストーン）が、裸体——そして局部——を曝け出して「一流の男」ニック（マイケル・ダグラス）と濃厚なセックスに興じるサスペンス映画『氷の微笑』の「目的は、ただ「裸」だけなんじゃないか、と思えるほど」だと苦言を呈した。(98)母親が派遣した殺し屋から逃れる娘（ローラ・ダーン）と恋人（ニコラス・ケイジ）の逃避行を描いた『ワイルド・アット・ハート』についても、「セックス、セックス、セックス、セックスばかり。僕はただ呆れて見ましたよ。ストーリーなんか忘れてしまいそう」(99)。

そして人物像の描写にもしっくりこないものがあった。例えば、『カッコーの巣の上で』でジャック・ニコルソンが演じるマクマーフィは、刑務所での重労働から逃れるために精神病を患ったふりをして精神病院に入れられる役を演じるが、院内の厳しい規則に逆らって「禁止されたテレビそしてスポーツ、さらに酒と女まで」を他の患者に「あてがって」、挙句の果てには病院にロボトミー手術を強いられて植物人間化してしまう。このような「おかしなヒーロー」の登場に、淀川は違和感を覚えたようだ。ヒロインについても、サイレント時代のグロリア・スワンソンやリリアン・ギッシュのような「美化された運命の美女」は姿を消し、代わりに『俺たちに明日はない』で「意地に生き気ままに生きる」ボニー・パーカーを演じたフェイ・ダナウェイのように「美女とはいいかねる」役者が台頭する。「ヒーローとヒロインはかくの如く今や活動写真時代とはまったく変って現実化してしまった」と淀川は嘆き口調で言う。[100]

さらに、「もうけ主義の映画」に不快感をあらわにした。[101] ハリウッドでは、産業を立て直すべく、一九七〇年代からは一つの作品に大予算を投入する「ブロックバスター映画」に依存するようになり、アクションやスペクタクルに頼った大作が増加する。テレビ解説ではこうした作品を褒めていることが多いが、文章ではその多くを「大当たり」ないし「当たり屋」映画と皮肉を込めて呼び、時には辛辣な批判を加えた。[102] 例えば、『ロードショー』の一九八一年九月号では特殊効果満載の『スター・ウォーズ』が「上昇変態のSF大作、これでなければ映画にあらず」という態度を示しているとこぼし、「天馬で空とぶ勇士、ヘビのむらがるドタマのバケモノ」などが暴れ回る『タイタンの戦い』に関しては「日本の正月かお盆興行の「さあ、いらっしゃい、いらっしゃい、ただいまから入れかわり……」の呼び込みの声を思い出す大ゲテモノ」だと切り捨てた。[103]

「商売っ気が目にあま」るスティーヴン・スピルバーグに対してはひときわ辛口である。[104]『激突！』や『ジョーズ』の頃はまだしも、一九八〇年代に入ると「天才スピールバーグは金もうけのほうも天才。当らない映画を作ったって仕方がないという出来すぎた」作り手と皮肉を込めて言う。[105] 個々の作品についても、「一〇分ごとに危機迫り、彼と彼女の運命やいかに……その連続」であった『レイダース／失われたアーク《聖櫃》』は「イチにも二にも興行価値」を優先しているのではないかと問い、CGIによって作られた巨大な恐竜が話題を呼んだ『ジュラシック・パーク』は「もうけ仕事」にしか映らなかった。(106)ホロコーストの惨劇からユダヤ人を救おうとするドイツ人のオスカー・シンドラーを描いた『シンドラーのリスト』に至っては、「クリントン大統領が、一つの野心で、こんなの作って下さいとスピルバーグに頼んだのか」と思わせる内容だった。それを「正義のために作っているのか、儲けるために作っているのかわからない」とも言う。(107)この大作はアカデミー賞を七部門で獲得しているが、オスカー狙いで「計算された封切」日にしたことに対しても「ムカムカした」と感情をあらわにする。(108)

ただ、超大作でなくとも、気に入らなかった映画はその「商業性」を理由に批判している。例えば、老いぼれのガンマン（クリント・イーストウッド）が昔の仲間と共に賞金稼ぎのミッションに挑む『許されざる者』については「いかにも当たる作品ですからね。バッチリとね、商売人根性。クリント・イーストウッドはほんっとに商売人だな」と言い、他にも「この映画、僕にはもうキザの三〇〇万点」「キザったらしくて死にたいぐらい」「このぐらい大向うをねらい過ぎたウエスタンはかつてなかった」「凄い英雄映画、アイドル映画」などと、間違っても褒め言葉とは言えない表現が並んだ。(109)家の所有権をめぐって夫婦の離婚劇がひたすらエスカレートする『ローズ家の戦争』は、「芸術性を否定し」て「儲けたらいい」という考えのもとで作られているとしか思えなかった。「初めからハッタリ」とさえ言う。(110)『12モンキーズ』では、四人のジェームズ（ブルース・ウィリス）がウイルスが蔓延する未来から、そのウイルスの原型を採取するために一九九〇年のアメリカに派遣されるSFものであるが、テリー・ギリアム監督の手腕を評価しながらも、タイムトラベル先でジェームズが出会う奇怪な男（ブラッド・ピット）の「オーバーアクト」が目立つ「当たる映画の当たる作り方の見本」のように映った。(111)

5　「モダン」への尽きない眼差し

とはいえ、年を重ねた淀川はただやみくもに「古典的ハリウッド」という蜃気楼を追いかけていたわけではない。映画に自分なりの新しい「感覚」を求め続けていった。それは、ハリウッドの大作に幻滅する一方で、一九八〇年代以降、ミニシアターなどで鑑賞することができるようになった独立系および世界各地の映画――つまりそれまでは「日本ではやれそうもない作品」――に求められていった。[112]そこにはさまざまな魅力があったが、なかでも「モダン」で「現代的」な価値観に共鳴した。

その好例が『セックスと嘘とビデオテープ』である。これは当時弱冠二六歳のスティーヴン・ソダーバーグが監督し、カンヌ映画祭でパルムドールを受賞した低予算作品で、淀川はその「非常に現代的なつくり方」に目を見張る。特にセックス好きの夫、淡白な妻、その夫と浮気をする妹、そして女性に私生活をめぐってビデオテープでインタビューする不能の友人が、それぞれ「かわいそうで、図々しくて、それぞれが楽しみを持っていて、嘘ついている」ところが「上手」く、描写も「非常に写実的で、そのくせ非写実」であるところが「モダン」であった。[113]同じく独立系上がりのコーエン兄弟も「感覚が新しい」作り手として評価し、[114]『ミラーズ・クロッシング』が描くアイルランド系とイタリア系のギャング同士の抗争が『「ゴッドファーザー」』がつくり話に思えるリアリズム」を醸し出しながらも「舞台劇的」であるところに「新し」さを見ている。[115]『ビッグ・リボウスキ』については、ボウリングを趣味とする「中年男たちの夢」や「焦り」を「ハイカラな映画の遊び方で上手く面白く出」すような「センス」を称賛した。[116]

「超モダンボーイの芸術家」と呼ばれたのはピーター・グリーナウェイである。[117]このイギリス人監督は「ストーリが嫌いな人」で「感覚で見ないと、ストーリーを追ったら、とてもじゃないけど見ておれない」と淀川は思う。[118]

したがって、『コックと泥棒、その妻と愛人』を語るに際しては、フランス料理の高級レストランで泥棒の妻がコックに守られながら浮気をする奇抜なプロットをあえて深読みせず、「息が詰まるほどこわい」という「赤いレストランの部屋」や浮気の場所となった「真っ白の世界」のトイレなどの色使い、そして「厨房からレストランへ、レストランからトイレへ、ずーっと移動していくカメラのきれいなこと」としてその視覚性に注目する。[119] シェイクスピアの『テンペスト』に新たな解釈を加えた『プロスペローの本』については「シュールレアリスムバレエ」とし、積極的にハイビジョンという新技術を取り入れるところに「モダンボーイ性」を見た。[120]

視覚性について言えば、ペドロ・アルモドバルの仕事も目を引いた。『キカ』の物語は、主人公の女性（ベロニカ・フォルケ）が恋人の義父と関係を持ったり、ポルノ男優である使用人の弟にレイプされるなど、セックスを通して人間関係が築かれていくような展開となっているが、淀川にとってこのような性関係の描写にはアメリカ映画から感じられる「わびし」さはなく、レイプの場面でさえもキカを助けるために部屋に押し入った警察を荒唐無稽に動き回らせてコメディの素材にするなど、「これだけ漫画的にエロティックを見せたということは、僕にしたら非常にモダンな感覚に見えるんです」と言う。[121] また、ジャン＝ポール・ゴルチエらによる奇抜な「衣装とセット」や「その派手なカラー」にも魅せられた。[122]

これら色遣いが鮮やかな作品とは対照的に、アキ・カウリスマキは落ち着いた色彩を用いて『コントラクト・キラー』を撮っているが、ここにも思わぬ新しさが秘められていた。この作品は職場を解雇されたフランス人の主人公（ジャン＝ピエール・レオー）が、有り金をはたいて、自分を殺してもらうために殺し屋を雇って死のうとするブラック・コメディであるが、貧富の差が増幅する「現在」のロンドンを舞台に、主人公が外国人であるために不当に扱われ、労働者階級のその日暮らしの日常が明るみにされるところが「ただのコメディにならないで、ちょっと諷刺漫画みたい」で「非常にモダンな感じ」があるとして高く評価した。[123] 反対に、売れないフィンランドのロックバンドが一山当てるためにアメリカへ渡る様をコミカルに描いた『レニングラード・カウボーイズ　ゴー・アメリカ』は「あんまりモダンすぎて」共感できなかった。バンドメンバーの長いリーゼント頭や「とんがった長い靴」などは「若い人が喜ぶかもわからん」が、淀川にとっては「奇妙ないでたちの若者が奇妙な音楽を演奏しながらアメリカを旅」しているようにしか見えなかった。[124]

ところ変わって、イランのアッバス・キアロスタミの映画にも新鮮な感覚があった。一九九三年に『友だちのうちはどこ？』が公開された時、淀川は「素朴で泥くさぁい映画なんだろうと思って見に行った」ら思いの外「みずみずし」くて「ハイカラ」だった（図8-6）。ストーリー自体は、ある少年が隣町に住む同級生にノートを届けに行くという極めて単純なものだが、語りの手法には「ヒッチコックのように、見る人を引き込むテクニック」や「ドキュメンタリー的で大胆な表現」が用いられ、「モダン」と思われた。[125]

図 8-6　「みずみずし」くかつ「ハイカラ」なキアロスタミの『友だちのうちはどこ？』

この思いがけない新しさは『オリーブの林をぬけて』にもあった。この映画では、映画の撮影隊が地元住民を役者に起用していくつかのシーンを撮るのだが、「素人」の男性の一人（ホセイン・レザイ）が、思いを寄せる共演の女性（タヘレ・ラダニアン）に口を聞いてもらえなかったりしてロケが思いがけず難航する。この情景に淀川は、「非常に田舎を愛して」いて「純情」で、そこに「現代の映画のキャメラが来てる」設定を「面白い」とした。[126] ある著名な監督の名を偽って警察に捕まった実在の人物（ホセイン・サブジアン）の裁判にキャメラを持ち込み、のちに逮捕前のエピソードの再現シーンを演じさせるなどしてドキュメンタリーとフィクションの境界線を撹乱した『クローズ・アップ』も、「作り方として新しい」と評価した。「ハイクラスです、ほんまものの映画です」とも言っている。[127]

『恋する惑星』にも過去の作品にはなかなか見られない魅力があった（図8-7）。古典的ハリウッド映画のように因果関係が一本の線をなすような物語とは異なり、二つの異なるドラマが前後半に分かれて展開するこの香港映画は、まず失恋した刑事（金城武）が金髪のかつらを被った麻薬のブローカー（ブリジット・リン、林青霞）と期せずして一夜を過ごし、後半ではキャビンアテンダントと別れたばかりの警官（トニー・レオン、梁朝偉）が街角の食べ物屋でアルバイトをする女性（フェイ・ウォン、王菲）と近しくなる。淀川は、最初は「知らん役者が出て」いたこともあり「あまり期待しな」かったようだが、直線的な物語構造を崩したクエンティン・タランティーノの『パルプ・フィクション』の「語り方」を彷彿とさせるような「新しい感じと考え方」に思わず唸った。[128] また、主役の登場人物たちのとりとめのない会話は一見「他愛もない」もののようだが、それはまた「元気で、モダン」だった。監督のウォン・カーウァイ（王家衛）は「ハイカラ」で、「商業的に固ま」らずに映画を「楽しんで撮ってる」と淀川は目を細めた。[129]

図 8-7　「元気で，モダン」な『恋する惑星』

色彩、美術、プロット構成などに型破りの新しさを見る他に、淀川は異性愛の規範から逸脱する描写を「モダン」とみなしている。その多くは「ニュー・クィア・シネマ」と呼ばれるようになったものだが、淀川は同性愛者の悲哀と喜びを、笑いも交えて描いた『トーチソング・トリロジー』を観て、「まるで日常のニュースのように扱っている」ところを評価する。[130] また、ドラアグクイーン（女装パフォーマー）の主人公三人が、リゾートホテルのショーに出演するために、中古のバスを買って目的地へ向けてオーストラリアの砂漠を駆け抜ける『プリシラ』も「粋」だった。[131]「大トカゲが出るような砂漠」で主人公が「走ってるバスの屋根の上に乗っかって、銀色の布をパーッとはためかせる」色彩やデザインが「ただただきれい」で、[132] 行く先々で差別を受けながらも「ジメジメ・ムード」が「いっさい無く」[133]、「ストーリーも出てくる人たちの考えもモダン」だとした。[134] 一九七〇年代に活躍したバイセクシャルのロックスターを主人公にした『ベルベット・ゴールドマイン』は、ホモセクシャルを「自然なことのように撮っている。そこのところが画期的」で「非常にモダン」に思えた。特に「ホモたち」が「綺麗な衣装を着て、綺麗な化粧」を施す様が「マスクをつけて仮面舞踏会へ行くような」雰囲気を作り出しており、「非常に芸術的」であった。[135]

おわりに

「黄昏期《ゴールデン・エイジ》」の淀川長治を把握するのは容易ではない。淀川は各種メディアを用いて際限なく表現活動を行い、膨大な言説を世に送り出した。その中には、書籍・雑誌の編集者やテレビ・ラジオのプロデューサーの手によって編集加工され、広く拡散されたものも少なくない。大量消費社会、高度情報化社会へと移行する中で、そのような言説は反復や再生産を通して「空洞化」していったと批判できるかもしれない。

しかし、淀川本人にあらためて目を向けると、「紹介」から「感覚」へと批評の形を変え、映画全般の擁護を続ける傍らで個々の作品、監督、スターについては「好き嫌い」を明確に表現する傾向が強まってゆく。その眼差しは、年を重ねるにつれて「過去」のハリウッドや映画文化に対するノスタルジックなものへと向けられてゆくが、いた。

同時に「現在」の展開も積極的に追っている。そこには、「モダン」を生き、求める終始一貫した姿勢が表れていた。

ただ、この晩年期にはアイロニーがある。「映画運動」を通して「大衆」とのつながりを築くために奔走した淀川は、気がついたら社会から崇められる業界の「権威」となっており、川本のような若い世代の評論家から畏れられる存在になっていた。一部の者には「神格化」されていると批判されている。[136] また、「すっかり映画を見なくなった」大人や「本当の深みのある人間の美しさ」が見受けられない若者との齟齬を肌で感じるようになった。華やかな表舞台で饒舌を披露する裏で、人や価値観を「包摂」することの難しさを感じながら生きる日々であったと想像される。

最終章となる次章では、これまで記すことを控えてきた淀川の日本映画に対する見解を考えてみようと思う。その視点や態度は、幼少の頃から敬愛したハリウッドや西洋の映画に対するものとは大きく異なっていた。そこには日の当たる「モダン」の「影」を追う「もう一人」の淀川の姿があった。

第9章　「日本映画は観ていない」

一九九〇年、八一歳になった淀川長治は、自らの長い映画人生を振り返ってこうこぼした。「私は、日本映画をずっと馬鹿にして、見ていなかった。それでずいぶん損をした(1)」。

確かに、淀川はハリウッドをはじめとする外国映画を数多く鑑賞しており、本人もその割合を「洋画十本に対して、邦画は二本」と認めている(2)。また、見方に偏りがあったことも否めない。

一般的に日本映画というのは、僕にすると非常に貧乏くさいのね。十本のうち一本ぐらいしか見る気がしないのね。なんて貧乏くさいと思っちゃうのね。例えば、金持ちの家が出てきても、何てつまんないセットだ思うのね。そんなんで非常に軽蔑してたのね、日本映画を(3)。

このような発言を、特に晩年、幾度となく繰り返している。

ここに「邦画蔑視」の姿勢があったことは否めない。しかしながら淀川は、国産映画を、外国映画と異なる読者層を想定して論じてもいた。一九六八年の『キネマ旬報』では、日本映画を「その作者たちに向って説」き、外国映画を「日本映画の作者たちもふくめてひろい読者」へ向けていると言っている(4)。その結果、邦画については作品の長所や見どころをアピールすることよりも、歯に衣着せぬ直接的な論調が目立つ。そして「みぃさがし」よりも

「あらさがし」が先行し、辛辣な批判も多々見られることとなった。

とはいえ、時代ごとに淀川の邦画観を見ていくと、それが決して批判一辺倒ではなかったことにも気づかされる。戦前から「第二の黄金時代」を謳歌した一九五〇年代を経て「日本映画が良くなった」とされた一九七〇年代に至り、語り部は特定の作品に肯定的な評価を下し、作り手を擁護している。そこには「モダン」を求めつつも、その加速に抗った「日常」の描写を評価する姿勢が見られる。これは洋画に見出したいものとは異なっていた。

だが、戦争の爪痕が深く残る占領期や、暴力やセックスの描写が過激化していった一九六〇年代には批判的論調が前景化しており、また後年「感覚批評」が加速すると「嫌い」な映画を容赦なく切り捨てていった。それでも晩年は、溝口健二や黒澤明といった「過去」の「巨匠」だけでなく、大林宣彦や北野武のような「現在」の作り手にその「愛情」を向けてゆく。そこには過去に対する「ノスタルジー」を渇望する様子も窺える。

1　戦前から占領へ

『映画散策』などによると、少年時代の淀川は、洋邦混合上映を行っていた神戸の錦座で、まず尾上松之助の時代劇を観たという[5]。松之助の「豪傑もの」や「忍者もの」は逆回転やスーパーインポーズを駆使したその「身のこなしの魅力」が売り物となっていたが[6]、淀川も、多分に漏れず、「火事で黒煙をあげて燃える家が忍術によってたちまちその湧きあがる黒煙がスルスルともとに逆もどり」したり、「屋根から庭にとび下りた男が前向きのまま再び屋根にヒョイと戻ったり」するような表現に「活動写真の魔術的な魅力を感じ」たとのちに述べている[7]。まずは映像のスペクタクル性が、その目に焼きついたようだ（図9-1）。

だが、映画の物語性にも魅せられている。そこで引き合いに出されるのが、谷崎潤一郎やハリウッドで修行を積んだ栗原トーマスこと栗原喜三郎が作り手として関わったことで知られる大正活映株式会社（以下「大活」）である。[8] その第一回作品『アマチュア倶楽部』を、淀川は神戸のキネマ倶楽部で鑑賞したという。[9] これは鎌倉・由比ヶ浜の海岸を舞台に、海水浴を楽しむ「モガ」の千鶴子（葉山三千子）の気を引こうとする「アマチュア倶楽部」の歌舞伎役者たちと、千鶴子の自宅に押し入った泥棒たちとがかち合うようにして刑事に追いかけられるドタバタ喜劇で、[10] 佐藤忠男に言わせれば「おそらくは日本で最初の、詳細なコンティニュイティにもとづいて製作されたモダーンな編集の妙味を感じさせる作品」であった。[11] 淀川は一九三八年にこの物語を「題材として余りに縁遠い生活のないお話」としながらも、「意気」で「元気」なものと肯定している。[12]『淀長映画館』には「アマチュアという言葉すら珍し」かった時分に「題名の面白さ」を感じ、当時の「現代劇」が「涙をしぼる悲劇いってんばり」であった中で「ゆたかなユーモア」に包まれていたと書かれている。[13]

図 9-1　子供の時に観たという尾上松之助

しかし大活の仕事で「最高」と思われたのは、同じくキネマ倶楽部で上映されたという『葛飾砂子』であった。[14] この映画はもはやプリントはおろか、シナリオも残っていないとされるが、淀川は「三巻という当時の中編だったことと、シナリオが実に見事であったことで、私は暗記してしまっている」と『淀長映画館』に記している。[15]

物語は、三味線屋の娘、菊枝（上山珊瑚）が、橘之助（野羅久良男）という憧れの若い役者が死んだことを知って自殺を試みる恋愛悲劇である。[16] 淀川は、その「シナリオ」だけでなく、作品自体が披露した「見事な映画描写」に感動を覚えた。[17] 淀川は冒頭のシーンを次のように回想する。

大川の遠写。月の夜のきらきらと水面の光る川。一そうの渡し舟。近写となる、船頭が舟を漕いでいる。船頭は漕ぎながら南無妙法蓮華経ととなえている。それが画面に文字で出る。今日のスーパー・インポーズである。舟の全景。こんどは舟から見た岸が、舟のゆるやかな動きにしたがって動いてゆく。芦のしげみが動く、するとその中に無縁仏としるした棒ぐいが、斜めにゆがんだまま移動する。再び遠写。大川を下る舟。南無妙法蓮華経の字幕。やがて舟は流れ下って洲崎のあたり、ここで人家に近づき、二階の暗い格子造りのむさくるしい三畳に髪を乱し胸をわずらっているごとき商売女が、枕もとの薬びんのからのままのを横にころがしたのが、ふとんの上に坐りなおし、聞き耳たてて両手を合わす。大川の遠景、舟、そして南無妙法蓮華経。そのスーパー文字が消え、そのきらきら光る大川の全景に、初めてタイトルが「葛」と出て「飾」と出て「砂子」とつづく。そしてそのタイトルのわきに、この物語はかかるあたりの哀話というような注釈文字が浮き出してくる。[18]

また、身投げした菊枝を救った船頭が七輪をうちわで煽ぐと「煙の流れるあたりに上から水のしずくがたれて」きて、「キャメラが上に動くと、そこに濡れた橘之助の浴衣がほされて」おり、そこから「キャメラが右へ動く」と「雨戸と雨戸の間から大川の朝の光を受けた川面が輝い」て、「さらにキャメラの右のはしの菊枝をとらえ」たと詳しく述べる。[19] そして、「見事」というラストシーンでは橋の上を歩く二人の女性の姿をカメラが「こちらから向うに一本のタテの構図でとらえ」、続いて「らんかんに身をよせた」二人が「セミ・クローズアップでとらえ」られる。その後二人は橘之助の浴衣を川に投げ「「終」の文字が浮上がる」と克明に表現している。[20]

同時代に書かれた文章を探すと、わずかに五所平之助の『マダムと女房』への言及がある。[21] 日本初のトーキー映画とされるこの軽妙なコメディは、騒音・雑音に邪魔されて執筆が進まない脚本家（渡辺篤）が、音楽の生演奏が

図 9-2　「面白い」と思われた『マダムと女房』

賑やかな隣人宅へ抗議に出向くと、そこで酒や音楽を勧められて気をよくし、作業が進むようになるというものだ。郊外の新興住宅地を舞台に、洋服姿の「マダム」がジャズボーカルを披露し、ダンスホールよろしく歌と踊りで一同が盛り上がる。そして初めは嫉妬していた和服姿の妻（田中絹代）も、夫の執筆がはかどるようになると機嫌を直し、「モダンライフ」が肯定される。淀川は、一九三三年の『キネマ旬報』で『マダムと女房』を「はっきりとトーキーに足を踏み出」すきっかけとなった「軽い」作品とみなし、「映画的なるもの」の質的変化を確認している。この「軽い」は決して否定的な表現ではなく、「涙をしぼる悲劇いってんばり」の傾向から一線を画している点を讃えた発言であった[22]。だからこそ、『映画の友』の一九三八年四月号でも『マダムと女房』を、『アマチュア倶楽部』に続く「面白い」映画と評価している[23]（図9-2）。

　おそらく、淀川は一九三〇年代を通して邦画に一種の「明るさ」を求めていた。そのため、田坂具隆の『爆音』は「大変いゝ映画」だと思われた。一見ただならぬ状況を匂わせるタイトルとは裏腹に、この映画は航空兵となった村長の息子が飛行機で田舎に戻ってくると知って村全体が活気づくという筋立てになっている。牛が路上で車を遮るような牧歌的風景を背景に、「農夫の明るさ」、そして「田舎の明るさが意識的にまで強く描かれて」いることを淀川は喜んだ。そんな前向きさは、内田吐夢の『土』にも表現されていると思われた。これは妻と娘を失った農夫が、苦労を重ねながら四季を通じてたくましく生きてゆく物語であるが、淀川は「悲惨のみ」の田舎描写を拒絶し、農夫の「強さ」が主題となっていることを喜んだ。[24] これは単なる「明るさ」ではなく、「リアリズム」を示唆しているのかもしれない。

しかし、あくまでアメリカを「映画先進国」とみなす淀川は、[25] 日本映画が「大人になってきた」という一九三〇年代後半にも不満を感じていた。その一例として挙げられたのが『新家庭暦』である。菊池寛が原作を書いたこの映画で問題と思われたのは、「桑野通子が母の手術をしてゐる医者に心奪はれていく描写」である。そこでは、娘役の桑野が母の治療を行う医者の「顔其の動作に心奪はれて行く」が、そこで「生死の母を前に医者に見惚れている娘を大写しすることはいけないこと」と指摘する。代わりに、術後に「ホッとした瞬間に焼きつく様な娘の顔を瞳」を見せてほしかったと望んでいる。監督の清水宏は『風の中の子供』のような「良い作品」の作り手だったが、『新家庭暦』の人物描写は「浅くて〱やりきれない」ものだった。そして「映画が「大人」の中に這入った以上、出てくる人物も大人の血が通っていないといけない」と淀川は主張した。[26]

日米開戦の幕が切って落とされると、淀川は東宝の傘下で日々を過ごすこととなるが、この時代に製作された日本映画について、多くを語った形跡はない。おそらくその質に心が満たされることはなかったと想像される。その証拠に、終戦後に書かれた「日本映画に欲しいもの」というエッセイに、日本映画に対する「いらいらしたもの」を論じている。そこでは、「映画的」表現の不足が議論されているのだが、問題は脚本——つまりシナリオ——が「文学」および「文芸」化されていることにあった。「シナリオは名文であるよりも文芸であるよりも、映写される、その完成品への、最も忠実な設計者でなければならない」はずだが、国産映画のそれは「登場者の口で物語をすゝめてしま」う傾向があったため納得がいかなかった。[27]

このシナリオの「文学」および「文芸」化は、映画の「流れ」にも負の影響を与えた。本来は、「シナリオを書きながら、場面ごとに、自分でその場の略図を書くこと」が必要であったが、邦画の多くはそれをせずに「失敗」しており、その一端が『石中先生行状記』に現れているとする。三話構成になっているこの作品の第一話では、戦時中に埋められたとされる燃料の詰まったドラム缶を掘り出すために、一人の男が家を出て仲間が待つ場所へと向かう。するとショットが変わり、馬に引かれた公共バスが、画面の手前から奥へと進む姿が捉えられ、バスが過ぎると奥から二人が手前へと近づいてくるのだが、このシーンは淀川からすれば「そのバスに二人が乗っていることになる」ため混乱が生じている。それゆえ、「二人が此方から向うへ歩いて行く」姿を映してから「向うからバスが此方へくる」姿を捉え、二人が「それをよけて向うへ行く」よう撮るべきだと主張した[28]。衣笠貞之助の『或る夜の殿様』というコメディ映画では、金持ち夫人役の飯田蝶子が、フォークとナイフをうまく使えず「洋食を手でつまんで口にほうりこむ」シーンがあるが、このシーンの「カットがさらに十秒長く」続くため、「どっと笑うところが、バラバラと散まんたる笑い」に甘んじることとなった。てきぱきと「次にいってこそ、この映画の明るい喜劇は調子が出るはず」なのに「損をし」たと考えられた[29]。

一方、テーマの「暗さ」も気になった。吉村公三郎の『誘惑』では、病気の妻（杉村春子）を抱える代議士（佐分利信）が遺児の娘（原節子）に恋愛感情を抱き、葛藤を覚えながらも二人は結ばれてゆく。淀川は、「こばみきれず接吻を許るす其の時の娘の「かんにんして下さい」という」言動や、妻の前で「貴女の御主人を愛していますという」娘に疑問を禁じ得なかった。「いかなるリアリズムであれ映画としてあっていいかどうか」と淀川は問うている[30]。また、島耕二の『夜の未亡人』は、大会社の社長（清川荘司）が息子（伊豆肇）と後妻（田中絹代）の関係に嫉妬して死に、その後、後妻が息子と愛情関係にある絵描きの女性（久慈あさみ）に嫉妬して二人の関係を引き裂くなど、愛憎関係が幾重にも絡んだドラマとなっているが、映画は「家族の楽しむ社会黒板」と信じてやまない淀川は[31]、「これを少年に見せたらどうなるか、結婚期の青年が見たならどうであろうか。地方の教育の浅い青少年が見て驚いたり喜ろこんだりしている姿を考えただけでも肌さむい」としている[32]。

て肯定的に論じてゆく。

2　邦画の可能性

しかし、一九五〇年代に入って「紹介批評」を展開するようになると、洋画だけでなく、邦画も丁寧に、時として肯定的に論じてゆく。

この時期の淀川は、邦画に対してある要望を抱いていた。それは、セットや小道具のためにむやみに予算を投入したり西洋映画を安易に模倣するのではなく、「日本的」な特性を出してほしいというものだった。だから、時代劇に関しては、「その時代の恋の世界がいかに悲しいものであり、押えられたがために激しいものであり、下町の人情に生きる人たちの善良さ、純情さが美しいものであるかを、絢爛と演じてくれるような」作品が「一番ほしかった」という。それは「日本人が持って大切にしてきた、その時代の美しさ」を表現することに他ならなかった。(33)

例えばそれは、『大阪物語』のようなものであった。この映画は、年貢を納められないほど貧しかった百姓一家が、こぼれ米を日々拾い集めて食い繋ぎ、店を持つまでに至るのだが、ケチ癖の抜けない父親の仁兵衛（中村鴈治郎）が、病に伏す妻のお筆（浪花千栄子）の治療費の工面もせず、娘おなつ（香川京子）の意志に反して縁談を進め、家族が崩壊してなお千両箱に縋り付くという風刺劇になっている。淀川は、まず「ケチで固った大阪の町人」を演じた中村鴈治郎の演技を褒め、監督の吉村公三郎についても「もっとモダンになるかと案じたが時代劇の手あかのついた時のへだたりが巧みに出てくれてホッとした」と時代性の表現に拍手を送っている。(34) 一九五八年版の『無法松の一生』も、監督の稲垣浩の「古めかしさ」が「この題材で見事に力を示し」た良作であったとする。これは一九四三年に同監督が撮った同名映画のリメイクで、三船敏郎が演じる人情厚き人力車夫が、高峰秀子演じる未亡人に静かな想いを寄せる。「前作に負けぬ心美しい映画」と淀川は褒めている。(35)

一方、現代劇にも「ふだん着の姿」を求めた。つまり、「本当に会社員らしい家庭や、教授らしい生活や、そういうものを日本映画が自然に感じさせてくる」ことを望んだのである。[36] その理由は、映画が「家庭のかくあるべき」姿を「教える役目をもっている」と信じていたからだ。[37]

とはいえ、興味深いことに淀川は、戦前から市井の「日常」を幾度となく描いてきた小津安二郎を諸手を挙げては誉めていない。[38] 小津は「小市民映画」の旗手としてまさに会社員（サラリーマン）家庭の悲哀（『東京の合唱』）や大学教授の日常（『晩春』）を表現してきたが、淀川は、小津を作り手として「大変巧い」と一方で認めながらも、[39] 低いカメラ視点、一八〇度の切り返しショット、意図的な色彩の配置など、特徴的な形式とスタイルが「構図的おどし」だと指摘する。[40] また、「生活描写」の面においても、「いつかそれが趣味となって画面に押し出されてくるうちに、最も日常生活らしくないとりすました生活描写に傾いてしまった」と残念がっている。[41] つまり小津作品には「ふだん着の姿」が欠けているというのだ。

それに対し、「小津は二人いらない」と批判されたこともある成瀬巳喜男を概ね高く評価している。[42] 例えば『おかあさん』は、貧しいクリーニング屋を舞台に、息子と父親を次々に病気で失い、次女を養子に送り出しても、日々を生き続ける母親（田中絹代）と長女（香川京子）の話だが、それは「母への愛情をもう一度見る者によびさまさせる暖かさを持っ」た「さわやかな貧乏物語」となっていると褒めた。[43]『稲妻』では、それぞれ父親が異なる四人の兄妹と母親（浦辺粂子）とが「幸福」を求めつつ日常生活を営んでおり、その主人公とも言える末娘の清子（高峰秀子）が、常に打算的な縫子（村田知栄子）、死んだ夫の愛人に保険金をせびられる光子（三浦光子）、職なしでパチンコに入り浸る嘉助（丸山修）らとの共同生活に耐えきれず、家を飛び出して部屋を借り、そこで爽やかな兄弟に出会って心洗われる思いをするのだが、淀川は、この「垢だらけの裏通りの世帯ばなし」では女性に「生命力があって、それが女らしい喰いいじの強さで生きているのが面白く描けている」と評価した。「小市民芸術家」たる監督の成瀬巳喜男は細部にまで気を配っており、例えば夫を失って泣きじゃくる光子が、清子に「鼻の上が赤いわよ」と指摘されてハンドバックからコンパクトを取り出す一見何気ない場面でも「生き生きと主人公たち」が

図 9–3　「ふだん着」の日本が見られた成瀬巳喜男の『おかあさん』

「描写」されているという[44]（図9-3）。

また、同じ時期に目立つのは、木下恵介の礼賛である。実際木下については、踊り子の主人公（水戸光子）が連れ合い（小澤栄太郎）が犯罪を犯したことを知って葛藤に陥る『女』を見て「肩入れ」したというが[45]、その思いをひときわ強くしたのが『二十四の瞳』である。これは小豆島ののどかな風景を舞台に、新人教師（高峰秀子）と一二人の学童たちの交流を描いている。そこには「社会的な存在価値」がみなぎっており、淀川は高峰秀子が歳月を経てすでに大人になった教え子たちの名前を今一度呼ぶ姿に感銘を受け、「職業化されつつある今日の教師には是非見て貰いたい」と語る。また子供たちの表情を捉えるためにクロースアップが多用された作風も「一見無技巧に見え乍ら」、「一人一人の子供の動きを助けるために技巧をこりにこっている、それがこれまでの日本映画のように前に押し出ていないのは大変な進歩」とした[46]。会津若松の旅館街を背景に、五人の若者の友情が崩れていく様を描いた『惜春鳥』も、「モダンアート」ではなく「明治小説」や「のぞきからくりの『須磨の仇浪』」を思わせるもので、「つまらされる美しいいい映画」であったとする。この映画は近年「クィア映画」として再評価されているが、淀川はこの映画を「ストレート」でありながら「ウェット」な人間ドラマと形容し、「五少年がずらりと色彩ワイドにせい揃い」するのが「女ではなく男だから面白い」と一九五九年に語っている[47]。

同じく好意的に評された監督に市川崑がいる。例えば『おとうと』は、家族に反発する不良少年の弟（川口浩）を、喧嘩を繰り返しながらも暖かく世話する姉（岸惠子）や両親をめぐる人間ドラマだが、淀川は「油ののりきった演出」を讃えただけでなく、永田雅一が「革新的な色彩映画」と自画自賛したその色のトーンに着目した。(48)特に「色の押え」が特徴的な画調が「ハリウッド」や「ハワイの色」に染まっていない点を評価し、その中で病に臥した弟の望みを叶えるべく普段着の質素な姉が紫の着物を着て病院に現れるシーンは「日本の色」を「パッと咲かせた」ものと喜んだ。(49)

『おとうと』ではあくまで大正時代の質素な家族生活が描かれているが、市川が評価された最大の理由はむしろ「モダン」な作品を成功させた稀な作り手と考えたからだ。それゆえ、「最近邦画中での傑作」とされた『炎上』については、「とても映画化出来る題材ではない」はずの三島由紀夫の原作を取り上げた点をまず評価し、吃音の青年を演じた市川雷蔵の「現代役の主人公」の「心」を、老師役の中村鴈治郎や足が不自由な仲代達矢が「砕く」過程に「ギリシャ劇」を思わせるような「外国臭いハイカラさ」が込められているようだとした。「黒白調の映画美」もプラスに映った。(50)また、谷崎潤一郎の原作による『鍵』は、特殊な性癖を持つ骨董品鑑定士の夫（中村鴈治郎）と慇懃な妻（京マチ子）、シニカルな娘（叶順子）、下心のある医師（仲代達矢）の性欲と殺意が交錯する屈折した物語だ。淀川からすれば、『鍵』は「モダン・アート」として「身の毛がよだつ面白さ」があり、一見「静」に見えて「波立ち」の身のうちをチラとひらめかす」京の演技が白眉であった。(51)

紹介批評家・淀川長治の興味深い点は、「純粋な娯楽」を目指した邦画にも一定の評価を与えているところにある。それゆえ、「一週間で騒がれもしないで消えてしまう」ようなプログラム・ピクチャーも凝視する。その一例として挙げられる石井輝男の『黒線地帯』は、殺人の濡れ衣を着せられたブン屋（天知茂）が真犯人を追う犯罪ものであるが、「ヌード劇場」や「ゲイ・バア」をはじめ、「パチンコ屋、海軍キャバレー、ストリップの前あて（?）専門の洗濯屋」など大都会の闇模様を「一気にお膳に盛り上げ」、クライマックスの「大格闘」を「マネキン人形作りの工場の暗い地下室」で行うなど、その「サービス振りは見事」であり、なかでも三原葉子という「見るからに安っぽいグラマー」が存在感を発揮していた[52]。同じく「地帯《ライン》」シリーズの『黄線地帯』も、裏切りにあった主人公の殺し屋（天知）が黒幕を追い求める作りになっており、ここには「前作『黒線地帯』をはるかに抜いた良さ」があったという。「カスバ」と呼ばれる猥雑な空間などを舞台に、期せずして抗争に巻き込まれた踊り子（三原葉子）が殺し屋の主人公と行動を共にする羽目となる。淀川は、踊り子が履く赤いハイヒールが「駅員に拾われ愛人の手に渡るシンデレラ・スリル」や「男から男靴をむりにかり」て「よたよたと手洗いにゆ」き「ヨレヨレの百円札にエンピツ書きする」場面などに「面白いアイディア」を見たという。この作品でも三原の「個性」が光り、「この映画はこの女優を得なければその面白さは半げんしたにちがいない」とまで言った[53]。

他にも、ヤクザの組同士の激しい抗争を描いた『暗黒街の対決』に言及している。刑事（三船敏郎）と元ヤクザ（鶴田浩二）の友情を軸に展開するこの犯罪映画に関して、淀川は三船と鶴田が築く「インとヨウ」の「組合せ」を喜ぶとともに、軽快に進む展開を踏まえて「フィルムの編集とカッティングの手ぎわよさはM・G・Mあたりが少し見習うといい」とさえ思った。出世作となった『独立愚連隊』に続いて、岡本喜八監督の「さらに油の乗った映画の面白さ」が表現されているという[54]。渋谷実の『悪女の季節』は打って変わってコメディタッチで進むサスペンス映画で、莫大な遺産を獲得するために、内縁の妻（山田五十鈴）が老いた資産家（東野英治郎）を殺そうとする。怪しい登場人物たちが入り混じって話が膨れ上がってゆくこの映画は、「日本映画始って以来の面白いスリラー喜劇」だと淀川には思われた[55]。

さらに、外国映画同様、日本映画にも「人間」を求めた淀川は、『不良少年』にそれを見出している。監督の羽仁進は、この作品では実際に非行歴のある少年を役者として起用し、窃盗を犯して逮捕され少年院で更生する浅井弘という若者（山田幸男）を描いた。あくまでフィクションだと断りながらも手持ちカメラを駆使して街中や少年院でロケ撮影が行われ、ドキュメンタリータッチの作りとなっている。その年の『キネマ旬報』ベストテンで一位に選ばれ、海外でも評価されたこの映画を試写で目の当たりにした淀川は、とかく「出演者たちのエロキューション」に驚き、「歩く、すわる、しゃべる、笑う、怒る」仕草などに「キャメラの前で演じられているとは思えない「実感」」が籠っていると頷いた。特に「浅井に扮したその少年からこれだけの自然さを引き出した羽仁監督」の手腕を讃え、「不良少年の痛ましい人となり」を描こうとする監督の「愛情が本物で彼ら「役者たち」にぶつかっているのが見事」と述べた。[56]

3 批判から称賛へ

このように邦画に可能性を見出していく淀川をよそに、日本の映画産業は一九六〇年代に入ると、テレビや他のレジャーの台頭とともに「斜陽」を迎え、新東宝は一九六一年、大映は一九七一年に倒産の憂き目にあう。東映や日活といった映画会社は若い男性観客層を惹きつけるために残虐な暴力シーンを売り物にした「新時代劇」や「任侠アクション」、そして女性の裸体やセックスシーンが踊る「ピンク路線」映画を量産する（経営不振に喘ぐ日活は一九七一年に「ロマンポルノ」の製作に着手する）。[57]

そんな中、淀川は過激化するスクリーン表象を憂い、一九六四年には「映画館から出てくる」観客を見ると「男は口がひんまがってやくざ気どりになり、女はスカートをめくってタンカがきりたくなる。おいど（おしり）が堂々と画面に出るくらいはもう平気となった。いったい、「わたくしたち」の映画はどこへ行ったのであろう」と嘆いている。[58] その六年後には「あのT〔東映〕映画やN〔日活〕映画会社のやくざ映画のポスターを見るだけで胸くそが悪くなり、熱が出てカゼを引きそうになってくる」と声を荒げた。[59] 日本映画はテレビの台頭により「イレズミとポルノでオールナイト・ショーの日ゼニかせぎに逃げた」。これで「大人が映画を見放した」と残念がった。[60]

これら問題視した映画を、淀川はあまり個別に論じていない。毛嫌いしてほとんど観なかった節もある。だが『拳銃無宿　脱獄のブルース』の批評を見ると思考の一端が窺える。これはヤクザの世界から足を洗おうとする拳銃の名手、佐賀達次（渡哲也）が、苦しい生活を共に生きてきた兄弟分の郷田剛（藤竜也）を助けようとしつつ、二人を裏切った親分の武原と対峙し、再び銃を手に取る日活のプログラム・ピクチャーだ。淀川は、この「ガン・アクション御用作品」の中で役者たちが「みんな「形」の中で動き、「型」の中で器用に演出されている」ところに創造性のなさを見、「東京のどこでこれだけのガン騒ぎができ得るか」と首を傾げる。そして「善良な家族は震えあがってしまうにちがいない」とこぼした。それ以上に鼻についたのが、試写のはじめに流れた日活の新作映画の予告である。「その大半が殺しと殴り合いとイレズミと日本刀と拳銃」であったため、「日本映画はなんと下品になったものか」と嘆いている。[61]

エロティシズムに関しては、東映、日活以外にも随所で厳しい言葉を発している。例えば、木村恵吾の『歌麿をめぐる五人の女』（大映）は浮世絵師・喜多川歌麿（長谷川一夫）をめぐる物語で、さまざまな思惑を抱いた若い女性たちが美人画の創作に没頭する歌麿に近づき、なかには肌をあらわにして性的な誘惑を試みる者もいる。淀川は「開巻」から登場する「遊女たち」が「愚の愚のグロ」であっただけでなく、「ストリップまがいのお蝶がとび出すやら歌麿がまるでタカラヅカの洋楽歌舞伎のエプロン・ステージに立った長谷川一夫まる出し」で「見たあとめまいがした」という。これは監督の木村が「ただもう大映をもうけさせねば」と思うあまりに犯した過ちで「歌麿には失礼のきわみ」であるとする。[62]

それ以上に「グロ」だったのが『白日夢』（松竹）である。谷崎潤一郎の戯曲を基に武智鉄二がメガホンをとったこの作品は、歯医者で治療を受ける主人公の男性が、隣りに座る若い女性が縄で縛られたり電気ショックを受けたり性的にいじめられるのを、麻酔で意識が朦朧とするなか夢見るというものである。これは、主演の路加奈子が裸体を曝け出す演技で、公開時には成人映画指定を受け、検閲によるカットも強いられた。このいわくつきの映画は、淀川の逆鱗に触れた。谷崎の原作を「ハイカラな趣向」と褒めたのに対し、武智の映画版はあまりに「醜悪すぎる」もので、谷崎の作品を「気しょくの悪いエロ趣味」に貶めたと批判する。路をはじめとする出演者も「拙技の見本」でしかなく、男の「大時代さ」にも呆れ、「あいた口がふさがらぬのではなく私は顔伏せた」という。そしてついには、「これは四十数年間に私の見た最も嫌やな映画である」とさえ述べる。[63]

他にも、『子連れ狼』シリーズの三作目となる『子連れ狼　死に風に向う乳母車』（東宝）は、息子の大五郎（富川晶宏）を連れて旅する拝一刀（若山富三郎）が、代官とその部下・仲間を相手に血みどろの殺陣を繰り広げ、渡り徒士の官兵衛（加藤剛）とも対決して切腹の介錯を引き受けるなど、暴力シーンが多く盛り込まれた作りとなっているが、淀川は、これを三作品の中で「一番面白い」とみなすも、殺戮シーンを「無茶苦茶」とまず指摘し、冒頭で旅する母子が強姦されたり、女衒に買われた女が乱暴される「ポルノめくエロ」を批判した。「可愛い大五郎坊やのてまえおやめになるがいい」と言っている。[64] また、森崎東の『喜劇・女は男のふるさとヨ』は、ストリッパーを斡旋する会社を経営する家族を舞台にした松竹の人情喜劇で、ストリッパーの笠子（倍賞美津子）が自動車修理工の照夫（河原崎長一郎）と純愛し、ストリッパー志望の星子（緑魔子）はなんでもガメツイはずのケチ権（伴淳三郎）と結婚を果たす。淀川は「脚本演出の実力」や「俳優の好演」を認めるも、随所で「卑猥を心がけるその商売っ気」が垣間見えるところに「さもしさ」を感じたとする。ビリー・ワイルダーの『お熱いのがお好き』のような「もっと高いレベル」のコメディには達していないのだ。[65]

さらに、戦争映画もクリティカルに論じている。例えば、『ハワイ・ミッドウェイ大海空戦　太平洋の嵐』は、真珠湾攻撃後の快進撃がミッドウェイで止められる様を描いた大作映画で、円谷英二の特殊技術だけでなく、三船敏郎、藤田進、宝田明、鶴田浩二など東宝のスターが総結集したものである。淀川は「ちかごろの日本映画ではおそらくこれだけのスケールの大きさを色彩映画に出したものはなかった」とそのスペクタクル性を認めるも、ストーリー展開が「余りにもあっけなくて骨のない雨傘みたい」だったという。『大脱走』のような「娯楽映画」には好意的だったが、『ハワイ・ミッドウェイ大海空戦』は「トリックだけで見せようとしている」ことに納得がいかず、「もっと底からくる批判がなければ危険」と勧告した。[66]

『人間の條件』にも不満が残った。五味川純平のベストセラー小説を計三本の映画にした合計九時間三一分に及ぶ大作は、国籍や人種を問わず「人間を人間として扱う」ことを訴える梶（仲代達矢）が満洲の炭鉱で不正と対峙し、戦局の悪化とともに兵役に駆り出されて軍で理不尽な扱いを受け、ソ連国境で収容所に入れられて、妻を思いながら命尽きるという壮大な悲劇だ。しかし、淀川から見れば戦争の描写が「絵そらごと」で、皮肉にも「人間」を描いた映画ではなかった。[67]同じく五味川原作の『戦争と人間　完結篇』に対しても手厳しい。これは中国大陸で繰り広げられた日本の帝国主義を批判的に描いた三部作の完結編で、戦争にかこつけて軍需産業に加担する伍代家が織りなす人間模様が劇的に綴られている。しかし、肝心の人間ドラマについては「すべての俳優が表情の押し売り」としか映らず、ほとんどの役者が「メロドラマの人形」と化してしまっているとする。この映画では、東條英機率いる日本軍が、精神論に毒された残虐で醜い組織として描かれており、反戦メッセージははっきりとしている。しかし、それだけでは不十分で、「人間を描くに当たってかくも悪と善を区別しきっては見苦しい。その悪の悪たる貧しさをさらに深くつかみとれないものであろうか」と淀川は問うているのである。[68]

そうはいうものの、批判調の言説が肯定的な評価を常に圧倒し続けたわけではない。一九七〇年代の言説を追っていくと「日本映画がだんだん面白くなってきた」[69]「日本映画もこれほど上等になってきた」[70]などという表現が目につく。そこで評価されたのは、派手な殺し合いや露骨なベッドシーンよりも、やはり質素な日常を描いた作品であった。

その筆頭に挙げられるのが山田洋次の仕事だろう。その一本が、「本気でおすすめする力作」とされた『故郷』である。これは瀬戸内海のとある小島で石船を操る夫婦（井川比佐志と倍賞千恵子）が、変わりゆく社会の波に取り残されてゆく悲しい話だ。主人公の二人は、船のエンジンの調子が悪くなって悩んでいるのだが、それを新しいものに交換したくとも経済的な余裕もなく、金の貸し手も見つからない。その小さな船の横には大会社の大きな石船が通る。そしてしまいには父の代から続いた石運びの仕事を諦めざるを得なくなる。この映画を観た淀川は、「島の夫婦の、祖父の、そしてさかな屋の人情、その平和が、しかもここに生き得なくなって追ったてられる夫婦の悲しい涙ぐましい生活の悲しさ……それとダブって胸をつく」と述べた。山田のペーソスに溢れた人物描写に「ぎりぎり一杯の力で美しい日本映画を作ろうとする心」を見たという。[71]

山田の『男はつらいよ』シリーズにも、淀川は好感を抱いた。ギネスブックにも認定されたこの長寿シリーズは、東京の柴又でだんご屋を営むおじ夫婦に妹と共に育てられた「フーテンの寅」こと車寅次郎（渥美清）が、「マドンナ」と恋に落ち、振られては旅に出るおなじみのパターンで知られ、一見『拳銃無宿　脱獄のブルース』のようなヤクザ映画と同じように「型にはまってゆく」ジャンルものとも言える。とはいえ、喜怒哀楽豊かな「寅さん」をはじめとする下町の面々には「日本人の人情」があり、それを淀川は称揚した。例えばシリーズ八作目となる『男はつらいよ　寅次郎恋歌』では、珈琲店を営む未亡人（池内淳子）に片想いをする寅次郎の「惚れかたの哀れ可愛らしさ」や妹（倍賞千恵子）の夫（前田吟）の母親の葬儀に寅次郎が顔を出す「人情悲喜劇」を喜んでいる。[72]また、一〇作目の『男はつらいよ　寅次郎夢枕』は、おじ夫婦の家に下宿する大学助教授（米倉斉加年）と、寅次郎の小学校の同級生千代（八千草薫）との恋愛を寅次郎が取り持とうとする話で、淀川は「大学助教授にいつもふられの寅さん役をやらせ」て「寅さん渥美に本芝居を持ってゆく」山田の「詐術の器用」に一目置いた。[73]

また、同じ松竹の野村芳太郎の『砂の器』にも惚れ込んだ。松本清張の連載小説を原作としたこの作品は、ある殺人をきっかけに、刑事役を演じる丹波哲郎と森田健作が全国各地を巡る捜査を行うミステリーだが、犯人として浮上するのが現代音楽の作曲家の和賀英良（加藤剛）であり、彼はハンセン病を患った父親と一緒に村八分にされ各地を放浪した経験を持つ人物であった。被害者の男は、父親がハンセン病患者の施設に隔離された後その身柄を引き取った温情ある巡査である。社会の底辺にうごめく主人公たちの苦難に共感した淀川は、「あの雨の中を、子供とあのじいちゃんが、巡礼姿でいくところ」が「かわいそう」と同情し、この野村作品を「傑作」と讃えた。[74]

淀川は、熊井啓の『忍ぶ川』も褒めている。これは料亭「忍ぶ川」で出会った哲郎（加藤剛）と志乃（栗原小巻）の恋愛ドラマであるが、話が進むにつれて、哲郎の家族には多くの不幸が取り巻いていること、また洲崎パラダイスで育った志乃には納得のいかない婚約者がいることが、東京の深川や雪に埋もれた栃木の田舎を舞台に明らかにされる。「見事に美しい映画」と淀川は言った。[75] 同じく熊井監督による『サンダカン八番娼館　望郷』は打って変わって、「からゆきさん」としてボルネオ島に移った女性たちをテーマにした物語で、アジア女性史研究家の三谷圭子（栗原小巻）が、サンダカンの娼館で若き日を送ったサキという老婆（田中絹代）に昔の話を聞く形で話が進行する。その、天草の荒屋でひっそりと暮らすサキの口から語られる若き日の回想は、貧困と裏切りに苛まれた苦労づくめの毎日であり、淀川も「貧しい貧しい家庭に生まれ」たおサキが「女中さんか、掃除女をやっていればいいのかと思うと、客を取らされ」るようになり、体を売って稼いだ金を兄に送っていたにもかかわらず除け者にされる人物描写に共感した。特に田中の「名演技」に惚れ込み、「日本映画はやっとここまできた」とラジオで褒めている。[76]

他にも淀川の目に留まった作品の中に、今井正の『婉という女』がある。これは、失脚した家老が死んだ後、宿毛に幽閉された娘の婉（岩下志麻）が、大人になって家族と共にようやく外界へ出られることとなり、文通を通して思いを深めていった谷秦山（山本学）と束の間の時間を過ごすという筋立てとなっている。淀川は、中盤以降「婉の心が燃え」出してからが「巧い」とし、山本の「マスクと肌がきわだって見事」である他、幽居を出て初めて川の濁流を目にして驚いたり、妻子持ちの秦山を頑なに想い続ける婉を演じる岩下の「燃えすぎたくらいの熱演」に魅せられた。「日本映画もこれでわれら全家庭と結びつく」と思われた。[77]

4　日本映画は「嫌い」

仮に一九七〇年代に束の間の「再生」が見られたとしても、一九八〇・九〇年代は邦画を奈落の底に突き落とすかのような時代であった。この時期、スタジオシステムが「斜陽」から「崩壊」に向かい、映画市場はハリウッドの大作や、ヨーロッパやアジアのインディペンデント作品に席巻される。それと呼応するかのように、淀川の日本映画評も輪をかけて辛辣なものになっていく。

最近、日本映画を二〜三本見て、おじいさんの僕にしたら、腹の立つことが多いの。

若い人が好きらしい映画は、生意気で腹立たしい。ツンツンしているように見せて実はアワレな子だとか、あるいは何ともしれん曖昧な女の子が出てくる。

それか、やくざの映画ね。日本映画は何しとるのかと思う。若い監督も大人の監督も、いい作品撮ってませんね。[78]

これは一九九〇年のコメントである。他にも「日本映画を全部見ないで、文句を言うのは申しわけないけど、またがっかりするのをこわがって、ちょっと見ず嫌い、食わず嫌いになってるのね」、「やっぱり日本映画を見るのは忍耐力みたいな、そういう印象が残っちゃうのね」などとこぼしている。[79]

日本映画に対する厳しい視座は、例えば周防正行の『Shall we ダンス?』へと向けられた。これは平凡なサラリーマン（役所広司）が、ひょんなことから社交ダンスに打ち込み始め、それまでは自宅と会社を往復する日々だったのが、そこに喜怒哀楽と新たな生き甲斐を見出してゆくコメディだ。この映画は日本国内および海外でも高い評価を得たが、淀川にはしっくりこないものがあり、「ダンスを本気で全篇に入れた」ことを「大いに認めてやりたい」とする一方で、肝心のダンスの描き方には不服だった。そのため、「ばかばかしいほど真剣」な姿勢で練習に励む役所広司の姿を見て「あんなに深刻になるかしらん」と問い、イギリスロケで撮られたコンペのシーンが「芸術的」に「きれいすぎて……」と、納得がいかない。淀川はこの題材に、もっとくだけた笑いを求めていたようだ。そのためか、竹中直人が演じる、トイレでタンゴを踊るダンサーの立ち振る舞いが「面白」く、「あのコメディタッチで全部やってもらったら、ビリー・ワイルダーみたいな面白さを持ったと思う」と述べている。(80)

この「感覚批評」の時期には、とかく厳しい批評が少なくない。その矛先はアメリカ映画の模倣と思われる仕事に向けられた。例えば『竹取物語』は、言わずと知れたお伽話の映画化であり、市川崑がメガホンを取り、三船敏郎が出演するなど、淀川の好む要素を複数備えていたはずだった。しかし、おすぎとの対談で淀川は、この一九八七年の作品を容赦なく批判する。それは、童話の定型とも言える「昔むかし、こういうことがございました……」という導入を避けて「最初からいきなり地震、カミナリ、火事、おやじ」で「性急に始」まるところに見られる「〝語り〟ということをしらない」点に始まり、貧しい三船が富を築いてから建てた「すそを引きずって長い廊下を歩くような」屋敷に見られる「リアリズム」のなさ、果ては月の色が「銀色」ではなく「夏みかんみたい」である点にまで及んでいる。さらに、かぐや姫（沢口靖子）を迎えに来た「UFOが降りてくるところ」が「そっくりそのまま『未知との遭遇』」であるところが「恥ずかしい」と述べた。全体が「野暮った」くて「輝きがな」いというのである。(81)

林海象の『罠 THE TRAP』は、ミッキー・スピレーンの私立探偵マイク・ハマーシリーズに触発されて出来た「私立探偵　濱マイクシリーズ」の完結編で、過去二作品（『我が人生最悪の時』と『遥かな時代の階段を』）と同様、横浜の黄金町でしがない探偵を務める主人公（永瀬正敏）が奇怪な事件に巻き込まれてゆくという設定である。その事件とは若い女性の連続殺人で、指紋が一致したことから濱マイクが容疑者として警察から追われる羽目となる。軽快なジャズに乗せて、横浜の日出町を舞台に主人公がオープンカーを乗り回すこのシリーズには下町情緒が漂い、淀川は「寅さんの横浜版」と形容している。しかし全体的には「ばかばかし」いという域を超えるものではなかった。プロットを辿ると、マイクのガールフレンドが標的となり、警察内部の協力者（杉本哲太）が現れ、友人のタクシー運転手（南原清隆）が瀕死の重傷を負い、真犯人として永瀬が一人二役で演じる人物が登場する。淀川にとって、これは「映画ごっこ」ないし「学生映画」でしかなく、「よく尽きずにこれだけ、イマジネーションがありましたな」と皮肉を発している。「寅さんみたいに延々と続いてはかなわない、もう見たくない」とも言っている。(82)

『萌の朱雀』も例外ではない。この映画は、過疎化が進む奈良県の西吉野村で、トンネル工事の仕事を失った夫（國村隼）が自らの命を絶ち、母（神村泰代）と娘（尾野真千子）が家を去るという物悲しい内容だ。一五年もの歳月を隔てて描かれる家族の姿は概して大人しく静かで、感情表現も繊細である。だが、淀川の批評を見ると、「きれいな、いい映画」としながらもタイトルは「意味不明」、ストーリーは「あまりにも説明が足り」ず、音響効果は「画面と合わない」。こうした批判の根底には、この映画でカンヌ映画祭の新人監督賞を獲得した河瀬直美が「映画に慣れていない」という認識があった。(83)

淀川は、さらに『二十才の微熱』を酷評している。これはゲイの売春クラブで淡々と働く樹（袴田吉彦）と信（遠藤雅）、そして二人にそれぞれ恋心を抱く大学生の頼子（片岡礼子）と高校生のあつみ（山田純世）の関係を繊細に描いた恋愛ドラマだ。異性愛と同性愛の間で揺れ動く四人の葛藤を捉えようとした監督の橋口亮輔は、この長編デビュー作を、雑誌『ぴあ』のスカラシップを獲得して製作している。しかし、淀川は、この若手監督を「あんたはやれる」(84)と応援する一方で「幼稚さ丸出し」と手厳しい。(85)直接対談した時は、『スター・ウォーズ』や『ゴジラ』を観て育った橋口を「健康的で情ない」とし、露わな感情表現を抜きに日常生活を送る主人公たちの描写を「おとなしすぎる」と批判した。橋口の意図は、「表面的には明るく」振る舞うものの「すごく曖昧なところで生きてる」若者を捉えることにあったが、淀川の目には「悲しいのか嬉しいのかわかんなくて芯がない」としか映らなかった。

だから、例えば、樹が頼子の自宅に招かれて家族と食事をするシーンでは、橋口はロングテイクを用いて距離を置いた撮影を実践しているが、そこは「小津安二郎やない」のだから「夢中になって人物にのめり込まなきゃいけない」と注文をつけている。[86]

それに対し、同じくクィア映画でいえば、淀川は『おこげ』には高めの評価を下している。これは行き場のないゲイのカップルと、二人を慕う女性（清水美沙）の人間関係を描いた物語で（タイトルは、「オカマ」にこびりつくご飯の「おこげ」、すなわち主人公の女性のことを指す）、淀川は「男二人がラブシーンしたりセックスしたりするところ」が「のぞき映画の嫌な雰囲気」を持っておらず、全体的なストーリーも「いい話」だと語っている。しかしながら、ゲイの恋愛を支持する女性が「私たち世間に、ホモの愛とはどんなものか、説明する役」に成り下がって「邪魔」でしかなく、おそらく『二十才の微熱』とは逆に「ホモのラブ」の描き方自体が「日本人離れし過ぎ」ていたという。[87]例えば、「ホモセクシャルは隣の部屋に女がいたら［セックスが］できない」はずなのに「平気でやって」るのが「バカ」みたいだったとし、[88]同じく「ホモセクシャルの映画」の『ウェディング・バンケット』（アン・リー監督、李安）がゲイ男性の恋愛を「遠慮せずに、しかもサラサラーッと撮っている」のに対し、『おこげ』は「何かすごくいじけて撮っている感じがして、そこが嫌いだった」とも語っている。[89]

さらに、東京の高層ビル街、湘南の海辺、雪山の温泉などを舞台に、既婚の書道家（黒木瞳）と元雑誌編集者（役所広司）が不倫に興じる『失楽園』については極めて辛口だ。淀川は、近松門左衛門（の『曽根崎心中』）を「芸術」として崇めるのに対し、『失楽園』は「あまりにも美しくない」悲劇になっていることを嘆いた。そして家族を捨てて幾度となく裸体を曝け出してセックスを重ねる二人の描写が「アメリカ映画、フランス映画、イタリア映画」の見せる「そのままの画面の演技」――つまり模倣――であると断じた。[90]また、主人公たちの心中シーンにも憤りを示し、「死ぬ瞬間」には「顔は変わる」はずなのに、「ピクニックや遠足に行ったみたいに死ぬ」のに「呆れ」た。[91]『失楽園』は兎にも角にも「映画の歴史上の最低」であった。[92]

5 淀川長治と四人の監督たち

このように、晩年の言説には辛辣な内容が多かったが、その中で一握りの作り手を繰り返し擁護している。まず筆頭に挙げられるのは黒澤明である。戦争中に東宝で出会って以来、淀川と黒澤は友人関係を築いており、座談会やインタビューを通して仕事付き合いも重ねてきた[93]（図9-4）。そして海外の監督や批評家から高く評価されてきたにもかかわらず国内では厳しく評価されがちな黒澤を、淀川は何度も持ち上げている[94]。

図9-4 1990年に黒澤明と握手を交わす淀川

「黄昏期」の淀川は、特に「感覚批評」に傾倒しだしてからは、黒澤を「映像美を詩的に表現」する作り手だと主張している[95]。「頭」ではなく、「目でみる映画」を作る作家だとも言っている[96]。だから、『羅生門』を観て「土砂降り、鬼瓦から樋に、樋から溢れて石段に流れて溝に落ちる」雨の映像が醸し出す「美術感覚」を讃え[97]、『用心棒』では「吹きつける風の音」や「殺気だった連中のざわめき」を盛り上げるキャメラワークが「素晴らしい」とする[98]。『影武者』では「静まり返った天守閣の上で、勝頼と部下が二人でしゃべっている」と窓が「バッと開け」られ、「雪が降ってい」て「風が吹いている」。そのシーンを観て「すごいなァ」と溜息を漏らす[99]。

淀川は、多くの黒澤映画を「モダン」なものとみなしている。そのため、『酔いどれ天使』は「ユナイトのギャング映画みたい」で、[100]『七人の侍』は「根本的に外国映画」、そして社長息子の誘拐をドラマ化した『天国と地獄』は「スリル、張り込み、スピード感全部が廿世紀フォックスの映画にみえ」たという。[101]しかし、八つの物語がまとまった『夢』というオムニバス映画では、子供の頃から好きだった「狐の嫁入り」を映像化した「日照り雨」というエピソードに惚れ込んだ。そこでは「特殊撮影で空を、宙をスーッと並んで歩いて行く」ような描き方をせず、また「狐の面」を使わずに「人間の顔にメーク」を施し、「子どもが隠れる木の大きさ、距離、狐が真っすぐに歩くところ」などに「何とも知れぬ感覚」が潜んでいた。[102]また、「桃畑」というエピソードでは「山を削って雛壇」のセットが作られたことに「びっくり」し、衣装やメイクにこだわって「お人形の通りセット」ができあがったことを褒めた。[103]「雪あらし」に登場する原田美枝子演じる雪女の「イマジネーションが美術的」で、髪の毛が「百人一首のお姫様みたいに長ぁく揺れ」る場面が「美術画」のようだった。[104]通常なら「あんなに綺麗に、中々飛ばない」ものと感心したようだ。[105]

遺作となった『まあだだよ』では、内田百閒の長寿を願うために門下生たちが例年開く「摩阿陀会」における人間関係が暖かく描かれるが、淀川はまず主人公の「先生」を生徒が慕う姿に「思い当たるし嬉しい」と共感し、[106]「まーるいまーるい　まんまるい　盆のような月が」と歌って「中年の人がこんなに先生を大事にしてる」姿を見て「涙が出た」。[107]そこには「ヒューマン・ノスタルジー」があったと言っている。また、風景の描写にも味があり、「月の出」の「美しさ」、「雷鳴の「光」と「音」の見事さ」、「コヤのうしろ窓に見える木の枝その葉が夏の風にそよぐやさしさ」などに身惚れた。[108]『まあだだよ』は「見事な映画でした。見事な、絢爛たる映画でした」とべた褒めした。[109]

二人目は溝口健二である。溝口との個人的な付き合いは黒澤と比べて格段に浅い。初めての出会いは、『駅馬車』公開時に宣伝文句を得るために溝口を試写に招待した時であった。広告用には「立派な映画です」などという文言を頂戴しているが、(110)直接の会話はほとんどなかったようだ。(111)また、『映画の友』の編集長時代にイベントへの参加を依頼するために京都の自宅に出向いたこともある。一九五〇年代初頭のことだった。(112)

淀川は溝口のことを「最高の好きな人」で「最も尊敬する監督」と崇めているが、(113)そこまで評価が高まったのは「黄昏期」に入ってからだった。現に、『キネマ旬報』が企画した日本映画のベスト一〇を見ると、一九五九年には溝口作品は『祇園の姉妹』だけだったのに対し、一九九五年には『浪華悲歌』『唐人お吉』（図9-5）『日本橋』を加えた計四作品がランクインしている（表9-1、9-2）。一九七〇年代までには、「長い映画の歴史のなかで、いちばん頭にしみ込んでいるのは、やっぱり溝口健二」と明言するようになる。(114)

図9-5 溝口健二の『唐人お吉』

では、淀川は溝口の何をそこまで評価したのだろうか。映画学者の間では長回し、特に「ワンシーン・ワンショット」といったような技術面・形式面の特徴を評価する者も少なくなく、(115)淀川も、『狂恋の女師匠』で「流れるようにずーっとキャメラが動いて全体を見せていく」オープニングや、(116)『元禄忠臣蔵』（前・後篇）に見られる「御殿なんかの移動」場面に一目置いている。(117)しかし概して言えば、技術的な手腕よりもそれが醸し出す「下町のムード」に魅せられたようだ。(118)溝口は黒澤のように「アメリカ映画的」でもなく、(119)小津のように「鎌倉とか東京の匂いがプンプン」することもない。監督として京都に居を構えるようになった溝口の映画を見ると「地元に帰ってきたみたいな気がする」と淀川は故郷の匂いを嗅いでいる。(120)

ひときわ目に留まったのは「女の美しさ」であった[121]。溝口映画の女性像は多様であるが、置屋で生まれ育った淀川は、芸者を妹に持つ溝口を「芸者の良さ、悪さ、悲しさを一番よく知ってた」人物とみなしていた[122]。『日本橋』で梅村蓉子が演じる芸者の主人公が、「離れ座敷に待っている恋の相手の先生に逢いに廊下を小走りに走って、そして、障子を開けて、そこまで、ついてきた若い女中に、帯の間から紙に包んだポチを手渡す」仕草から[123]、遺作となった『赤線地帯』で「チューインガムをしが」む「パンパン・スタイル」の京マチ子まで[124]、さまざまな水商売の女性たちに「その時代に生きる女の細やかさ」が見られるとした[125]。

だが、淀川は「男」の表象にも目を向けている。例えば『狂恋の女師匠』では、中野英治という「あんな下手な役者」が、三味線の師匠（酒井米子）が死ぬと「長いこと一緒に寝た女、うるさかった女、解放感と愛惜の両方が出てくるのね。女への愛情と、こんな女死んでくれて助かったいうの」が表現できているとし、「溝口さんが使ったらみんな一流になるの」と述べている[126]。また、『唐人お吉』では、主人公のお吉を振った鶴松が、去ろうとするお

表 9-1 『キネマ旬報』の「日本映画・最高作品ベスト・テン」（1959 年）

1	『限りなき前進』（内田吐夢）
2	『日本の悲劇』（木下恵介）
3	『祇園の姉妹』（溝口健二）
4	『忠次旅日記』（伊藤大輔）
5	『羅生門』（黒澤明）
6	『戸田家の兄妹』（小津安二郎）
7	『人情紙風船』（山中貞雄）
8	『葛飾砂子』（栗原トーマス）
9	『赤西蠣太』（伊丹万作）
10	『キクとイサム』（今井正）

出所）「日本映画・最高作品ベスト・テン——私の選んだ順位および選出理由」『キネマ旬報』1959 年 7 月 1 日，74 頁。

表 9-2 『キネマ旬報』の「日本映画オールタイム・ベストテン」（1995 年）

1	『限りなき前進』（内田吐夢）
2	『羅生門』（黒澤明）
3	『二十四の瞳』（木下恵介）
4	『祇園の姉妹』（溝口健二）
5	『浪華悲歌』（溝口健二）
6	『姿三四郎』（黒澤明）
7	『葛飾砂子』（栗原トーマス）
8	『アマチュア倶楽部』（栗原トーマス）
9	『唐人お吉』（溝口健二）
10	『日本橋』（溝口健二）

出所）「日本映画オールタイム・ベストテン」『キネマ旬報臨時増刊——日本映画オールタイム・ベストテン』1995 年 11 月 13 日，143 頁。

吉の草履を揃えようとするが、そこに「男の悲しさ」が如実に表現されているという。[127]溝口映画の「女性像」には「男性主体の傷」と関連づけて描かれるという「矛盾」があると斎藤綾子は指摘するが、淀川は女性を男性との関係に位置づけ、後者の描写をも高く評価している。[128]

三人目は大林宣彦である。大林とは座談会や講演会を一緒に行い、友情関係を築いた。『日曜洋画劇場』のタイトルバックに、大林が制作したものもある。[129]そもそも、大林が映画を撮り始めた一つのきっかけは、「コマーシャルを作る人が映画を作ったら、日本映画も変わるんじゃないか」という淀川の助言があったからであった。[130]

淀川が大林を初めて評価したのは、商業映画のデビュー作『ＨＯＵＳＥ／ハウス』ではなく、一九八二年に公開された『転校生』だった。これは、中学生の一夫（尾美としのり）が、転校してきた一美（小林聡美）と身体が入れ替わることから騒動が起こる青春コメディだ。一度男性の身体に宿った一美は、「女性的」な男性として授業中に教科書を「感情」を込めて朗読し、自分への自信を失い、男性生徒たちと風呂に入ることを躊躇する。一方女性の身体に閉じ込められた一夫は、途端に食卓でテーブルマナーを無視し、男子生徒を相手に喧嘩を繰り広げ、ビキニのトップスを着け忘れる。ここで淀川は「アダムとイヴは昔からその位置を変えてみたがってきた。ホモとレズもこの自然現象からきたものであろう」とまずは自然説を唱え、「『転校生』のごとく性の入れ替えは私の知るかぎり映画史上初めてだ」と驚嘆した。そして「人間の一番欲しがっていたかもしれぬもの、そして、それをひそかにかくしていたもの」を「鮮やかに描いたことに私はびっくりした」と言っている。そしてその「現代感覚」に「拍手」を送っている。[131]

淀川は「モダン」なはずの大林映画が醸し出すノスタルジーにも感銘を受けていた（図9-6）。それは、映画の舞台となった「尾道の風景は、初めて見る人でもなぜか懐かしい」と主人公が冒頭で語る『さびしんぼう』に対しても抱いた感想である。この「尾道三部作」のトリを飾る作品は、学校の音楽室でピアノを弾く少女（富田靖子）に恋心を抱く主人公ヒロキ（尾美としのり）の前に、自らのことを「さびしんぼう」と名乗る白塗りの女性（富田）

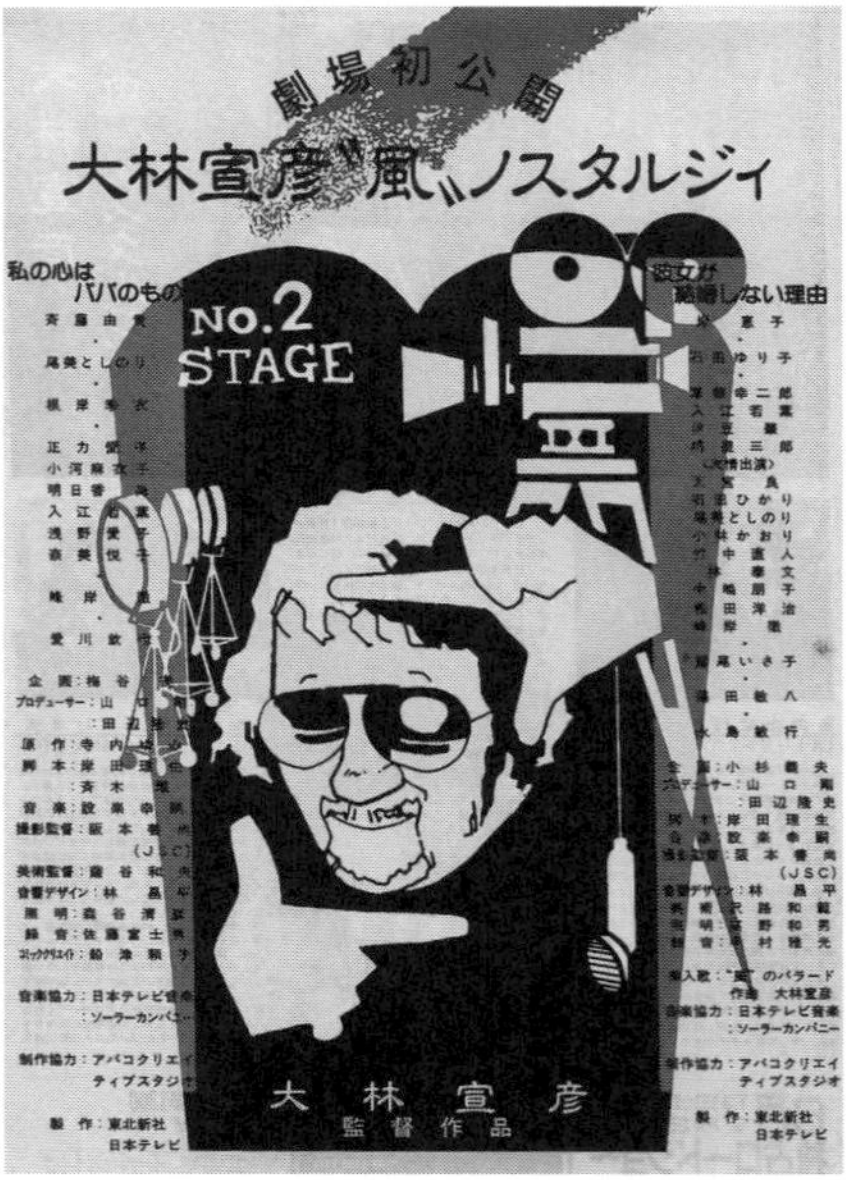

図 9-6 大林宣彦を「ノスタルジー」に関連づけたチラシ

が現れ、家族や友人を巻き込んで一騒動が起こるというもの。蓋を開けてみたら、その「さびしんぼう」はヒロキが誤ってばら撒いた古い写真から飛び出した若き頃の母親（藤田弓子）であった。この涙と笑いを誘うファンタジーは、淀川が子供の頃愛読した『童話』や『金の船』に登場する「クラシック」な情景を思い起こさせるものだった。それは「シャボン玉の泡からふうわりと浮かんできたお話」のようであった。[132]

同様のノスタルジーが『異人たちとの夏』からも看取できた。これは主人公のシナリオライター（風間杜夫）が、幼少期を過ごした浅草で、死んだ両親（片岡鶴太郎と秋吉久美子）の亡霊と出会い、時間を過ごすにつれて身体が衰弱してゆく、昔話のような物語である。淀川は、過去と現在が交錯するこの作品を観て、まず『リオ・リタ』の音楽が使われていることを喜んだ。そして溝口の『雨月物語』を彷彿とさせる物語であることも評価する。それは、幽霊の話であることだけでなく、主人公たちが食事をとるすき焼き店の「麻の暖簾」が「揺れる」何気ない場面にも「溝口健二の趣味」があるという。[133] また、女郎屋に売られてゆく娘（鷲尾いさ子）を奪還するために救出作戦を実行に移す少年たちを描いた『野ゆき山ゆき海べゆき』にしても「尋常小学校の時代ムード」が「ノスタルジック」に描かれ、淀川は「明治大正そのころの私たちが胸はずませた童話とその時代」を「マジック」のごとく今日の映画の中によみがえらせ得た」と持ち上げた。[134] その「大林マジック」を「私は愛して愛して愛しきる」と淀川は宣言した。[135]

最後に挙げたいのが北野武である。淀川は晩年北野を高く評価したが、その経緯にはいささかの紆余曲折がある。というのも、TVタレントとしてのいわゆる「ビートたけし」に対する第一印象はすこぶる悪く、「雑誌社に殴り込んだり、いかにもハッタリで世の中渡っているような感じ」があって「鼻持ちならな」かったからだ。[136]東京都足立区で生まれ育った北野とは同じ「下町」出身であったはずだが、神戸の置屋で幼少期を過ごした淀川から見ると、「目の前が大工でうちはペンキ屋で、裏に左官屋がいて、職人たち」に囲まれて育った北野は「感覚的なヤクザ上がり」であった。[137]そのため北野のことは「好きじゃな」く、「この人の映画、一本も見なかった」と一九九一年に告白している。[138]

淀川の意見が反転するのはその年に公開された『あの夏、いちばん静かな海。』からである。ゴミ回収を仕事とする耳の聞こえない青年（真木蔵人）が、壊れたサーフボードを見つけたことから、同じく聴覚障害を抱える彼女（大島弘子）の後押しを受けて波乗りに打ち込む青春ドラマである。「じっくり撮っているし、いい感覚」と北野を褒める淀川は、[139]黙々と日々を生きる男性主人公と献身的に尽くすヒロインに「大正時代の夫婦の姿」を見出し、「心の中で喝采した」。[140]また、「余分なせりふや説明を、見事に排除」し、あたかも「サイレント」であるかのような作風が「偉いなあ」と思った。[141]「たけしという人」は「映画知ってる」とされた。[142]

同時に、紋切り型に抗う「作家」としての姿勢に感銘を受ける。例えば『ソナチネ』ではヤクザの組員たちがショバ代の支払いを拒む雀荘の店主をクレーンで吊るして溺れさせるのだが、その表現方法が「耳切ったりするよりずっと残酷でこわいし、ショックの見せ方がうまい」とする。[143]また、組員が沖縄の海辺の隠れ家に潜むシークエンスでは、退屈をしのぐために麻雀や花札ではなく紙相撲に打ち込むシーンがある（そして手下たちも浜辺で紙相撲の力士のようにコマ単位で動きながら相撲をとる）が、淀川は、最期が近いヤクザたちの「可哀相さが余計でるのよなあ」と感心している。[144]

北野の創造性は『キッズ・リターン』にも現れていた。これは二人の落ちこぼれ学生（金子賢と安藤政信）が、それぞれヤクザとボクシングの世界で上を目指す話であるが、そこには「子供のむなしさ」と「孤独」が満ち溢れていたという。[145]その最大の見せ場が、冒頭に登場する自転車のシーンである。そこでは、二人が一台の自転車に跨って「危険な曲乗り」を行うのだが、そのおぼつかない様子に「若者のいたずら、若者のあせり、若者のカライバリ、若者のそれらの〝単純〟が「面白く悲しく、そしてこわ」く表現されていた。[146]「オートバイでも電車でもダメ、自転車でずぅっと走る、あの感覚がいい」と言っている。[147]この映画は「ヤクザ映画のいやらしさ」をあえて盛り込みながら、「コブシの強いだけがカッコイイ」という考えの「愚かしさ」を見せつけ、そこに「哀感を隠した」と讃える。[148]とにかく「最高に素晴らしい」仕事であったとする。[149]

興味深いことに、『あの夏、いちばん静かな海。』で感じられた「サイレント」への「ノスタルジー」とも取れる感慨は、意外にも『みんな〜やってるか！』からも感取されている。この映画はカーセックスがしたいために車を購入しようとする朝男（ダンカン）が、資金を稼ぐべく、様々な職を転々とする荒唐無稽な物語であり、テレビのコントよろしく、主人公は白煙がたちのぼるポンコツ車で女性をナンパし、銀行強盗を試みるも窓口の女性社員に淡々と応対され、人を透明人間にする装置で誤って『ザ・フライ』に登場するようなハエ男になってしまう。「短編のギャグやアクションの集まり」で出来たこの映画を、[150]淀川は「コメディの結晶」と絶賛するのだが、[151]これはマック・セネットらのサイレント・コメディと重なるからであった。[152]「アメリカのサイレントのドタバタ喜劇」のような「ああいう感覚がうまい」と今一度北野を讃えている。[153]

おわりに

日本の批評家は、国内の映画に対して厳しい評価を多々下してきた。それは時代を通して見られる傾向だ。そしてそれは観客だけでなく、作り手の嗜好や見解にも影響を与え、時として憤らせた。一九六七年、日本の映画産業が低迷する中、映画監督の増村保造は、「最近の日本映画の低俗ぶりは論外だ」「最低不作の年である」などと酷評を重ねる映画批評家たちの態度を「無節操」や「無定見」なものとして糾弾し、「日本映画を創っているのは単に映画会社や監督ではない。それを批判し、論評する批評家たちにも一半の責任がある。彼らもまた共に悩んで模索すべきではあるまいか」と不満をあらわにした。(154)

淀川の邦画批評にも、同様の傾向があったことは否定できない。それは、国産の映画が、ハリウッドを筆頭とする外国映画の影に隠れるような存在として映ったからである。そのため、邦画を洋画のように網羅することはなく、実際、鑑賞した作品の多くに厳しく当たることが多かった。それは特に一九六〇代、そして八〇・九〇年代に顕著であった。

とはいえ、淀川の日本映画観は一様ではなく、同じ作り手の仕事でも作品ごとに「紹介批評」や「感覚批評」を施し、時には美辞麗句を並べることもあった。その結果、例えば栗原トーマスらの「モダン」な仕事、成瀬巳喜男や木下恵介らの「日常」の描写、一九七〇年代には社会の底辺をドラマ化した作品などに一目置いている。また、邦画への酷評が目立つ晩年には、過去を懐かしむように黒澤や溝口を「再評価」し、大林宣彦や北野武ら若手監督を「ノスタルジー」を抱きながら応援した。

つまり「映画愛」は日本映画にも向けられていたのであり、作り手を応援する意志も込められていた。ただしそれは偏向的な映画愛であり、晩年、淀川はその偏りを後悔したのであった。

エピローグ――淀川長治の死を超えて

「こんにちは、淀川です。来月の三月に死にます」[1]。

晩年の淀川長治は、公の場でこのように口にすることが多くなった。

これは笑いを誘うための「演出」であったかもしれないが、心中の不安が吐露された言い回しにも映る。淀川は、その生涯を通して多くの知人、友人に恵まれたが、歳をとるとともに身内が次々この世を去っていった。戦前には弟の又四郎、戦争中には父の又七、一九七〇年には母りゅうを失い、一九七五年八月と七六年一月に二人の姉を立て続けに癌で亡くした[2]。身寄りのなかった淀川は「一人の方が楽」と語っているが[3]、その裏では孤独を肌で感じていたのではないかと想像される。

そして体力も次第に衰え始める。一九八七年の年末に咳込みが続いて「背中の骨のたががゆる」み[4]、約三ヶ月間順天堂病院で入院生活を送る[5]。退院を機に、生活の拠点を東京の夜景が一望できる全日空ホテルのスイート・ルーム（三四〇一号室）へと移すが、その裏には仕事に出掛けやすい場所であったことの他に、部屋の掃除から洗面用具の手配まで、身辺の世話を従業員に頼れるという理由があった[6]。一九九二年一〇月にはまたもや「咳き込むたびに背中と腰が痛くなって」ひと月ほど入院を強いられ[7]、翌年四月一七日、それまで毎月一回のペースで続いていた東京「友の会」からついに「引退」する。通算五三五回目となるその集いには三〇〇人以上が詰めかけ、報道陣のカメラも並んだ[8]。

その後も淀川は精力的な活動を続けたが、身体的な衰弱は確実に進行していった。一九九四年には白内障のため

「片方の目がぜんぜん見えなく」なり、手術を受けている。[9] また、腰痛を患い、車椅子で行動するようになる。[10]「モノワスレ」や「どわすれ」も「ひどくな」り、[11] 映画を観ても「正直言うてストーリーあんまり覚えていない」ことがあった。[12] 一九九八年九月六日に友人の黒澤明が死去すると、「そんなに早く行かないでよ。おれもついていくから」と残念がる。[13] その直後、黒澤を追悼する企画で淀川と対談した山田洋次は、「体がやせて、背広がぶかぶかで、見るのがつらかった」と、敬愛する語り部の衰弱を危惧した。[14]

黒澤へ投げかけた言葉は、その後の顛末を予感させる。九月二五日、体調が再び暗転すると、今度は東京大学医学部附属病院に入院する。[15] 肝臓癌と大動脈瘤を抱えてのことだった（病状は本人には伝えられなかったという）。[16] 病室では映画をビデオで鑑賞し、新聞記者や編集スタッフの取材・聞き取りに応じ、原稿の執筆を続けたが、状態はすこぶる悪かった。[17] 入院後も続けられた『ロードショー』の連載には、次のように始まるエッセイがある。

テンテキ（点滴）って、ごぞんじかね。若くてピンピンしてる人には経験なしだが、一度で病院経験ある人は、たちまちにその病院のベッドに寝かされるなりテンテキ開始。栄養分の液体を小さな針で体内に注入する。痛くもかゆくもない。しかしシンキクサイ。一日中、そのテンテキが細い針の先から体にそそがれている。[18]

「いまからでも始めよう映画テンテキ・レッスン」と題されたその文章は、「映画の常日頃の勉強」をポタポタ垂れる点滴のように少しずつ、地道に行おうと読者に呼びかける内容であったが、そこには病床生活の痛々しさが感じられる。[19]

しかしそれでも「伝道師」としての仕事を全うする意志は尽きず、一〇月七日、医者による付き添いの下、慶應義塾大学湘南藤沢キャンパスで講演を行っている。その日は千人以上が会場へ詰めかけ、講堂に入り損ねた人たちのために別の部屋でライブ中継も行われた。「声を出すのがつらそうだったが、それ以外はさっきまで横になっていた病人かというほど元気で熱かった」と大学の主催者は驚いた。[20]

一一月一〇日には体調の悪化を押して『日曜洋画劇場』の収録に臨む。その日の映画は『ラストマン・スタンディング』というアクション映画であった。体はかなり弱っていたはずだが、「黒澤明監督の『用心棒』をリメイクしたこの作品を見て、とても感動していました」と局のスタッフは振り返る。(21) その解説を見ると（一五日に放送）、頬がやつれてかすれ声の淀川が、黒澤による原作やそれをハリウッドの銀幕に移植した監督のウォルター・ヒル以上に、『ダイ・ハード』で「ガラスの粉々になった上を裸足で歩」いたブルース・ウィリスの勇姿を「見どころ」としている。締めには、馴染みの言葉――「サヨナラ、サヨナラ…サヨナラ」――が弱々しく響いた。

翌日、「ビデオ会社」のスタッフと「おしるこを食」べ、(22) 午後『朝日新聞』の取材に応じた。記者が病室を訪れた時は寝ていたようだが、看護師が声をかけると目を覚まし、「映画の世紀」とされる「二十世紀」について一五分ほど語った。はじめは「疲れているように見えた」が、話をするにつれて「目の輝き」が戻ったという。(23)

その数時間後、午後八時一一分に淀川は八九歳の生涯を終えた。(24) 死因は「心不全」もしくは「腹部大動脈瘤破裂」とのことであった。(25)

淀川の死は、社会に大きな衝撃を与えた。一〇月一二日の『朝日新聞』『読売新聞』『東京新聞』『産経新聞』はこぞって訃報を一面に掲載し、(26) 新宿の千日谷会堂で開かれた通夜には弔問客が一八〇〇人訪れた。(27) その翌日の告別式には約三〇〇〇人が参列し、(28) その模様は全国にテレビ中継された。(29) 一三日には「サヨナラ淀川長治さん〜淀川長治の映画塾」がＮＨＫの衛生第二放送で、また一五日の『日曜洋画劇場』では『ラストマン・スタンディング』が始まる前に三〇分の追悼番組が流された。ラジオでも追悼番組が用意された。(30) 一二月一三日、青山葬儀場で行われた「さよならの会」には三〇〇〇人が集った(31)（図10-1）。『キネマ旬報』『ロードショー』『スクリーン』など、長らく連載が続いた雑誌では追悼企画が組まれた。(32)

これらの場では、友人、仕事仲間、同僚たちから名残を惜しむ声が上がった。戦前からの親友だった双葉十三郎

図 10–1　「さよならの会」で淀川の遺影に手をあわせる弔問客

は「とり残されてしまったようでやりきれない気持」ちを嘆き[33]、「さよならの会」で弔辞を読んだ山田洋次は「寂しいなあ。何か冷たい風がぴゅうぴゅう吹いているような感じ」と悲しみをあらわにした[34]。晩年『ロードショー』誌主催の「淀川長治賞」の選考委員長を務めた品田雄吉も「いま、淀川さんのありし日を懐しくしのびながら、とほうに暮れている」と述べ[35]、蓮實重彦は「世界に映画評論家はたくさんいるが、見た映画を身体で覚えているのは淀川さんだけだった。七十年も前に見た映画の魅力を、一時間でも二時間でも語り続けては、私たちを悔しがらせたものだった」と独特の表現で敬意を表した[36]。

　淀川の死は、海外の映画人も動かした。例えば、ベルナルド・ベルトルッチは「彼の、生きる歓びに、映画に対する愛と共感のすばらしさに、私は大いに感染された」と述べ、侯孝賢は「常にストレートに感情表現をなさ」る淀川が「幸せな一生を送」ったことを祝福している。アラン・ドロンは「フランス映画の大いなる愛好者」であったこと、そして「だれよりも良く我々の興味をひきつける言葉」を持っていたと述べた[37]。アッバス・キアロスタミは訃報を聞いて「深い悲しみ」を覚え、「淀川さんと話すと、まるで古くから知っている友達のよう」だったと語っている[38]。ジャーナリストのジョン・ハースコヴィッツは、『ヴァラエティ』誌の訃報欄に「日本で最も有名な批評家」の死を報じ、「淀川ほど日本のテレビに長く生き残り、その国の家庭で見られた」者は

図 10-2 神戸・須磨寺にある淀川家の墓

いないとその功績を讃えた。[39]

淀川の他界を惜しむ声は、業界人・著名人だけでなく一般からも聞こえてきた。「さよならの会」を訪れた福岡県柳川市のある女性は、「十年ほど前に勤務先のホール」で淀川の講演に出席し、「私たち職員にまで「お世話になりました」、と深々とおじぎなさった姿が忘れられ」ず、「ひとことお別れを」言うために参上した。[40] その日、映画ファンの両親に連れられて青山の葬儀場を訪れた小学五年生のある少女は、弔辞を聞きながら悲しみに暮れる両親の横で「胸がぎゅっとしめつけられて涙がこぼれてしまいそうな感覚」に陥った。それは「人生ではじめて参列したお葬式」だった。[41] 四〇年近く「友の会」に通ったある男性は、「学校では教わらないことをたくさん教えて」もらったことに感謝した。[42]

淀川が長年親しまれてきたことを示唆する文章が一つある。フリー編集者の星野市子が『朝日新聞』に寄せた投書文である。少し長いが全文引用してみよう。

> 私は淀川長治さんの死を悼む全国津々浦々の「映画の子供たち」の一人だ。
>
> 幼児のころから映画に魅了されていた私は、小学校時代、テレビで淀川さんの映画解説を見るのがうれしくてたまらなかった。中学、高校時代は毎月、映画雑誌の「さいならさいなら先生近況日誌」を繰り返し読み、ラジオは欠かさず聞き、本が出版されれば、すぐ読んだ。

東京の大学へ進んだのは、淀川さんの「東京映画友の会」に出たい一心だったと言ってよかった。当時、毎日曜日、淀川さんは横浜市の自宅で、自分の『日曜洋画劇場』をテレビで見直しておられた。番組終了後、アパートに電話のない私は十円玉をたくさん持って公衆電話まで走り、今見た映画の感想を夢中でお話しした。淀川さんは解説で言い忘れたことなど教えて下さり、やさしく長時間付き合ってくださった。

社会人になってからも、テレビ番組で、私のはがきを読んで下さったことがあった。その『淀川長治の部屋』が突然、九月で終わってしまい不安だった。

泣いてはいけないと思うのだが、覚悟していた以上にはるかに寂しくて、ぼうぜんとしている。バレエのパブロワも歌舞伎の「鳴神」も淀川さんに教わった。いつも私の心の先生であり、支えだった。(43)

星野のような熱心なファンが、全国各地に数多くいたことは間違いない。そして淀川の訃報を聞いて大いに悲しんだはずである。だが、熱烈な映画ファンではなくても胸を打たれた者は少なくない。その一人は「なんだか親戚のおじさんが死んじゃった、みたいなさびしいかんじ」と言っている。(44)

淀川は、その死後も讃えられる存在であった。翌年早々には「神戸文化栄誉賞」が贈られる。(45) そして、淀川の言説は幾度となく反復され、語りつがれ、論じられていく。出版社・雑誌社は我先にと『淀川長治の遺言』『淀川長治――ぼくの映画百物語』『最後のサヨナラ　サヨナラ　サヨナラ』『淀川長治のシネマトーク』などといったタイトルで、生前の文章、鼎談、講演録などをまとめた本やムックを出版し、(46) 長年淀川を慕ってきた仲間やファンは『わが師淀川長治との五〇年』『淀川長治さんとの交友録』『淀川長治が遺してくれたこと』などに思い出話を色とりどりに綴った。(47) 伝記も複数出版された。(48)

映画や舞台でも、淀川に捧げるオマージュが登場する。まずは『淀川長治物語・神戸編　サイナラ』である。これは大林宣彦が一九九九年に制作したテレビ用の映画であり、「港には来る日も来る日も外国船が出入りし、西洋の新しい文化がどんどん伝えられて」くる神戸で生まれてから東京へ行くまでの若き日の淀川が描かれている。スタジオのセットやCGIを駆使して新開地の歓楽街や西柳原の芸者街など戦前期の「下町」生活が抒情的に描かれ、ノスタルジーを喚起させる作りとなっている。また、大阪の劇団パロディフライが『潮町二番館〜淀川長治さんに捧ぐ〜』という芝居を上演した[49]。それは、再開発の煽りを受けて存亡の危機にあった商店街を舞台に、少年が撮った自主映画がコンクールで入賞し、町おこしを図り、映画づくりを志すというものだった[50]。

他にも、生前の淀川に「触れる」願望を持っていた人たちのために各種イベントが開催された[51]。その最たるものが「〝わが映画人生に悔いなし〟淀川長治展」という大規模な展示会であり、そこではスターと撮った写真、有名映画のポスター、手書きのメモ・原稿、膨大な蔵書コレクションなどが、眼鏡やネクタイといった愛用品と一緒に展示された。このイベントは、淀川の一周忌を記念して一九九九年一一月一一日にまず神戸の大丸ミュージアムKOBEで開催され、その後全国各地を巡回した[52]。

二一世紀に突入しても、淀川は映画の指南者として見上げられる存在であり続けた。淀川の映画観は『淀川長治映画ベスト1000　決定版』『淀川長治　究極の映画ベスト100』『淀川長治映画ベスト10＋α』といったガイドを通して反すうされ[53]、『淀川長治総監修「世界クラシック名画100撰集」』や『淀川長治——世界の映画DVDコレクション』といったDVDソフトでは、淀川の解説が『第三の男』や『戦艦ポチョムキン』などの往年の作品に付された[54]。テレビでは『日曜洋画劇場』の解説がリバイバル放映されることもあった[55]。

しかし、時の経過とともに、語り部にリアルタイムで接したことのない若者が増え、インターネットやソーシャル・メディアの台頭とともに映画娯楽の輝きが薄れ、製作委員会方式に後押しされた日本映画が外国映画の人気を上回る中で、世の関心は他の方面へと移ってゆく。その一つの証左が、二〇一三年に『日曜洋画劇場』が『日曜エンターテインメント』へと改名されたことだろう。それまでは洋画専門番組だったのが、この名義変更により『科捜研の女』や『トリック』といった日本のドラマや『しくじり先生』のようなバラエティ番組が中心に放送され、洋画の放映は不定期となった。努力の甲斐も虚しく、番組は四年後に終了へと追い込まれる。[56]

それでも、二〇一四年には動画配信サービスのＨｕｌｕが、テレビ用コマーシャルに、ポリゴンで再現された淀川を登場させ、話題を呼んだ（この「淀川」は「サヨナラ、サヨナラ、サヨナラ」の代わりに「Ｈｕｌｕ、Ｈｕｌｕ、Ｈｕｌｕ」と言って「解説」を結んでいる）。[57] 長年淀川のものまねをそのレパートリーの一つとしてきたコメディアンの小松政夫も、二〇一九年に黒縁めがねに取りつけた眉毛を糸で上下に動かしながら『麻雀放浪記二〇二〇』の紹介を行った。[58] その二年後には山田洋次の『キネマの神様』の予告編に淀川の映画解説が一部使用された。[59] 二〇二四年には白髪のかつらに色濃いメイクをつけたタレントのゆりやんレトリィバァが『日曜洋画劇場』の語り部を、コミカルに、かつ真面目に演じている。[60]

本書の主人公――淀川長治――は、あくまで一人の人間でしかない。しかし、「個人」という範疇を限りなく押し広げ、社会の「包摂」に多大なエネルギーを注いだ「変革者」であった。

その営為を可能にしたのは、「近代」がもたらす著しく可変的な土壌である。とはいえ、冒頭で論じたように、それは社会全体に覆い被さる一枚の毛布ではなく、いくつもの場所やメディアを通して生成される多様な構築物であった。淀川は、生まれ故郷の神戸、仕事場となった大阪、そして人生の大半を過ごした東京で複数の「モダン」を体感し、各地で映画という極めて「近代的」なメディア装置と相対した。

淀川は、映画の消費者であると同時に、その文化のあくなき生産者であった。『金の船』や『童話』といった児童雑誌において自己表現を繰り返した好奇心旺盛な下町少年は、『映画世界』や『新映画』といった映画誌にスターや映像作品への想いを表現し、「大人」になってからは、その社会的価値を高め、伝播することを本業とした。それは、ユナイト社での宣伝活動、『映画の友』の編集、さまざまな媒体で展開した映画評やエッセイを凝視すれば見えてくるだろう。一九六〇年代以降は、テレビという戦後のニューメディアを用いてその活動を拡散させた。淀川は、テレビの画面上では笑顔が絶えない「サヨナラおじさん」であったが、その内には強い意志と反骨精神があった。水商売の家に生まれ育った淀川は、自らの「周縁意識」をまた一つの原動力とし、映画という「低俗」文化を熱烈に擁護し、「大衆」目線を念頭においた「映画運動」を推進した。その中で、権威ある批評家とは異なる、より平易でわかりやすい語りやスタイルを通して、また「神戸人」「関西人」としての立ち位置をあえて標榜し、全国のファンとのつながりを築いていった。

この行為は、映画を個人的に楽しむだけでなく、交差性が生んだ社会の不平等を正そうという意志を反映している。映画が「教科書」だと信じて疑わなかった淀川は、大小スクリーンに映し出される映像物語を通して異文化への理解を促し、価値観の多様性を擁護した。[61]そしてエリートではなく、社会一般の人々と知識や教養を共有しようと尽力した。同時に、人種、階級、地域性、ジェンダー、セクシュアリティなどの差異を超えた、「人間」としての生き方を追求した。それは発言内容だけでなく、文体を通しても表現された。

とはいえ、淀川にはいくつかの「限界」もあった。一九九七年、イム・グォンテクの『祝祭』を観た時には「僕は韓国の作品をほとんど見たことがありません」と告白しているのだが、その長い生涯を通して世界中の映画を網羅できたのかといえばそうではない。他にも、例えばキン・フー（胡金銓、台湾／香港）、フェルナンド・ポー・ジュニア（フィリピン）、ラージ・カプール（インド）、ユーセフ・シャヒーン（エジプト）、ドゥシャン・マカヴェイエフ（ユーゴスラビア）などの作品をリアルタイムで目にした形跡はほとんどない。[62]映画の大半を日本国内で鑑賞し、ヨーロッパやアジアの映画祭へ赴くことのなかった淀川という一個人の視野は、政府の文化政策や映画配給のネットワークに大方規定されたということになる。

また、映画の「見方」にも偏りがあったことも否めない。特に西洋の映画——主に古典的ハリウッド——を基準にものを見る傾向が強かったため、例えば西部劇における先住アメリカ人の描写やメロドラマにおける家父長制下の女性の表象をクリティカルに評する発言は少ない。日本映画に対しては別基準で臨んだのも、幼少の頃から愛好したアメリカ作品を上位のものとして見ていたからであろう。さらに、「黄昏期」には、「感覚」で「好き嫌い」を言い放つ批評が増え、「紹介批評」に見られたような均質的な解釈が影を潜めていった。そして引き続き「大衆」や「若者」を応援しつつも、厳しく当たる姿が目につくようになる。これは一見「愛のムチ」のように映るかもしれないが、それまで「大衆目線」を信条としてきた語り部が批評界の「権威」となってしまったことから生じる一つの矛盾でもあり、皮肉でもあった。

ブラウン管を賑わせた「サヨナラおじさん」は、重層的で、多面的で、何よりも人間的であった。その立ち位置から、自らの限界——そして社会の限界——と対峙し、世の中の変革と向上を目指す人生を送った。

蓮實重彦は、淀川のことを「突然変異」と呼んだ。[63] それが医学的に立証できるかどうかはわからないが、この神戸生まれの語り部が、他に類を見ない、稀有な人物であったことは間違いない。

本書で用いた淀川関連の文献・資料について

淀川長治は生前膨大な量の映画評、エッセイ、著書などをこの世に遺した。他にも座談会、鼎談、ラジオやテレビ番組の収録、講演などを含めるとその数は枚挙にいとまがない。これらをすべて網羅することは至難の技で、筆者が拾いきれない資料も少なからずあった。そこで以下では、筆者が活用した主な資料について説明したい。初心者のための、簡単なブックガイドとして考えてもらっても良いかもしれない。

まず、淀川の生涯を辿るにあたって参考になったのは自伝的文章である。『淀川長治自伝』（上下、中央公論社、一九八五年）と『映画と共に歩んだわが半生記』（近代映画社、一九七三年）は、それぞれ『キネマ旬報』と『スクリーン』に連載されたエッセイをまとめた有益な書物である。また、『映画散策』（冬書房）には「或る映画ファンの道」という章があり、そこにはこの本が出版された一九五〇年に至るまでの人生の軌跡が記されている。生まれ育った頃の神戸の様子については、『神戸新聞』の連載を基にした「神戸がふるさと」というエッセイが、神戸新聞社編『わが心の自叙伝――映画・演劇編』（神戸新聞社、二〇〇〇年）に収められている。「私の履歴書」と題された『日本経済新聞』の連載（一九九七年一二月一日～三一日）も有用だ。

ただ、これらのような後年紡がれた記述には、矛盾や間違いが散見される他、事実を膨らませた「脚色」も少なからず施されていると思われる。そこで本書では、可能な限り同時代の文献を拾い集め、晩年の回想と照らし合わせようと努めた。十代から二十代にかけての「声」を収集するにあたっては、『童話』や『金の船』といった児童雑誌（後者にはバックナンバーのデジタルライブラリーがある。https://www.kinnohoshi.co.jp/archive/）や『映画世界』『新映画』『映画の友』などの映画雑誌を参考にした。戦時中の文言は『東宝』から、占領期のそれは主に『映画の友』から拾っている。

一九五〇年代以降、淀川は多様な媒体を通して考えを発信している。その中で、雑誌編集長としての活動を追うにあたっては『映画の友』のバックナンバーに依拠し、「紹介批評」は主に『キネマ旬報』から集めた。「感覚批評」のエッセイについては、『スクリーン』『ロードショー』『an-an』『広告批評』『産経新聞』などに掲載された文章を取り上げている。

本書の執筆にあたっては少なくとも一一の図書館・資料館を回ったが、大方の資料は国立国会図書館、早稲田大学の坪内博士記念演劇博物館、コロンビア大学の東アジア図書館の三箇所で見つけることができた。矢口書店、@ワンダー、虔十書林など、東京・神保町の古本屋にも貴重な文献が埋もれていた。神戸関連の情報を集めるには、神戸映画資料館や神戸市立中央図書館の蔵書やマイクロフィルムが不可欠だった。『神戸っ子』という大変役立つ月刊誌のバックナンバーは、デジタルアーカイブを通してアクセスが可能である（https://kobecco.hpg.co.jp/chronology/）。

テレビ関連の資料を集めるのは容易ではない。『ララミー牧場』は、DVD版が映像文化社から発売されている（筆者はNBC Universalの英語版を利用した）。日本語吹き替え版が二一編収められた貴重なDVDセット（五枚組）もある（東北新社、二〇一〇年）。「西部こぼれ話」用に準備された手書きメモは川喜多記念映画文化財団に所蔵されている。『日曜洋画劇場』の解説の一部は、『サヨナラ・サヨナラ・サヨナラ――淀川長治の日曜洋画劇場』（朝日ソノラマ、一九六九年）と『淀川長治の日曜洋画劇場』（雄鶏社、一九七七年）に書き起こされている。映像の方は、『日曜洋画劇場四〇周年記念　淀川長治の名画解説』（テレビ朝日、二〇〇六年）や『日曜洋画劇場四五周年記念　淀川長治の名画解説DX』（ビデオ・パック・ニッポン、二〇一二年）に一部収録されている（いずれもDVD、後者は五枚組）。番組制作の舞台裏を、当時のスタッフの証言によって振り返った『淀川長治と『日曜洋画』の二〇年――映画はブラウン管の指定席で』（テレビ朝日、一九八六年）も一読の価値がある。

他にも、ラジオに関しては、『私の映画の部屋』（全四巻、TBSブリタニカ、一九七六〜七八年）が参考になった。『淀川長治『映画の部屋』』（徳間書店、一九九〇年）には『映画の部屋』というテレビ番組のトークが盛り込まれている。

講演の様子は『淀川長治映画塾』（講談社、一九九五年）や『淀川長治独演会《ワンマントーク》』（ＤＶＤ全二枚、日本コロムビア、二〇一〇年）などから窺うことができる。名作映画のＤＶＤ版に収録された解説が集められた『淀川長治クラシック名作映画解説全集』（ＤＶＤ全三枚、ＩＶＣ、二〇一〇年）もある。

雑多に散らばった淀川の文章を集めたアンソロジーやムックも大いに役に立った。その中でも、戦前の投書から一九八〇年代のエッセイまで幅広い内容の書き物がまとめられた『淀川長治集成』（全四巻、芳賀書店、一九八七年）が便利だ。また、『キネマ旬報』に執筆されたエッセイや映画評が一気に読める『二一世紀の淀川長治』（キネマ旬報社、二〇一六年）も手に取るに値する。ちなみに、『キネマ旬報』に掲載された文章の総リストが、牧野守の「淀川長治著書目録・キネマ旬報執筆リスト」（『キネマ旬報』一九九九年一月一五日、五八〜六二頁）にある。

淀川の言葉は、現在、そして未来の私たちにとっても意義深いものだと筆者は確信している。今後も、それが多くの人たちによって読まれ、聞かれ、観られていくことを期待したい。

注

プロローグ

（1）淀川長治『還暦なんかブッとばせ』徳間書店、一九九三年。

（2）日本の映画研究（そして映画研究一般）は、もともと作り手（主に監督）とその作品の研究を中心に進められてきたため、淀川のような「批評家」に関する体系的な調査はおざなりになってきた。近年は観客、ファン、批評家、映画館などをはじめとする映画のコンテクストを描き出す研究が増えてきているが、その数は映画のテクスト研究に追いついていない。その質にも開拓・発展の余地がまだまだあると思われる。日本語文献でコンテクストを扱った有益な著書としては、例えば上田学『日本映画草創期の興行と観客――東京と京都を中心に』早稲田大学出版部、二〇一二年。加藤幹郎『映画館と観客の文化史』中央公論新社、二〇〇六年。近藤和都『映画館と観客のメディア論――戦前期日本の「映画を読む／書く」という経験』青弓社、二〇二〇年。藤木秀朗編『観客へのアプローチ』森話社、二〇一一年。藤木秀朗『映画観客とは何者か――メディアと社会主体の近現代史』名古屋大学出版会、二〇一九年。ただしここでも淀川の名を見かけることは少ない。以下の仕事からは、淀川の営為が断片的に見えてくる。木下浩一『テレビから学んだ時代――商業教育局のクイズ・洋画・ニュースショー』世界思想社、二〇二一年、四一〜六八頁。モルモット吉田『映画評論・入門！――観る、読む、書く』洋泉社、二〇一七年、二三〜二八頁。ちなみに、淀川は『八月十五夜の茶屋』『薔薇の葬列』『さらば映画の友よ　インディアンサマー』などに脇役として出演しているが、一般的には映画テクストの「作り手」としては考えられていないと言ってよいだろう。

（3）本書は以下の研究を大幅に膨らませたものである。北村洋「トランスナショナル・オーディエンスの形成――淀川長治と『映画の友』」藤木秀明編『観客へのアプローチ』二二九〜二五四頁。北村洋『敗戦とハリウッド――占領下日本の文化再建』名古屋大学出版会、二〇一四年。

（4）Marshall Berman, *All That's Solid Melts into Air : The Experience of Modernity* (New York : Penguin, 1982).

（5）この「土着的モダニズム」という概念は、古典文学や美術などといった「ハイ・モダニズム」と対比される形で提唱された。そのため、自動車工場のごとく映画を量産してきたハリウッドも前者の一部として解釈されている。しかし、日本の文脈に視点を移すと、アメリカ映画は国産映画と比して「高尚」で「文化的」なテクストとして見られることが少なくなく、「ヴァナキュラー」でありながら「ハイ・カルチャー」とも解釈され、文化的な差異を把握するにあたって混乱が生じかねない。そこで、本書では、「土着」であることよりも、「モダニティ」が「複数」で「多様」であることを強調したい。「土着的モダニズム」に関しては、下記の文献を参照。Miriam Bratu Hansen, "Fallen Women, Rising Stars, New Horizons : Shanghai Silent Film as Vernacular Modernism," *Film Quarterly* 54 : 1 (2000), 10–22 ; Miriam Bratu Hansen, "The Mass Production of the Senses : Classical Cinema as Vernacular Modernism," *Modernism/modernity* 6 : 2 (April

1999), 59–72. ミツヨ・ワダ・マルシアーノ『ニッポン・モダン――日本映画の一九二〇・三〇年代』名古屋大学出版会、二〇〇九年。また、"New Women of the Silent Screen : China, Japan, Hollywood" という特別企画が組まれた *Camera Obscura* 60（2005）も参照。

（6）ここでは「複数のモダニティ」という概念を参考にしている。S. N. Eisenstadt, "Multiple Modernities," *Daedalus* 129 : 1（Winter 2000), 1–29 ; Jenny Kwok Wah Lau, ed., *Multiple Modernities : Cinemas and Popular Media in Transcultural East Asia*（Philadelphia : Temple University Press, 2003).

（7）本書では、明治維新以降進められた「モダン」の形成が、第二次世界大戦で途切れることなく、戦後に入ってからも追求されてきたという見解を採用している。これは「貫戦期」（transwar era）の概念から示唆を受けている。例えば Andrew Gordon, "Consumption, Leisure and the Middle Class in Transwar Japan," *Social Science Japan Journal* 10 : 1（May 2007), 1–21 を参照。

（8）パトリシア・ヒル・コリンズ、スルマ・ビルゲ『インターセクショナリティ』小原理乃訳、人文書院、二〇二一年。

（9）淀川『淀川長治自伝　上』中央公論社、一九八八年（初版一九八五年）、三〇四頁。

（10）ここでいう「クィア」とは、マーサ・アンフリーの言葉を借りれば「安定していると見なされる形が崩れて違うものになる、その関係性」を意味している。Martha M. Umphrey, "The Trouble with Harry Thaw," *Radical History Review* 62 : 8（1995), 16.「クィア」を考えるにあたり、以下の文献も参考にした。Judith Butler, *Bodies That Matter: On the Discursive Limits of "Sex"*（New York : Routledge, 1993), 223–242 ; Donald E. Hall, *Queer Theories*（New York : Palgrave MacMillan, 2003), 51–81 ; Nikki Sullivan, *A Critical Introduction to Queer Theory*（New York : New York University Press, 2003), 37–56. なお、本書では、淀川の内的自己が自己表現や「パフォーマンス」によって構築・再生産されてゆくものと考える。そこで、「アイデンティティ」という固定性を示唆する言葉は用いず、「立ち位置」（positionality）など、流動性を示す表現を採用する。

（11）包摂（inclusion）とは、最近では職場や学校などで多様性を尊重し、公平な環境づくりを行うことを目して唱えられた「ダイバーシティ・エクイティ・インクルージョン」（Diversity, Equity, and Inclusion, 通称ＤＥＩ）の一部として考えられることが多いが、本書では政治哲学者アイリス・マリオン・ヤングの定義を参考にしている。ヤングは、「包摂」を「全ての立場、意見、そして批判の表現を許容し、［何者かによる］支配のない状態では、議論への参加者は、結果が恐怖心、圧力、偽善的コンセンサスからではなく納得のいく理由から派生したものだと自信を持って思える」状況だと論じている。Iris Marion Young, *Inclusion and Democracy*（New York : Oxford University Press, 2002), 24.

第１章　下町のモダン・ボーイ

（1）品田雄吉「実際の映画より面白い淀川さんの話」淀川長治『名作はあなたを一生幸せにする』近代映画社、一九九九年、二八五～二八六頁。

（2）淀川『自伝　上』五五頁。

（3）淀川『映画と共に歩んだわが半生記』近代映画社、一九七三年、七頁。

（4）淀川「「家」の履歴書――このヒトはどんなイエに住んできたか94」『週刊文春』一九九六年八月一五／二二日、七一頁。

（5）淀川『映画散策』冬書房、一九五〇年、一四九頁。

（6）Andrew Gordon, *A Modern History of Japan from Tokugawa Times to the Present*, 4th ed.（New York : Oxford University Press, 2020), 3.

(7) 竹内洋『立身出世主義――近代日本のロマンと欲望』日本放送出版協会、一九九七年。

(8) Louise Young, *Beyond the Metropolis : Second Cities and Modern Life in Interwar Japan* (Berkeley : University of California Press, 2013).

(9)「神戸市の人口・世帯数の推移 一八八九年〜二〇一八年（明治二二年〜平成三〇年）、国勢調査人口統計推移 一九二〇年〜二〇一五年（大正〇九年〜平成二七年）」『人口・面積・人口密度』(http://demography.blog.fc2.com/blog-entry-369.html)、二〇二一年四月一七日閲覧。

(10) 粟倉大輔「明治期の新聞・雑誌にみる居留地の「再製茶女工」――その変遷と社会的背景について」『中央大学経済研究所年報』四五号（二〇一四年）、四八頁。

(11) 平井章一「阪神間の美術家たち」「阪神間モダニズム」展実行委員会編著『阪神間モダニズム――六甲山麓に花開いた文化、明治末期―昭和一五年の軌跡』淡交社、一九九七年、一八七頁。

(12)「阪神間モダニズム」展実行委員会編著『阪神間モダニズム』参照。

(13) 淀川「「家」の履歴書――このヒトはどんなイエに住んできたか94」七〇頁。

(14) 荒尾親成「芸能界・噺しの屑篭⑫――淀川長治センセイ」『センター』三七三号（一九八六年二月）、四四頁。

(15) 淀川「神戸がふるさと」神戸新聞社編『わが心の自叙伝――映画・演劇編』神戸新聞社、二〇〇〇年、二七一〜二七二頁。淀川「「家」の履歴書――このヒトはどんなイエに住んできたか94」七〇頁。

(16)「柳原商店街（沿革）」神戸市商店街連合会『神戸市商店街連合会三〇年史――付記〝幻の商店街〟』神戸市商店街連合会、一九八一年、七五頁。

(17) 加藤政洋『神戸の花街・盛り場考――モダン都市のにぎわい』神戸新聞総合出版センター、二〇〇九年、五八〜九二頁。

(18) 大国正美、楠本利夫編『明治の商店――開港・神戸のにぎわい』神戸新聞総合出版センター、二〇一七年、一一〇頁。この情報に関しては以下のブログから示唆を受けた。「淀川長治の実家 料理貸席業 柳原の「淀川」」『CHIKU-CHAN の神戸・岩国情報（散策とグルメ）』、二〇一八年八月二四日 (https://blog.goo.ne.jp/chiku39/e/ea4d969e1eac7d25062a6185b1988afb)、二〇二〇年二月七日閲覧。ちなみにこの「貸席」というのは「芸妓を揚げて遊ぶ家のことで、料理は自宅で行はず仕出し屋から取る」業種をいう。淀川家はそれを料理屋と組み合わせて多角的な遊興ビジネスを興したようだ。松川二郎『三都花街めぐり』誠文堂、一九三二年、一三六頁。

(19) 千田有紀『日本型近代家族――どこから来てどこへ行くのか』勁草書房、二〇一一年、一五〜二七頁。

(20) 淀川「ちょっと、父の話」『サンサーラ』一九九一年一一月号、三三六〜三三七頁。

(21) 淀川『自伝 上』一二四〜一二九、一六九〜一七二頁。『映画散策』には「三男」が「幼時に亡くなった」とある（一四九頁）。

(22) 千田『日本型近代家族』三三頁。

(23) 淀川「神戸がふるさと」二五九頁。

(24) 淀川「「家」の履歴書――このヒトはどんなイエに住んできたか94」七〇頁。

(25) 竹中郁「連載エッセイ／私のひろいもの〈28〉」『神戸っ子』一九八一年四月号、三六頁。

(26) 木元教子、淀川「おしゃべりジャーナル――映画解説五〇〇回、一〇年を迎えたゲスト・淀川長治」『週間平凡』一九七六年六月一七日、五五頁。

(27) 淀川「歌暦」『小説新潮』一九六八年六月号、六七頁。

(28) 淀川「「家」の履歴書――このヒトはどんなイエに住んできたか

94」七〇頁。

(29) 淀川「れんさい随想／⑦神戸のこと手当たり次第」『神戸っ子』一九六三年二月号、六二頁。

(30) 神戸市立兵庫幼稚園同園会編『兵庫幼稚園五十周年記念誌』神戸市立兵庫幼稚園同園会、一九三七年、二五～二七頁。淀川「コウベ慕情」『旅』一九七三年三月号、一一八頁。

(31)「十日戎の前景気」『神戸新聞』一九二〇年一月九日、七頁。

(32) 淀川「れんさい随想／①——神戸のこと手当たり次第」『神戸っ子』一九六二年八月号、一〇頁。

(33) 淀川、三国一朗「連載対談マイクはなれて——面白すぎて一人で見られへん」『放送文化』一九七六年二月号、五九頁。

(34) 淀川「想い出の歌」『別冊文藝春秋』一九八八年夏、二二九頁。

(35) 淀川「コウベ慕情」一一八頁。

(36) 淀川「れんさい随想／①——神戸のこと手当たり次第」一〇頁。

(37) 淀川、高田敏子「シリーズ対談・愛と人生を語る——考え方ひとつで世の中は変わる」『幼児と保育』一九七五年一一月号、四一頁。淀川「この道ひとすじ（第一八回）」『放送文化』一九七一年九月号、四八頁。

(38) 淀川『映画散策』一四五頁。淀川「かぶきは私の宝」『演劇界』一九七八年一〇月臨時増刊号、七七頁。

(39)「パ夫人」『神戸又新日報』一九二二年一〇月一七日、八頁。戸田学「淀川長治さんに聞く神戸・新開地——華麗なることの文化発信都市①」『上方芸能』一九九八年六月号、六一～六二頁。淀川、宮田輝「おしゃべりジャーナル　一年間に見る映画最低三六五本　淀川長治」『週刊平凡』一九六九年五月一五日号、六六頁。

(40)「米寿の谷桃子「白鳥」は心」『読売新聞』東京夕刊、二〇〇九年一月二〇日、七頁。

(41) 淀川、宮田「おしゃべりジャーナル　一年間に見る映画最低三六五本　淀川長治」六六頁。

(42) 塚田嘉信『日本映画史の研究——活動写真渡来前後の事情』現代書館、一九八〇年。

(43) 荒尾親成「神戸と映画」『〔講座〕日本映画①——月報』第一号、一九八五年一〇月、三頁。

(44)「安価な娯楽」という表現は下記に負っている。Kathy Peiss, *Cheap Amusements : Working Women and Leisure in Turn-of-the-Century New York* (Philadelphia : Temple University Press, 1987).

(45) 大槻洋二「神戸・新開地の空間形成と歓楽街成立の契機——近代都市の歓楽街形成に関する史的研究　その二」『日本建築学会計画系論文集』四九六号（一九九七年六月）、一九三～二〇〇頁。

(46) 北野南窓「神戸の活動写真」『活動写真雑誌』一九一五年九月号、三六～四〇頁。

(47) 西村大志「「盛り場」新開地から「都市」三宮へ——神戸の文化と都市機能の変遷」板倉史明編著『神戸と映画——映画館と観客の記憶』神戸新聞総合出版センター、二〇一九年、二一頁。

(48) 村島帰之『ドン底の闇から』サンデー・ニュース社、一九二六年、六九～七一頁。

(49) こうした検閲や規制はまず府県単位で行われたが、一九二五年に内務省が制定した「活動写真取締規則」によって一元化された。福田喜三「大正期における映画統制状況（その一）——映画統制に関する研究（一）」『成蹊大学文学部紀要』一〇号（一九七五年二月）、五五～五六頁。長谷正人「検閲の誕生——大正期の警察と活動写真」『映像学』五三号（一九九四年）、一二四～一三八頁。

(50) 淀川『映画散策』一四五～一四七頁。

(51) 淀川『映画散策』一四九頁。

(52) 淀川『映画散策』一五一～一五三頁。

(53) 淀川『映画散策』一五二頁。

（54）神戸一〇〇年映画祭実行委員会、神戸映画サークル協議会編『神戸とシネマの一世紀』神戸新聞総合出版センター、一九九八年、二二頁。
（55）斉藤力之助『戦前・大正・昭和の三〇年――わたしの湊川・新開地』私家版、一九八九年、五六頁。
（56）淀川『映画散策』一五一頁。
（57）淀川『映画散策』一四三頁。
（58）この「スペクタクル性」のことを映画学者のトム・ガニングは「アトラクション」と呼んでいる。Tom Gunning, "An Aesthetic of Astonishment: Early Film and the (In)Credulous Spectator," Linda Williams, ed., *Viewing Positions: Ways of Seeing Film* (New Brunswick: Rutgers University Press, 1994), 114–133.
（59）淀川『映画散策』一四三頁。淀川「中山千夏、荻昌弘の巷談舌話――ゲスト、淀川長治」『サンデー毎日』一九七三年九月三〇日、六九〜七〇頁。
（60）「アンドレ・デード監督・主演作品」『喜劇映画研究会』(http://www.kigeki-eikenn.com/new_film_list/filmlist03andre.html)、二〇二三年一二月九日閲覧。
（61）石田聖子「一九一〇年代イタリア映画のなかの未来派映画」『立命館言語文化研究』三〇巻三号（二〇一九年二月）、五七頁。
（62）山根幹人「各国喜劇界の人気者」『活動之世界』一九一六年六月号、二四頁。
（63）淀川『映画散策』一四三頁。
（64）山根「各国喜劇界の人気者」二四頁。
（65）淀川『半生記』一八頁。
（66）山本喜久男『日本映画における外国映画の影響――比較映画史研究』早稲田大学出版部、一九八三年、四九頁。
（67）淀川「連続活劇と人情劇時代」『キネマ旬報別冊　日本映画作品大鑑②』一九六〇年三月一五日、二四頁。
（68）Ben Singer, *Melodrama and Modernity: Early Sensational Cinema and Its Contexts* (New York: Columbia University Press, 2001), 210–211.
（69）三朗「名金」『活動写真雑誌』一九一五年一一月号、六二頁。Mark Garrett Cooper, "Studio History Revisited: The Case of Universal Women," *Quarterly Review of Film and Video* 25 (2008), 24.
（70）筈見恒夫『映画五十年史』鱒書房、一九四七年、五〇頁。
（71）山本嘉次郎『カツドウヤ自他伝』昭文社出版部、一九七二年、三一頁。
（72）筈見『映画五十年史』五一頁。
（73）淀川『半生記』一〇頁。
（74）浅草電気館の広告、『キネマ・レコード』一九一七年六月一五日、頁不記載。
（75）淀川『半生記』一九頁。
（76）淀川『半生記』一七頁。
（77）淀川『ヨドガワ★ナガハル――一〇〇万人の映画教室』近代映画社、一九八二年、一〇頁。
（78）淀川「不良少年のロープの上を渡りながら」『教育の森』一九七九年一二月号、二〇〜二一頁。
（79）淀川『映画散策』一四六頁。
（80）淀川『映画散策』一四六頁。
（81）「C.L.U.B」『映画世界』一九二九年三月号、八〇頁。
（82）淀川「この道ひとすじ（第一八回）」四九頁。
（83）淀川『映画散策』一五〇頁。
（84）田村信道編『兵庫校教育五十年史』神戸市兵庫高等小学校、一九二八年、九九、一〇五頁。
（85）田村編『兵庫校教育五十年史』一〇四〜一〇六頁。
（86）兵庫県立長田高校編『兵庫県立長田高校五〇年誌』神撫会、一九七〇年、二一一頁。
(87)兵庫県立長田高校編『兵庫県立長田高校五〇年誌』三二頁。
(88)淀川「〝三中〟の想い出」兵庫県立長田高校編『兵庫県立長田高校五〇年誌』一一二頁。
(89)兵庫県立長田高校編『兵庫県立長田高校五〇年誌』二一一頁。同級生の年齢幅は一一〜一五歳であった。
(90)「三中の生まれた頃」『神撫台』二一号、一九六一年九月より、兵庫県立長田高校五十周年資料編集委員会編『兵庫県立長田高校五十周年資料集』兵庫県立長田高校五十周年資料編集委員会、一九七〇年、三五五頁。
(91)兵庫県立長田高校編『兵庫県立長田高校五〇年誌』二〇四頁。
(92)「三中の生まれた頃」『神撫台』二一号、一九六一年九月より、兵庫県立長田高校五十周年資料編集委員会編『兵庫県立長田高校五十周年資料集』三五四頁。校舎へ入る際に上履きに履き替える習慣が「モダン」だと感じる生徒もいた。兵庫県立長田高校編『兵庫県立長田高校五〇年誌』九二頁。
(93)宮崎辰雄『私の履歴書――神戸の都市経営』日本事業出版社、一九八五年、二二〜二四頁。「こんな話あんな話　座談会：三中・長田高の想い出を語る」兵庫県長田高校五十周年資料編集員会編『兵庫県長田高校五十周年資料集』三四六頁。
(94)富士正晴「随想――神戸三中弁論部」『神戸っ子』一九六五年一〇月号、二三頁。
(95)宮崎辰雄、淀川、柳原義達「神戸はハイカラが板についている」『神戸っ子』一九八一年七月号、四五頁。
(96)淀川「神戸がふるさと」二七七〜二七八頁。
(97)「模擬試験合格者」『受験と学生』一九二六年四月号、二一九頁。
(98)「初春」賞外佳作者」『受験と学生』一九二六年五月号、三三三頁。「「先輩に与ふる文」賞外佳作者」『受験と学生』一九二七年二月号、二一五頁。「「余が敬慕する人物」賞外佳作者」『受験と学生』一九二七年五月号、二二一頁。
(99)淀川「中山千夏、荻昌弘の巷談舌話――ゲスト、淀川長治」六八頁。「私に影響を与えた一冊の本」『婦人生活』一九七九年一〇月号、二〇四頁。
(100)兵庫県長田高校五十周年資料編集員会編『兵庫県長田高校五十周年資料集』一、一七五頁。淀川『映画散策』一五六頁。「級長」という表現は淀川の回想による。『兵庫県長田高校五十周年資料集』に抜粋されている学校の『校友会報』によると、生徒が運営する「級会」の役職には「議長」「副議長」「書記」がある。そのことから、四年生の時には「議長」を任されていたのではないかと想像される。
(101)『校友会報』四号、一九二二年一月三〇日、兵庫県立長田高校編『兵庫県立長田高校五〇年誌』一六四頁。
(102)『学校行事（大正一〇年七月〜昭和一五年七月）――校友会報目次集』二頁、長田高校神撫会館所蔵。
(103)戸田隆雄「世の中変わった」兵庫県立長田高校編『兵庫県立長田高校五〇年誌』一一一頁。
(104)兵庫県立長田高校編『兵庫県立長田高校五〇年誌』二五九頁。
(105)淀川『映画散策』一五三〜一五四頁。
(106)淀川「私の映画手帖18――メリーピクフォードのこと」『神戸っ子』一九七九年七月号、一三七頁。淀川「神戸がふるさと」二六九頁。
(107)「ひと人抄　前神戸市長・宮崎辰雄さん――学生時代に貴重な出会い」『読売新聞』大阪夕刊、一九九一年一一月一五日、二頁。淀川『映画散策』一五五頁。
(108)『Asahikan Weekly』二巻二〇号、一九二六年六月六日。
(109)淀川『映画散策』一五六〜一五七頁。
(110)宮崎『私の履歴書』二二〜二四頁。

(111) 淀川「コウベ慕情」一一九頁。
(112) 淀川「コウベ慕情」一一九頁。淀川「喫茶店のこと」『ユリイカ』一九八七年四月号、七二頁。
(113) 淀川「喫茶店のこと」七二〜七三頁。
(114) 淀川「喫茶店のこと」六九頁。
(115) 加藤理編『叢書 児童文化の歴史Ⅰ——児童文化の原像と芸術教育』港の人、二〇一一年、一二〜一六頁。
(116) 淀川「心に、しみこませた幸せの、少年時代」『金の船・金の星別冊——復刻版解説』ぽるぷ出版、一九八三年、三六頁。
(117) 「『金の船』が六月号より『金の星』と変った事について読者の皆様に申上げます」『金の星』一九二二年六月号、頁不記載。
(118) 「みなさまに」『童話』一九二〇年四月号、頁不記載。
(119) 淀川「雨の晩」『金の船』一九二一年三月号、七五頁。「幼年詩佳作」『金の船』一九二二年三月号、八六頁。「金の船誌友」『金の船』一九二二年四月号、八五頁。
(120) 「読者だより」『金の船』一九二一年一一月号、九四頁。
(121) 「通信」『童話』一九二三年一一月号、九九頁。
(122) 弟の又四郎も競って絵や文章を書き送っていた様子で、「僕の絵も佳作に入りました。今後一層力を注いでやります。兄さんに負けないやうに」と編集者にその決意を表明している。「編集室から」『童話』一九二四年八月号、一五一頁。他にも「図画選外佳作」『童話』一九二四年六月号、一四八頁。「図画選外佳作」『童話』一九二五年一二月号、一四〇頁などを参照。
(123) 淀川「シゲ子さん」『金の船』一九二五年九月号、一四〇頁。「童謡掲載外佳作」『金の船』一九二七年一二月号、一三四頁。「童心句掲載外佳作」『金の船』一九二八年二月号、一四六頁。
(124) 「編集室から」『童話』一九二四年七月号、五〇頁。
(125) 「編集室から」『童話』一九二四年一一月号、一四三頁。
(126) 「編集室より」『童話』一九二四年九月号、一五一頁。
(127) 一九三八年にそれが映画化されると、それが「ひねくれのない、さらさらした、近頃一番いゝ児童映画になってゐた」ことを心底喜んだ。千葉省三「虎ちゃんの日記」『童話』一九二五年九月号、八〇〜九一頁。淀川「虎ちゃんの日記」『映画と音楽』一九三九年九月号、四五頁。
(128) 「読者だより」『金の星』一九二二年八月号、九五頁。
(129) 「通信」『童話』一九二五年一月号、一四三頁。
(130) 「編集室より」『童話』一九二四年九月号、一五一頁。
(131) 「編集室から」『童話』一九二四年一月号、九九頁。
(132) それに対してスタッフは「御招待有難うございます。けど期日も場所も書いてないので行くこともできません…〈中略〉…もっと早く招待して下されば……」と淀川の「招待」に乗る形で真摯に応対している。「編集室から」『童話』一九二四年一一月号、一四三頁。
(133) 「編集室から」『童話』一九二五年二月号、一四二頁。
(134) 「図画選外佳作」『童話』一九二四年六月号、一四八頁。
(135) 「図書選外佳作」『童謡』一九二四年八月号、一四八頁。
(136) 「自由画佳作」『金の船』一九二一年一一月号、九一頁。
(137) 「幼年詩佳作」『金の船』一九二一年七月号、八六頁。
(138) 「童謡掲載外佳作」『金の星』一九二二年六月号、八六頁。
(139) 「童謡選外佳作」『童話』一九二四年一〇月号、一四七頁。
(140) 「童話選外佳作」『童話』一九二四年一一月号、一四一頁。
(141) 「自由画掲載外佳作」『金の星』一九二二年九月号、一〇八頁。
(142) 淀川「コウベ慕情」一一九頁。
(143) 「自由画掲載外佳作」『金の星』一九二二年一〇月号、九二頁。
(144) 「世界の危急を救ふたジョッフル元帥とマルヌ会戦」『東京朝日新聞』一九二二年一月二〇日、三頁。
(145) 田村編『兵庫校教育五十年史』一五六頁。

(146) 淀川「シゲ子さん」『金の船』一九二五年九月号、一四〇頁。
(147) 淀川「心に、しみこませた幸せの、少年時代」三六頁。
(148) 山本鼎「自由画選評」『金の星』一九二五年九月号、一四二頁。
(149) 淀川「雨の晩」『金の船』一九二一年三月号、七五頁。
(150) 淀川「私の履歴書④人見知り――戸袋が秘密の隠れ家」『日本経済新聞』一九九七年一二月四日、四〇頁。
(151) 淀川長治「雨のとうざい屋」『童話』一九二五年五月号、一三三頁。
(152) 荒尾親成編『明治・大正　神戸のおもかげ集　第一集』中央印刷出版部、一九六九年、四七、七一頁。
(153) 淀川「淋しかった日」『童話』一九二五年五月号、一〇三頁。
(154) 淀川辰治［「長治」の誤り］「岡崎君の万年筆」『童話』一九二五年五月号、一三〇～一三一頁。
(155) 編集部「綴方の選後に」『童話』一九二五年五月号、一三九頁。
(156) 「通信と問答」『金の船』一九二一年六月号、八〇頁。
(157) この「激励」は東京の「前田亜木羅」からとなっている。これは前田晃のペンネームと思われる。「読者だより」『金の星』一九二五年一月、一五九頁。
(158) 竹内洋『学歴貴族の栄光と挫折』講談社、二〇一一年、三一頁。
(159) 兵庫県立第三神戸中学校『第三回卒業記念写真』一九二八年、頁不記載。
(160) 淀川「神戸がふるさと」二七〇頁。
(161) 住所は会下山町二二六。『童話』一九二五年九月号、一四三頁。家は「上下三間ずつの一戸建て」だったという。淀川「「家」の履歴書――このヒトはどんなイエに住んできたか94」七二頁。
(162) 淀川「神戸がふるさと」二八五頁。
(163) 加藤政洋『花街――異空間の都市史』朝日新聞社、二〇〇五年、一九八～一九九頁。

第2章　映画狂《スーパーファン》の開花

(1) 淀川「愛すること」『学燈』一九八〇年七月号、頁不記載。
(2) 例えば淀川（話し手）、渡辺弘子（聞き手）「わたしの子どものころ」『子どものしあわせ』一九七一年一月号、八三頁。
(3) 双葉十三郎、淀川、品田雄吉「キネマ旬報の七五年その1――創刊から一九五〇年代まで」『キネマ旬報』一九九四年七月一日、一九頁。
(4) 淀川『映画散策』一六一頁。
(5) 小此木圭吾『モラトリアム人間の時代』中央公論社、一九七八年、一六頁。
(6) 町田祐一『近代日本の就職難物語――「高等遊民」になるけれど』吉川弘文館、二〇一六年、一一頁。
(7) 淀川『映画散策』一五九頁。
(8) 淀川は一九二八年の秋から冬にかけて、『映画世界』に「バン黒子」名義で（このペンネームについては後述）投書を繰り返しているが、それらは「神戸」からのものと記載されている。「クラブ」『映画世界』一九二八年一〇月号、七五頁（「バン黒子」名義）。黒子「聖山」『映画世界』一九二八年一二月号、九七頁。「C.L.U.B」『映画世界』一九二八年一二月号、一〇六、一〇八頁。「C.L.U.B」『映画世界』一九二九年一月号、八三頁。
(9) 『半生記』によると、淀川は当初国学院に行きたかったようだが友人に反対されたこともあり、受験はしていない。『自伝』を見ると、早稲田の受験も予定していたが発熱のためこちらも諦めざるを得なかったと記されている。淀川『半生記』五〇～五一頁。淀川『自伝上』一七九～一八〇頁。
(10) 慶應義塾編『慶應義塾百年史中巻（後）』慶應義塾、一九六四年、一四頁。
(11) 淀川『半生記』五一頁。

(12)淀川『映画散策』一五九頁。例えば「日土講習会出発式記念増大号」と謳われた『考へ方』の一九二九年五月号を参照。
(13)日本大学編『日本大学一覧』日本大学出版部、一九二七年、三一頁。入学志願者の数が定員を超えた場合には「選抜試験」が課されたという。ただし、その場合も中学校で「成績優秀」であったり「学校長ノ推薦」があれば「無試験入学」を許可された(同書七三頁)。
(14)淀川『半生記』五二頁。
(15)『映画世界』一九二九年九月号には、「伴黒子」名義で邦楽座や芝園館へ出入りする観客の人物像を一般化した文章を投稿している。「読者寄書」『映画世界』一九二九年九月号、七三〜七四頁。
(16)ミツヨ・ワダ・マルシアーノ『ニッポン・モダン——日本映画の一九二〇・三〇年代』名古屋大学出版会、二〇〇九年、三一〜三四頁。
(17)淀川『半生記』五二頁。
(18)淀川『半生記』五三頁。
(19)淀川『自伝　上』一八〇頁。『映画散策』によると「昭和三年頃の何月号だったか、ビーブ・ダニエルスと言う女優の表紙のその編集後記に、給料はとにかくとして映画が好きで働きたい人、両親も承知の上で、学校に通っていない人の方がどちらかと云えばいゝのですが」という文章を見て門を叩いたと言っている(一六〇頁)。しかし、実際は一九二九年一一月号の南部圭之助「やせるウオーターマン」という文章のことを指していると思われる(九八頁)。
(20)橘弘一路「御挨拶」『蒲田』一九三〇年七月号、四七頁。
(21)橘「すみこ・らいさん」『蒲田』一九三一年一月号、七八〜七九頁。
(22)橘「三百号を迎えて」『映画の友』一九五七年一一月号、四二頁。
(23)南部圭之助「編集者の頁」『映画世界』一九二八年一月号、七六頁。
(24)X・Y・Z「映画雑誌戦線大いに異状あり」『国際映画新聞』三七号、一九三〇年三月、二六頁。
(25)南部「その情熱は奔流のごとく」『映画の友』一九五九年二月号、一五三頁。
(26)一九五一年八月号より、『映画之友』は『映画の友』に改名された。
(27)淀川『半生記』五五頁。一九三〇年新年号にはスタッフの一員としてその名が記されている。「謹賀新年」『映画世界』一九三〇年一月号、頁不記載。
(28)淀川「私の履歴書⑬『映画世界』——あこがれの南部先生」『日本経済新聞』一九九七年一二月一三日、四〇頁。
(29)淀川『自伝　上』一八三頁。
(30)淀川『半生記』六二頁。
(31)淀川『自伝　上』一八三〜一八四頁。淀川「神戸がふるさと」二九九頁。淀川「この道ひとすじ(第一八回)」五〇頁。
(32)淀川「記念号に当って」『映画の友』一九四九年一〇月号、二五頁。映画世界社からの給料は「一〇〜一五円」だったとのちに語っている。「体験わたしの二〇歳のとき——仕送りと給料をぜんぶ映画につぎ込みましたネエ　淀川長治」『週刊平凡』一九七三年一月一八日、八五頁。
(33)岸松雄『私の映画史』池田書店、一九五五年、一〇七頁。淀川『自伝　上』一八五頁。
(34)早田雄二、淀川「スターを撮り続けて半世紀　「早田雄二スター大写真帳」の魅力」『キネマ旬報』一九九二年八月一五日、一三二頁。
(35)淀川「淀川長治大会」『広告批評』一九八七年七月号、六七頁。
(36)淀川「すてぴんぐ・はりうつど」『映画世界』一九三〇年一月号、六七〜六九頁。
(37)淀川「え・にゆう・がある——リリアン・ロス」『映画世界』一九三〇年六月号、八〇〜八二頁。
(38)淀川「私の履歴書⑭トーキー登場——飛び出す音、驚天動地」

『日本経済新聞』一九九七年一二月一四日、三六頁。

(39)『映画の友』の第二百号出版、およびその前身の『映画世界』の創刊から二五周年を祝う「記念号に当って」というエッセイには「二年間を編集部員として夢のように楽しく働いた」とある。『映画の友』一九四九年一〇月号、二五頁。

(40)『新映画』一九三一年一〇月号の「タルミ・クレア」名義の文章は神戸から投稿されたことを窺わせる。したがって、少なくとも同年の秋には神戸に帰郷していたと思われる。「F.O.Y.E.R」『新映画』一九三一年一〇月号、一六三頁。

(41)父親が「金の三割」を出資したという記述がある。淀川「私の履歴書⑭トーキー登場――飛び出す音、驚天動地」三六頁。

(42)「誰がためにサイナラをいう――日曜の夜楽しませる映画野郎・淀川長治」『週刊文春』一九六八年五月二七日、一二七頁。淀川「れんさい随想／①神戸のこと手当たり次第」九頁。

(43)小出龍太郎編著、明里千章・荒川朋子著『小出楢重と谷崎潤一郎――小説『蓼食うふ虫』の真相』春風社、二〇〇六年、四四～四五頁。淀川『半生記』六七頁。「誰がためにサイナラをいう――日曜の夜楽しませる映画野郎・淀川長治」一二七頁。淀川「私の履歴書⑯エヴァンタイユ――豪華輸入品で大人気」『日本経済新聞』一九九七年一二月一七日、四〇頁。

(44)宮崎辰雄、淀川、柳原義達「神戸はハイカラが板についている」『神戸っ子』一九八一年七月号、四六頁。

(45)淀川『映画散策』一六二頁。

(46)淀川「神戸がふるさと」二八七頁。住所は葺合区熊内町三の七三。「映画人住所録」『キネマ旬報』一九三七年一月一日、三二五頁。ちなみに、熊内に引っ越す前に二ヶ月ほど「会下山館」というアパートに住んだという。淀川「連載随想／⑯――神戸のこと手当たり次第」『神戸っ子』一九六三年一一月号、二〇頁。淀川「私の履歴書⑭トーキー登場――飛び出す音、驚天動地」三六頁。

(47)淀川「連載随想／⑯――神戸のこと手当たり次第」二〇～二一頁。

(48)「C.L.U.B」『映画世界』一九二八年一二月号、一〇六～一〇七頁。

(49)Robert Stam, *Subversive Pleasures : Bakhtin, Cultural Criticism, and Film* (Baltimore : Johns Hopkins University Press, 1989), 85-156.

(50)南部圭之助「新しき年を迎へつゝ」『映画世界』一九二八年新年号、一〇四頁。

(51)淀川『半生記』五七頁。

(52)「ク・ラ・ブ」『映画世界』一九二八年二月号、一二四頁（ジョージ・バン黒子名義）。ただ、『半生記』によると、投書を始めたのは投書欄が設けられる前だったという。「ただ当てもなく映画の感覚を書き綴って投書した」とある（五七頁）。

(53)例えば一九三二年六月号の『新映画』には「タルミ・クレア」「バン・黒子」「N・Y」名義の文章が採用されている。「FOYER」『新映画』一九三二年六月号、一一五～一二六頁。

(54)淀川、筈見有弘「対談／淀川長治×筈見有弘――〈あとがき〉にかえて」『淀川長治集成IV――映画の〈道〉、人生の〈道〉』芳賀書房、一九八七年、三三〇頁。他にも「タマァラ・カルサヴィナ」というペンネームも用いたという。淀川『半生記』五八頁。淀川「一〇〇万人の映画教室――私の映画の青春だった神戸〝新開地〟」『スクリーン』一九八一年一月号、一四〇頁。また、「ウォーレス・バンクロフト」というペンネームがあり、これを淀川本人が自身のものと認める記述は見当たらないが、「神戸」の人物であることから、これも淀川の投書と解釈することにする。「CLUB」『映画世界』一九二八年四月号、八八頁。

(55)「FOYER」『新映画』一九三二年七月号、一二一頁。

(56)「FOYER」『新映画』一九三二年五月号、一四四頁。

(57)「FOYER」『新映画』一九三二年六月号、一一九頁。
(58)「FOYER」『新映画』一九三二年五月号、一四六頁。
(59)「C・L・U・B」『映画世界』一九二九年一月号、八三頁（黒子名義）。
(60) 神戸を取り巻く「モダニティ」については、例えば竹村民郎『阪神間モダニズム再考』三元社、二〇一二年を参照。
(61)「C・L・U・B」『映画世界』一九二九年九月号、八九頁（黒子名義）。
(62)「モダン・ガール」については、Barbara Sato, *The New Japanese Woman: Modernity, Media, and Women in Interwar Japan* (Durham: Duke University Press, 2003); Miriam Silverberg, *Erotic Grotesque Nonsense: The Mass Culture of Japanese Modern Times* (Berkeley: University of California Press, 2006), 51-107 などを参照。
(63)「FOYER」『新映画』一九三一年七月号、一三〇頁（黒子名義）。
(64)「フオアイエ」『新映画』一九三三年一月号、一〇二頁（バン・黒子名義）。
(65)「質問室」『映画世界』一九二八年二月号、一一九頁（バン黒子名義）。
(66)「ク・ラ・ブ」『映画世界』一九二八年二月号、一二四頁（ジョーヂ・バン黒子名義）。
(67)「C.L.U.B」『映画世界』一九二八年一二月号、一〇六頁（バン黒子名義）。
(68)「クラブ」『映画世界』一九二八年一〇月号、七五頁（バン黒子名義）。
(69)「ク・ラ・ブ」『映画世界』一九二七年一二月号、七三頁。
(70)「ク・ラ・ブ」『映画世界』一九二八年二月号、一二四頁（バン黒子名義）。
(71)「FOYER」『新映画』一九三二年五月号、一四六頁（バン黒子名義）。
(72)「FOYER」『新映画』一九三二年六月号、一二五頁（クラアク・さゆりによる投稿）。
(73)「フオアイエ」『新映画』一九三三年四月号、一〇四～一〇五頁（バン・黒子名義）。
(74)「F.O.Y.E.R」『新映画』一九三一年一〇月号、一六三頁（タルミ・クレア名義）。
(75)「フオアイエ」『新映画』一九三三年五月号、一〇三頁（バン黒子名義）。
(76)「フオアイエ」『新映画』一九三三年四月号、一〇四頁（バン・黒子名義）。
(77) 淀川は『聖山』の監督も務めたアーノルド・ファンクの監督作品について編集部に尋ねている。「質問室」『映画世界』一九二九年一一月、九三頁。
(78) 黒子「聖山」『映画世界』一九二八年一二月号、九七頁。
(79)『新映画』一九三二年七月号、一二一頁（N・Y名義）。「フオアイエ」『新映画』一九三三年一月号、一〇五頁（N・Y名義）。
(80)「FOYER」『新映画』一九三二年六月号、一二二頁（N・Y名義）。
(81) 淀川「随想」『映画世界』一九二九年七月号、六六頁。
(82) Patrick Keating, *Hollywood Lighting from the Silent Era to Film Noir* (New York: Columbia University Press, 2010), 35-36.
(83) 藤木秀朗『増殖するペルソナ――映画スターダムの成立と日本近代』名古屋大学出版会、二〇〇七年、三〇五～三三〇頁。
(84)「CLUB」『映画世界』一九二八年四月号、八八頁（神戸・ウォーレス・バンクロフト名義）。この「ウォーレス・バンクロフト」も淀川の創作である可能性が濃厚だ。
(85)「フォアイエ」『新映画』一九三三年一一月号、一〇一頁（バン・黒子名義）。『キネマ旬報』に実名で掲載された投稿文でも、「地味」

であるはずのジョン・スタール監督にあえて光を当て、「決して傑れたなんらの技術も見られない」はずなのに『裏街』のような「最近稀な傑作」を輩出したことを評価する。そしてその理由は「一徹変らぬ真心」が込められていたからだという。淀川「何度も々々も言はれたことをも一度」『キネマ旬報』一九三一年一月一一日、八一頁。

(86)「フオアイエ」『新映画』一九三三年六月号、一〇四頁（バン・黒子名義）。

(87)「フオアイエ」『新映画』一九三三年五月号、一〇三頁（バン・黒子名義）。

(88)「フオアイエ」『新映画』一九三三年六月号、一〇四頁（バン・黒子名義）。

(89)「フォアイエ」『新映画』一九三三年一一月号、一〇一頁（バン・黒子名義）。

(90)淀川『半生記』六〇頁。『喝采』は南部の計らいにより邦楽座で鑑賞することができたようである。

(91)「F.O.Y.E.R」『新映画』一九三二年一二月号、一〇二頁（N・Y名義）。

(92)「フオアイエ」『新映画』一九三二年八月号、一一二頁（N・Y名義）。

(93)N・Y「ウィリアム・ド・ミーユと『明暗二人女』」『新映画』一九三二年八月号、九六頁。

(94)「フオアイエ」『新映画』一九三四年一月号、一二七頁（バン・黒子名義）。

(95)「フオアイエ」『新映画』一九三三年三月号、一〇六頁（バン・黒子名義）。

(96)「フオアイエ」『新映画』一九三三年八月号、一一〇頁。

(97)「フオアイエ」『新映画』一九三四年一二月号、一二四〜一二五頁。

(98)淀川『半生記』三四〜三六頁。

(99)淀川「神戸がふるさと」三〇三頁。

(100)松竹座『自由を我等に』広告、『神戸新聞』一九三二年四月二七日、三頁。

(101)淀川「神戸がふるさと」三〇三〜三〇五頁。淀川「映画の五十年」『中央公論』一九七五年二月号、三五四〜三五五頁。森本倉庫編『創業者「森本六兵衛」を辿る——六兵衛の生きた時代と森本倉庫』森本倉庫、二〇〇二年。

(102)「関西フォアイエの会」『新映画』一九三六年九月号、一〇六頁。「神戸・フォアイエの会」『新映画』一九三六年一一月号、七七頁。

(103)「フオアイエ」『新映画』一九三七年六月号、七九〜八〇頁。ちなみに戦後「フォアイエの会」は「再開」した。淀川「一〇〇万人の映画教室——私の映画の青春だった神戸〝新開地〟」『スクリーン』一九八一年一月号、一四〇頁。

(104)淀川『自伝 上』二一一頁。

(105)淀川、野口久光、双葉十三郎「われらの青春時代」『キネマ旬報』一九八九年九月一日、三八頁。

(106)淀川「講演」『波』一九八五年八月号、三六頁。

(107)淀川『半生記』七五頁。

(108)淀川「アロウスミス撮影記」『映画の友』一九三二年五月号、一二六〜一二七頁。

(109)淀川「ラ・キャヴアの撮影所風景」『映画の友』一九三八年五月号、一三八頁。

(110)淀川「フライシャアの長篇漫画——「ガリヴァ旅行記」から」『映画の友』一九四〇年四月号、九〇頁。

(111)淀川「『若草物語』に就いて」『映画の友』一九三四年一〇月号、九七頁。

(112)淀川「嵐の丘」『映画の友』一九三九年八月号、八九頁。

(113)淀川「ディズニイの新長篇漫画——「ピノッキオ」紹介」『映画の

友』一九四〇年一月号、六六頁。
(114) 淀川「映画反故帳」『映画の友』一九三八年四月号、一二〇頁。
(115) 淀川「熱帯の女」『映画の友』一九四〇年一月号、頁不記載。
(116) 淀川「ハリウッド御難時代」『映画の友』一九三三年四月号、九七頁。
(117) 淀川「タルウラ・バンクヘッド」『映画の友』一九三二年六月号、一〇五頁。
(118) 淀川「ニノチカ」『映画の友』一九三九年一二月号、八五頁。
(119) 淀川「熱帯の女」『映画の友』一九四〇年一月号、頁不記載。
(120) 淀川「アンナ・ステンは果してシンデレラか?」『映画の友』一九三四年八月号、九九頁。
(121) 淀川「この、おてんば娘!」『映画の友』一九三四年二月号、七七頁。
(122) 淀川「アンナ・ステンは果してシンデレラか?」九九頁。
(123) 淀川「語るアンナ・ステン」『映画の友』一九三五年一月号、一一一頁。
(124) 淀川「バーバラ・スタンウィック物語」『映画の友』一九三六年一月号、一一四頁。
(125) 淀川「ゲーリークーパーの思い出」『映画の友』一九三三年六月号、六八〜六九頁。
(126) 淀川「ハルポマルクス」『映画の友』一九三三年二月号、七一頁。
(127) 淀川「チャールス・ロートンの紹介」『映画の友』一九三三年一月号、一〇八頁。
(128) 「待ちに待たれた喜劇王——チャプリン遂に来朝」『キネマ旬報』一九三二年五月二一日、八頁。「「天ぷら」も喰べあきたか——チャーリー遽かに帰国」『キネマ旬報』一九三二年六月一一日、七頁。磯部佑治「チャーリー・チャップリン日本滞在二十日間」『キネマ旬報』一九三二年六月一一日、四八頁。
(129) 「遂に来た! 涙の喜劇王! チャーリー・憧れの日本入り」『神戸新聞』一九三二年五月一五日、二頁。
(130) 「喜劇王チャプリンひょっこり来朝」『読売新聞』夕刊、一九三六年三月七日、二頁。
(131) 淀川「淀川長治のマイシネマ・グラフィティ③——チャップリンに会えたことは神さまからのプレゼント!」『ロードショー』一九八八年一二月号、一五六頁。
(132) 「FOYER」『新映画』一九三一年七月号、一三〇頁。
(133) 「フオアイエ」『新映画』一九三四年三月号、一一七頁(バン・黒子名義)。
(134) Joyce Milton, *Tramp: The Life of Charlie Chaplin* (New York: Open Road, 2014).
(135) 淀川「チャップリンに逢ふ!」『映画の友』一九三六年五月号、一〇六〜一〇八頁。

第3章　アメリカ映画の商人

(1) ユナイト社、『ゼンダ城の虜』広告、『キネマ旬報』一九四〇年二月一日、頁不記載。
(2) いわゆる prestige film に関しては、Tino Balio, *Grand Design : Hollywood as a Modern Business Enterprise, 1930–1939* (Berkeley : University of California Press, 1993), 170–211 を参照。
(3) Roland Marchand, *Advertising the American Dream : Making Way for Modernity : 1920–1940* (Berkeley : University of California Press, 1985) ; William Leach, *Land of Desire : Merchants, Power, and the Rise of a New American Culture* (New York : Vintage, 1994) ; Hideaki Fujiki, "Movie Advertisements and the Formation of a New Visual Environment in Interwar Japan," *Japan Forum* 23 : 1 (2011), 67–98 などを参照。
(4) ユナイト社広告、『キネマ旬報』一九三九年一一月一日、頁不記載。

(5) 北村洋『敗戦とハリウッド――占領下日本の文化再建』名古屋大学出版会、二〇一四年、八～三〇頁。

(6) 淀川『半生記』七三頁。

(7) Tino Balio, *United Artists : The Company Made Built by the Stars* (Madison : University of Wisconsin Press, 1976).

(8)「時報」『キネマ旬報』一九二二年七月一日、五、一〇頁。「興行者諸賢！」『キネマ旬報』一九二二年七月一日、一〇頁。「ユナイテッド・アーティスツ社代表　ジョージ・ムーザー氏と語る」『キネマ旬報』一九二二年七月二一日、三頁。Michael David Walsh, "The Internationalism of American Cinema: The Establishment of United Artists' Foreign Distribution Operations" (Ph.D. Diss : University of Wisconsin-Madison, 1998), 27-28. 今城「ユナイト当時の思ひ出」一六頁。

(9) ユナイト社、「魔炎」の広告、『国際映画新聞』四号、一九二七年九月五日、頁不記載。今城光徳「ユナイト当時の思ひ出」『国際映画新聞』一三九号、一九三四年一二月五日、一六頁。

(10) United Artists, "Far East: India-Straits Settlements," Box 5, Folder 4, Black Books, Series 1-F, United Artists Collection, Wisconsin Center for Film and Theater Research, Madison, Wisconsin.「ユナイト支社がM・G・M支社と改称」『キネマ旬報』一九二九年八月一日、一〇頁。

(11)「米国本社と平田敬一氏のユーナイト問題決裂」『キネマ旬報』一九三二年八月一一日、八頁。「ユーナイト映画日本支社」、市川彩、石巻良夫、下石五郎編『国際映画年鑑（昭和九年版）』国際映画通信社、一九三四年、二五三頁。「ユーナイテッド・アーチスツ映画に関する公告」『キネマ旬報』一九三二年九月一日、四七頁。リチャード・S・ガードナー「ユーナイテッド・アーチスツ社映画に関する広告」『国際映画新聞』八六号、一九三二年九月二〇日、頁不記載。

(12) 平田敬一「謹告」『キネマ旬報』一九三三年一月一日、四七頁。

(13) 淀川『淀長映画館』朝日新聞社、一九六九年、二四七頁。ちなみに、『淀長映画館』には、一次試験の会場に「十八人」いたというが、『半生記』を見ると「八人ばかり」だったと書かれている。『半生記』七一頁。『自伝』には「六人ちかく」とある。『自伝　上』二〇八頁。また、『自伝』を見るとメトロ社の「入社通知を蹴って」ユナイト社の社員となったとあるが（『自伝　上』二〇九頁）、『淀長映画館』（二四七～二四八頁）と『半生記』（七二～七三頁）から判断すると、ユナイト社への入社はメトロ社からの最終的な通知を待たずに決めたようである。ちなみに伊丹については、例えば伊丹武夫「映画宣伝考――マッチ配布の話」『キネマ旬報』一九三〇年一一月二一日、一五頁。伊丹武夫「宣伝研究　空中大曲芸団宣伝考」『国際映画新聞』四八号、一九三一年一月一〇日、二二～二三頁。

(14) 例えば、橋爪節也編著『大大阪イメージ――増殖するマンモス／モダン都市の幻像』創元社、二〇〇七年。

(15) 武部好伸『大阪「映画」事始め』彩流社、二〇一六年、一二三頁。

(16) 笹川慶子『明治・大正　大阪映画文化の誕生――「ローカル」な映画史の地平にむけて』関西大学大阪都市遺産研究センター、二〇一二年。

(17)「大阪に新興行街」『東京映画新聞』三〇号、一九三四年七月二〇日、三頁。「関西だより」『国際映画新聞』一三〇号、一九三四年七月二〇日、三二頁。

(18)「地方通信」『国際映画新聞』三八号、一九三〇年四月一〇日、五八頁。

(19) ちなみに阪急神戸線は一九二〇年に開通し、当時私鉄が許容されていた最大速度二五マイル（約四〇キロ）を一〇マイル上回るスピードで運行することを初めて許可された。これが「高速運転時代の幕開け」となったと原武史は論じている。原武史『「民都」大阪対「帝都」東京――思想としての関西私鉄』講談社、二〇二〇年、一二八頁。

(20)『国際映画新聞』調査部、「最新・日本映画事業商社録」『国際映画新聞』一二九号、一九三四年七月五日、五頁。ユナイト社広告、『キネマ旬報』一九三四年八月二一日、頁不記載。宮本又次『キタ 風土記大阪』ミネルヴァ書房、一九六四年、二三八～二四〇頁。橋爪編著『大大阪イメージ』一二九～一三〇頁。

(21) 淀川『自伝 上』二三〇頁。

(22)「内外映画会社営業部員担任区域全国一覧」『国際映画新聞』二一一号、一九三七年一二月五日、九頁。

(23) 淀川『半生記』七四頁。

(24)「ナイト・ショウ案内」『神戸新聞』一九三六年九月一三日、三頁。「映画関係業者総覧」『キネマ旬報』一九三八年一月一日、二〇〇頁。

(25) Richard Koszarski, *An Evening's Entertainment : The Age of the Silent Feature Picture, 1915-1928* (Berkeley : University of California Press, 1990), 38.

(26)「洋画の総観・配給宣伝の限界と機能」『国際映画新聞』一六一号、一九三五年一一月五日、九頁。

(27) 南部圭之助は、「元来、アメリカ映画の宣伝」は、上に挙げた「三つの部門からできている」と述べている。南部『映画宣伝戦』同文館、一九五六年、一三頁。

(28) Janet Staiger, "Announcing Wares, Winning Patrons, Voicing Ideals : Thinking about the History and Theory of Film Advertising," *Cinema Journal* 29 : 3 (Spring 1990), 10.

(29) 南部『映画宣伝戦』一三頁。

(30) 南部『映画宣伝戦』七九頁。

(31) 青野幹「『外国映画』輸入から封切まで」『日本映画』一九三七年六月号、六三頁。「野次」や「冷笑」が「乱れ飛」んだのは「新聞雑誌記者」用の試写だという。

(32) 南部『映画宣伝戦』八三頁。

(33) 淀川「映画の五十年」三六八頁。

(34) 淀川『自伝 上』二三〇～二三一頁。

(35) 淀川『半生記』七五頁。

(36) 淀川『自伝 上』二二六～二二七頁。

(37) 南部『映画宣伝戦』五二頁。

(38) Carl Laemmle, "The Business of Motion Pictures," in Tino Balio, ed., *The American Film Industry* (Madison : University of Wisconsin Press, 1976), 157-159.

(39) ユナイト社、『巴里ッ子』広告、『キネマ旬報』一九三五年一〇月一日、頁不記載。ユナイト社、『来るべき世界』広告、『キネマ旬報』一九三六年九月一一日、頁不記載。

(40) ユナイト社、『無敵艦隊』広告、『東京朝日新聞』夕刊、一九三七年五月二二日、一一頁。ユナイト社、『無敵艦隊』広告、『キネマ旬報』一九三七年六月一日、頁不記載。ユナイト社、「題名懸賞募集」『東京朝日新聞』夕刊、一九三五年八月一四日、二頁。ユナイト社、『夜の結婚』広告、『キネマ旬報』一九三五年九月一日、頁不記載。

(41) 三越広告、『朝日新聞』一九三五年一月七日、九頁。三越広告、『朝日新聞』大阪版夕刊、一九三五年三月九日、三頁。株式会社三越『株式会社三越 八五年の記録』株式会社三越、一九九〇年、一一四頁。

(42) キネマ旬報社『キネマ旬報創刊十五周年記念 映画文化展覧会録』キネマ旬報社、一九三五年、二～三、六～七頁。

(43) 淀川『自伝 上』二三四～二三七頁。淀川『半生記』八九～九一頁。野口久光「淀川長治さんのこと」『広告批評』一九八九年五月号、四八頁。

(44) 一九八九年に、淀川は「僕らの頃はいちいちニューヨークに送るから、にっちもさっちもいかなかった。役者の名前の順番から、スターの名前は大、助演者は中、脇は小とかね、パーセンテージまで決められてた」と語っている。淀川、島森路子「映画広告」『広告批評』一九八九年五月、三八頁。「ユナイト営業会議開催」『東京映画新聞』一九三六年八月二〇日、四頁。

(45) 淀川『半生記』八七頁。

(46) 淀川『半生記』八四頁。

(47) 淀川『自伝　上』二二九頁。

(48) ユナイト社、『濡れた拳銃』広告、『キネマ旬報』一九三四年四月一一日、頁不記載。

(49) 淀川『自伝　上』二二九〜二三〇頁。

(50) ユナイト社、『狂乱の不夜城』広告、『キネマ旬報』一九三四年三月二一日、頁不記載。

(51) ユナイト社、『キャバレエの鍵穴』広告、『キネマ旬報』一九三四年四月一一日、頁不記載。

(52) ユナイト社、『吾が命ある限り』広告、『キネマ旬報』一九三七年四月二一日、頁不記載。

(53) ユナイト社、『暗黒街の弾痕』広告、『キネマ旬報』一九三七年五月一一日、頁不記載。

(54) 杉浦孝昭、淀川「映画について話そうよ」『広告批評』一九八四年一一月号、八五頁。

(55) ユナイト社の広告は「日本の映画宣伝」に名を残すほど「派手」だったとも言われている。南部『映画宣伝戦』一一頁。

(56) ユナイト社、『幽霊西へ行く』広告、『キネマ旬報』一九三六年四月一日、頁不記載。

(57) ユナイト社、『最後の紳士』広告、『キネマ旬報』一九三五年三月一日、頁不記載。ユナイト社、『ミッキーの大演奏会』広告、『キネマ旬報』一九三五年四月一日、頁不記載。

(58) ユナイト社、『当り屋勘太』広告、『キネマ旬報』一九三六年八月一日、頁不記載。

(59) 「迫力と押しの強さを欠くメトロ宣伝」『国際映画新聞』一六一号、一九三五年一一月五日、一一頁。清水千代太「パラマウント調への讃」『国際映画新聞』一八七号、一九三六年一二月五日、頁不記載。

(60) 今城「ユナイト当時の思ひ出」一七頁。

(61) ユナイト社、『孔雀夫人』広告、『キネマ旬報』一九三七年七月一日、頁不記載。

(62) ユナイト社、『小公子』広告、『キネマ旬報』一九三六年八月一一日、頁不記載。

(63) ユナイト社、『当り屋勘太』広告、『キネマ旬報』一九三六年七月一日、頁不記載。

(64) ユナイト社、『赤陽の弾崖』広告、『キネマ旬報』一九三六年一〇月一日、頁不記載。

(65) ユナイト社広告、『キネマ旬報』一九三六年五月二一日、頁不記載。ユナイト社広告、『キネマ旬報』一九三四年九月一一日、頁不記載。

(66) 宣伝部が渉外に駆り出されたのはユナイト社のみではなかった。パラマウントについては、清水俊二『映画字幕《スーパー》五〇年』早川書房、一九八五年、五五〜六〇頁を参照。

(67) 淀川「Cinema⑪——神戸と映画」『神戸っ子』一九六七年六月号、四四頁。

(68) 笹川慶子『明治・大正　大阪映画文化の誕生』一一八〜一二一頁。

(69) 「業界人談話室」における千葉吉造のエッセイを参照。『キネマ旬報』一九三七年一月一日、九二〜九三頁。

(70) 淀川「れんさい随想／①——神戸のこと手当たり次第」一〇頁。

(71) 淀川「映画の五十年」三六一〜三六二頁。

(72) キネマ倶楽部『キネマクラブニュース』八九二号、日付・頁不記載。

(73) 「ナイト・ショウ案内」『神戸新聞』一九三六年九月一三日、三頁。

(74) 淀川『半生記』一二三頁。

(75) 淀川『自伝　下』二七頁。
(76)「昭和八年七月現在・内外映画製作・配給各社信用録」『国際映画新聞』一〇五号、一九三三年七月一日、三頁。
(77) 調査部「昭和十年二月上旬・内外映画製作・配給各社信用録」『国際映画新聞』一四三号、一九三五年二月五日、一二頁。
(78)「昭和十一年十月上旬・内外映画製作配給商事会社信用録」『国際映画新聞』一八三号、一九三六年一〇月五日、四〇頁。
(79) 淀川『半生記』八四頁。
(80) 淀川『半生記』九一頁。一九三九年二月五日発行の『国際映画新聞』に、淀川が本社の宣伝部長に昇進したとの報がある。「人の動き」『国際映画新聞』二三八号、一九三九年二月五日、一四八頁。「人事消息」『キネマ旬報』一九三九年二月一日、二七頁。「外国映画支社・外国映画輸入社一覧」今村三四夫編『映画年鑑　昭和一五年度版』豊国社、一九四〇年、一六五頁。
(81) 淀川『半生記』九一頁。
(82) 淀川『半生記』八三頁。淀川『自伝　上』二四七頁。酒井隆史『通天閣——新・日本資本主義発達史』青土社、二〇一一年。
(83) 酒井『通天閣』。特に「モロッコのカスバ」を彷彿とさせるジャンジャン町（石見町筋）が「好きでたまらなかった」と『自伝』に記されている。淀川『自伝　上』二八九〜二九〇頁。
(84) 淀川『半生記』九二頁。
(85) 淀川『半生記』九二頁。「転居」『東京映画新聞』一九三九年三月五日、四頁。「人事消息」『キネマ旬報』一九三九年三月一日、三三頁。
(86)「人事消息」『キネマ旬報』一九三九年六月一日、二八頁。「昭和十五年度全日本映画関係者住所録」『国際映画新聞』二六〇号、一九三九年一二月二〇日、三二頁。
(87) 淀川『自伝　上』三三一〜三三二頁。
(88) 淀川「「家」の履歴書——このヒトはどんなイエに住んできたか94」七二頁。淀川『自伝　上』二九七頁。
(89) ユナイト社広告、『キネマ旬報』一九三三年一月一一日、頁不記載。「映画関係者総覧」『キネマ旬報』一九三三年四月一日、付七頁。
(90) 国際映画通信社調査部「最新・日本主要映画関係商社録」『国際映画新聞』一七七号、一九三六年七月五日、六〇六〜六〇八頁。
(91)「洋画各社宣伝部　土曜会を組織」『東京映画新聞』一九三五年五月五日号、四頁。
(92) 池田照勝「洋画界」『キネマ旬報』一九四〇年一月一日、五二頁。
(93) 淀川「『駅馬車』——ふたたび来たるジョン・フォードの不朽の名作」『映画の友』一九六二年三月号、一三四頁。
(94) 淀川長治「私の履歴書㉔『駅馬車』——定規・灰皿で広告作る」『日本経済新聞』一九九七年一二月二五日、三六頁。淀川『半生記』九九頁。
(95) 淀川が東京に移った時の支配人はジョセフ・ゴルツであった。池田照勝「洋画界」『キネマ旬報』一九四〇年一月一日、五三頁。
(96) 淀川『半生記』九四頁。
(97) 淀川『半生記』九五頁。
(98) 淀川「淀川長治大会」七一頁。
(99) 淀川「淀川長治大会」七五〜七六頁。
(100) 淀川『半生記』九六頁。
(101) ユナイト社、『心の青春』広告、『映画の友』一九四〇年一〇月号、頁不記載。
(102) ユナイト社、『牧童と貴婦人』広告、『キネマ旬報』一九四〇年一月一日、頁不記載。
(103) ユナイト社、『デッド・エンド』広告、『キネマ旬報』一九三九年六月二一日、頁不記載。
(104) ユナイト社、『牧童と貴婦人』広告、『キネマ旬報』一九三九年一一月二一日、頁不記載。ユナイト社、『牧童と貴婦人』広告、『日本映画』一九四〇年新年特別号、頁不記載。ユナイト社、『牧童と貴婦人』広告、『国際映画新聞』二六〇号、一九三九年一二月二〇日、頁不記載。

(105) ユナイト社、『心の青春』広告、『キネマ旬報』一九四〇年一〇月一日、頁不記載。

(106) ユナイト社、『デッドエンド』広告、『キネマ旬報』一九三九年八月一一日号、頁不記載。淀川、島森「映画広告」三九頁。

(107) 淀川「ユナイト創立二十周年を迎へて」『国際映画新聞』二四四号、一九三九年四月二〇日、一六～一七頁。

(108) ユナイト社社告、『国際映画新聞』二四五号、一九三九年五月五日、頁不記載。

(109) ユナイト社、『貿易風』広告、『キネマ旬報』一九四〇年二月一日、頁不記載。

(110) ユナイト社、『踊るロマンス』広告、『キネマ旬報』一九三九年八月二一日、頁不記載。

(111) ユナイト社、『牧童と貴婦人』広告、『キネマ旬報』一九四〇年一月一日、頁不記載。

(112) ユナイト社、『心の青春』広告、『キネマ旬報』一九三九年九月一日、頁不記載。

(113) 南部圭之助「数年ぶりで痛快な傑作——『駅馬車』」『スタア』一九四〇年六月上旬号、六頁。

(114) ユナイト社社告、『国際映画新聞』二四五号、一九三九年五月五日、頁不記載。

(115) 淀川「話題の洋画・誌上プレヴュウ——駅馬車」『映画の友』一九三九年七月号、頁不記載。

(116) Richard Slotkin, *Gunfighter Nation : The Myth of the Frontier in Twentieth-Century America* (New York : HarperPerennial, 1993), 255–277.

(117) 淀川『淀川長治集成Ⅰ』芳賀書店、一九八七年、五一頁（初出は『駅馬車』サントラレコード）。

(118) 東京館、芝園館、南明座広告、『朝日新聞』一九二六年四月三〇日、二頁。

(119) ユナイト社、『駅馬車』広告、『キネマ旬報』一九四〇年二月二一日、頁不記載。

(120) ユナイト社、『駅馬車』広告、『キネマ旬報』一九四〇年五月二一日、頁不記載。ユナイト社、『駅馬車』広告、『キネマ旬報』一九四〇年七月一一日、頁不記載。淀川「『駅馬車』紹介」『新映画』一九四〇年六月号、六二頁。

(121) 淀川「『駅馬車』紹介」六二頁。

(122) ユナイト社、『駅馬車』広告、『キネマ旬報』一九四〇年二月二一日、頁不記載。

(123) ユナイト社、『駅馬車』広告、『キネマ旬報』一九四〇年五月二一日、頁不記載。

(124) ユナイト社、『駅馬車』広告、『キネマ旬報』一九四〇年七月一日、頁不記載。

(125) 「発砲発射のその瞬間に……なんと、たった一駒この映画このシーンのそのフィルムは画面を消した真白の白一駒のフィルムがおさめられていたのだった。たったこの一駒の「白」がピカリ瞬間の拳銃発射のムードを何と実感あふらせたのであった」と淀川は一九七三年に記している。淀川『淀川長治集成Ⅰ』五四頁。

(126) 淀川『半生記』一〇五～一〇六頁。

(127) ユナイト社、『駅馬車』広告、『キネマ旬報』一九四〇年七月二一日、頁不記載。

(128) 淀川『半生記』一〇四頁。

(129) 淀川『自伝　上』三四八～三四九頁。

(130) ユナイト社、『駅馬車』広告、『キネマ旬報』一九四〇年七月一日、頁不記載。
(131) ユナイト社、『駅馬車』広告、『キネマ旬報』一九四〇年六月一一日、頁不記載。
(132) ユナイト社、『駅馬車』広告、『映画の友』一九四〇年八月号、頁不記載。
(133) ユナイト社、『駅馬車』広告、『キネマ旬報』一九四〇年五月二一日、頁不記載。ユナイト社、『駅馬車』広告、『キネマ旬報』一九四〇年六月一一日、頁不記載。
(134) 淀川「『駅馬車』紹介」六二頁。
(135) ユナイト社、『駅馬車』広告、『映画の友』一九四〇年八月号、頁不記載。
(136) James B. Harris, "Japan Adopts New Deal," *Variety*, January 8, 1941, 86.
(137) ユナイト社、『駅馬車』広告、『キネマ旬報』一九四〇年六月二一日、頁不記載。
(138) ユナイト社、『駅馬車』広告、『スタア』一九四〇年七月一日、三頁。ユナイト社、『駅馬車』広告、『キネマ旬報』一九四〇年七月一一日、頁不記載（同号には『駅馬車』の見開き広告が二点掲載されている）。
(139) ユナイト社、『駅馬車』広告、『キネマ旬報』一九四〇年八月一一日、頁不記載。ユナイト社、『駅馬車』広告、『国際映画新聞』二七九号、一九四〇年一〇月五日、頁不記載。
(140) ユナイト社、『駅馬車』広告、『国際映画新聞』二七八号、一九四〇年九月二〇日、頁不記載。
(141) ユナイト社、『駅馬車』広告、『キネマ旬報』一九四〇年六月一日、頁不記載。「昭和十五年度上半期・主要映画会社封切り興信録集（洋画の部）」『国際映画新聞』二七三号、一九四〇年七月五日、四六頁。
(142) 油井正一著、行方均編『ジャズ昭和史』DU BOOKS、二〇一三年、三八二頁。淀川「『駅馬車』宣伝今昔ものがたり」『キネマ旬報』一九六六年五月一五日、三二頁。
(143) 淀川『半生記』一〇五頁。
(144) 油井著、行方編『ジャズ昭和史』三八二頁。
(145) 淀川「私の履歴書㉔『駅馬車』――定規・灰皿で広告作る」三六頁。
(146)「The Long Voyage Home」『映画の友』一九四一年九月号、頁不記載。淀川「『果てなき船路』の演技」『映画芸術』一九四九年六月号、一四頁。淀川「果てなき船路」『映画の友』一九四九年五月号、六～八頁。
(147) 淀川「映画に生きる喜びを人と共に喜ぶ」『経営コンサルタント』一九七三年三月号、九四頁。
(148) 新館許視「宣伝部から営業部に移って」『国際映画新聞』一六一号、一九三五年一一月五日、三〇～三一頁。

第4章　戦争・東宝・セントラル

(1) John Keegan, *The Second World War* (New York : Penguin Books, 1990), 5.
(2) 映画以外のメディアについては、例えば以下を参照。バラク・クシュナー『思想戦――大日本帝国のプロパガンダ』井形彬訳、明石書店、二〇一六年。白山眞理『〈報道写真〉と戦争 一九三〇～一九六〇』吉川弘文館、二〇一四年。難波功士『「撃ちてし止まむ」――太平洋戦争と広告の技術者たち』講談社、一九九八年。
(3) 加藤厚子「社史資料にみる東宝「激動の期間」の特徴」加藤厚子監修『社史で見る日本経済史・第八二巻――東宝十年史　東宝二十年史抄』ゆまに書房、二〇一五年、三頁。
(4) このCentral Motion Picture Exchangeは、「セントラル」「セントラル社」「セントラル映画」「CMPE」などと呼ばれたが、本書では「セントラル映画社」で統一する。

（5）Emily S. Rosenberg, *A Date which will Live : Pearl Harbor in American Memory* (Durham : Duke University Press, 2003).

（6）「今晩西太平洋において皇軍、米英軍と戦闘開始」『朝日新聞』号外、一九四一年一二月八日、一頁。『報知新聞』号外については小林宗之「戦争と号外（2）」『Core Ethics』九号（二〇一三年）、八七頁。

（7）『昭和十七年版　日本映画年鑑』大同社版、一九四二年、五三～五四頁。

（8）「勅令第千百七十九号――敵産管理法施行令」一九四一年一二月二二日（https://www.digital.archives.go.jp/DAS/meta/Detail_F000000000000039981）、二〇二四年一月一五日閲覧。『昭和十七年版　日本映画年鑑』五七頁。

（9）淀川『自伝　上』三七一～三七二頁。

（10）淀川『半生記』一〇九頁。

（11）原田敬一『国民軍の神話――兵士になるということ』吉川弘文館、二〇〇一年、二七～三四頁。加藤陽子『徴兵制と近代日本 1868-1945』吉川弘文館、一九九六年も参照。

（12）「兵役法施行令」（昭和二年一二月一日施行）、現代法制編纂会編『戦時・軍事法令集』国書刊行会、一九八四年、一四～一五頁。

（13）黒柳徹子、淀川『徹子と淀川おじさん――人生おもしろ談義』立東舎、二〇一六年、一九頁。淀川「母を想う」『文藝春秋』一九八五年二月号、二六九頁。淀川「入院生活の底力」『サンサーラ』一九九二年三月号、一六〇～一六一頁。淀川『私はまだかつて嫌いな人に逢ったことがない』ＰＨＰ研究所、一九七三年、一七三頁。

（14）淀川『半生記』六六頁。

（15）淀川『自伝　上』三六七頁。

（16）淀川、挨拶用はがき、一九四二年一〇月、川喜多記念映画文化財団所蔵。「主要映画社職員要録」、日本映画雑誌協会『昭和十七年映画年鑑』日本映画雑誌協会、一九四二年、一二～七三頁。

（17）『東宝十年史』によると、東宝書店は一九四一年六月に創立したとあるが、一九三六年六月に小林一三がすでに同名会社名義で『私の見たソビエット・ロシヤ』という本を出版している。株式会社東京宝塚劇場『東宝十年史』加藤厚子監修『社史で見る日本経済史・第八二巻――東宝十年史　東宝二十年史抄』七三頁。小林一三『私の見たソビエット・ロシヤ』東宝書店、一九三六年、二四三頁。東宝書店による主な出版物は、穂積重遠『独英観劇日記』（一九四二年）、森田たま『ホテルの人々』（一九四三年）、三宅周太郎『俳優対談記』（一九四三年）、佐谷功編『日本民族舞踊の研究』（一九四三年）、菊池寛『戦時女性訓』（一九四四年）、渋沢秀雄『皇軍慰問』（一九四四年）など。

（18）「主要映画社職員要録」、日本映画雑誌協会『昭和十七年映画年鑑』一二～七三頁。

（19）「編集室より」『東宝』一九四二年二月号、一二八頁。

（20）「編集室から」『東宝』一九四二年三月号、一一六頁。

（21）淀川『半生記』一一一頁。

（22）「編集室から」『東宝』一九四二年四月号、一一六頁。

（23）「編集室から」『東宝』一九四二年七月号、一〇四頁。

（24）「編集室から」『東宝』一九四二年九月号、一〇四頁。

（25）「編集室から」『東宝』一九四二年六月号、一〇四頁。

（26）「編集室から」『東宝』一九四二年八月号、一二〇頁。

（27）淀川「毀れた瓶」『映画の友』一九四二年七月号、六三頁。

（28）「編集室から」『東宝』一九四二年五月号、一〇八頁。

（29）「『東宝』原稿募集」『東宝』一九四二年一月号、一四四頁。ちなみに日米開戦前は時数制限が八〇〇字であった。「「明転暗転」欄原稿募集」『東宝』一九三八年三月号、一〇一頁。

（30）「編集室から」『東宝』一九四二年一〇月号、一〇四頁。

（31）「編集室から」『東宝』一九四二年九月号、一〇四頁。

(32)「編集室から」『東宝』一九四二年六月号、一〇四頁。
(33)「終刊の辞」『東宝』一九四三年一〇月号、四〇頁。
(34) 淀川、挨拶用はがき。ちなみに、一九四二年一一月号以降、淀川の名は『東宝』の編集後記欄に記載されていない。
(35)「人事動静」、東宝映画株式会社『社報』五二号、一九四二年一一月、五頁。
(36) 東宝映画株式会社『社員名簿』一九四二年九月、一一〜一二頁。
(37) 加藤厚子『総動員体制と映画』新曜社、二〇〇三年、三四頁。
(38) 森岩雄「大陸は招く・善隣の映画を」『国際映画新聞』二一四号、一九三八年一月下旬号、八七頁。
(39) 植村泰二「宣戦の詔勅を拝して」東宝株式会社『社報』四一号、一九四一年一二月、一頁。
(40) 東宝映画株式会社『社員名簿』一一〜一二頁。淀川長治『淀長映画館』二四八頁。
(41) 淀川「私と東宝映画①」『キネマ旬報』一九九二年七月一日、二七頁。淀川「この道ひとすじ(第一八回)」五〇〜五一頁。
(42) 淀川、武満徹、黒澤明「〈座談会〉黒澤明の世界」『世界』一九八四年一月号、二七八頁。
(43) 東宝映画株式会社『社員名簿』一一頁。
(44) 東宝映画株式会社『ハワイ・マレー沖海戦』広告、『読売新聞』一九四二年一一月八日、四頁。
(45) 東宝映画株式会社『ハワイ・マレー沖海戦』広告、『読売新聞』一九四二年一一月一二日、四頁。
(46) 東宝映画株式会社『ハワイ・マレー沖海戦』広告、『読売新聞』一九四二年一一月二〇日、四頁。
(47) 東宝映画株式会社『ハワイ・マレー沖海戦』広告、『読売新聞』一九四二年一一月一五日、四頁。
(48) 東宝映画株式会社『ハワイ・マレー沖海戦』広告、『読売新聞』一九四二年一一月二一日、二頁。
(49) 東宝映画株式会社『加藤隼戦闘隊』広告、『読売新聞』一九四四年三月二日、二頁。
(50) 東宝映画株式会社『加藤隼戦闘隊』広告、『読売新聞』一九四四年二月一九日、二頁。
(51) 東宝映画株式会社『加藤隼戦闘隊』広告、『読売新聞』夕刊、一九四四年二月二一日、二頁。
(52) 東宝映画株式会社『加藤隼戦闘隊』広告、『読売新聞』夕刊、一九四四年二月八日、二頁。
(53) 東宝映画株式会社『加藤隼戦闘隊』広告、『読売新聞』一九四四年二月二八日、二頁。
(54) 東宝映画株式会社『加藤隼戦闘隊』広告、『読売新聞』夕刊、一九四四年二月二八日、二頁。
(55) 東宝映画株式会社『加藤隼戦闘隊』広告、『読売新聞』一九四四年三月一日、四頁。
(56)『姿三四郎』広告、『読売新聞』一九四三年三月六日、四頁。
(57)『姿三四郎』広告、『読売新聞』一九四三年三月一九日、四頁。
(58)『姿三四郎』広告、『読売新聞』一九四三年三月一〇日、四頁。
(59)『姿三四郎』広告、『読売新聞』一九四三年三月一四日、四頁。
(60)『姿三四郎』広告、『読売新聞』夕刊、一九四三年三月二一日、二頁。
(61) のちの記述を見ると、「そのとき、うたい文句で、なんか勇ましいことを書いたよ。何とか原で波濁の死闘に冴る何とかみたいなことを、書いたことは書いたよ。(笑)」、広告で「役者の名前を忘れて間違ったりしたこともあったなあ(笑)」とも記憶している。山田宏一、淀川「淀川長治「邦画劇場」下」『中央公論』一九九八年一二月号、二四七〜二四八頁。
(62) 杉浦孝昭、淀川「映画について話そうよ」『広告批評』一九八四年一一月号、七四〜七五頁。
(63) 淀川『半生記』一一〇頁。
(64) 東宝映画株式会社『社員名簿』一九四二年九月、一一頁。淀川「私と東宝映画①」二七頁。
(65) 植草甚一『植草甚一スクラップ・ブック㊵　植草甚一自伝』晶文社、二〇〇五年、一二六頁。
(66) 淀川「私と東宝映画①」二七頁。淀川「日本映画の秀才ぞろい——黒沢学校の生徒たち」『キネマ旬報』一九六三年四月号増刊、七五頁。淀川「日本映画に欲しいもの」東宝株式会社『社報』一号、一九四六年八月、七頁。
(67) 円谷英二、岡部冬彦「何でも聞いてやろう・第十四回——飛行機乗りからトリック監督まで」『週刊公論』一九六一年八月二一日、円谷英二著、竹内博編『定本　円谷英二随筆評論集成』ワイズ出版、二〇一〇年、三三四頁。
(68) 円谷英二「特殊技術概説」『社報』一九四二年九月、円谷英二著、竹内博編『定本　円谷英二随筆評論集成』二〇〇頁。
(69) 笹川慶子『近代アジアの映画産業』青弓社、二〇一八年、六〇五頁。
(70) 淀川『半生記』一一一頁。太字は原文のまま。
(71) 黒澤明「一番美しく」『新映画』一九四三年三月号、浜野保樹編『大系黒澤明　第1巻』講談社、二〇〇九年、一五三頁。淀川、武満、黒澤「〈座談会〉黒澤明の世界」二七八頁。
(72) 今井正「戦争占領時代の回想」『講座日本映画4——戦争と日本映画』岩波書店、一九八六年、二〇三頁。淀川『自伝　上』三六八頁。尾崎秀樹編『プロデューサー人生——藤本真澄映画に賭ける』東宝株式会社出版事業部、一九八一年、一七二〜一七三頁も参照。
(73) 佐々木徹雄『三分間の詐欺師——予告編人生』パンドラ、二〇〇〇年、三六頁。
(74) 佐々木徹雄『「三分間の詐欺師」が語る銀幕の裏側』現代書館、二〇〇六年、一二頁。清水晶「アメリカ映画に学ぶこと」『キネマ旬報』一九四六年六月一日、三〇頁。
(75) 稲垣浩「アメリカ映画印象記」『キネマ旬報』一九四六年三月一日、二四頁。
(76) 高峰秀子『わたしの渡世日記　上』朝日新聞社、一九七六年、三〇九頁。
(77) 淀川、蓮實重彦、山田宏一『映画となると話はどこからでも始まる』勁文社、一九八五年、一一九〜一二〇頁。淀川「ハリウッドの衝撃」『This is 読売』一九九〇年九月号、六七頁。ちなみに、小津安二郎は戦地シンガポールで『ファンタジア』を見て「こいつはいけない。相手がわるい。大変な相手とけんかした」と嘆息したという。千葉伸夫『小津安二郎と二〇世紀』国書刊行会、二〇〇三年、二一八頁。
(78) 「大東亜共栄圏の娯楽を如何にすべきか」『東宝』一九四二年一一月号、四三頁。
(79) 大佛次郎『敗戦日記』草思社、一九九五年、二五〇頁。
(80) ピーター・B・ハーイ『帝国の銀幕——十五年戦争と日本映画』名古屋大学出版会、一九九五年、四三一頁。
(81) 「筈見恒夫」刊行会編『筈見恒夫』「筈見恒夫」刊行会、一九五九年、七四頁。それまで筈見は中華電影公司に所属していた。筈見『新版映画五十年史』鱒書房、一九四七年、一〜二頁。
(82) 淀川「日本映画に欲しいもの」一九四六年八月、七頁。
(83) これは友人の佐々木徹雄による表現である。佐々木『三分間の詐欺師』三八頁。一九九二年に淀川は、「二度の結婚未遂」があり、一度目は「三〇歳のとき東宝宣伝部に勤務していたとき」、二度目は「三五歳ぐらいのとき」にキネマ旬報社の社長の紹介がきっかけとなったと告白しているが、東宝勤務のタイミングが実際の年齢と噛み合っていない。佐々木は「昭和十八年頃」から川崎の淀川宅に通い始めたと記憶しており、その際「三回だけ」住み込みの女性と出くわしている。したがって、戦争中に少なくとも一度は「結婚未遂」があったものと思われる。淀川「新春色ざんげ」『サンサーラ』一九九三年二月号、二四八〜二四九頁。佐々木『三分間の詐欺師』三六〜三八頁。

(84) 淀川『自伝　上』三七三頁。

(85) 淀川「いのちの問題」『経済往来』一九八九年一二月号、二四頁。

(86) 淀川「ちょっと、父の話」『サンサーラ』一九九一年一一月号、三三九頁。

(87) 淀川『自伝　上』三七四頁。

(88) 淀川『自伝　上』三七六頁。

(89) 高島松柏「高島松柏日記」川崎市編『川崎空襲・戦災の記録——資料編』川崎市、一九七七年、六九七頁。この記述は、川崎大空襲のあった一九四五年四月一五日付の日記に記されたものである。

(90) 淀川の自宅があった横浜市鶴見区馬場町の地形は、昭和初期の地図から確認できる。横浜市「横浜市三千分一地形図画像（昭和初期）【1番〜119番】」(https://www.city.yokohama.lg.jp/business/bunyabetsu/kenchiku/toshikeikaku/yoko/sankou/showashoki_1-19.html)、二〇二三年一一月一七日閲覧。

(91) 淀川『自伝　上』三七九頁。

(92) ジョン・ダワー『敗北を抱きしめて——第二次大戦後の日本人　上』三浦陽一・高杉忠明訳、岩波書店、二〇〇一年、二三〜三一頁。

(93) 淀川『自伝　上』三七九頁。

(94) 占領期については、特に以下を参照。ダワー『敗北を抱きしめて——第二次大戦後の日本人』上・下。吉見義明『焼跡からのデモクラシー——草の根の占領期体験』上・下、岩波書店、二〇一四年。Eiji Takemae, *Inside GHQ : The Allied Occupation of Japan and Its Legacy* (New York : Continuum, 2002).

(95) 時事通信社編『映画芸能年鑑　一九四七年度版』一九四七年、五六頁。

(96) 「映画館景況調査」『キネマ旬報』一九四六年三月一日、八頁。

(97) 児玉数夫『やぶにらみ映画史——戦後の記録』読売新聞社、一九七四年、一五頁。淀川「ハリウッドの衝撃」六八頁。

(98) Eiji Takemae, *Inside GHQ*, 53-68.

(99) 淀川『自伝　上』三七九〜三八五頁。

(100) 淀川長治「アメリカの兵隊さんに訊く」『東宝』一九四五年一二月号、一六〜一九頁。

(101) 淀川「ペギイ・アン・ガアナーのお父さまと一時間」『東宝』一九四六年一月号、二二〜二五頁。

(102) 淀川『半生記』一一八頁。

(103) 北村洋『敗戦とハリウッド——占領下日本の文化再建』名古屋大学出版会、二〇一四年。

(104) 「人事」『セントラル・ニュース』第一号、四頁、日付不記載。

(105) 『セントラル・ニュース』第一号、四頁、日付不記載。

(106) 「鑑賞講座——いちごブロンド」セントラル映画社『いちごブロンド』プレスシート、日付不記載。淀川「ファン手帖」セントラル映画社『世界の母』プレスシート、日付不記載。他にも、淀川「この映画を御覧になるに当って」セントラル映画社、『心の旅路』プレスシート、日付不記載、も参照。

(107) 淀川「楽しい映画勉強」『SCREEN CENTRAL』一一号、日付不記載。

(108) 「御早くご注文を!!」『ＭＰＥＡニュース』八号、四頁、日付不記載。

(109) 児玉数夫「初めてお会いしたのはセントラル」『キネマ旬報』一九九九年一月一五日、四六頁。児玉数夫『私の映画日記①——昭和一

二年〜昭和二六年』右文書院、二〇〇六年、一六六頁。

（110）土屋太郎「映画講演の意義と成果（一）」『MPEA News』一三号、昭和二三年九月一日、四頁。

（111）「特集淀川長治ワンマンショー」『広告批評』一九八九年五月号、一二頁。

（112）淀川『映画散策』八頁。

（113）「埼玉県武州松山の松林座が行った講演会」『セントラル・ニュース』第三号、一頁、日付不記載。

（114）これは一一月二四日には松林座で比企文化会のために『キュリー夫人』の鑑賞会が行われたことから想像される。ちなみに比企文化会のイベントでは会員の田口弘が「解説」を行い、「非常な成功」を収めたとある。比企文化会「最近の活動記録」『比企文化』第二号、一九四七年二月一日、一頁。

（115）「埼玉県武州松山の松林座が行った講演会」一頁、日付不記載。

（116）「猛烈な吹雪を冒し集まった『我が道を往く』の初日」『セントラル・ニュース』第四号、四頁、日付不記載。

（117）「『我が道を行く』で宣伝効果をあげる」『セントラル・ニュース』第五号、四頁、日付不記載。

（118）「映画館を文化の殿堂に――正しい映画教育を」『セントラル・ニュース』第六号、四頁、日付不記載。

（119）「観客との近ずきを図り☆映画討論会☆丸の内名画座の新しい試み」『セントラル・ニュース』第五号、四頁、頁不記載。

（120）「映画館を文化の殿堂に――正しい映画教育を」『セントラル・ニュース』第六号、四頁、日付不記載。

（121）淀川「アメリカ映画上映館の皆さんへ」『キネマ旬報』一九四六年一一月一〇日、四三頁。

（122）「洋画館支配人総合宣伝会議」『日本文化通信』一九四七年三月一四日、三頁。この会議にはセントラルからは他にもジョセフ・ヴィシー、田村幸彦、伊勢寿雄、宮崎博史、吉野金太郎が出席している。

（123）石川初太郎へのインタビュー、一九九九年一二月六日、東京にて。

（124）淀川『自伝　上』三九五頁。

（125）北村『敗戦とハリウッド』七八〜一〇五頁。

（126）淀川『半生記』一三一頁。

（127）児玉数夫『活動狂日記――私の映画史　昭和六年〜二三年』勁草書房、一九八八年、二五三頁。佐々木『三分間の詐欺師』六九頁。

（128）淀川「アメリカ交響楽の面白さ」スバル興業株式会社『アメリカ交響楽』プログラム、一九四七年三月一七日、九〜一一頁。淀川「『ガス燈』を御覧になるに当って」スバル興業株式会社『ガス燈』プログラム、一九四七年六月三日、一二頁。淀川「マーヴィン・ルロイ」スバル興業株式会社『心の旅路』プログラム、一九四七年七月二九日、二六〜二七頁。

（129）佐々木『三分間の詐欺師』七〇頁。

（130）淀川『自伝　上』三九六頁。

（131）「編集のノートより」『MPEAニュース』一二号、四頁、日付不記載。

（132）淀川「私と東宝映画①」二七頁。

第5章　映画運動の勃興

（1）「われらの友の会」『映画の友』一九四九年一二月号、三四頁。

（2）淀川『映画散策』二頁。

（3）ジョン・ダワー『敗北を抱きしめて――第二次大戦後の日本人　上』三浦陽一・高杉忠明訳、岩波書店、二〇〇一年、二二七頁。

（4）渡部保子『『映画ファン』スタアの時代』筑摩書房、一九九八年、一〇一〜一〇二頁。

（5）大黒東洋士『映画とともに五十年』高知新聞社、一九八一年、一四五頁。

(6) 大黒『映画とともに五十年』一四四〜一四六頁。ちなみに、映画世界社は『映画の友』の成功にかこつけてその二ヶ月後に日本映画を専門にした『映画ファン』を再刊した。同誌は「日本映画を愛し立派に育てあげる」ことを目的とした。『映画ファン』一九四六年六月号、頁不記載。

(7) 大黒『映画とともに五十年』一四七頁。

(8)「社告」『映画の友』一九四七年九月号、二一頁。

(9)「Editor's Note」『映画の友』一九四六年七月号、二六頁。

(10)『映画の友』一九四六年四月号、三四頁。

(11) 清水光「アメリカ映画と演劇」『映画の友』一九四六年四月号、一四〜一五頁。登川尚佐「ベスト・セラーズと映画」『映画の友』一九四六年八月号、四〜七頁。

(12)「『リンカン伝』原文対訳抜粋」『映画の友』一九四六年四月号、一八〜一九頁。「『緑のそよ風』原文対訳台本抜粋」『映画の友』一九四六年一〇月号、一八〜一九頁。「『疑惑の影』原文対訳台本抜粋」『映画の友』一九四六年一二月号、一八〜一九頁。

(13)「Editor's Note」『映画の友』一九四七年五月号、三四頁。

(14)「Editor's Note」『映画の友』一九四七年七月号、三四頁。

(15) 淀川「四五年度アカデミイ賞と『失はれた週末』」『映画の友』一九四六年五月号、八〜九頁。淀川「グレゴリー・ペック」『映画の友』一九四六年六月号、三〇〜三一頁。淀川「アメリカ映画、一九四五年」『映画の友』一九四六年一〇月号、一六〜一七頁。淀川「ハリウッド新人紹介　『情熱の航路』『小麦は緑』のアーヴィング・ラッパー」『映画の友』一九四六年一二月号、二四〜二五頁。

(16) 淀川『半生記』一三三頁。

(17)「淀川長治君の入社と『映画之友・友の会』結成について」『映画の友』一九四七年九月号、二一頁。

(18)「Editor's Note」『映画の友』一九四八年四月号、三一頁。

(19)「Editor's Note」『映画の友』一九四七年七月号、三四頁。

(20) 大黒『映画とともに五十年』一四八〜一五〇頁。大黒東洋士「イジワル映画批評家エンマ帳」話の特集、一九八二年。

(21)「Editor's Note」『映画の友』一九四八年五月号、淀川『淀川長治集成IV——映画の〈道〉、人生の〈道〉』芳賀書店、一九八七年、一一一頁。「Editor's Note」『映画の友』一九四九年三月号、三九頁。

(22) 藤木秀朗『映画観客とは何者か——メディアと社会主体の近現代史』名古屋大学出版会、二〇一九年、二八五〜二九四頁。「映画之友第三回世論調査」『映画の友』一九四九年一月号、二七頁。

(23) 淀川『映画散策』二三五〜二三七頁。

(24)「Editor's Note」『映画の友』一九四八年四月号、三一頁。

(25)「Editor's Note」『映画の友』一九五〇年一月号、七六頁。

(26)「『映画之友』第二回世論調査」『映画の友』一九四七年一一月号、九頁。

(27)「楽しい新設!どしどし御投書を!」『映画の友』一九五一年三月号、九〇頁。

(28)「楽しい新設!どしどし御投書を!」九〇頁。

(29)「アメリカ映画総決算——第一回映画之友輿論調査」『映画の友』一九四七年二月号、六〜九頁。

(30)「映画之友第三回世論調査」『映画の友』一九四九年一月号、二七頁。

(31)「『映画之友』第二回世論調査」九頁。「映画之友第三回世論調査」二七頁。「映画之友第五回・世論調査」『映画の友』一九五一年一月号、九七頁。「第四回映画之友世論調査　私たちのアメリカ映画決算」『映画之友』一九五〇年四月号、八三頁。

(32) 淀川「映画ファンとしての貴方の第三年目青少年にお願いしたいこと」『映画の友』一九四八年一月号、二七頁。

(33) 飯島正「わかい映画の友に」『映画の友』一九四九年四月号、二二頁。南部圭之介「女学生の映画ファンに」『映画の友』一九四九年四月号、二二頁。

（34）「Editor's Note」『映画の友』一九五〇年九月号、九四頁。

（35）「第五回『映画之友』世論調査」『映画の友』一九五一年四月号、三七頁。

（36）「Editor's Note」『映画の友』一九四八年六月号、三一頁。

（37）「『子鹿物語』と『映画之友』の握手！」『映画の友』一九四九年一一月号、四八〜四九頁。「バンビ座談会」『映画の友』一九五一年五月号、八〇〜八三頁。

（38）「Editor's Note」『映画の友』一九五〇年五月号、九四頁。

（39）「貴方のこの三つは？」『映画の友』一九四八年一二月、八頁。

（40）「アメリカ映画街頭録音」『映画の友』一九四八年七月号、一三頁。

（41）「オール一五歳の高校生と映画」『映画の友』一九五一年六月号、五一〜五三頁。「大学生と映画文化運動　全国学生映画連盟代表と語る座談会」『映画の友』一九五一年六月号、四八〜五〇頁。

（42）「お巡りさんと映画を語る」『映画の友』一九五〇年五月号、六二〜六五頁。「映画館へ行く暇もない撮影所の人たちの座談会」『映画の友』一九五〇年七月号、七二〜七三頁。「春宵映画放談」『映画の友』一九五一年五月号、八四〜八七頁。「『白雪姫』座談会」『映画の友』一九五〇年一〇月号、六二〜六五頁。「情熱の狂想曲座談会」『映画の友』一九五一年六月号、七八〜八一頁。「ウォルト・ディズニー製作・長編色彩映画　バンビ座談会」『映画の友』一九五一年五月号、八〇〜八三頁。「聾唖学生と映画を語る」『映画の友』一九五〇年五月号、六六〜六九頁。

（43）「『映画之友』を繞るファン連盟」『映画の友』一九三三年一月号、一一九頁。

（44）「映画之友を繞るファン連盟へ御入会の方に」『映画の友』一九三三年二月号、一一七頁。

（45）「Editor's Note」『映画の友』一九四六年一二月号、三四頁。

（46）「社告」『映画の友』一九四七年九月号、二一頁。

（47）「全アメリカ映画ファンを一丸とした「映画之友・友の会」生る」『映画の友』一九四七年一〇月号、一一頁。

（48）「全アメリカ映画ファンを一丸とした「映画之友・友の会」生る」一一頁。

（49）淀川「映画之友『友の会』に就いて」『映画の友』一九五一年二月号、三二頁。

（50）淀川「友の会・御報告」『映画の友』一九四八年五月号、三〇頁。新宿ヒカリ座については「ロード・ショウ劇場に新宿・ヒカリ座」『MPEAニュース』一四号、一頁、日付不記載。

（51）佐藤有一『わが師淀川長治との五〇年』清流出版、二〇〇〇年、五三〜六〇頁。

（52）淀川「友の会東京地区定期集会　第一回、第二回、報告…」『映画の友』一九四九年二月号、二六頁。

（53）佐藤『わが師淀川長治との五〇年』六二〜六三頁。

（54）淀川「友の会東京地区定期集会　第一回、第二回、報告…」二六頁。

（55）「映画之友・友の会いよいよ全国的運動開始！」『映画の友』一九四八年一一月号、三一頁。「第三回東京『友の会』報告」『映画の友』一九四九年三月号、二六頁。「友の会　東京地区定期集会第四回――報告」『映画の友』一九四九年四月号、三四頁。「第五回東京「友の会」報告」『映画の友』一九四九年五月号、三四頁。「いよいよ楽しさを増した第六回東京「友の会」報告」『映画の友』一九四九年六月号、三四頁。

（56）「第九回東京友の会報告」『映画の友』一九四九年九月号、三三頁。

（57）「ついに誕生！第一回横浜「友の会」報告」『映画の友』一九四九年六月号、三二頁。「友の会・報告」『映画の友』一九四九年一〇月号、四二～四三頁。「友の会報告」『映画の友』一九四九年一一月号、四四～四五頁。「まさに全国的になったわれらの友の会」『映画の友』一九四九年一二月号、三四～三五頁。

(58) 淀川長治「映画之友『友の会』に就いて」『映画の友』一九五一年二月号、三二頁。

(59)「第一回大阪「友の会」報告」『映画の友』一九四九年一一月号、四五頁。「われらの「友の会」」『映画の友』一九五一年三月号、八八、九〇頁。

(60)「われらの友の会」『映画の友』一九四九年一二月号、三四頁。

(61)「若人の集り友の会各地報告」『映画の友』一九五〇年一月号、五四頁。

(62)「われらの友の会」『映画の友』一九四九年一二月号、三四頁。

(63)「われらの友の会」『映画の友』一九四九年一二月号、三四頁。「若人の集り友の会各地報告」『映画の友』一九五〇年一月号、五四頁。「われらの「友の会」」『映画の友』一九五〇年六月号、九〇頁。「われらの「友の会」」『映画の友』一九五〇年七月号、八八頁。「われらの「友の会」」『映画の友』一九五〇年九月号、七二頁。

(64)「〝友の会〟報告」『映画の友』一九四九年八月号、三四頁。

(65)「われらの「友の会」」『映画の友』一九五〇年六月号、九〇頁。

(66)「われらの「友の会」」『映画の友』一九五〇年四月号、八九頁。

(67)「われらの友の会」『映画の友』一九五一年二月号、九六頁。

(68)「われらの「友の会」」『映画の友』一九五一年一月号、一〇五頁。

(69)「われらの「友の会」」『映画の友』一九五〇年一〇月号、七八頁。

(70)「友の会各地報告」『映画の友』一九五〇年三月号、六四～六五頁。「われらの「友の会」」『映画の友』一九五一年三月号、八八～九〇頁。

(71)「われらの「友の会」」『映画の友』一九五〇年四月号、八九頁。

(72)「映画之友・友の会いよいよ全国的運動開始！」三一頁。このパンフレットには『GREEN YEARS』という名がついた。川喜多記念映画文化財団には『GREEN YEARS』八六号（一九五七年五月一五日発行）が収蔵されている。

(73)「友の会・報告」『映画の友』一九四九年一〇月号、四三頁。「われらの「友の会」」『映画の友』一九五一年一月号、一〇六頁。

(74)「友の会会員の手で「世論調査」を」『映画の友』一九五一年六月号、九六～九七頁。

(75)「新年に当って学生諸君へ」『映画の友』一九四九年一月号、一五頁。

(76)「大学生と映画文化運動」『映画の友』一九五一年六月号、五〇頁。

(77) 淀川「鑑賞講座――〝哀愁〟」『映画の友』一九四九年四月号、二六頁。

(78) 例えば瓜生忠夫『映画のみかた』岩波書店、一九五一年、二一三～二一六頁を参照。

(79) 荻昌弘「二股学生の哀歓」『映画の友』一九五八年一二月号、一二六～七頁。

(80)「大学生と映画文化運動」四八頁。

(81) 淀川『映画散策』二四三～二四四頁。

(82) 淀川「映画から学ぶもの」『映画の友』一九四九年一二月号、一九頁。

(83) 淀川「映画から学ぶもの」一九頁。

(84) Rick Altman, *The American Film Musical* (Bloomington : Indiana University Press, 1987), 337-344.

(85)「新年に当って学生諸君へ」『映画の友』一九四九年一月号、一五頁。

(86) 淀川『映画散策』五二頁。

(87) 乾直明『外国テレビフィルム盛衰史』晶文社、一九九〇年、二一一頁。

(88) 淀川「『アメリカ交響楽』の面白さ」、福岡国際劇場「Screen Kokusai 特別号――『アメリカ交響楽』」頁不記載。
(89) 淀川「「アメリカ交響楽」随想」『映画芸術』一九四七年三月号、七三頁。
(90) 淀川「映画から学ぶもの」一九頁。
(91) 淀川「『子鹿物語』の監督クラァレンス・ブラウン――監督評伝(4)」『映画芸術』一九四九年七月号、六頁。
(92) 「新制高校の校長、小学校の校長、そして先生たちと…『子鹿物語』を中心にアメリカ映画談に花は咲く」『映画の友』一九四九年八月号、二二頁。
(93) 淀川「『子鹿物語』の監督クラァレンス・ブラウン――監督評伝(4)」六頁。
(94) 淀川「アメリカ映画の味」『映画の友』一九五〇年一月号、五〇頁。
(95) 淀川「昭和二四年度アメリカ映画総決算」『映画の友』一九五〇年二月号、五一頁。
(96) 双葉十三郎、野口久光、淀川、岡俊雄「一九四八年度の洋画界回顧」『映画芸術』一九四九年二月号、一四頁。
(97) 淀川「鑑賞講座」『スバル座ニュース』第一七号（『我等の生涯の最良の年』）、一九四八年六月一日、一九頁。
(98) 淀川「アメリカ映画の近況」『映画芸術』一九四八年九月号、一五頁。
(99) 双葉十三郎、野口久光、淀川、岡俊雄「一九四八年度の洋画界回顧」一一頁。
(100) 淀川「アメリカ映画」『映画評論』一九四九年一月号、一二～一三頁。淀川「チェスター・アースキンの『卵と私』について」『映画芸術』一九四九年一月号、一五～一六頁。
(101) 淀川「アメリカ映画ノート」『DEMOS』一九四九年一月号、一八頁。
(102) セントラル映画社『裸の街』プレスシート、日付不記載。
(103) 淀川『映画散策』八八頁。
(104) 淀川「昭和二四年度アメリカ映画総決算」四八頁。
(105) 双葉十三郎、岡俊雄、淀川「楽しき哉！春宵放談――色彩豪華「イースター・パレード」」『映画の友』一九五〇年三月号、四七頁。
(106) 淀川『映画散策』一三二～一三三頁。
(107) 双葉、岡、淀川「楽しき哉！春宵放談」四六～四七頁。
(108) 淀川「アメリカ映画」一一～一二頁。
(109) 淀川「アメリカ映画」一一頁。
(110) 淀川「試写室＋短評」『映画の友』一九五〇年五月号、四六頁。
(111) 淀川「試写室から」『映画の友』一九五〇年九月号、八九頁。
(112) 淀川「昭和二四年度アメリカ映画総決算」五〇頁。
(113) 淀川「『ガス燈』をご覧になるに当って」スバル興行株式会社『スバル座・ニュース』第八号（『ガス燈』プログラム）、一九四七年六月三日、一二頁。
(114) 淀川「昭和二四年度アメリカ映画総決算」四九頁。
(115) 「アメリカ映画を見る人達へ」『映画芸術』一九四六年一二月号、二五頁。
(116) 淀川『名作はあなたを一生幸せにする』二七四頁。
(117) David Bordwell, *Narration in the Fiction Film* (Madison : University of Wisconsin Press, 1985), 157.
(118) 淀川「『脱出』の主演者」『映画芸術』一九四七年一一月号、一〇頁。
(119) 淀川「アメリカ映画を見る人達へ」二五頁。
(120) 淀川「試写室＋短評」『映画の友』一九五〇年五月号、四六頁。
(121) 高木建夫「ファンと雑誌――胸のトキメキを活字にして再生」『日本読書新聞』一九五〇年七月五日、四頁。
(122) 「『羅生門』の感想聴取に淀川長治氏来羅」『羅府新報』一九五一年

一〇月二〇日、三頁。

（123）淀川『映画散策』四～五頁。

第6章　編集から批評へ

（1）経済企画庁「日本経済の成長と近代化」『財経詳報』一九五六年七月二三日、二〇、一〇頁。

（2）キネマ旬報社編『キネ旬総研白書――映画ビジネスデータブック〈二〇〇九-二〇一〇〉』キネマ旬報社、二〇〇九年、一八〇～一八九頁。

（3）阪本博志『『平凡』の時代――一九五〇年代の大衆娯楽雑誌と若者たち』昭和堂、二〇〇八年。塩澤幸登『『平凡』物語――めざせ！百万部　岩堀喜之助と雑誌『平凡』と清水達夫』河出書房新社、二〇一〇年。

（4）「淀川長治・ハリウッド二ヵ月間の見学談」『映画の友』一九五二年三月号、頁不記載。最大一八万部発行されたという。「映画の友三月号を最後に休刊」『朝日新聞』夕刊、一九六八年二月一五日、一〇頁。

（5）「中とじ」や「平とじ」については、橘弘一郎『レイアウト』印刷学会出版部、一九五七年、六〇～六一頁を参照。

（6）淀川「編集後記」『映画の友』一九五一年八月号、一二〇頁。

（7）大黒東洋士『映画とともに五十年』高知新聞社、一九八一年、九四頁。

（8）小森和子『流れるままに、愛』集英社、一九八四年、一四二～一七五頁。

（9）映画世界社『三〇周年記念映画祭』映画世界社、一九五二年。「新築落成――移転のお知らせ」『映画の友』一九五三年二月号、七五頁。藤井正一郎「広瀬鎌二における合理主義と《過去への郷愁》」『新建築』一九六三年八月号、四九～五五頁。

（10）渡辺保子『「映画ファン」スタアの時代』筑摩書房、一九九八年、八五頁。ちなみに、『映画ファン』も最盛期を迎えていた。橘の『レイアウト』には「印刷部数は一〇万部」とされる「日本映画専門のファン雑誌」が登場するが、それが『映画ファン』であることは明白である。橘『レイアウト』一一四頁。

（11）「新築落成――移転のお知らせ」『映画の友』一九五三年二月号、七五頁。

（12）双葉十三郎「アメリカ・ミュウジカル発達史」『映画の友』一九五二年六月号、六四～六五頁。

（13）蘆原英了、高野三三男、佐伯米子「座談会　映画とバレエ」『映画の友』一九五三年一二月号、六四～六七頁。

（14）津村秀夫、山村聰「映画の思想と現実と表現」『映画の友』一九五四年一二月号、五〇～五五頁。

（15）荻昌弘（解説）「特集・ヘミングウェイ文学の映画」『映画の友』一九五七年七月号、一八～三一頁。

（16）橘『レイアウト』四六頁。

（17）「毎月二名の幸運者！東京招待！」『映画の友』一九五二年一一月号、一〇〇～一〇一頁。

（18）細越麟太郎「淀川さんに貰った映画の〝玉手箱〟」『GQ』一九九四年八月号、六六頁。

（19）田中英一「娘の名前をトモコ」『映画の友』一九六五年八月号、二三八頁。

（20）北村洋『敗戦とハリウッド――占領下日本の文化再建』名古屋大学出版会、二〇一四年、二一一～二一五頁。

（21）「八月号より世界の映画を紹介する映画の友」『映画の友』一九五一年七月号、一〇五頁。

（22）南部圭之助、淀川、岡俊雄「『絶壁の彼方に』合評」『映画の友』一九五一年一一月号、八一～八三頁。

(23) 淀川「欧州映画の味覚」『映画の友』一九五二年一一月号、一三九頁。

(24) 植草甚一「『夏の嵐』の芸術性について」『映画の友』一九五五年一〇月号、九〇～九三頁。

(25) 淀川「フラメンコの心をあふらせた『バルセロナ物語』」『映画の友』一九六五年一月号、一七六～一七八頁。

(26) 淀川「地下水道」『映画の友』一九五八年一月号、五六～五七頁。

(27) 大黒東洋士「その窓の灯は消えない」『映画の友』一九五九年三月号、一八一頁。

(28) 「特集・映画で世界をとび歩く　第一回中近東への旅」『映画の友』一九六〇年九月号、一一七～一二一頁。「特集・映画で世界をとび歩く――第二回南仏・スペインの旅」『映画の友』一九六〇年一〇月号、一二五～一二九頁。以下イタリア、パリ、英国、ニューヨークなどが特集された。「特集・映画で世界をとび歩く――第七回アメリカ・ウェスト・コーストの旅」『映画の友』一九六一年三月号、一〇五頁。

(29) 淀川「大砂塵の女」『映画の友』一九六〇年二月号、一九〇頁。

(30) 青木啓「特集・映画で世界をとび歩く――ラテン・アメリカの旅」『映画の友』一九六一年五月号、一〇四～一〇八頁。岡俊雄「映画に見るアフリカ大陸――カメラはアフリカを駈けめぐる」『映画の友』一九六一年六月号、一二五～一三一頁。

(31) 淀川「鑑賞講座――河」『映画の友』一九五二年五月号、七一頁。

(32) 淀川「失われた大陸」『映画の友』一九五六年四月号、三六～三七頁。

(33) 淀川「アフリカ映画の魅力」『映画の友』一九五四年八月号、一〇四～一〇五頁。

(34) 淀川「映画に現れたアイルランド気質」『映画の友』一九五二年一二月号、一六四頁。

(35) 岩永信吉「皇太子さまと『ローマの休日』」『映画の友』一九五四年五月号、七六頁。南部圭之助、高季彦、淀川、岡俊雄「『バス停留所』合評」『映画の友』一九五七年一月号、九三～九七頁。江戸川乱歩、植草甚一、双葉十三郎、淀川、岡俊雄「ヒッチコック大いに語る」『映画の友』一九五六年三月号、五〇～五七頁。岡俊雄「西部の旅がらす」『映画の友』一九五八年七月号、一二八頁。山本恭子「非情の青春」『映画の友』一九六〇年二月号、一九三頁。

(36) 佐藤有一『我が師淀川長治との五〇年』清流出版、二〇〇〇年、一二六頁。

(37) 「映画界の話題人からこんな個人的な手紙が！」『映画の友』一九五一年一〇月号、一〇八～一〇九頁。「映画界の話題の人からこんな個人的な手紙が」『映画の友』一九五一年一二月号、九〇～九一頁。「世界映画界の話題の人からこんな手紙が！」『映画の友』一九五二年七月号、一六八～一六九頁。「世界映画界の話題の人から自筆の手紙が！」『映画の友』一九五二年八月号、一三二～一三三頁。

(38) 「ファン・レターを出しましょう」『映画の友』一九五八年六月号、二〇七頁。「ファン・レターを出しましょう!!」『映画の友』一九五八年八月号、一六八～一六九頁。

(39) 「ファン・レターを出しましょう!!」一六八～一六九頁。

(40) 「A Letter to Hollywood」『映画の友』一九五〇年四月号、七九頁。「ハリウッドへの手紙」は、淀川の二回目の渡米を節目に「出版社よりの手紙」へと改題される。それは、「アメリカばかりでなく」、「広く世界の映画人によびかけたいという念願」が込められていたというが、実際はハリウッドを意識したメッセージが俄然多い。橘「出版社よりの手紙」『映画の友』一九五三年八月号、頁不記載。

(41) 淀川「ハリウッドへの手紙」『映画の友』一九五〇年五月号、三一頁。

(42) 淀川「ハリウッドへの手紙」『映画の友』一九五一年三月号、三一頁。

(43) 淀川「ハリウッドへの手紙」『映画の友』一九五二年四月号、四三頁。

(44) 淀川「ハリウッドへの手紙」『映画の友』一九五二年八月号、四三頁。

(45)「社告――淀川編集長をハリウッドへ特派」『映画の友』一九五一年一一月号、四五頁。

(46) 帰国は一二月二二日。「淀川特派員帰朝報告パーティ」『映画の友』一九五二年三月号、一一九頁。

(47) 淀川「ハロウ！ハリウッド」『映画の友』一九五二年一月号、五二頁。

(48) 淀川「絢爛たるアカデミー賞の夜」『映画の友』一九五三年六月号、五〇～六五頁。

(49) 淀川「ニューヨーク第一歩」『映画の友』一九五三年八月号、七五～七九頁。

(50) 淀川「ハロウ！ハリウッド」五二頁。

(51) 淀川「ヴァージニア・メイオ　ルース・ローマンが大歓迎」『映画の友』一九五二年二月号、五一頁。

(52) 淀川「グロリア・スワンソンの山頂の家で」『映画の友』一九五三年一〇月号、一二一頁。

(53) 淀川「R・K・O映画のスタジオを訪ねて」『映画の友』一九五三年七月号、五五頁。

(54) 佐藤『わが師淀川長治との五〇年』八七頁。「社告　小森和子をハリウッドへ特派」『映画の友』一九五八年一〇月号、一三九頁。ちなみに、一九五八年九月には、小森和子が渡米し、シャーリー・マックレーンと交遊したりジェームズ・ディーンの墓参りをしたりしている。小森「小森和子・一報――ハリウッドに旅荘をといて」『映画の友』一九五八年一二月号、八二～八七頁。小森「ジミーよ、永遠に！」『映画の友』一九五九年二月号、七三～八八頁。

(55) 淀川「ジェームス・スチュアートと彼の明朗夫人来日」『映画の友』一九五五年四月号、六〇～六三頁。淀川「電話をかけてきたケイリー・グラント夫妻」『映画の友』一九五三年四月号、一〇四～一〇五頁。江戸川乱歩、植草甚一、双葉十三郎、淀川、岡俊雄「ヒッチコック大いに語る」『映画の友』一九五六年三月号、五〇～五七頁。淀川「ジェニファ・ジョーンズ、ホールデン夫妻と来訪」『映画の友』一九五五年四月号、八三～八五頁。淀川「パトリシア・ニールと東京で再会」『映画の友』一九五二年一〇月号、一一六～一一八頁。

(56)「ウィリアム・ホールデンを囲んで」『映画の友』一九五四年九月号、四八～五三頁。淀川「映画の友編集部を訪れたウィリアム・ホールデン」『映画の友』一九五四年九月号、五四～五五頁。淀川「ジェニファ・ジョーンズ、ホールデン夫妻と来訪」八三～八五頁。淀川「セイロン・ロケの途中立ち寄ったウィリアム・ホールデン」『映画の友』一九五七年三月号、七四～七五頁。佐藤有「ウィリアム・ホールデン――なんと七回目の訪日」『映画の友』一九五八年六月号、九六～九九頁。

(57) 淀川「本誌「友の会」に姿を見せたサミュエル・ゴールドウィン・ジュニア」『映画の友』一九六四年一二月号、一〇六～一〇七頁。

(58) 淀川「編集者よりの手紙」『映画の友』一九五八年一〇月号、一七二頁。

(59) Hiroshi Kitamura, "Runaway Orientalism: MGM's *Teahouse* and U.S.-Japanese Relations in the 1950s," *Diplomatic History* 44 : 2 (April 2020), 265-288.

(60) 淀川「編集者よりの手紙」『映画の友』一九五六年一月号、四九頁。

(61) マンを取材した淀川の記事は以下にある。「ダニエル・マン監督を囲んで彼の監督作品『明日泣く』について一問一答」『映画の友』一九五六年六月号、九六～九七頁。

（62）山田宏一、淀川「淀川長治　邦画劇場」下」二五三～二五四頁。
（63）淀川「編集者よりの手紙」『映画の友』一九五七年二月号、一九〇頁。
（64）淀川「編集者よりの手紙」『映画の友』一九五七年七月号、一七四頁。
（65）淀川「映画に生きる喜びを人と共に喜ぶ」『経営コンサルタント』一九七三年三月号、九四頁。
（66）「editor's note」『映画の友』一九六五年一月号、二七八頁。
（67）『自伝』には「私の出世とは批評家になることだった」とまで記されている。淀川『自伝　下』一五頁。
（68）淀川『自伝　下』一三頁。
（69）淀川「映画に現はれたダンス」『キネマ旬報』一九三三年八月二一日、六八～六九頁。
（70）淀川「今日のウェルマン」『キネマ旬報』一九三四年二月二一日、六五頁。ちなみに当時「寄書欄」に「入賞」すると「三円」もらえたという。淀川、双葉十三郎「リレー対談①生まれた時から僕達は映画を見ていたんだ」『キネマ旬報』一九七九年一一月一五日、五二頁。
（71）淀川『半生記』一三四頁。
（72）淀川『半生記』一三六頁。
（73）淀川『半生記』一三六頁。
（74）淀川『映画散策』七、二四七頁。
（75）淀川「われら自身のもの」『映画の友』一九五一年六月号、八四～八五頁。
（76）淀川「愛欲と戦場」『映画の友』一九五五年八月号、一〇三～一〇四頁。
（77）淀川「豪族の砦」『映画の友』一九五五年八月号、一〇五～一〇六頁。
（78）淀川「野性の女」『映画の友』一九五五年八月号、一〇七頁。
（79）淀川「暴力教室」『映画の友』一九五五年一〇月号、一〇二～一〇三頁。
（80）例えば淀川「アメリカ映画話題の三大作品」『映画手帖』一九五〇年一一月号、六八～七一頁。淀川「ボクのママはマンスフィールド」『映画ストーリー』一九六〇年二月号、八四頁。
（81）淀川「映画と紅葉」『文芸朝日』一九六四年一一月号、五四～五六頁。淀川「テレビてればなし」『文藝春秋』一九六八年四月号、八〇～八二頁。
（82）淀川「ベン・ハー」『婦人の友』一九六〇年四月号、一九二～一九三頁。永六輔、村田宏雄、淀川「座談会　現代の良妻を語ろう」『主婦と生活』一九六一年七月号、一三二～一三七頁。
（83）淀川「ひばり」『キネマ旬報』一九五一年一月一五日、五四頁。淀川「命ある限り」『キネマ旬報』一九五一年二月一五日、五七頁。淀川「剣なき闘い」『キネマ旬報』一九五一年三月一五日、四六頁。
（84）アーロン・ジェロー「映画の批評的な受容――日本映画評論小史」藤木秀朗編『観客へのアプローチ』森話社、二〇一一年、一二四～一二五頁。
（85）「ベスト・テンの選考を終って」『キネマ旬報』一九五九年二月一日、三三頁。
（86）山本貴光『文体の科学』新潮社、二〇一四年、二一一頁。
（87）ジェロー「映画の批評的な受容」一一六頁。
（88）「映画評論家クラブ「六日会」結成」『映画の友』一九五二年一二月号、九九頁。
（89）「批評家の個性」『キネマ旬報』一九六〇年一〇月一日、六五～六六頁。
（90）「批評家の個性」六五頁。
（91）淀川「クロスボー作戦」『キネマ旬報』一九六五年一〇月一日、九三頁。
(92) 淀川「偉大な生涯の物語」『キネマ旬報』一九六五年一一月一五日、七三頁。
(93) 淀川「わたしのお医者さま」『キネマ旬報』一九五九年一〇月一日、一一六頁。
(94) 淀川「私の体に悪魔がいる」『キネマ旬報』一九五九年九月一日、七四頁。
(95) 淀川「私の体に悪魔がいる」七四頁。
(96) 淀川「大人になりたい」『キネマ旬報』一九五九年九月一日、八七頁。
(97) 淀川「命ある限り」五七頁。
(98)「批評家の個性」六五頁。
(99) 淀川「奇襲戦隊」『キネマ旬報』一九六七年一二月一日、七六〜七七頁。
(100) 淀川『名作はあなたの一生を幸せにする』二八六〜二八七頁。
(101) 淀川「真夜中へ5哩」『キネマ旬報』一九六三年六月一日、八二頁。
(102) 淀川「少年と社会の結びつき」『キネマ旬報』一九五九年一一月一五日、六四頁。
(103) 淀川「夢の渚」『キネマ旬報』一九六二年九月一五日、八八頁。
(104) 淀川「誘拐」『映画の友』一九五六年六月号、一四一頁。
(105) 淀川「名優が競う絢爛たる問題作　招かれざる客」『キネマ旬報』一九六八年四月一五日、四二頁。
(106) 淀川「輝ける男性舞踏家の凱歌――『掠奪された七人の花嫁』」『映画の友』一九五五年一月号、六二〜六五頁。
(107) 淀川「王様と私」『映画の友』一九五六年一二月号、八二〜八四頁。
(108) 淀川「王様と私」八四、八二頁。
(109) 淀川「夏の夜は三たび微笑む」『映画の友』一九五七年三月号、一二一頁。
(110) 淀川「ヨーロッパの艶笑喜劇」『シナリオ』一九六二年九月号、四九頁。ちなみに、『ボッカチオ'70』には四つの短編が含まれているが、日本で初公開されたときはフェリーニ、ルキノ・ヴィスコンティ、ヴィットーリオ・デ・シーカによる三編のみが公開され、冒頭を飾るマリオ・モニチェリの物語はカットされた。
(111) 淀川「間違えられた男」『映画の友』一九五七年八月号、一四二頁。
(112) 淀川「黄金の七人」『キネマ旬報』一九六六年四月一五日、八〇頁。
(113) 淀川「シャレード」『キネマ旬報』一九六四年一月一五日、九六〜九七頁。
(114) アメリカでは「スパゲッティ・ウェスタン」と呼ばれる雑種的ジャンルを、淀川は「マカロニ・ウェスタン」と名付けたとのちに語っている。ちなみに、『夕陽のガンマン』と『荒野の一ドル銀貨』は同時代の批評では「マカロニ・ウェスタン」と呼ばれていない。淀川「映画おしゃべり箱――マカロニ・ウェスタン」『朝日新聞』一九七九年六月一七日、三一頁。
(115) 淀川「ざらっぽいヒゲづらの味」『知性』一九五六年七月号、一六四頁。
(116) 淀川「イタリア製浪花節ウェスタン」『キネマ旬報』一九六七年一月一五日、八〇頁。
(117) 淀川「荒野の一ドル銀貨」『キネマ旬報』一九六六年九月一日、七二頁。
(118) 淀川「大脱走」『キネマ旬報』一九六三年九月一五日、七七頁。
(119) 淀川「クロスボー作戦」九三〜九四頁。
(120) 淀川「愛の泉」『映画の友』一九五五年二月号、一二〇頁。
(121) 淀川「恋のなぎさ」『キネマ旬報』一九六四年八月一日、八〇頁。
(122) 淀川「映画と世界文学全集ブーム」『キネマ旬報』一九六六年五月一日、三一頁。
(123) 淀川「ヘンリー五世」『キネマ旬報』一九六五年八月一五日、二三頁。

(124) 淀川「トム・ジョーンズの華麗な冒険」『キネマ旬報』一九六四年六月一五日、九一頁。

(125) 淀川「人物配置のおもしろさ　ルイ・マルの〝恋人たち〟」『映画芸術』一九五九年六月号、五二頁。

(126) 「私の選んだ順位および選出理由」『キネマ旬報』一九六〇年二月一日、淀川長治のコメント、四三頁。

(127) 淀川「若者の映画」、アーヴィング・シュルマン『ウェスト・サイド物語』大久保康雄訳、河出書房新社、一九六二年、二一〇～二一四頁。

(128) 淀川「去年の夏、突然に」『キネマ旬報』一九六〇年四月一五日、八四頁。

(129) 淀川「映画と世界文学全集ブーム」『キネマ旬報』一九六六年五月一日、三一頁。

(130) 淀川「タチ・タッチの見事な芸術」『キネマ旬報』一九六九年七月一日、六四頁。

(131) 淀川「一〇〇万人の映画教室――私への一〇〇の質問にお答えします（下）」『スクリーン』一九七七年六月号、一五六頁。

(132) 淀川「少年と社会の結びつき」『キネマ旬報』一九五九年一一月一五日、六四～六五頁。

(133) 淀川「二重の鍵」『キネマ旬報』一九六〇年七月一日、一三一～一三二頁。

(134) 淀川「スリ」『キネマ旬報』一九六〇年九月一五日、八四頁。

(135) 淀川「道」『映画の友』一九五七年八月号、一四一頁。

(136) 淀川「甘い生活」『キネマ旬報』一九六〇年一一月一日、八六頁。

(137) 淀川「『黄色いリボン』のジョン・フォード監督」『映画芸術』一九五一年一一月号、一五～一八頁。

(138) 淀川「長い灰色の線」『映画芸術』一九五五年二月号、四〇～四三頁。

(139) 「映画の友三月号を最後に休刊」『朝日新聞』夕刊、一九六八年二月一五日、一〇頁。

(140) 「一五年目の春――映画はほんとうによみがえるか〈5〉」『読売新聞』夕刊、一九七四年二月四日、七頁。

(141) 小野雅彦「伝説的雑誌『映画の友』――創刊編集長が語るヒットの哲学」『NEWSポストセブン』二〇一八年三月九日（https://www.news-postseven.com/archives/20180309_656843.html）、二〇一八年一〇月一五日閲覧。

(142) 安田理央『日本エロ本全史』太田出版、二〇一九年、六四～六五頁。

第7章　ブラウン管の劇場

(1) 加太こうじ「淀川長治のテレビことば」『思想の科学』一九六八年九月号、三〇～三一頁。

(2) 淀川「私がフィルム・カットに耐え劇場映画TV放映番組に出る理由」『キネマ旬報』一九七一年八月二〇日、六九頁。

(3) 飯田豊『テレビが見世物だったころ――初期テレビジョンの考古学』青弓社、二〇一六年。アメリカにおけるテレビの起源については、Gary R. Edgerton, *The Columbia History of American Television* (New York : Columbia University Press, 2007), 3-59 を参照。

(4) 「井原高忠インタビュー――いまだから話そう」小林信彦責任編集『キネマ旬報別冊　テレビの黄金時代』キネマ旬報社、一九八三年、三八頁。

(5) 吉見俊哉『視覚都市の地政学――まなざしとしての近代』岩波書店、二〇一六年、一九九～二三四頁。

(6) 萩原滋編『テレビという記憶――テレビ視聴の社会史』新曜社、二〇一三年、四頁。

(7)「伸びるテレビ――出来上った縦断網」『朝日新聞』一九五八年三月一〇日、七頁。
(8)「TELEVISION FILMS」『映画の友』一九六〇年二月号、一九四頁。
(9)「総中流」とテレビの関係については、森直人、渡邊大輔、相澤真一「団地のなかのテレビと「家族談笑」」森直人、渡邊大輔、相澤真一編著『総中流の始まり――団地と生活時間の戦後史』青弓社、二〇一九年、一〇二～一二〇頁を参照。
(10)NHK放送世論調査所編『テレビ視聴の三〇年』日本放送出版協会、一九八三年、四九～五二頁。
(11)萩原編『テレビという記憶』四頁。
(12)東京放送社史編集室『東京放送のあゆみ』東京放送、一九六五年、四七四頁。能村庸一『実録テレビ時代劇史』ちくま書房、二〇一四年、三九～五四頁。白石雅彦『円谷一――ウルトラQと〝テレビ映画〟の時代』双葉社、二〇〇六年、四二～五一頁。
(13)「テレビ劇映画の将来」『朝日新聞』夕刊、一九五七年二月三日、四頁。双葉十三郎「テレビ映画の独自性」『キネマ旬報』一九五九年四月一日、七八頁。
(14)有馬哲夫『こうしてテレビは始まった――占領・冷戦・再軍備のはざまで』ミネルヴァ書房、二〇一三年、二一〇頁。田中義久「現代日本の社会変動とテレビ視聴」田中義久、小川文弥編『テレビと日本人――「テレビ五〇年」と生活・文化・意識』法政大学出版局、二〇〇五年、二一六頁。
(15)乾直明『外国テレビフィルム盛衰史』晶文社、一九九〇年、九八～九九頁。
(16)笠井孝「TVフィルムがオン・エアされるまで」『映画の友』一九六二年四月号、一七〇頁。
(17)古田尚輝『『鉄腕アトム』の時代――映像産業の攻防』世界思想社、二〇〇九年、一一一頁。乾『外国テレビフィルム盛衰史』七四頁。
(18)「週がわりの映画館」『朝日新聞』一九六一年一月一三日、五頁。「日曜映画劇場とテレビ名画座」『映画の友』一九六一年六月号、一九四～一九五頁。「TV FILMS」『映画の友』一九六二年一月号、一六七～一六九頁。
(19)古田『『鉄腕アトム』の時代』一一七～一二四頁。
(20)「TV映画ご案内」『映画の友』一九五九年二月号、一五九頁。
(21)乾『外国テレビフィルム盛衰史』一四〇頁。
(22)「テレビ映画　今週の話題」『映画の友』一九六三年七月号、二〇五頁。「TV映画ご案内」『映画の友』一九五九年二月号、一六〇頁。
(23)加藤秀俊「テレビ文明の展望」『中央公論』一九五八年二月号、二一五頁。
(24)岩崎昶「映画とテレビの関係」『朝日新聞』一九五八年一〇月一四日、七頁。
(25)佐藤卓己『テレビ的教養――一億総博知化への系譜』NTT出版、二〇〇八年、一一〇頁。
(26)「もっと健全な番組を」『朝日新聞』一九五八年三月一二日、一〇頁。
(27)淀川「立体映画でてんやわんや」『映画の友』一九五三年六月号、七三頁。淀川「二十世紀フォックスの3・D新称式システム　シネマスコープを見る」『映画の友』一九五三年六月号、六九頁。
(28)淀川「ロスアンゼルス散策」『映画の友』一九五二年二月号、一〇五頁。
(29)淀川「TVキャメラがパンテージ劇場へ」『映画の友』一九五三年六月号、五六～五七頁。
(30)「テレビのプログラム」『映画の友』一九五三年七月号、五九頁。
(31)「突如として発表された立体テレビジョン公開!」『映画の友』一九五三年七月号、七四頁。秋山雪雄、田村幸彦、淀川、岡俊雄、荻昌弘「アメリカ映画の今日・明日」『映画の友』増刊アメリカ映画年鑑、一九五七年一月一五日発行、二〇頁。テレビと映画産業の関係に関しては、以下の文献を参照。北浦寛之『テレビ成長期の日本映画——メディア間交渉のなかのドラマ』名古屋大学出版会、二〇一八年。

(32) 小島正雄、淀川「ニギニギおじさん」『週刊平凡』一九六一年五月一七日号、四四頁。

(33) 淀川「Editor's Note」『映画の友』一九五九年三月号、二一一頁。「座談会　テレビ映画の要件」『放送文化』一九五八年五月、一〇頁。

(34) 飯島正「『ヒッチコック劇場』Alfred Hitchcock Presents について」『映画の友』一九五七年一二月号、七八～八一頁。

(35) 「TVガイド」『映画の友』一九五八年一月号、一二二～一二四頁。

(36) 「TV Film Guide／テレビ映画御案内」『映画の友』一九五八年二月号、一一〇～一一二頁。

(37) 「テレビ映画御案内」『映画の友』一九五八年四月号、一五一～一五二頁。進藤光太「テレビ映画人気第一位のスーパーマンの魅力は」『映画の友』一九五九年八月号、一二〇～一二三頁。

(38) 「TV GUIDE」『映画の友』一九五八年一一月号、一九四頁。

(39) 「TVに登場する名画の数々」『映画の友』一九五八年六月号、一七〇～一七一頁。「テレビ映画ご案内」『映画の友』一九五九年一一月号、一一六頁。

(40) ここでいう「ホームドラマ的西部劇」(domestic western) は、牧場などを舞台に家族生活を中心に展開する西部劇ドラマのサブジャンルである。J. Fred MacDonald, *Who Shot the Sheriff? The Rise and Fall of the Television Western* (New York : Praeger, 1987), 93-101.

(41) Hank Grant, "Laramie," *Hollywood Reporter*, September 17, 1959, 6 ; Robert Alden, "Advertising : Agencies are Blaming Others for Bad TV," *New York Times*, May 11, 1961, 60.

(42) "Laramie," *Variety*, September 23, 1959, 36.

(43) 松岡謙一郎「一九六六、かくて映画の放映が始まった」淀川長治監修、テレビ朝日編『淀川長治と「日曜洋画」の二〇年——映画はブラウン管の指定席で』テレビ朝日、一九八六年、一二頁。古田『「鉄腕アトム」の時代』二四六頁。

(44) 全国朝日放送株式会社『テレビ朝日社史——ファミリー視聴の二五年』、一九八四年、五四頁。

(45) 全国朝日放送株式会社『テレビ朝日社史』五四頁。

(46) 笠井孝「TVフィルムがオン・エアされるまで」一七〇頁。太平洋テレビについては、木下浩一『テレビから学んだ時代——商業教育局のクイズ・洋画・ニュースショー』世界思想社、二〇二一年、五一～五四頁を参照。

(47) 「TV Films」『映画の友』一九六〇年九月号、一一四頁。「お詫び」『映画の友』一九六〇年一〇月号、一二三頁。

(48) J. Fred MacDonald, *Who Shot the Sheriff?*, 48. 秋山雪雄「テレビ西部劇の流れ（1）」『映画の友』一九六一年八月号、一〇五頁。江戸映夫「広告に恋して②『ララミー牧場』放送スタート」『ブレーン』一九九〇年五月号、一一四頁。

(49) 米内貞弘「奇跡の番組をつくった宣伝課員の記録——連載第②回『ララミー牧場』の放送企画」『宣伝会議』二〇〇四年六月号、一七二頁。

(50) 米田喜一「解説者淀川長治誕生秘話」淀川監修、テレビ朝日編『淀川長治と『日曜洋画』の二〇年』一六頁。

(51) 「テレビ最前線シリーズ第四一回——洋画番組　画面には映らない特選エピソード」『週間平凡』一九七四年二月二一日号、一二一頁。池田実「テレビの映画紹介をのぞく」『映画の友』一九六一年五月号、一八四～一八五頁。

(52) 米内貞弘「ジェスすてき　そこでごきげん」『映画の友七月臨時増

刊　ロバート・フラー号」一九六一年七月増刊号、七三頁。

(53)「座談会　神戸と映画」『神戸っ子』一九六六年六月号、七七頁。

(54)淀川「映画解説二〇年」淀川監修、テレビ朝日編『淀川長治と『日曜洋画』の二〇年』二三、二四頁。淀川「私がフィルム・カットに耐え劇場映画TV放映番組に出る理由」六九頁。

(55)淀川「テレビてればなし」『文藝春秋』一九六八年四月号、八〇頁。米田喜一「解説者淀川長治誕生秘話」一六頁。

(56)「新テレビ映画『ララミー牧場』NETで一時間もの」『朝日新聞』一九六〇年六月一一日、七頁。

(57)高山房二「『ララミー牧場』こぼれ話」七頁（『ララミー劇場』DVD、TFC東北新社、二〇一〇年所収のパンフレットより）。

(58)米田喜一「『ララミー牧場』きのうきょう」『映画の友七月臨時増刊　ロバート・フラー号』一九六一年七月増刊号、六九頁。

(59)江戸映夫「広告に恋して③淀川長治と『ララミー牧場の夕べ』」『ブレーン』一九九〇年六月号、一一二頁。

(60)春日正伸「もう時効だから、バラしてしまえ「日本語版」むかしばなし」淀川監修、テレビ朝日編『淀川長治と『日曜洋画』の二〇年』二八頁。

(61)春日「もう時効だから、バラしてしまえ「日本語版」むかしばなし」二八頁。

(62)米内貞弘「奇跡の番組をつくった宣伝課員の記録――連載第⑤回淀川長治の「こぼれ話」、反対から賞賛へ」『宣伝会議』二〇〇四年九月号、一五三頁。

(63)「西部こぼれ話　アンサー・ルーム」『映画の友』一九六一年四月号、二〇六頁。

(64)「西部こぼれ話　アンサー・ルーム」『映画の友』一九六一年五月号、二〇六頁。

(65)米内貞弘「ジェスすてき　そこでごきげん」七三頁。

(66)当時太平洋テレビに勤めていた演出家の春日正伸によれば、アメリカから届いたラッシュの中に、フラーが「ハーイ」と挨拶してから予告を読む映像があり、それを見て「淀川さん、このハーイってのやったら？」と声が上がり、「ハーイ、またあなたとお会いしましたね」というくだりが誕生したという。春日「もう時効だから、バラしてしまえ「日本語版」むかしばなし」二八頁。ちなみに、川喜多記念映画文化財団には各回の解説に使われた淀川本人による手書きのメモが遺贈されているが、そこでもこのフレーズが常用されており、枕詞として各回冒頭に、計画的に使われた様子が窺える。

(67)小島正雄、淀川「ニギニギおじさん」『週間平凡』一九六一年五月一七日号、四二～四五頁。ちなみに「ニギニギ」という動作については「第一回に偶然無意識にやって成功したという説と、三回から意識的に行った」という二つの説がある。志賀信夫「ララミー牧場」『キネマ旬報』一九六一年九月一五日、一四五頁。

(68)江戸「広告に恋して③淀川長治と『ララミー牧場の夕べ』」一一二頁。

(69)内村直也「テレビ週言」『毎日新聞』一九六〇年八月六日、六頁。

(70)淀川長治「『ララミー牧場』とジェス（ロバート・フラー）」山本和夫編著『ララミー牧場（1）――兄弟』ポプラ社、一九六一年、二一六頁。米田「『ララミー牧場』きのうきょう」六九頁。

(71)米田「解説者淀川長治誕生秘話」一八～一九頁。

(72)淀川長治「「ララミー牧場」ロバート・フラー全集発刊に当って」『ララミー劇場――ロバート・フラー全集①』浪速書房、一九六一年、頁不記載。

(73)「西部こぼれ話　アンサー・ルーム」『映画の友』一九六一年三月号、二〇〇頁。

(74)NHK放送世論調査編『テレビ視聴の三〇年』一六六、一八二頁。

(75)高山「『ララミー牧場』こぼれ話」九頁。

(76)「放送メモ」『朝日新聞』一九六二年三月八日、八頁。

(77)「西部こぼれ話　アンサー・ルーム」『映画の友』一九六一年一月号、二〇四頁。「西部こぼれ話　アンサー・ルーム」『映画の友』一九六一年二月号、二二三頁。淀川「ジェスのすべて――この目で見た〝フラー旋風〟」『映画の友』一九六一年七月号、四三頁。

(78)淀川長治「スリム！この〝やさしい〟アメリカ人」『映画の友』一九六二年六月号、一〇〇～一〇五頁。「カーマイケルが西部こぼれ話に」『読売新聞』夕刊、一九六一年一一月一六日、一〇頁。小森和子「〝モーガン警部〟ジョン・ブロムフィールドとその育ての親ポール・サヴェージとのひととき」『映画の友』一九六一年一〇月号、二〇五～二〇七頁。ちなみに、サヴェージは、東映映画の『モーガン警部と謎の男』(監督は関川秀雄)の脚本に携わることとなり、来日を果たしたと『映画の友』にはある。

(79)『ララミー牧場』のフラーきょう来日」『朝日新聞』一九六一年四月一六日、五頁。「ジェスの休日」『週間平凡』一九六一年五月一七日号、五～一五頁。「ジェスが日本に残して行った〝もの〟!」『週間平凡』一九六一年五月一七日号、一八～二三頁。「ララミー牧場のジェス――ロバート・フラーがやってきた」『映画の友』一九六一年七月号、四〇頁。淀川「ジェスのすべて――この目で見た〝フラー旋風〟」四三～四九頁。淀川、榎本宏「ジェス旋風にのって」『映画の友七月臨時増刊　ロバート・フラー号』一九六一年七月増刊号、四六～五〇頁。「〝西部〟から来た男」『週刊読売』一九六一年四月三〇日号、頁不記載。

(80)「フラーの呼びかけが実を結ぶ」『映画の友七月臨時増刊　ロバート・フラー号』一九六一年七月増刊号、六七頁。全国朝日放送株式会社『テレビ朝日社史』六八頁。

(81)「特集グラフ　あなたのジェス」『週刊平凡』一九六一年五月一七日号、九～一九頁。志賀「ララミー牧場」一一五頁。

(82)淀川「ジェスまたお逢いしましたね!　ロバート・フラーの親孝行来日」『映画の友』一九六一年一一月号、五八～五九頁。淀川「フラーさん・こぼれ話　両親とともにふたたび訪れたジェスの残していったもの…」『映画の友』一九六〇年一二月号、一二六～一二九頁。

(83)「ダイヤル」『読売新聞』一九六一年二月一五日、六頁。

(84)「テレビ最前線シリーズ第四一回――洋画番組　画面には映らない特選エピソード」『週間平凡』一九七四年二月二一日、一二〇頁。

(85)「放送塔」『読売新聞』一九六一年四月二五日、六頁。「TV・ララミー牧場の淀川長治先生にきく…映画とTVで見る西部」『中学生画報』一九六一年五月号、六四頁。「にぎにぎおじさんの西部劇教室――第一回」『小学生画報』一九六一年八月号、七一～七七頁。「にぎにぎおじさんの西部劇教室――第二回」『小学生画報』一九六一年九月号、八三～八七頁。淀川「ぼくらのジェス」『日の丸』一九六一年一一月号、五七～六四頁。

(86)志賀「ララミー牧場」一四五頁。

(87)淀川「私がフィルム・カットに耐え劇場映画TV放映番組に出る理由」六九頁。

(88)淀川長治『淀川長治の日曜洋画劇場』雄鶏社、一九七七年、二二頁。

(89)例えば、『洋画サロン♯一九二――ダンディー少佐』台本、一九六五年四月九日放送。『洋画サロン♯二四九――愚か者の船』台本、一九六六年五月一一日放送。『洋画サロン♯二一五――素晴らしきヒコーキ野郎』台本、一九六五年九月二三日放送。いずれも川喜多記念映画文化財団に収蔵。

(90)『朝日新聞』のテレビ欄、一九六七年四月九日、九頁。

(91)「不振の旧作映画放映」『朝日新聞』一九六五年二月二一日、二七頁。酒井平「二時間の番組枠、それは革命的なことだった。」淀川監修、テレビ朝日編『淀川長治と『日曜洋画』の二〇年』三六頁。

(92)「週がわりの映画館」『朝日新聞』一九六一年一月一三日、五頁。
(93)松岡「一九六六、かくて映画の放映が始まった」一五頁。
(94)淀川『淀川長治の日曜洋画劇場』二二頁。
(95)淀川「映画解説二〇年」淀川監修、テレビ朝日編『淀川長治と『日曜洋画』の二〇年』二五頁。
(96)淀川『淀長映画館』二一九頁。
(97)一般的には、映画を切るタイミングは「映画の盛り上がった頂点で切るか、材料が全部出そろって、さあいよいよこれからというところで切るかの二通りに分かれ」たという。内池望博「コマーシャルをどこで入れるかでこの苦しみ」淀川監修、テレビ朝日編『淀川長治と『日曜洋画』の二〇年』四二頁。例えば『キリマンジャロの雪』(一時間五七分)は五一分カットされて放映されている。「大型作品ノーカットで」『朝日新聞』夕刊、一九七〇年三月一九日、九頁。
(98)大林宣彦「淀川さんと出逢って……」『キネマ旬報』一九九九年一月一五日、四一頁。
(99)「テレビ最前線シリーズ第四一回――洋画番組 画面には映らない特選エピソード」『週間平凡』一九七四年二月二一日、一二二頁。
(100)淀川長治「映画から学ぶもの」『映画の友』一九四九年一二月号、一九頁。
(101)淀川『一〇〇万人の映画教室』一九一～一九二頁。
(102)全国朝日放送株式会社『テレビ朝日社史』一二七～一三一頁。「新番組 土曜洋画劇場 『裸足の伯爵夫人』」『朝日新聞』一九六六年一〇月一日、九頁。酒井「二時間の番組枠、それは革命的なことだった。」三六頁。
(103)「ですかばあ・たれんと 淀川長治」『週刊TVガイド』一九七二年一二月一日、一七三頁。淀川『淀長映画館』二二〇頁。
(104)淀川『淀長映画館』二二七頁。
(105)淀川「Cinema⑬ テレビと映画」『神戸っ子』一九六七年八月号、四六頁。
(106)淀川『サヨナラ・サヨナラ・サヨナラ――淀川長治の日曜洋画劇場』朝日ソノラマ、一九六九年、二四九頁。
(107)淀川、森久保仙太郎「映画の中に知る〝愛〟の暖かさ」『教育ジャーナル』一九七四年五月号、五二頁。淀川「私がフィルム・カットに耐え劇場映画TV放映番組に出る理由」七〇頁。
(108)淀川『淀川長治の日曜洋画劇場』一五頁。
(109)淀川『淀川長治の日曜洋画劇場』一二五頁。
(110)淀川『淀川長治の日曜洋画劇場』三〇五頁。
(111)淀川『淀川長治の日曜洋画劇場』一二、一六四、七三頁。
(112)淀川長治「スリム!この〝やさしい〟アメリカ人」『映画の友』一九六二年六月号、一〇一頁。
(113)淀川『淀長映画館』二二二頁。
(114)淀川『サヨナラ・サヨナラ・サヨナラ――淀川長治の日曜洋画劇場』二〇頁。
(115)淀川『サヨナラ・サヨナラ・サヨナラ――淀川長治の日曜洋画劇場』三〇頁。
(116)「一四歳で「映画を恋女房に」」『読売新聞』一九六九年一一月二四日、八頁。
(117)淀川『淀川長治の日曜洋画劇場』二〇六、一三四、二七六頁。
(118)淀川『淀長映画館』二二〇頁。
(119)淀川『淀川長治の日曜洋画劇場』六二、一八七、二一二頁。
(120)淀川『一〇〇万人の映画教室』一九三頁。
(121)淀川『淀川長治の日曜洋画劇場』六九頁。淀川「アメリカ映画総決算」『映画の友』一九五〇年二月号、四九頁。淀川『サヨナラ・サヨナラ・サヨナラ――淀川長治の日曜洋画劇場』一八二頁。
(122)少なくとも、桐島洋子は「映画の本筋などとはあまり関係ない小道具や脇役のことなどホメ出したら、ダメな映画」だと読んでいた。

小沢遼子、桐島洋子「女が斬る――母と映画を至上の愛の対象にした〝文化財〟」『朝日ジャーナル』一九七五年一一月一四日、四九頁。
(123) 淀川『サヨナラ・サヨナラ・サヨナラ――淀川長治の日曜洋画劇場』三二〜三三頁。
(124)「放送塔」『読売新聞』一九六七年一一月一一日、一〇頁。
(125) 淀川『淀川長治の日曜洋画劇場』五七、六六頁。
(126) 淀川『淀川長治の日曜洋画劇場』六五頁。
(127) 淀川『淀川長治の日曜洋画劇場』一一五頁。
(128)「大型作品ノーカットで」『朝日新聞』夕刊、一九七〇年三月一九日、九頁。
(129) これは元々『土曜西部劇』という九〇分番組であったが、成績が思うように振るわなかったため改編されたという。『土曜映画劇場』は二時間番組であった。全国朝日放送株式会社『テレビ朝日社史』一五七頁。「こんどは映画解説者に」『読売新聞』一九六九年七月一九日、一八頁。
(130) 乾『外国テレビフィルム盛衰史』二六六〜二六七頁。
(131) 水野晴郎『映画がいっぱい』日本テレビ、一九八五年、二三四〜二三八頁。「いやぁ洋画って人気ありますねェ」『読売新聞』一九七九年二月一八日、二六頁。
(132)「豆鉄砲」『読売新聞』一九七三年七月一五日、一三頁。
(133) 小沢、桐島「女が斬る――母と映画を至上の愛の対象にした〝文化財〟」四八頁。
(134) 佐藤『テレビ的教養』五頁。

第8章　黄昏期《ゴールデン・エイジ》の伝道師

(1)「特集　淀川長治ワンマンショー」六〜三三頁。
(2) 川本三郎「淀川先生のこわさ」『広告批評』一九八九年五月号、四五頁。
(3)「現代ドキュメンタリーの思想②――テレビに内在するもの」『読売新聞』一九七一年五月七日、一七頁。
(4)「ワンマンショー」後も、東京都民文化賞（一九九七年）、ゴールデンアロー賞特別賞（一九九八年）などといった分野横断的な賞をいくつも受賞していた。
(5) 淀川、松本高情（聞き手）「楽しく幸せに生きるための生活問答＝第六三回＝　映画ほど楽しいレジャーはない」『オール大衆』一九七〇年七月一五日、一八頁。
(6) 淀川「あたまだけでなく」『教育じほう』一九七五年二月号、一四〜一五頁。淀川「あなたがたの映画の見方」『学習の友』一九七七年二月号、六五〜六八頁。淀川「不良少年のロープの上を渡りながら」二〇〜二一頁。淀川「母の像」『子どものしあわせ』一九七四年一二月号、四〜五頁。
(7) 淀川「映画の二〇年代　アメリカを中心に」『現代思想』一九七九年六月号、八四〜九三頁。淀川「植草甚一を思う」『ユリイカ』一九八〇年一月号、七〇〜七四頁。淀川「わが師チャップリン」『文化評論』一九七八年四月号、一三〇〜一三六頁。
(8) 淀川「我親孝行論」『月刊世界政経』一九七四年六月号、二二〜二三頁。淀川「教育のこと」『経済界』一九七九年九月一一日、一四八〜一四九頁。淀川「「孤独」を己れへの鞭として」『近代中小企業』一九八〇年四月号、三二〜三三頁。淀川「ことはじめ」『経済往来』一九七六年一一月号、二二〜二三頁。
(9) 淀川「失敗から生まれたさいならさいならさいなら」『週刊少女フレンド』一九六九年七月一日、一〇八〜一〇九頁。淀川『サヨナラ先生の映画歳時記　下』近代映画社、二〇〇九年、八五、一〇七頁。淀川「モダン・タイムス――笑いのなかで描く人間の愛と勇気！」『セブンティーン』一九七一年一月二三日、一七二〜一七六頁。
(10) 淀川「人間の激情の何たるかを考えさせてくれた『嵐が丘』」『婦

人生活』一九七九年一〇月号、二〇四頁。淀川「淀川長治の新シネマトーク――大人は判ってくれない」『an-an』一九九〇年一〇月一三日、一四五頁。

(11) 淀川「映画と翼は切っても切れぬ親友」『航空情報』一九七六年五月号、八二～八三頁。淀川「映画に現われた〝道路〟の話」『道路建設』一九七一年三月号、二六～二七頁。淀川「「道」のこと」『道路建設』一九八〇年五月号、二六～二七頁。淀川「道に思う」『道路建設』一九八九年一月号、二八～二九頁。淀川「十五秒」『郵政』一九八〇年四月号、三八～三九頁。淀川「私に（ない）もの」『自警』一九八二年七月号、二四～二五頁。淀川「映画の中の若者たち」『更正保護』一九八六年一〇月号、二三～二七頁。

(12) 淀川「ヨドガワ・ナガハル一〇〇万人の映画教室――私のTV「映画の部屋」うらばなし」『スクリーン』一九八〇年一一月号、一四〇～一四二頁。淀川「映画メリーゴーラウンド――楽しく、おかしい私の現場ウラばなしをしよう」『ロードショー』一九八三年二月号、一三四～一三五頁。淀川「ヨドガワ・ナガハル一〇〇万人の映画教室――マイクに向かって十数年…テレビ・ラジオ放送の周辺」『スクリーン』一九七七年一二月号、一四六頁。「盛返す映画解説番組」『朝日新聞』一九六九年二月一〇日、九頁。「ハイ、こんにちは！〝淀長〟映画アワー」『読売新聞』一九七〇年七月三日、二三頁。黒柳徹子、淀川『徹子と淀川おじさん――人生おもしろ談義』立東舎、二〇一六年。淀川『サヨナラ先生の映画歳時記　下』二一、一二一頁。淀川『サヨナラ先生の映画歳時記　上』近代映画社、二〇〇九年、六〇、六四、七七、七八頁。

(13) これは西銀座サテライトスタジオという「ショーウインドーのガラスの中」から生放送された二〇分番組であった。淀川「Cinema ⑬ テレビと映画」四六頁。『神戸っ子』によれば、ラジオのレギュラー出演が始まったのは一九六四年一月だとあるが、『朝日新聞』のラジオ欄をみると、一九六三年九月七日から「淀川長治」の名が登場している。その前週八月三一日のホストは「渡辺トモコ」だった。川喜多記念映画文化財団のアーカイブに、『西銀座デイト・タイム』の台本がいくつか収められている。例えば、ニッポン放送『西銀座デイト・タイム《ジェームズ・ディーン特集》』一九六五年一月二三日放送。ニッポン放送『西銀座デイト・タイム《大作二本立て》』一九六六年七月二三日放送。

(14) Y・T「乱歩の名作をリアルに」『読売新聞』一九六八年七月二〇日、一〇頁。

(15) 淀川『淀川長治Radio名画劇場――私の映画の部屋』TBSブリタニカ、一九七六年。淀川『淀川長治Radio名画劇場――続・私の映画の部屋』TBSブリタニカ、一九七六年。淀川『淀川長治Radio名画劇場――新・私の映画の部屋』TBSブリタニカ、一九七八年。淀川『淀川長治Radio名画劇場――新々・私の映画の部屋』TBSブリタニカ、一九七八年。

(16) 淀川『淀川長治Radio名画劇場――私の映画の部屋』一頁。

(17) 淀川「ヨドガワ・ナガハル一〇〇万人の映画教室――マイクに向かって十数年…テレビ・ラジオ放送の周辺」『スクリーン』一九七七年一二月号、一四六～一四九頁。淀川『サヨナラ先生の映画歳時記　下』一七、一九、一七六、二〇〇頁。ちなみに、テレビの影に隠れがちだった「ラジオの淀川長治」の影響も侮れない。映画評論家の町山智浩は『淀川長治ラジオ名画劇場』を「特に、影響が大き」かった番組とする。中学生時代、「毎回、カセット・テープに録音して何度も聴き返し」たと言っている。町山智浩「批評よりも、好きな映画と一体化すること」『二一世紀の淀川長治』キネマ旬報社、二〇一六年、一二頁。

(18) 淀川長治『淀川長治映画の旅』全四巻、EPIC/SONY RECORDS、一九九〇年。淀川長治『映画音楽缶』全一〇巻、ユーキャン。

(19) 淀川『サヨナラ先生の映画歳時記　下』三六、六六、六九、八六、八八、一一一、一一三、一二〇、一二八、一六八、一六九、一七四、二〇三頁。
(20) 淀川『サヨナラ先生の映画歳時記　上』六〇、六一、六五頁。淀川『サヨナラ先生の映画歳時記　下』三五、四〇、四四、七七、八九、一九二頁。
(21) 淀川「映画メリーゴーラウンド――楽しく、おかしい私の現場ウラばなしをしよう」『ロードショー』一九八三年二月号、一三五頁。
(22) 淀川「ロスト・ソウルのアメリカで見たフェリーニやアーサー・ペン」『キネマ旬報』一九七一年七月二〇日、四六～四九頁。淀川「知るも知らぬもニューヨーク」『中央公論』一九八六年九月号、二六四～二六九頁なども参照。『スクリーン』一九八〇年九月号には、「六月のマンハッタンは十二回目」とある。淀川「ヨドガワ・ナガハル一〇〇万人の映画教室――鼓動たかまるブロードウェイ・ミュージカルに酔う」『スクリーン』一九八二年九月号、一三八頁。
(23) 淀川「ヨドガワ・ナガハル一〇〇万人の映画教室――映画とステージと美術館めぐりの二週間」『スクリーン』一九八一年九月号、一三六～一三八頁。淀川「ヨドガワ・ナガハル一〇〇万人の映画教室――ニューヨーク私的おもしろ案内」『スクリーン』一九八三年一〇月号、一四四～一四六頁。
(24) 淀川「Cinema Paradise 映画に愛をこめて――車椅子に乗ってでも…」『ロードショー』一九九四年三月号、一七八～一七九頁。
(25)「いじわる対話四三――好きな好きな映画と暮らす聖老年　淀川長治さん」『週刊サンケイ』一九六八年七月二二日、一〇八～一一〇頁。大宅壮一、淀川「映画のつぎにおかあさん――ムズムズと映画の虫にとりつかれた」『週刊文春』一九七〇年一〇月一二日、五六～六一頁。
(26)「お母さん、サイナラ、サイナラ…サイナラ」『週刊平凡』一九七〇年六月一一日、三〇～三三頁。淀川「我が母の記」『婦人生活』一九七一年五月号、二〇九～二一一頁。
(27) 淀川「母に溺れて結婚できなかった私」『婦人倶楽部』一九七〇年六月号、二四八頁。
(28)「淀川長治――映画の解説だけでスターになった〝ニギニギおじさん〟」『週刊明星』一九六八年。
(29) 淀川「ああ、結婚したい」『諸君!』一九七〇年六月号、二〇三頁。
(30) これは戸川昌子のコメントであるが、淀川はそれに同意している。淀川、戸川昌子「戸川昌子の「艶論性談」女はコワくてオソロシイですねぇ――第一四回　淀川長治」『週刊サンケイ』一九七五年三月六日、四七頁。
(31) 淀川「母に溺れて結婚できなかった私」二四八頁。
(32) 淀川『自伝　上』二九三、二八八頁。淀川、ショーン・マサイアス「男同士の愛」を理解する女の器量について」『FRAU』一九九八年一〇月二八日、一五九頁。
(33) 淀川「生きること」『潮』一九六八年六月号、一五二頁。
(34)「こんにちは――淀川長治さん　映画鑑賞が〝生命活動〟そのもの」『サンケイ新聞』夕刊、一九七三年九月四日、三頁。
(35)「サンケイ新聞あいつぐ差別――淀川氏（映画評論）が対談で部落の銭湯にはいったと」『解放新聞』一九七三年一一月五日、三頁。「エセヒューマニズム追求　淀川氏自己批判」『解放新聞』一九七三年一二月三一日、三頁。この一件についてはモルモット吉田「『映画評論・入門!』番外編「映画評論事件史　淀川長治差別発言事件」」、モルモット吉田『新映画をめぐる怠惰な日常』二〇一七年五月四日(https://molmot.hatenablog.com/entry/2017/05/04/223922) が詳しい。二〇二一年四月一八日閲覧。
(36) 淀川「れんさい随想/③　神戸のこと手当り次第」『神戸っ子』一九六二年一〇月号、一〇～一一頁。

(37)「人気出ました〝おすぎとピーコ〟」『朝日新聞』夕刊、一九七九年四月一二日、八頁。
(38) 淀川「両面感覚」『キャリア・ガイダンス』一九八五年六月号、一二頁。
(39) 淀川「淀長怪奇ぶし」『新評』臨時増刊、一九七四年夏、二八〇頁。
(40) 淀川「我れを脱線させし映画とは?」『オール読物』一九八九年一二月号、四一頁。
(41) 淀川「ヨドガワ・ナガハル一〇〇万人の映画教室――芸術映画って、いったい何や…」『スクリーン』一九八三年一二月号、一三九頁。
(42)「感覚」『デジタル大辞泉』小学館。
(43) 淀川「映画感覚について考える」『キネマ旬報』一九六八年一〇月一日、四八頁。
(44) 淀川「あなたがたの映画の見方」『学習の友』一九七七年二月号、六五、六六、六八頁。
(45) 淀川「今日の映画ファン気質」『キネマ旬報』一九六七年六月一日、五八頁。
(46) 淀川「映画感覚について考える」四八～四九頁。
(47) 淀川(取材は阿奈井文彦)「――というわけで、映画の楽しさを話しましょう」『思想の科学』一九八六年七月号、八三頁。
(48) 淀川「淀長ロードショー」『週刊朝日』一九七一年四月二三日、一一〇頁。
(49) 淀川「私のベスト4」日野康一編『シネアルバム 1979』芳賀書店、一九七九年、一八九～一九〇頁。
(50) 淀川「ヨドガワ・ナガハル一〇〇万人の映画教室――映画からこんなことを勉強しよう!」『スクリーン』一九八二年二月号、一二七頁。
(51) 淀川「ヤングのためのシネマ教養講座③――映画を見る目に〝感覚〟を養おう」『ロードショー』一九七六年九月号、一二四頁。
(52) 淀川「ヤングのためのシネマ教養講座⑪――映画界に入りたいキミのために」『ロードショー』一九七七年五月号、一二七頁。
(53) 淀川「淀川おじさんロードショー」『週刊朝日』一九七二年三月一〇日、頁不記載。
(54) 淀川「映画は生きたテキスト――豊かな感覚を育てよう!」『ロードショー』一九八六年五月号、一九一頁。
(55) 淀川、杉浦孝昭「淀川長治と杉浦孝昭の映画時評――この感覚の新しさ、今年一番の掘り出し物ね。」『広告批評』一九八六年四月号、一〇四頁。
(56) 淀川「映画は生きたテキスト――豊かな感覚を育てよう!」一九一頁。
(57) 淀川、杉浦「淀川長治と杉浦孝昭の映画時評――ウッディ・アレンの才能が、いっぱいに詰まった映画ね。」『広告批評』一九八六年三月号、九一頁。淀川「映画は生きたテキスト――豊かな感覚を育てよう!」一九一頁。
(58) 淀川「映画は生きたテキスト――豊かな感覚を育てよう!」一九一頁。
(59) 淀川「ヤングのためのシネマ教養講座㉚――華麗なるヴィスコンティ芸術」『ロードショー』一九七八年一二月号、一四〇～一四一頁。
(60)「外国映画採点表」『キネマ旬報』一九七二年一月二〇日、五六頁。
(61) 淀川「ルキノ・ヴィスコンティ監督の『ベニスに死す』」『キネマ旬報』一九七一年九月二〇日、一四三～一四五頁。
(62) 淀川『淀川長治 Radio 名画劇場――新々・私の映画の部屋』一一頁。
(63) 淀川、杉浦孝昭「淀川長治と杉浦孝昭の映画時評――恐いけど、酔える。これほどの〝感じる〟映画はないね。」『広告批評』一九八七年三月号、九二～九七頁。
(64) Gary Cross, *Consumed Nostalgia: Memory in the Age of Fast Capitalism*

(New York: Columbia University Press, 2015), 6–12.

(65) 成田龍一『「故郷」という物語——都市空間の歴史学』吉川弘文館、一九九八年、二九～六二頁。

(66) Marylin Ivy, *Discourses of the Vanishing: Modernity, Phantasm, Japan* (Chicago: University of Chicago Press, 1995).

(67) 川勝麻里「ディスカバー・ジャパン・キャンペーンとふるさと喪失——高度経済成長期の小松左京、安部公房、川端康成」『叙説III』第九号、二〇一三年三月、八二頁。

(68) 川勝「ディスカバー・ジャパン・キャンペーンとふるさと喪失」七八～九二頁。

(69) 淀川『私のチャップリン』PHP研究所、一九七七年、八頁。淀川「不思議の国のチャーリーチャップリン」『ロードショー』一九七四年五月号、一三一頁。淀川『私の映画の部屋』一一～三八頁。淀川『淀川長治Radio名画劇場——新々・私の映画の部屋』二六三～二八五頁。淀川『さよなら先生の映画歳時記　上』二二一頁。

(70) 淀川、蓮實重彦、山田宏一『映画千夜一夜』中央公論社、一九八八年。淀川、蓮實重彦編『シネクラブ時代——アテネ・フランセ文化センター／トークセッション』フィルムアート社、一九九〇年。淀川『淀川長治映画塾』講談社、一九九五年。

(71) 淀川「映画メリーゴーラウンド——映画への感傷がいっぱい！コッポラの心の歌」『ロードショー』一九八二年一〇月号、一四四～一四五頁。

(72) 淀川、杉浦「淀川長治と杉浦孝昭の映画時評——過去をいとおしむコッポラのやさしさが伝わってくるね。」『広告批評』一九八七年一月号、九二～九七頁。

(73) 淀川「淀川長治の新シネマトーク——フィールド・オブ・ドリームズ」『an-an』一九九〇年三月二日、一五三頁。

(74) 淀川「フィールド・オブ・ドリームス——アメリカの〝心〟をもった〝人間〟に捧げる映画」『キネマ旬報』一九九〇年一月一日、三九頁。

(75) 淀川「淀川長治の新シネマトーク——フィールド・オブ・ドリームズ」一五三頁。

(76) 淀川、杉浦「おしゃべり映画講座㉓——『ニュー・シネマ・パラダイス』」『広告批評』一九八九年一二月号、九二頁。

(77) 淀川、杉浦「淀川長治と杉浦孝昭の映画時評——タヴィアーニ兄弟が酔わせる、これは映画のバレエね」『広告批評』一九八七年九月号、八七、九〇頁。

(78) 淀川「グッドモーニングバビロン——パオロとヴィットリオ・タヴィアーニの美術」『キネマ旬報』一九八七年一〇月一日、八三頁。

(79) 淀川「『グッドモーニング・バビロン！』は映画の都への壮大なラブレターだ」『ロードショー』一九八七年一一月号、一二九頁。

(80) 淀川「タヴィアーニ兄弟のモダン・ロマネスク」『ユリイカ』一九八七年一一月号、三三頁。

(81) 淀川、杉浦「おしゃべり映画講座㉓——『ニュー・シネマ・パラダイス』」『広告批評』一九八九年一二月号、九四、九六頁。

(82) 淀川「特集プレタポルテ——孔雀が羽根をひろげたごときアルトマン映画」『キネマ旬報』一九九五年六月一五日、三三頁。

(83) 淀川「こまること」『小説club』一九六九年一月号、一九三頁。

(84) 淀川「憎い私、キザな私」『潮』一九七〇年六月号、二四三頁。

(85) 淀川「新・ヤングのためのシネマ教養講座⑨——アメリカ映画一九八一の傾向」『ロードショー』一九八一年九月号、一三九頁。

(86) 淀川「淀川長治の新シネマトーク——ゴースト／ニューヨークの幻」『an-an』一九九〇年一〇月二六日、一七七頁。

(87) 淀川「淀川長治のマイシネマ・グラフィティ⑧——素朴で明るく楽しく——それがアメリカ映画の本質なのね！」『ロードショー』一九八九年六月号、一九三頁。

(88) 淀川「'77年――わたしのベスト五」日野康一編『シネアルバム一九七八――一九七七年日本公開外国映画全集』芳賀書店、一九七八年、八頁。
(89) 淀川「淀川長治のマイシネマ・グラフィティ⑧素朴で明るく楽しく――それがアメリカ映画の本質なのね！」一九三頁。
(90) 淀川、川本三郎「川本三郎さんと」『広告批評』一九八七年七月号、八三頁。
(91) 淀川「淀川長治のマイシネマ・グラフィティ⑧素朴で明るく楽しく――それがアメリカ映画の本質なのね！」一九五頁。
(92) 淀川「フィールド・オブ・ドリームス――アメリカの〝心〟をもった〝人間〟に捧げる映画」三八頁。
(93) 淀川「淀川長治の新シネマトーク――七月四日に生まれて」『an-an』一九九〇年二月二三日、一〇五頁。
(94) 淀川「Cinema Paradise 映画に愛をこめて――私の好きな映画嫌いな映画」『ロードショー』一九九六年一月号、一八八頁。
(95) 淀川「Cinema Paradise 映画に愛をこめて――車椅子に乗ってでも…」『ロードショー』一九九四年三月号、一七九頁。
(96) 淀川、蓮實重彦「一九八〇年代「洋画ベスト五〇」はこれだ！」『マリ・クレール』一九九〇年七月号、九一頁。淀川、杉浦「おしゃべり映画講座㉗――『非常城市』『グローリー』」『広告批評』一九九〇年四月号、七一頁。「淀川長治さんは最近話題の監督をどう評価しているのか」『ダカーポ』一九九一年一月二日、二八頁。
(97) 淀川『サヨナラ先生の映画歳時記　上』一二二頁。
(98) 淀川「淀川長治の新シネマトーク――氷の微笑」『an-an』一九九二年七月一〇日、一五三頁。
(99) 淀川「淀川長治の新シネマトーク――ワイルド・アット・ハート」『an-an』一九九一年一月一八日、八五頁。
(100) 淀川「ヒーロー及びヒロイン」『ユリイカ』一九七六年六月号、一三四～一三七頁。
(101) 「わたしの選んだベスト・テン作品」『キネマ旬報』一九九八年二月一五日、一〇六頁。
(102) 淀川「淀川長治の新シネマトーク――イングリッシュ・ペイシェント」『an-an』一九九七年四月一八日、一六五頁。
(103) 淀川「新・ヤングのためのシネマ教養講座⑨――アメリカ映画一九八一の傾向」『ロードショー』一九八一年九月号、一三八～一三九頁。
(104) 淀川「Cinema Paradise 映画に愛をこめて――スピルバーグの映画作りを考える」『ロードショー』一九九五年一一月号、一八六頁。
(105) 淀川「ヨドガワ・ナガハル一〇〇万人の映画教室――映画の天才は〝映画子供〟なのだ　ヒッチとスピールバーグの共通点」『スクリーン』一九八四年六月号、一五五～一五六頁。
(106) 淀川「新・ヤングのためのシネマ教養講座⑨――アメリカ映画一九八一の傾向」一三八～一三九頁。淀川「Cinema Paradise 映画に愛をこめて――スピルバーグの映画作りを考える」一八六～一八七頁。
(107) 淀川「淀川長治の新シネマトーク――シンドラーのリスト」『an-an』一九九四年三月四日、一四七頁。淀川『わが出会い　想いのスターたち』毎日新聞社、一九九六年、一七頁。
(108) 淀川「『フィラデルフィア』とちかごろのアメリカ映画」『キネマ旬報』一九九四年六月一日、六九頁。
(109) 淀川「淀川長治の新シネマトーク――許されざる者」『an-an』一九九三年四月二三日、一六三頁。
(110) 淀川「淀川長治の新シネマトーク――ローズ家の戦争」『an-an』一九九〇年五月二五日、一三七頁。
(111) 淀川「淀川長治の新シネマトーク――12モンキーズ」『an-an』一九九六年七月一二日、一三一頁。
(112) 淀川「映画メリーゴーラウンド――街角の小さなサロン劇場から

映画の輪が広がっていく」『ロードショー』一九八二年一二月号、一四〇頁。

(113) 淀川「淀川長治の新シネマトーク――セックスと嘘とビデオテープ」『an-an』一九八九年一二月八日、一三七頁。

(114) 淀川「淀川長治の新シネマトーク――バートン・フィンク」『an-an』一九九二年一月二四日、一〇五頁。

(115) 淀川「淀川長治の新シネマトーク――ミラーズ・クロッシング」『an-an』一九九一年七月五日、一五三頁。

(116) 淀川「淀川長治の新シネマトーク――ビッグ・リボウスキ」『an-an』一九九八年一〇月九日、一五一頁。

(117) 淀川「淀川長治の新シネマトーク――ベイビー・オブ・マコン」『an-an』一九九三年一二月一〇日、一七一頁。

(118) 淀川「淀川長治の新シネマトーク――ピーター・グリーナウェイの枕草子」『an-an』一九九七年六月二七日、一六五頁。

(119) 淀川、杉浦「おしゃべり映画講座㉚――『コックと泥棒、その妻と愛人』」『広告批評』一九九〇年七月号、一一九、一二一頁。

(120) 淀川、杉浦「おしゃべり映画館㊻――プロスペローの本」『広告批評』一九九二年一月号、九八、一〇〇頁。

(121) 淀川「淀川長治の新シネマトーク――キカ」『an-an』一九九四年七月一五日、九九頁。

(122) 淀川「淀川長治の銀幕旅行――「キカ」スペインの情熱と色彩とピカソふう！」『産経新聞』夕刊、一九九四年八月九日（http://www.sankei.co.jp/enak/yodogawa/94/94kika.html）、二〇二三年二月一四日閲覧。

(123) 淀川「淀川長治の新シネマトーク――コントラクト・キラー」『an-an』一九九一年三月一日、一七三頁。

(124) 淀川「淀川長治の新シネマトーク――レニングラード・カウボーイズ　ゴー・アメリカ」『an-an』一九九〇年八月三／一〇日、一四五頁。

(125) 淀川「淀川長治の新シネマトーク――友だちのうちはどこ？／そして人生はつづく」『an-an』一九九三年一一月五日、一三九頁。

(126) 淀川「淀川長治の新シネマトーク――オリーブの林をぬけて」『an-an』一九九四年一二月九日、一七七頁。

(127) 淀川「淀川長治の新シネマトーク――クローズ・アップ」『an-an』一九九五年八月四日、一二三頁。

(128) 淀川が『パルプ・フィクション』や『恋する惑星』の非直線的な物語構造から受けた「感じ」は映画学者によっても指摘されている。David Bordwell, *Perplexing Plots: Popular Storytelling and the Poetics of Murder* (New York: Columbia University Press, 2023), 1-27.

(129) 淀川「淀川長治の新シネマトーク――恋する惑星」『an-an』一九九五年七月二一日、一一五頁。

(130) 「ニュー・クィア・シネマ」については、例えばMichele Aaron, ed., *New Queer Cinema: A Critical Reader* (New Brunswick: Rutgers University Press, 2004) を参照。淀川「淀川長治の新シネマトーク――トーチソング・トリロジー」『an-an』一九八九年一二月一日、一四五頁。

(131) 淀川、杉浦「おしゃべり映画講座(85)――華麗なるゲイ砂漠を行く」『広告批評』一九九五年八／九月号、一四七頁。

(132) 淀川「淀川長治の新シネマトーク――プリシラ」『an-an』一九九五年七月一四日、一三一頁。

(133) 淀川「淀川長治の銀幕旅行――「プリシラ」砂漠中に、けんらん女装の三人」『産経新聞』夕刊、一九九五年六月二七日（http://www.sankei.co.jp/enak/yodogawa/95/95priscilla.html）、二〇二三年二月一四日閲覧。

(134) 淀川「淀川長治の新シネマトーク――プリシラ」一三一頁。

(135) 淀川「淀川長治の新シネマトーク――ベルベット・ゴールドマイ

ン」『an-an』一九九八年一一月二〇日、一六九頁。

(136) 重政隆文「映画を守れ」『ＦＢ』一九九五年一二月冬号、二二六頁。

第9章 「日本映画は観ていない」

(1) 淀川『私の映画遺言』中央公論新社、一九九九年、二七頁。

(2) 佃善則『淀川長治が遺してくれたこと――映画が人生の学校だった』海竜社、一九九九年、六八頁。

(3) 「対談／淀川長治×筈見有弘――（あとがき）にかえて」淀川『淀川長治集成IV――映画の（道）、人生の（道）』芳賀書店、一九八七年、三四五頁。

(4) 淀川「映画を愛する心」『キネマ旬報』一九六八年九月二〇日、三六頁。

(5) 淀川『映画散策』一四九頁。淀川、山田宏一『映画は語る』中央公論新社、一九九九年、三六六頁。

(6) 藤木秀朗『増殖するペルソナ――映画スターダムの成立と日本近代』名古屋大学出版会、二〇〇七年、六五頁。

(7) 淀川『半生記』一一頁。

(8) 松浦章、笹川慶子『東洋汽船と映画』関西大学出版部、二〇一六年、一六五～一八九頁。

(9) 淀川『映画散策』一五一頁。淀川『淀長映画館』五二頁。淀川『自伝 上』一三一頁。

(10) Joanne Bernardi, *Writing in Light: The Silent Scenario and the Japanese Pure Film Movement* (Detroit: Wayne State University Press, 2001), 207-232. 山本喜久男『日本映画における外国映画の影響――比較映画史研究』早稲田大学出版部、一九八二年、二八五～二八八頁。

(11) 佐藤忠男『日本映画史I 1896-1940』岩波書店、一九九五年、一九六頁。

(12) 淀川「映画反故帳」一二〇頁。

(13) 淀川『淀長映画館』五四～五五頁。

(14) 淀川『映画散策』一五一頁。『淀長映画館』五五頁。淀川、山田宏一『映画は語る』三六八頁。

(15) 淀川『淀長映画館』五五頁。

(16) 泉鏡花「葛飾砂子」『鏡花集第一巻』春陽堂、一九一〇年、五二二～五七四頁。

(17) 淀川『淀長映画館』五八頁。

(18) 淀川『淀長映画館』五五～五六頁。

(19) 淀川『淀長映画館』五八～五九頁。

(20) 淀川『淀長映画館』五九頁。

(21) 淀川「映画反故帳」一二〇頁。

(22) 淀川「今日の話題」『キネマ旬報』一九三二年七月一一日、四八頁。

(23) 淀川「映画反故帳」一二〇頁。

(24) 淀川「夏無題」『映画と音楽』一九三九年七月号、四六頁。

(25) 淀川「来訪した外国映画人物語」『映画の友』一九四一年四月号、一二六頁。

(26) 淀川「映画反故帳」一二一頁。

(27) 淀川「日本映画に欲しいもの」六～七頁。

(28) 淀川『映画散策』八五～八六頁。

(29) 淀川『映画散策』九二～九三頁。

(30) 淀川『映画散策』二〇四頁。

(31) 淀川『映画散策』二〇三頁。

(32) 淀川「夜の未亡人」『映画の友』一九五一年一〇月号、一一一頁。

(33) 淀川『映画散策』一七二～一七三頁。

(34) 淀川「西鶴芸術に突進した異色作『大阪物語』」『映画の友』一九五七年五月号、八九～九〇頁。

(35) 淀川「無法松の一生」『映画の友』一九五八年七月号、一二七頁。

(36) 淀川「映画と日常生活」和田矩衛編『現代映画講座第六巻――鑑

賞編』東京創元社、一九五五年、一七三頁。
(37) 淀川「映画と日常生活」一七六頁。
(38) 朱宇正『小津映画の日常――戦争をまたぐ歴史の中で』名古屋大学出版会、二〇二〇年。
(39) 淀川「映画と日常生活」一七三頁。
(40) 淀川「波も涙も暖かい」『映画評論』一九六〇年二月号、七〇頁。
(41) 淀川「映画と日常生活」一七三頁。
(42) 藤井仁子「シネマの中にいる他人――最後から三番目の成瀬巳喜男」蓮實重彦・山根貞男編『成瀬巳喜男の世界へ』筑摩書房、二〇〇五年、一四六頁。
(43) 淀川「おかあさん」『映画の友』一九五二年九月号、八八～八九頁。
(44) 淀川「稲妻」『映画の友』一九五二年一二月号、九七頁。
(45) 淀川「感覚」「スタア」一九四九年一〇月号、三三頁。
(46) 淀川「二十四の瞳」『映画の友』一九五四年一二月号、一〇四～一〇五頁。
(47) 久保豊『夕焼雲の彼方に――木下恵介とクィアな感性』ナカニシヤ出版、二〇二二年、二〇三～二四四頁。
(48) 永田の文言については、『おとうと』の予告編を参照。
(49) 淀川「市川崑と『おとうと』」『映画評論』一九六〇年一二月号、七四～七五頁。
(50) 「炎上」『映画の友』一九五八年一一月号、一八九頁。
(51) 淀川「鍵」『映画の友』一九五九年九月号、一七一頁。
(52) 淀川「黒線地帯」『キネマ旬報』一九六〇年二月一五日、七五頁。
(53) 淀川「黄線地帯」『キネマ旬報』一九六〇年六月一日、七一頁。
(54) 淀川「暗黒街の対決」『映画の友』一九六〇年三月号、一七二頁。
(55) 淀川「悪女の季節」『映画の友』一九五九年二月号、一八一頁。
(56) 淀川「羽仁進監督の個性あふれた『不良少年』」『映画の友』一九六一年一月号、一四二～一四三頁。
(57) 春日太一『あかんやつら――東映京都撮影所血風録』文藝春秋、二〇一三年。渡邊武信『日活アクションの華麗な世界・中 1963–1967』未来社、一九八二年一五〇～一七五頁。
(58) 淀川「映画のこと手当り次第②」『神戸っ子』一九六四年四月号、三二頁。
(59) 淀川「こんなこと」『自警』一九七〇年三月号、一一頁。
(60) 淀川「なぜ大人たちは映画を見ない?」『小説新潮』一九七二年七月号、三二〇頁。
(61) 淀川「拳銃無宿　脱獄のブルース」『キネマ旬報』一九六六年一月一日、一〇一頁。
(62) 淀川「歌麿をめぐる五人の女」『キネマ旬報』一九五九年一一月一五日、八〇頁。
(63) 淀川「白日夢」『キネマ旬報』一九六四年八月一日、七八頁。
(64) 淀川「淀川おじさんロードショー」『週刊朝日』一九七二年九月八日、頁不記載。
(65) 淀川「淀長ロードショー――生活力のある善人たち『女は男のふるさとョ』」『週刊朝日』一九七一年六月四日、一〇八頁。
(66) 淀川「太平洋の嵐」『キネマ旬報』一九六〇年五月一五日、八二頁。
(67) 淀川「戦争と兵隊の映画」『丸』一九六五年四月号、七四頁。
(68) 淀川「淀川おじさんロードショー――掘り下げ足りない人間の「悪」『戦争と人間』完結編」『週刊朝日』一九七三年八月三一日、三九頁。
(69) 淀川「淀川おじさんロードショー」『週刊朝日』一九七二年五月二六日、頁不記載。
(70) 淀川「淀長ロードショー――美景と恐怖の二重奏『内海の輪』」『週刊朝日』一九七一年二月二六日、一〇四頁。
(71) 淀川「淀川おじさんロードショー」『週刊朝日』一九七二年一一月一七日、一二三頁。

(72) 淀川「淀長ロードショー――人間の機微に触れる暖かさ『男はつらいよ　寅次郎恋歌』」『週刊朝日』一九七一年一二月一〇日、一三三頁。
(73) 淀川「淀川おじさんロードショー」『週刊朝日』一九七三年一月一九日、一四三頁。
(74) 淀川『淀川長治 Radio 名画劇場――続・私の映画の部屋』二六八～二六九頁。
(75) 淀川「淀川おじさんロードショー」『週刊朝日』一九七二年六月九日、頁不記載。
(76) 淀川『淀川長治 Radio 名画劇場――続・私の映画の部屋』二六五頁。
(77) 淀川「淀長ロードショー――四十年幽閉を経て『婉と言う女』」『週刊朝日』一九七一年五月二一日、一一二頁。
(78) 淀川「淀川長治の新シネマトーク――櫻の園」『an-an』一九九〇年一一月二日、一六九頁。
(79) 山田宏一、淀川「淀川長治「邦画劇場」下」二六一頁。
(80) 淀川「淀川長治の新シネマトーク――Shall we ダンス?」『an-an』一九九六年一月二六日、一一九頁。
(81) 淀川、杉浦孝昭「淀川長治と杉浦孝昭の映画時評――アメリカの娯楽映画のエネルギーを感じさせるね。」『広告批評』一九八七年一〇月号、七八～七九頁。
(82) 淀川「淀川長治の新シネマトーク――罠」『an-an』一九九六年六月一四日、一六三頁。
(83) 淀川「淀川長治の新シネマトーク――萌の朱雀」『an-an』一九九七年一〇月二四日、一四一頁。
(84) 淀川、橋口亮輔「淀川長治　橋口亮輔と語る」『ぴあ』一九九三年八月三一日、二四二頁。
(85) 淀川「淀川長治の銀幕旅行――二十才の微熱」『産経新聞』夕刊、一九九三年七月一三日（http://www.sankei.co.jp/enak/yodogawa/93/93hatachi.html）、二〇二三年二月一四日閲覧。
(86) 淀川、橋口「淀川長治　橋口亮輔と語る」二四〇、二四二頁。
(87) 淀川「淀川長治の新シネマトーク――おこげ」『an-an』一九九二年一〇月九日、一四五頁。
(88) 淀川、橋口「淀川長治　橋口亮輔と語る」二四一頁。
(89) 淀川「淀川長治の新シネマトーク――ウェディング・バンケット」『an-an』一九九三年一二月三日、一一五頁。
(90) 淀川「淀川長治の銀幕旅行――失楽園」『産経新聞』夕刊、一九九七年五月六日（http://www.sankei.co.jp/enak/yodogawa/97/97shitsurakuen.html）、二〇二三年二月一四日閲覧。
(91) 北野武、淀川「北野「どうも女の人が映画で目立つのが好きじゃないんですよ」淀川「そうね、あんたの撮る映画は全部男の映画。女は嫌いでしょ」」、淀川編（責任編集）『フィルムメーカーズ②――北野武』キネマ旬報社、一九九八年二月三日、二七頁。
(92) 淀川「淀川長治の新シネマトーク――萌の朱雀」一四一頁。
(93) 例えば「黒澤明大いに語る――『七人の侍』の構想と演出」『映画の友』一九五三年一二月号、八九～九三頁。淀川「黒沢明監督お土産放談」『映画の友』一九五八年一月号、一一二～一一七頁。
(94) 黒澤明、淀川、白井佳夫「ＢＩＧ座談会①黒澤明・淀川長治・白井佳夫はじめて『影武者』を語る」『週刊読売』一九八〇年九月二一日、二二頁。
(95) 淀川「サヨナラ、サヨナラ、黒澤明さん。」『潮』一九九八年一一月号、二四二頁。
(96) 淀川（半場茂構成）「淀川長治による全二二タイトルの見所徹底研究」『キネマ旬報』一九九〇年一一月一日、六六頁。
(97) 淀川「淀川長治による全二二タイトルの見所徹底研究」六六頁。
(98) 淀川「淀川長治による全二二タイトルの見所徹底研究」七三頁。

(99) 黒澤、淀川、白井「ＢＩＧ座談会①黒澤明・淀川長治・白井佳夫 はじめて『影武者』を語る」二二頁。
(100) 淀川『淀川長治映画塾』五八三頁。
(101) 淀川「淀川長治による全二二タイトルの見所徹底研究」七二、六七頁。
(102) 淀川「淀川長治による全二二タイトルの見所徹底研究」七五頁。
(103) 淀川、大林宣彦「少年の心を持った素晴らしい映画『夢』に拍手を送ろう」『キネマ旬報』一九九〇年六月一日、一九頁。
(104) 淀川「淀川長治の新シネマトーク――夢」『an-an』一九九〇年六月八日、一一三頁。
(105) 淀川、大林「少年の心を持った素晴らしい映画『夢』に拍手を送ろう」二〇頁。
(106) 淀川「淀川長治の新シネマトーク――まあだだよ」『an-an』一九九三年四月一六日、一二三頁。
(107) 淀川『淀川長治映画塾』六〇三頁。
(108) 淀川「特集まあだだよ――黒澤明のこのヒューマン・ノスタルジーのあたたかさ」『キネマ旬報』一九九三年四月一五日、一七頁。
(109) 淀川『淀川長治映画塾』六〇三頁。
(110) ユナイト社、『駅馬車』広告、『スタア』一九四〇年八月上旬号、三頁。
(111) 淀川、蓮實重彦「特別対談・溝口健二を語る（前篇）」『キネマ旬報』一九九一年九月一日、九九頁。
(112) 淀川、蓮實「特別対談・溝口健二を語る（前篇）」九九頁。黒澤、白井佳夫、淀川「ＢＩＧ座談会②黒澤明、自作を語る」『週刊読売』一九八〇年九月二八日、一六九頁。
(113) 淀川、蓮實「特別対談・溝口健二を語る（前篇）」九八頁。
(114) 淀川『淀川長治 Radio 名画劇場――続・私の映画の部屋』二七九頁。
(115) 斎藤綾子「聖と性――溝口をめぐる二つの女」四方田犬彦編『映画監督 溝口健二』新曜社、一九九九年、二八〇頁。Donald Kirihara, *Patterns of Time: Mizoguchi and the 1930s* (Madison: University of Wisconsin Press, 1992).
(116) 淀川、山田『映画は語る』三八六頁。ちなみに『狂恋の女師匠』のプリントはもはや現存しないと言われており、淀川の説明の正確性を測ることは難しい。
(117) 淀川、蓮實「特別対談・溝口健二を語る（前篇）」一〇三頁。
(118) 淀川「溝口健二のこと」『キネマ旬報』一九九二年一一月一日、八二頁。
(119) 淀川『淀川長治 Radio 名画劇場――続・私の映画の部屋』二八一頁。
(120) 淀川、蓮實「特別対談・溝口健二を語る（前篇）」九八頁。
(121) 淀川「溝口健二のこと」八二頁。
(122) 淀川、蓮實「特別対談・溝口健二を語る（前篇）」一〇三頁。
(123) 淀川『映画散策』一七二頁。
(124) 淀川「溝口健二のこと」八三頁。
(125) 淀川『映画散策』一七二頁。
(126) 淀川、蓮實「特別対談・溝口健二を語る（前篇）」一〇〇頁。
(127) 淀川、蓮實「特別対談・溝口健二を語る（後篇）」『キネマ旬報』一九九一年九月一五日、一二二頁。
(128) 斎藤「聖と性――溝口をめぐる二つの女」二九二〜二九三頁。
(129) 「三〇周年、テレビ朝日「日曜洋画劇場」――新タイトルバックを大林宣彦監督が製作」『読売新聞』夕刊、一九九六年一〇月八日、一一頁。
(130) 淀川「淀川長治大会」八六頁。
(131) 淀川「アダムとイヴの回転遊戯。このクラシック・モダンを香らせた『転校生』」『アートシアター』一九八四年二月、一五〜一六、一九頁。
(132) 淀川「もりあがるわんぱくの中に日本のその時代をふりかえる『野ゆき山ゆき海べゆき』」『キネマ旬報』一九八六年一〇月一五日、一〇二頁。
(133) 淀川、大林「『異人たちとの夏』の素晴らしさ、我が友・黒澤明の魅力を語りあかそう」『キネマ旬報』一九八九年一月一日、四四～四五頁。
(134) 淀川「もりあがるわんぱくの中に日本のその時代をふりかえる『野ゆき山ゆき海べゆき』」一〇二～一〇三頁。
(135) 淀川「大林宣彦マジック」『アートシアター』一九八六年一〇月四日、二四頁。
(136) 淀川「たけしへの恋文」『女性セブン』一九九一年一一月二一日、八〇頁。
(137) 淀川、北野武「死ぬ前に一度あんたに会いたかった」『文藝春秋』一九九六年一一月号、三〇一～三〇二頁。
(138) 淀川、杉浦「おしゃべり映画講座㊹——自由と放浪のきびしさが、身に泌みこんでくるね。」『広告批評』一九九一年一一月号、七五頁。
(139) 淀川「淀川長治の新シネマトーク——あの夏、いちばん静かな海。」『an-an』一九九一年一〇月一八日、一〇五頁。
(140) 淀川「たけしへの恋文」八二頁。
(141) 淀川「たけしへの恋文」八二頁。淀川、北野「死ぬ前に一度あんたに会いたかった」二九六頁。
(142) 淀川、杉浦「おしゃべり映画講座㊹——自由と放浪のきびしさが、身に泌みこんでくるね。」七五頁。
(143) 淀川、杉浦「おしゃべり映画講座(63)——未熟さが魅力の青春映画」『広告批評』一九九三年七月号、八九頁。
(144) 淀川、北野「死ぬ前に一度あんたに会いたかった」二九七頁。
(145) 山田宏一、淀川「淀川長治「邦画劇場」下」二五九頁。
(146) 淀川「淀川長治の銀幕旅行——Kids Return」『産経新聞』夕刊、一九九六年四月九日（http://www.sankei.co.jp/enak/yodogawa/96/96kidsreturn.html）、二〇二三年二月一四日閲覧。
(147) 淀川「淀川長治の新シネマトーク——HANA-BI」『an-an』一九九八年一月二三日、一〇一頁。
(148) 淀川「淀川長治の銀幕旅行——Kids Return」。
(149) 淀川、北野「死ぬ前に一度あんたに会いたかった」三〇〇頁。
(150) 山田、淀川「淀川長治「邦画劇場」下」二五九頁。
(151) 北野、淀川「北野「どうも女の人が映画で目立つのが好きじゃないんですよ」淀川「そうね、あんたの撮る映画は全部男の映画。女は嫌いでしょ」」二五頁。
(152) 淀川、北野「死ぬ前に一度あんたに会いたかった」二九九頁。
(153) 山田、淀川「淀川長治「邦画劇場」下」二五九頁。
(154) 増村保造「余りにアマチュア的　映画作家の希望する映画批評とは」、増村保造著、藤井浩明監修『映画監督増村保造の世界　下』ワイズ出版、二〇一四年、一一五頁。

エピローグ

(1) 淀川『生死半半』幻冬社、一九九八年、一五頁。
(2) 淀川『サヨナラ先生の映画歳時記　下』近代映画社、二〇〇九年、七九、一〇四頁。
(3)「淀川長治さんに聞く　人生の「答案」一生かけ」『読売新聞』夕刊、一九九七年九月二七日、九頁。
(4) 淀川『淀川長治映画塾』七五頁。淀川「入院生活の底力」一六一頁。
(5) 淀川「サイナラ　サイナラ　ハイ　サイナラ」『経営コンサルタント』一九八八年一一月号、二三頁。邊見市雄編『淀川長治研究No.1』淀川長治研究会、一九八八年、一三七～一三八頁、川喜多記念映画文化財団所蔵。淀川、杉浦孝昭「おしゃべり映画講座②『ラストエンペラー』――ベルトルッチの詩。運命のドラマ。中国が匂う。」『広告批評』一九八八年二月号、七四頁。淀川、杉浦「おしゃべり映画講座③『スイート・スイート・ビレッジ』――のっぽとでぶ。無邪気なドタバタ。自然のポエム。」『広告批評』一九八八年三月号、八六頁。

（6）淀川、杉浦「おしゃべり映画講座④『黄昏に燃えて』――スターの汚れ役。人生の底を歩く。死者がささやく。」『広告批評』一九八八年四月号、八六頁。「初公開！　淀川さんの〝お部屋〟まるごと拝見――一九九四年夏　ANAホテル」『GQ』一九九四年八月号、四四～五一頁。

（7）淀川「還暦なんてブッとばせ――入院パラダイス」『サンサーラ』一九九三年一月号、二三四頁。

（8）「淀川長治さん〝友の会〟を引退する」『広告批評』一九九三年五月号、九三頁。「友の会」の会員は、通算すると「最低見積っても全国で五万人位」だったという。竹内清和「〝つけっぱなしのラジオ〟だった淀川学校」『スクリーン』一九九九年二月号、八八頁。

（9）淀川「Cinema Paradise 映画に愛をこめて――おかしな話を持っていますか」『ロードショー』一九九五年一月号、一七九頁。淀川「Cinema Paradise 映画に愛をこめて――女と男の関係は？」『ロードショー』一九九四年六月号、一七八頁。

（10）淀川「Cinema Paradise 映画に愛をこめて――車椅子に乗ってでも…」『ロードショー』一九九四年三月号、一七八～一七九頁。

（11）淀川「Cinema Paradise 映画に愛をこめて――映画の楽しさつきることなし」『ロードショー』一九九四年一二月号、一七八頁。淀川「Cinema Paradise 映画に愛をこめて――おかしな話を持っていますか」一七八頁。

（12）淀川「淀川長治の新シネマトーク――L・A・コンフィデンシャル」『an-an』一九九八年六月五日、一二五頁。

（13）淀川「サヨナラ、サヨナラ、黒澤明さん。」二三八頁。

（14）山田洋次「サヨナラ淀川長治さん」淀川『私の映画遺言』中央公論社、一九九九年、二九六頁。

（15）「ホントにさよなら〝映画の語り部〟淀川長治さんが「最後に泣いた映画」」『週刊現代』一九九八年一一月二八日、六四頁。

（16）「「サヨナラ、サヨナラ、サヨナラ」ではなかった「淀川長治」最後の言葉」『デイリー新潮』二〇一六年三月二〇日（https://www.dailyshincho.jp/article/2016/03200500/?all=1）、二〇一九年二月五日閲覧。

（17）「淀川長治さん死去　映画の語り部、永遠のサヨナラ　最後まで仕事に気力」『読売新聞』夕刊、一九九八年一一月一二日、一八頁。「追悼　サヨナラ淀長さん　サヨナラ…「色気」に生きた八九年」『週刊読売』一九九八年一一月二九日、一四八～一四九頁。荒井魏「淀川長治さん死去を悼む　毎日新聞で「生き方相談室」連載――ユーモア精神、最後まで」『毎日新聞』夕刊、一九九八年一一月一二日、一一頁。

（18）淀川「映画に愛をこめて――いまからでも始めよう映画テンテキ・レッスン」『ロードショー』一九九九年一月号、一八八頁。

（19）淀川「映画に愛をこめて――いまからでも始めよう映画テンテキ・レッスン」一八八～一八九頁。これは淀川が執筆した最後の原稿とされる。

（20）「追悼　サヨナラ淀長さん　サヨナラ…「色気」に生きた八九年」一四八頁。

（21）「ホントにさよなら〝映画の語り部〟淀川長治さんが「最後に泣いた映画」」『週刊現代』一九九八年一一月二八日、六四頁。

（22）「『洋画劇場』死の前日、最後の収録」『東京新聞』夕刊、一九九八年一一月一二日、一一頁。

（23）佐田智子「「いつ掲載されるのですか」――死去直前記者に」『朝

日新聞』一九九八年一一月一二日、三九頁。
(24)岡田喜一郎「解説——追悼　淀川長治」淀川『生死半半』幻冬社、一九九八年、二二二頁。
(25)「映画解説、独特の語り口　淀川長治氏死去」『朝日新聞』一九九八年一一月一二日、一頁。「ホントにさよなら——〝映画の語り部〟淀川長治さんが「最後に泣いた映画」」六四頁。
(26)「映画解説、独特の語り口　淀川長治氏死去」一頁。「淀川長治氏（映画評論家）死去　映画への愛情あふれる解説で人気」『読売新聞』一九九八年一一月一二日、一頁。「「サヨナラ、サヨナラ」映画名解説　淀川長治さん死去　八九歳」『東京新聞』一九九八年一一月一二日、一頁。「映画評論家淀川長治さん死去　八九歳」『産経新聞』一九九八年一一月一二日、一頁。
(27)「ひつぎチャプリンの写真　淀川長治さん通夜／東京・千日谷会堂」『読売新聞』一九九八年一一月一三日、三九頁。
(28)「淀川長治さん告別式　三〇〇人が参列、お別れ／東京・千日谷会堂」『読売新聞』夕刊、一九九八年一一月一三日、一八頁。
(29)例えば『朝日新聞』一九九八年一一月一三日朝刊のテレビ欄（四〇頁）参照。
(30)「今夜「〜淀川長治の映画塾」　ＮＨＫ衛生第二が追悼番組」『東京新聞』一九九八年一一月一三日、一二頁。
(31)「最後のサヨナラ　淀川長治さん　ファンとお別れ」『朝日新聞』夕刊、一九九八年一二月一四日、一一頁。「淀川長治さんに三〇〇〇人がお別れ　東京・青山で「さよならの会」」『読売新聞』夕刊、一九九八年一二月一四日、一八頁。
(32)「追悼淀川長治」『キネマ旬報』一九九九年一月一五日、二七〜六二頁。「追悼　さよなら！　淀川長治先生」『ロードショー』一九九九年二月号、一〇五〜一〇九頁。「映画の伝道者として一生を捧げた淀川長治さん逝去」『スクリーン』一九九九年二月号、八六〜八八頁。
(33)双葉十三郎「長さん、サヨナラ」『スクリーン』一九九九年二月号、八七頁。
(34)「淀川長治さん死去——これで本当に…サヨナラ、サヨナラ、サヨナラ…」『毎日新聞』中部朝刊、一九九八年一一月一二日、二三頁。
(35)品田雄吉「天国の淀川さんからほめられるような〈淀川長治賞〉にしなければ……」『ロードショー』一九九九年二月号、一〇六頁。
(36)「映画人・淀川さん、サヨナラ、サヨナラ…八九歳、もう聞けない名調子」『読売新聞』一九九八年一一月一二日、三五頁。
(37)「最後のサヨナラ　淀川長治さん　ファンとの別れ」一一頁。
(38)「淀川長治の新シネマトーク——追悼　淀川長治さん——三人の映画人からメッセージ。」『an-an』一九九八年一二月一八日、一三三頁。
(39)Jon Herskovitz, "Nagaharu Yodogawa," *Variety*, November 23-29, 1998, 58.
(40)「上京中だったので、ひとことお別れをと、参りました」と語っている。「最後のサヨナラ　淀川長治さん　ファンとの別れ」一一頁。
(41)羽佐田遥子「第一回——淀川長治さんのお葬式」『ほぼ日の塾——発表の広場』二〇一六年一一月八日（https://www.1101.com/juku/hiroba/2nd/fav-234/01.html）。
(42)「最後のサヨナラ　淀川長治さん　ファンとの別れ」一一頁。
(43)星野市子「「さいなら」に泣く映画の子」『朝日新聞』一九九八年一一月一五日、五頁。
(44)廻由美子「めぐりんのちょっとひと息——第二十九話　バッハ淀川長治風トッカータ！」『レッスンの友』一九九九年二月号、三〇頁。
(45)「故淀川長治さんに「神戸文化栄誉賞」贈る」『産経新聞』大阪朝刊、一九九九年一月二六日、一、二頁。
(46)『広告批評の別冊⑪——淀川長治の遺言』マドラ出版、一九九九年。淀川『淀川長治——ぼくの映画百物語』平凡社、一九九九年。

淀川『最後のサヨナラ　サヨナラ　サヨナラ』集英社、一九九九年。淀川著、岡田喜一郎編・構成『淀川長治映画ベスト一〇〇〇』河出書房新社、二〇〇〇年。『KAWADE夢ムック――文藝別冊［サヨナラ特集］淀川長治』河出書房新社、一九九九年。淀川『淀川長治のシネマトーク』マガジンハウス、一九九九年。

(47) 荒井魏『淀川長治の遺言――映画・人生・愛』岩波書店、一九九九年。佃善則『淀川長治が遺してくれたこと』海竜社、一九九九年。船曳敬子『もっと映画を見なさい！　淀川長治さんとの交友録』日本図書刊行会、一九九九年。

(48) 荒井魏『映画少年・淀川長治』岩波書店、二〇〇〇年。岡田喜一郎『淀川長治の映画人生』中央公論新社、二〇〇八年。

(49) 劇団パロディフライ「第九回本公演――「潮町二番館」～淀川長治に捧ぐ～」、一九九九年一一月一一～一四日公演（https://www.parodyfly.com/history/271-2010-07-21-05-05-01.html）、二〇二四年三月一五日閲覧。

(50) 「笑いと涙の映画少年物語　淀川さんに捧げます」『産経新聞』大阪朝刊、一九九九年一一月八日、二七頁。

(51) 「淀川長治さんの追悼の上映会――京都みなみ会館」『毎日新聞』地方／京都版、一九九九年一一月一九日、二〇頁。「淀川長治さんしのび名画上映会　ふるさと神戸で九日から」『朝日新聞』兵庫版、二〇〇一年一一月三日、三〇頁。「買い物客ら路上映画楽しむ　淀川長治さんの命日に合わせ　三宮センター街で」『毎日新聞』地方／兵庫版、一九九九年一一月一三日、二三頁。「鎌倉の川喜多映画記念館で「サヨナラおじさん」淀川長治企画展」『湘南経済新聞』二〇一四年七月一八日（https://shonan.keizai.biz/headline/2020/）、二〇二四年三月一五日閲覧。「～淀川長治のまち～ KOBE CINEMA PORT フェス 二〇二〇」『神戸アートビレッジセンター』ウェブサイト（https://www.kavc.or.jp/events/6791/）、二〇二四年三月一五日閲覧。

(52) 「淀川長治展――わが映画人生に悔いなし」日付不記載、川喜多記念映画文化財団にて所蔵。

(53) 淀川著、岡田喜一郎編・構成『淀川長治映画ベスト1000　決定版』河出書房新社、二〇〇九年。淀川『淀川長治　究極の映画ベスト100〈増補新版〉』河出書房新社、二〇一三年。淀川『淀川長治映画ベスト10＋α』河出書房新社、二〇一三年。

(54) 東京ニュース通信、二〇一二年から。『第三の男』は二〇一二年七月一二日号。DVDはIVCが販売。この会社は「淀川長治総監修」のレーザーディスクも販売していた。一九八〇年代終わりには大陸書房がVHSで『淀川長治ビデオコレクション』を販売していた。

(55) 「故淀川長治の名調子が復活――九、一六日放送の「日曜洋画劇場」」『朝日新聞』夕刊、二〇一一年一〇月八日、三頁。「淀川長治生誕一〇〇年特別企画テレビ番組情報」『キネマ旬報』二〇〇九年四月一五日、五二～五三頁。

(56) 「『日曜洋画劇場』サヨナラ、サヨナラ、サヨナラ…　テレ朝、視聴率苦戦で名称変更」『Zakzak by 夕刊フジ』二〇一三年三月八日（https://www.zakzak.co.jp/entertainment/ent-news/news/20130308/enn1303081140004-n1.htm）、二〇一三年三月八日閲覧。「ドラマ「日曜エンターテインメント（テレビ朝日）」の一覧」『Webザ・テレビジョン』（https://thetv.jp/program/finder/drama/?slot=133&sort=start）。

(57) 「淀川さんの名解説がよみがえるHulu新CMに登場」『Oricon News』二〇一四年一二月一五日（https://www.oricon.co.jp/news/2045978/full/）、二〇二二年一〇月三日閲覧。

(58) 「『麻雀放浪記二〇二〇』小松政夫が淀川長治でスペシャル解説&予告解禁！」『映画情報どっとこむ』二〇一九年三月九日（https://eigajoho.com/archives/144526）

(59) シネフィル編集部「映画『キネマの神様』映画を愛し続けた映画評論家の淀川長治氏が、同じく〝映画愛〟に溢れた『キネマの神様』

のＴＶＣＭへ出演が決定！まさかのコラボが実現！」『cinefil』二〇二一年八月三日（https://cinefil.tokyo/_ct/17471426）、二〇二四年七月二九日閲覧。

(60)「ゆりやんレトリィバァが〝伝説の映画解説者〟淀川長治氏に扮して映画『哀れなるものたち』を解説！」『otocoto』二〇二四年一月二五日（http://otocoto.jp/news/poorthings0125）、二〇二四年七月二九日閲覧。

(61) 淀川『ぼくの教科書は映画だった』ポプラ社、一九八〇年。

(62) 淀川「淀川長治の新シネマトーク――祝祭」『an-an』一九九七年五月三〇日、二一三頁。

(63) 蓮實重彦、金井美恵子「淀川長治――継承不能な突然変異」『KAWADE 夢ムック――文藝別冊［サヨナラ特集］淀川長治』九〇頁。

あとがき

伝記や評伝など、一個人の生涯が綴られた書物には二つのタイプがあるという。一つは、偉人やカリスマ芸能人など、対象に対する敬いが表現されたもの。もう一つは暴君や極悪犯罪者など、対象に対する憎しみや憤りが滲み出てくるもの。前者の例としては石原裕次郎やマザー・テレサ、後者についてはヒトラーやスターリンを考えてもらえれば想像がつくだろう。

本書はいずれの部類にも属さない著作、といえばそれは嘘になるだろう。というのも、一九七一年に生まれた筆者は、映画ファンとして幼少の頃から『日曜洋画劇場』を見て育ち、淀川の批評や著書を逐次追ってきたからだ。アテネ・フランセで開かれた「淀川長治映画塾」に参加してわずかながらも淀川本人と会話を交わす機会を得たこともある。両親はテレビに映る初老の解説者のことを「ヨドさん」とまるで友人であるかのように呼び、食卓の話題になることが幾度もあった。

しかし、巷に存在する淀川をめぐる文章には、散文的で懐古主義的なものがあまりに多く、事実関係にも混乱や誤りが少なくない。そのためいつしか、変わりゆく時代や社会の中で淀川が果たした仕事を体系的に振り返りたいと思うようになっていた。その準備となったのが前著『敗戦とハリウッド——占領下日本の文化再建』（名古屋大学出版会）や藤木秀朗編『観客へのアプローチ』（森話社）で『映画の友』編集長時代の淀川を論じた章、およびイギリスのイースト・アングリア大学で二〇一九年に行った発表である。そして淀川の全体像を捉えるべく、国立国会図書館、松竹大谷図書館、早稲田大学の中央図書館および坪内博士記念演劇博物館、神戸映画資料館、神戸市立中央図書館、福岡県立図書館、ウィスコンシン大学、コロンビア大学の東アジア図書館、川喜多記念映画文化財団、教育図書館などへ足を運んだ。神戸の西柳原町や新開地では、昔の面影が消滅しつつある街並みを歩きながら淀川少年の日常生活を想像した。その時、淀川の実家があった場所から数軒離れた酒屋で、戦前の神戸について熱く語ってくださった老人のことが忘れられない。

もちろん、他にも多くの人たちの協力、助言、応援なくしては本書は完成し得なかった。神戸について教えてくださった宇賀亮介氏と佐々木知行氏、イースト・アングリア大学で発表の機会をくださった現・シェフィールド大学のジェニファー・コーツ氏、そして様々な場で声援を送ってくださった佐伯誠、木下千花、小碇美玲、フレデリック・コーニー、アーサー・ナイト、マイケル・クローニン、ジェイ・ワトキンズ、角田拓也、笹川慶子、宮尾大輔、雪嶋恭子、雪嶋宏一、故・淀川美代子の各氏に深く感謝を申し上げたい。装幀を手がけてくださったのは、耳塚有里氏である。畏友の藤木秀朗氏は、今回も心の支えであった。

アメリカのアジア学会とウィリアム・アンド・メアリー大学（ダウアー基金）からは経済的支援を頂いた。神戸映画資料館の安井喜雄氏、川喜多記念文化財団の和地由紀子氏、コロンビア大学のリア・クープマンス＝デ＝ブルージン氏には貴重な資料を惜しげもなく公開していただいた。コロンビア大学に膨大な資料を寄贈なさった牧野守氏にはあらためて敬意を表したい。

『敗戦とハリウッド』に続き、再び名古屋大学出版会から出版の機会を頂いたのは望外の喜びである。遅々として進まない原稿を辛抱強く待ってくださった橘宗吾氏と原稿を丁寧に見てくださった三原大地氏には感謝に堪えない。母の北村光世、娘の北村愛里花、義母の豊岡律子には暖かく励まされた。義父の豊岡忠嗣は何かあるごとに原稿の進行具合を聞いてくださった。拙著の完成を待たずに他界されたことが残念でならない。妻の愛子には多くの苦労と犠牲を強いてしまった。感謝と謝罪の気持ちを込めて、本書を彼女に捧げたい。

二一世紀も四半世紀が経とうとする現在、淀川をリアルタイムで体験したことのない人々が増えてきている。本書は語り部の「忘却」に対するささやかな抗いでもある。

二〇二四年一〇月　ヴァージニア州ウィリアムズバーグにて

北村　洋

《著者略歴》

北村《きたむら》　洋《ひろし》

1971 年　京都市に生まれる
1995 年　カールトン・カレッジにて学士号（アメリカ学）取得
1997 年　ウィスコンシン大学大学院にて修士号（歴史学）取得
2004 年　ウィスコンシン大学大学院にて博士号（歴史学）取得
現　在　ウィリアム・アンド・メアリー大学准教授
著訳書　『敗戦とハリウッド —— 占領下日本の文化再建』（名古屋大学出版会，2014 年）
Screening Enlightenment: Hollywood and the Cultural Reconstruction of Defeated Japan（Cornell University Press, 2010, アメリカ学会清水博賞受賞）
『ただいまアメリカ留学中 —— 息子と父の往復書簡』（共著，草思社，1994 年）
ボードウェル他『フィルム・アート —— 映画芸術入門』（共訳，名古屋大学出版会，2007 年）ほか

淀川長治
—「映画の伝道師」と日本のモダン—

2024 年 12 月 30 日　初版第 1 刷発行

定価はカバーに
表示しています

著　者　北　村　　洋
発行者　西　澤　泰　彦

発行所　一般財団法人　名古屋大学出版会
〒 464-0814　名古屋市千種区不老町 1 名古屋大学構内
電話(052)781-5027 / FAX(052)781-0697

印刷・製本 ㈱太洋社　　ISBN978-4-8158-1178-5
乱丁・落丁はお取替えいたします。

索　引

ア　行

アートクラフト社　Artcraft Pictures Corporation　10
アーバックル，ロスコー　Roscoe Arbuckle　13
『噫初恋』　*Ah Wilderness!*　41
RKO 社　59, 114
アイゼンハワー，ドワイト　Dwight Eisenhower　129
『愛の泉』　*Three Coins in the Fountain*　124
『愛欲と戦場』　*Battle Cry*　118
『アイ・ラブ・ルーシー』　*I Love Lucy*　136
『青い鳥』　16
『赤い鳥』　17, 18
赤尾周一　111, 116
『赤線地帯』　202
秋吉久美子　204
『悪女の季節』　188
朝日館（第一朝日館，神戸）　10
『朝日新聞』　70, 133, 141, 153, 210, 212
『あしやからの飛行』　*Flight from Ashiya*　116
アスター，メアリー　Mary Astor　48
アステア，フレッド　Fred Astaire　103, 104
『当たり屋勘太』　*Strike Me Pink*　56
渥美清　193
アテネ・フランセ文化センター　163
『あの夏，いちばん静かな海。』　205, 206
『あの旗を撃て』　77
阿部豊　77
アボットとコステロ　Abbott and Costello　104
『甘い生活』　*La dolce vita*　127, 128
天知茂　187, 188
『アマチュア倶楽部』　179, 181
『アメリカ映画アルバム』　82
『アメリカ交響楽』　*Rhapsody in Blue*　99
アメリカ国務省　U.S. State Department　84, 134
『アメリカの伯父さん』　*Mon Oncle d'Amerique*　160
荒尾親成　9
『嵐が丘』　*Wuthering Heights*　42
『アラバマ物語』　*To Kill a Mockingbird*　147
『アラビアン・ナイト』（1942 年）　*Arabian Nights*　107
アラン　Alain　92, 211
有島武郎　16
『或る女』　16
アルジャー，ホレイショ　Horatio Alger　99
アルトマン，ロバート　Robert Altman　165
アルベック，アンドレアス　Andreas Albeck　85
アルモドバル，ペドロ　Pedro Almodovar　172
『或る夜の殿様』　183
アレン，ウディ　Woody Allen　161
アン・リー（李安）　Ang Lee　198
『an-an』　154, 157, 220
『暗黒街に踊る』　*Dance, Fools, Dance*　35
『暗黒街の対決』　188
『暗黒街の弾痕』　*You Only Live Once*　54
アンデルセン，ハンス・クリスチャン　Hans Christian Andersen　20
安藤政信　205
アンドリュース，ダナ　Dana Andrews　101
飯島正　88, 116, 119, 136
『イースター・パレード』　*Easter Parade*　103, 107
イーストウッド，クリント　Clint Eastwood　137, 170
飯田蝶子　183
『イヴの総て』　*All About Eve*　146
『怒りの葡萄』　*The Grapes of Wrath*　77, 147
井川比佐志　192
池内淳子　193
石井輝男　187
『石中先生行状記』　182
『異人たちとの夏』　204
伊豆肇　183
泉鏡花　16
イソップ　Aesop　20
伊丹武夫　51
市川崑　187, 196
市川雷蔵　187

稲垣浩　77, 184
『田舎司祭の日記』 *Journal d'un curé de campagne*　134
『稲妻』　185
乾直明　111
『命ある限り』 *Hasty Heart*　118
今井正　77, 194
イム・グォンテク（林權澤） Im Kwon-taek　216
岩崎昶　135
岩下志麻　194
インス，トーマス Thomas Ince　77
ヴァディム，ロジェ Roger Vadim　168
『ヴァラエティ』 *Variety*　98, 211
ヴァレンチノ，ルドルフ Rudolph Valentino　117
ヴィスコンティ，ルキノ Luchino Visconti　162
ヴィダー，キング King Vidor　57, 113
ウィリアムズ，テネシー Tennessee Williams　126
ウィリス，ブルース Bruce Willis　170, 210
『ウーマン』 *Woman*　14, 158, 163
ウェイン，ジョン John Wayne　63, 65, 128, 149
植草甚一　76
『ウエストサイド物語』 *West Side Story*　125
『ウェディング・バンケット』 *The Wedding Banquet*　198
ウェルズ，オーソン Orson Welles　134
ウェルマン，ウィリアム William Wellman　117
ウェンジャー，ウォルター Walter Wanger　67, 107
ウォン・カーウァイ（王家衛） Wong Kar-wai　174
ウォン・フェイ（王菲） Faye Wong　174
『雨月物語』　204
『失われた大陸』 *Continente Perdido*　112
『歌麿をめぐる五人の女』（1959 年）　190
内田吐夢　181
内田百閒　200
内村直也　140
宇都宮電気館　83
梅村蓉子　202
『右門捕物帖』　92
『飢ゆるアメリカ』 *Heroes for Sale*　117
『裏街』 *Back Street*　38
浦辺粂子　185
『映画芸術』　88, 118
『映画散策』　5, 11, 14, 92, 103, 117, 178, 219
『映画世界』　25, 27, 29, 31–33, 36, 40, 47, 50, 72, 92, 116, 156, 215, 219
映画世界社　29, 50, 87, 89, 91, 92, 107, 111, 129, 163
『映画と共に歩んだわが半世紀』　5, 11, 13, 29, 32, 39, 53, 57, 58, 64, 71, 72, 117, 219
『映画の友』　3, 25, 29–31, 41, 63, 73, 86–97, 107, 109–114, 116–118, 129, 130, 135–138, 145, 155, 181, 201, 215, 219, 220
『EIGA NO TOMO』　130
映画の友・友の会　87, 94–97, 111, 112, 115, 138, 145, 146, 155, 208, 212, 213
『映画評論』　4, 88, 118
『映画ファン』　111
映画文化展覧会　53
エイゼンシュタイン，セルゲイ Sergei Eisenstein　97
『エイブ・リンカーン』 *Abe Lincoln in Illinois*　90
エーメ，アヌーク Anouk Aimée　166
『描かれた人生』 *Rembrandt*　56
『駅馬車』 *Stagecoach*　49, 63–67, 107, 128, 200
エクバーグ，アニタ Anita Ekberg　122
エジソン，トーマス Thomas Edison　9
『江戸の影法師』　133
『炎上』　187
『婉という女』　194
遠藤雅　197
『お熱いのがお好き』 *Some Like It Hot*　191
『王国の鍵』 *Keys of the Kingdom*　80
『黄金狂時代』 *The Gold Rush*　58
『黄金の七人』 *Sette uomini d'oro*　122
『王様と私』 *The King and I*　121
『黄線地帯』　188
『オーケストラの少女』 *One Hundred Men and a Girl*　43
大河内傳次郎　76
大黒東洋士　89–94, 111
『大阪物語』　184
大島弘子　205
大林宣彦　144, 178, 203, 204, 207, 214
大宅壮一　135
岡俊雄　83, 136
『おかあさん』　185, 186

カ　行

『祇園の姉妹』 201
『キカ』 *Kika* 172
菊水館（神戸） 10
菊田一夫 73
菊池寛 182
『喜劇・女は男のふるさとヨ』 191
岸惠子 187
『奇襲戦隊』 *l Homme de Trop* 119
北野武 178, 205, 207
北村寿夫 19
ギッシュ，リリアン Lillian Gish 30, 169
『キッズ・リターン』 205
衣笠貞之助 183
キネマ倶楽部（神戸） 10, 16, 41, 57, 82, 179
『キネマ旬報』 4, 31, 48, 53, 88, 91, 95, 109, 116–118, 142, 153, 177, 181, 188, 201, 202, 210, 219–221
キネマ旬報社 53, 221
『キネマの神様』 215
木下恵介 186, 207
木村恵吾 190
『キャバレエの鍵穴』 *Broadway Thru a Keyhole* 54
キャプラ，フランク Frank Capra 77, 84
キャロル，マデリン Madeleine Carroll 48
キャンター，エディ Eddie Cantor 56
キューカー，ジョージ George Cukor 105
『キューバの恋歌』 *The Cuban Love Song* 50
『救命艇』 *Lifeboat* 85
キュナード，グレイス Grace Cunard 13
『キュリー夫人』 *Madame Curie* 83, 89
京マチ子 115, 116, 187, 202
『狂恋の女師匠』 201, 202
清川荘司 183
清川虹子 116
『去年の夏 突然に』 *Suddenly, Last Summer* 126
ギリアム，テリー Terry Gilliam 170
『疑惑の影』 *Shadow of a Doubt* 90
『金語楼劇場　おトラさん』 133
キン・フー（胡金銓） King Hu 216
キング，ヘンリー Henry King 17
『キング・ソロモン』 *King Solomon's Mines* 112
『金の船』（『金の星』） 5, 18, 19, 24, 204, 215, 219
クィア 2, 27, 156, 174, 186, 198
クーパー，ゲーリー Gary Cooper 44, 60, 62, 77, 167
『孔雀夫人』 *Dodsworth* 55
『グッドモーニング・バビロン！』 *Good Morning, Babylon* 165
國村隼 197
熊井啓 194
クライスト，ハインリッヒ Heinrich von Kleist 73
クライテリオン・フィルム Criterion Film Productions 55
『暗くなるまで待って』 *Wait Until Dark* 147
グラント，ケーリー Cary Grant 35, 115, 122
『グリード』 *Greed* 163
グリーナウェイ，ピーター Peter Greenaway 171
栗島すみ子 29
栗原小巻 194
栗原トーマス 179, 207
グリフィス，D・W D. W. Griffith 50, 83, 165
クルーズ，トム Tom Cruise 167
クレール，ルネ René Clair 40
『クローズ・アップ』 *Close-Up* 173
黒木瞳 198
黒澤明 4, 77, 114, 178, 199–201, 207, 209, 210
クロスビー，ビング Bing Crosby 80
『クロスボー作戦』 *Operation Crossbow* 123
クロムウェル，ジョン John Cromwell 48
桑野通子 182
慶應義塾大学 28, 29, 66, 209
ケイジ，ニコラス Nicholas Cage 168
ゲイナー，ジャネット Janet Gaynor 44, 60, 62
ゲーブル，クラーク Clark Gable 35, 77
劇団パロディフライ 214
『激突！』 *Duel* 169
『月世界旅行』 *Le Voyage dans la lune* 11
『決戦の大空へ』 75
『拳銃無宿　脱獄のブルース』 190, 193
『剣なき闘い』 *Tennessee Johnson* 118
『元禄忠臣蔵』 201
『恋する惑星』 *Chungking Express* 174
小磯良平 30, 56
小出楢重 30
『恋のなぎさ』 *La calda vita* 124
『恋人たち』 *Les amants* 125
交差性 2, 216

『紅塵』 *Red Dust* 35
『豪族の砦』 *Rob Roy, the Highland Rogue* 118
『幸福論』 *Propos sur le bonheur* 92
『神戸新聞』 9, 45, 57, 219
『神戸っ子』 157, 220
『荒野の一ドル銀貨』 *Un dollaro bucato* 123
『荒野の決闘』 *My Darling Clementine* 122
『高野聖』 16
コーエン兄弟 Coen Brothers 171
コートネイ，トム Tom Courtenay 123
『氷の微笑』 *Basic Instinct* 168
ゴールドウィン，サミュエル Samuel Goldwyn 55, 56
コールマン，ロナルド Ronald Coleman 41, 48
『故郷』 192
『黒線地帯』 187, 188
『ごくらく珍爆弾』 *Big Noise* 105
『極楽特急』 *Trouble in Paradise* 40
『心の青春』 *The Young in Heart* 60, 61, 63
『心の旅路』 *Random Harvest* 77
『子鹿物語』 *The Yearling* 100
五所平之助 180
『ゴジラ』 197
コスタ＝ガヴラス Costa-Gavras 119
コスナー，ケビン Kevin Costner 164
コズロフ，セオドア Theodore Kosloff 30
ゴダード，ポーレット Paulette Goddard 45, 61
児玉数夫 82
『コックと泥棒，その妻と愛人』 *The Cook, the Thief, His Wife & Her Lover* 172
『ゴッドファーザー』 *The Godfather* 171
コッポラ，フランシス・フォード Francis Ford Coppola 164
『子連れ狼　死に風に向う乳母車』 191
コバーン，ジェームズ James Coburn 123
小林聡美 203
小松政夫 215
『コマンチェロ』 *The Comancheros* 149
五味川純平 192
小森和子 111, 114
コルダ，ゾルタン Zoltan Korda 112
ゴルチエ，ジャン＝ポール Jean-Paul Gaultier 172
ゴルツ，ウィリアム William Goltz 64
コルベール，クローデット Claudette Colbert 101
コロンビア社 Columbia 58, 59
『毀れた瓶』 *Der zerbrochene Krug* 73
『コンゴウ部隊』 *Sanders of the River* 112
『コントラクト・キラー』 *I Hired a Contract Killer* 172
『今晩は愛して頂戴ナ』 *Love Me Tonight* 39

サ　行

『サイコ』 *Psycho* 113
西條八十 19
サヴェージ，ポール Paul Savage 141
『サウンド・オブ・ミュージック』 *The Sound of Music* 146
酒井隆史 58
酒井米子 202
『サクリファイス』 *The Sacrifice* 162
『叫びとささやき』 *Viskningar och rop* 160
佐々木徹雄 85
佐藤卓己 150
佐藤忠男 179
佐藤有一 96, 111
『さびしんぼう』 203
サブジアン，ホセイン Hossain Sabzian 173
『ザ・フライ』 *The Fly* 206
佐分利信 183
『サヨナラ』 *Sayonara* 116
『さらば愛しき女よ』 *Farewell, My Lovely* 160
沢口靖子 196
『三悪人』 *Three Bad Men* 65
『三銃士』(1921年) *The Three Musketeers* 17
『山椒大夫』 136
『サンダカン八番娼館　望郷』 194
『山路の笛』 133
ジイド，アンドレ André Gide 92
JOスタヂオ 74
『シェーン』 *Shane* 122
ジェロー，アーロン Aaron Gerow 118
『潮町二番館〜淀川長治さんに捧ぐ〜』 214
『ジキル博士とハイド氏』 *Dr. Jekyll and Mr. Hyde* 105, 106, 148
『七月四日に生まれて』 *Born on the Fourth of July* 167
『七人の侍』 200
『シップ・アホーイ』 *Ship Ahoy* 81

『失楽園』 198
シドニー，シルヴィア Sylvia Sidney 35, 36, 62
品田雄吉 4, 5, 24, 119, 147, 211
『シナラ』 *Cynara* 57, 82
『忍ぶ川』 194
『死の猛獣狩』 *Hunting Big Game in Africa* 16
芝園館（東京） 29
渋沢秀雄 78
渋谷実 188
島耕二 183
清水崑 73
清水千代太 59, 65, 85, 116, 119
清水宏 182
清水美沙 198
『市民ケーン』 *Citizen Kane* 106, 134
ジャームッシュ，ジム Jim Jarmusch 161
写真化学研究所 74
シャヒーン，ユーセフ Youssef Chahine 216
シャブロル，クロード Claude Chabrol 127
『Shall We ダンス？』 195
『シャレード』 *Charade* 122
シュヴァリエ，モーリス Maurice Chevalier 36
『自由を我等に』 *À nous la liberté* 40
『祝祭』 *Ch'ukche* 216
聚楽館（神戸） 9, 16
『ジュラシック・パーク』 *Jurassic Park* 170
『春琴抄』 16
『小公子』 *Little Lord Fauntleroy* 55
松竹株式会社 56, 190, 191, 193
松竹座（大阪） 56
昭和天皇 79
『ジョーズ』 *Jaws* 169
ジョーンズ，ジェニファー Jennifer Jones 115
ジョフル，ジョセフ Joseph Jacques Césaire Joffre 20
『女優ナナ』 *Nana* 53
『白雪姫』 *Snow White* 43, 77
『新映画』 27, 31, 35, 40, 41, 47, 50, 94, 116, 156, 215, 219
シンガー，ベン Ben Singer 12
『新家庭暦』 182
新宿ヒカリ座 95
新東宝株式会社 189
シンドラー，オスカー Oskar Schindler 170
『シンドラーのリスト』 *Shindler's List* 170
『新馬鹿大将』 *Cretinetti* 11
『新馬鹿大将鞄の巻』（『クレネレッティの借金返済法』） *Come Cretinetti paga i debiti* 11
『新馬鹿大将の禁酒運動』 *Cretinetti antialcoolista* 11
『新馬鹿大将の催眠術』 *Cretinetti ipnotizzatore* 11
『深夜の告白』 *Double Indemnity* 80
『人類の戦士』 *Arrowsmith* 41, 42, 65
『スーパーマン』 *Superman* 134, 136
周防正行 195
『姿三四郎』 75, 76
杉村春子 183
杉本哲太 197
杉山静夫 116
『スクリーン』 88, 130, 153, 159, 210, 219, 220
『SCREEN CENTRAL』 82
スケルトン，レッド Red Skelton 81, 115
『スター・ウォーズ』 *Star Wars* 169, 197
スタール，ジョン John Stahl 38
スタイガー，ジャネット Janet Staiger 52
スタインベック，ジョン John Steinbeck 147
スタンウィック，バーバラ Barbara Stynwyck 44, 80
スチュワート，ジェームズ James Stewart 115
『ステージ・ドア』 *Stage Door* 42
『ステラ・ダラス』 *Stella Dallas* 17
ステン，アンナ Anna Sten 44
ストーン，オリバー Oliver Stone 167
ストーン，シャロン Sharon Stone 168
ストコウスキイ，レオポルド Leopold Stokowski 43
『ストレンジャー・ザン・パラダイス』 *Stranger Than Paradise* 161
『砂の器』 193
スピルバーグ，スティーブン Steven Spielberg 169, 170
スピレーン，ミッキー Mickey Spillane 196
『スプリングフィールド銃』 *Springfield Rifle* 145
スミス，ジョン John Smith 137, 141
『スミス都へ行く』 *Mr. Smith Goes to Washing-*

ton 84
『スリ』 *Pickpocket* 127
スワンソン，グロリア Gloria Swanson 114, 169
『聖山』 *Der heilige Berg* 36
『西部の旅がらす』 *Saddle the Wind* 113
関光夫 142
『惜春鳥』 186
『赤陽の断崖』 *The Last of the Mohicans* 56
『セックスと嘘とビデオテープ』 *Sex, Lies, and Videotape* 171
『絶壁の彼方に』 *State Secret* 112
セルズニック，デヴィッド・O David O. Selznick 48, 55
『戦艦ポチョムキン』 *Battleship Potemkin* 214
『戦争と人間 完結編』 192
千田有紀 7
『ゼンダ城の虜』 *The Prisoner of Zenda* 48, 49, 62
セントラル映画社 Central Motion Picture Exchange 69, 81–88, 91, 104, 107, 117, 129
セントラル・グループ 83
『セントラル・ニュース』 81, 83, 85
『底抜け慰問屋行ったり来たり』 *The Geisha Boy* 115
ソダーバーグ，スティーヴン Steven Soderbergh 171
『ソナチネ』 205
『曽根崎心中』 198
『その窓の灯は消えない』 *Dom, v kotorom ya Zhivu* 112
ゾラ，エミール Emile Zola 16
『空の要塞』 *I Wanted Wings* 77

タ 行

『ターザン砂漠へ行く』 *Tarzan's Desert Mystery* 104
ターナー，キャスリーン Kathleen Turner 164
ターナー，ジャック Jacques Tourneur 85
ターナー，ラナ Lana Turner 105
ダービン，ディアナ Deanna Durbin 43, 90
ダーン，ローラ Laura Dern 168
大映株式会社 77, 115, 143, 189, 190
『大砂塵の女』 *La Cucaracha* 112
『第三の男』 *The Third Man* 214
大衆 2, 56, 64, 88, 92, 97, 100, 107, 109, 110, 112, 176, 216, 217
大正活動映画株式会社（大活） 10, 179
大勝館（浅草） 29
『大脱走』 *The Great Escape* 123, 124, 191
『タイタンの戦い』 *Clash of the Titans* 169
『第七天国』（1927 年） *7th Heaven* 44
『ダイ・ハード』 *Die Hard* 210
高峰秀子 76, 184–186
宝田明 191
ダグラス，マイケル Michael Douglas 168
竹内洋 25
竹杉三郎 75
武智鉄二 190, 191
『竹取物語』 196
竹中郁 8
竹中直人 196
田坂具隆 181
『多情多恨』 16
タチ，ジャック Jacques Tati 126
橘弘一路（郎） 29, 58, 89, 111
『脱出』 *To Have and Have Not* 138
ダッシン，ジュール Jules Dassin 102
ダナウェイ，フェイ Fay Dunaway 169
田中絹代 181, 183, 185, 194
谷桃子 9
ダニエルズ，ジェフ Jeff Daniels 161
谷崎潤一郎 16, 29, 30, 178, 187, 190, 191
『卵と私』 *The Egg and I* 101, 102
田村幸彦 82
田山花袋 19
タランティーノ，クエンティン Quentin Tarantino 174
タルコフスキー，アンドレイ Andrei Tarkovsky 162
タルマッジ，ノーマ Norma Talmadge 30
ダン，アイリーン Eileen Dunne 38
ダンカン 206
『男性と女性』 *Male and Female* 14, 163, 166
丹波哲郎 193
『地下水道』 *Kanal* 112
近松門左衛門 198
『血と砂』（1941 年） *Blood and Sand* 77
千葉吉造 56
千葉省三 19
チャップリン，チャールズ Charles Chaplin 45, 46, 50, 53, 58, 126, 127, 163

『散り行く花』 *Broken Blossoms* 83, 163
『土』 181
円谷英二 77, 191
津村秀夫 59, 116, 119
鶴田浩二 188, 191
ディートリッヒ，マレーネ Marlene Dietrich 35
『ディーバ』 *Diva* 159
ディーン，ジェームズ James Dean 166
帝国館（神戸） 10
ディズニー，ウォルト Walt Disney 43, 55, 78, 80
テイラー，エステル Estelle Taylor 36
テイラー，エリザベス Elizabeth Taylor 166
デード，アンドレ André Deed 11
『凸凹空中の巻』 *Keep 'em Flying* 104
デ・シーカ，ヴィットリオ Vittorio De Sica 127
『テスト・パイロット』 *Test Pilot* 77
『鉄の爪』 *The Iron Claw* 13
『デッド・エンド』 *Dead End* 60–62
『デブと海嘯』 *Fatty and Mabel Adrift* 13
デミル，ウィリアム William deMille 14, 39, 166
デューク・エイセス 139
『転校生』 203
『天国と地獄』 200
『天と地』 *Heaven and Earth* 168
東映株式会社 189, 190
『12 モンキーズ』 *12 Monkeys* 170
東京教育テレビジョン 133
東京倶楽部 29
東京 12 チャンネル 133
『東京での対決』（日本未公開） *Stopover Tokyo* 116
東京テレビ 132
『東京の合唱』 185
『東京ファイル 212』 *Tokyo File 212* 115
『唐人お吉』 201, 202
東野英治郎 188
『東宝』 25, 69, 72–74, 78, 86, 94, 219
東宝映画株式会社 69, 74–78, 81, 82, 86, 182, 191, 199
東宝映画配給 74
東宝書店 69, 71, 72, 74, 75, 86
『童話』 5, 18, 19, 23, 24, 204, 215, 219
東和商事合資会社 53
『トーチソング・トリロジー』 *Torch Song Trilogy* 174
ドーネン，スタンリー Stanley Donen 122
トーランド，グレッグ Gregg Toland 101
ドカエ，アンリ Henri Decaë 125
戸川直樹 119
『独立愚連隊』 188
ドノン，ヴィヴァン Vivant Denon 125
富川晶宏 191
富田靖子 203
『トム・ジョーンズの華麗な冒険』 *Tom Jones* 125
『友だちのうちはどこ？』 *Where is the Friend's Home?* 173
土曜会 59
『渡洋爆撃隊』 *Passage to Marseille* 145
『ドラグネット』 *Dragnet* 136
トリュフォー，フランソワ François Truffaut 127
トルストイ，レフ Leo Tolstoy 16
トルナトーレ，ジュゼッペ Giuseppe Tornatore 165
トレーシー，スペンサー Spencer Tracy 105, 148
ドロン，アラン Alain Delon 211

ナ 行

『長い灰色の線』 *The Long Gray Line* 128
永瀬正敏 196
永田雅一 187
仲代達矢 187, 192
中西一夫 59, 64
中野英治 202
中村鴈治郎 184, 187
『夏の嵐』 *Senso* 112
『夏の夜は三たび微笑む』 *Sommarnattens leende* 122
浪花千栄子 184
『浪華悲歌』 201
成瀬巳喜男 185, 207
南原清隆 197
南部圭之助 29, 30, 33, 34, 108, 116, 138
ニーヴン，デヴィッド David Niven 48
ニール，パトリシア Patricia Neale 115
ニコルソン，ジャック Jack Nicholson 168
錦座（神戸） 10, 16, 178
『西銀座デイトタイム』 154
西田政治 9

『二重の鍵』 *À double tour* 127
『二十四の瞳』 186
20 世紀フォックス社 20th Century-Fox 55, 59, 82, 200
『日曜洋画劇場』 1, 131, 143, 144–150, 203, 210, 213–215
日本アメリカ映画協会 American Motion Picture Association of Japan 58
日本活動写真株式会社（日活） 10, 130, 189, 190
日本教育テレビ 133, 137, 141, 143, 144, 149
日本航空 155
日本大学 28
日本テレビ 132, 139
『日本橋』 201, 202
日本放送協会 132, 139, 140
『ニュー・シネマ・パラダイス』 *Nuovo Cinema Paradiso* 165
ニュー八王子 84
『人間の條件』 192
『濡れた拳銃』 *Blood Money* 53
ネグリ，ポーラ Pola Negri 30
『猫の寝間着』 *The Cat's Pajamas* 117
『熱帯の女』 *Lady of the Tropics* 43
ノーマンド，メイベル Mabel Normand 14
野口久光 53, 64
野村芳太郎 193, 194
『野ゆき山ゆき海べゆき』 204
野羅久良男 179
ノワレ，フィリップ Philippe Noiret 165
『のんき大将脱線の巻』 *Jour de fête* 112

ハ　行

パーキンス，アンソニー Anthony Perkins 120
バーグマン，イングリッド Ingrid Bergman 91, 105, 106
ハースコヴィッツ，ジョン Jon Herskovitz 211
ハート，ウィリアム・S William S. Hart 64
バーンスタイン，レナード Leonard Bernstein 125
『ハイウェイ・パトロール』 *Highway Patrol* 134, 136
倍賞千恵子 192, 193
倍賞美津子 191
『HOUSE ハウス』 203
袴田吉彦 197
『爆音』 181
『白日夢』 190
『麦秋』 *Our Daily Bread* 53
『バグダッドの盗賊』（1924 年） *The Thief of Bagdad* 17
橋口亮輔 197, 198
バス，ソウル Saul Bass 125
『バス停留所』 *Bus Stop* 113
蓮實重彦 163, 211, 217
筈見恒夫 13, 34, 78
長谷川一夫 76, 190
『裸の街』 *The Naked City* 102
『裸足の伯爵夫人』 *Barefoot Contessa* 145
『二十才の微熱』 197, 198
『八月十五夜の茶屋』 *The Teahouse of the August Moon* 115, 116
『8 1/2』 126
ハックマン，ジーン Gene Hackman 160
パテ社 Pathé 10
『果てなき航路』 *The Long Voyage Home* 67
ハドソン，ロック Rock Hudson 168
羽仁進 188, 189
『母のない子と子のない母と』 134
『パパは何でも知っている』 *Father Knows Best* 134
バフチン，ミハイル Mikhail Bakhtin 32
パブロワ，アンナ Anna Pavlova 9, 213
葉山三千子 179
原節子 183
パラマウント社 Paramount 54, 58, 59
『ハリケーン』 *The Hurricaine* 77
『パリの恋人』 *Funny Face* 122
『遥かな時代の階段を』 196
『バルジ大作戦』 *Battle of the Bulge* 147
『バルセロナ物語』 *Los Tarantos* 112
『春の序曲』 *His Butler's Sister* 89, 90
『パルプ・フィクション』 *Pulp Fiction* 174
パワー，タイロン Tyrone Power 129
『ハワイ・マレー沖海戦』 75, 77
『ハワイ・ミッドウェイ大海空戦　太平洋の嵐』 191, 192
伴淳三郎 191
バンクヘッド，タルーラ Tallulah Bankhead 43
バンクロフト，ジョージ George Bancroft 34, 35, 38
『晩春』 185
ピーコ（杉浦克昭） 157

PCL 映画製作所　74
『非情の青春』 *Girl's Town*　113
『左きゝの拳銃』 *The Left Handed Gun*　145
ピックフォード，メアリー　Mary Pickford　50
『ビッグ・リボウスキ』 *The Big Lebowski*　171
ヒッチコック，アルフレッド　Alfred Hitchcock　85, 115, 122, 134, 147, 173
『ヒッチコック劇場』 *Alfred Hitchcock Presents*　136
ピット，ブラッド　Brad Pitt　170
『ひばり』 *Skylark*　118
『日真名氏飛び出す』　133
ヒル，ウォルター　Walter Hill　210
広瀬鎌二　111
『ファウスト』　73
ファロー，ミア　Mia Farrow　161
『ファンタジア』 *Fantasia*　78
ファンチョン・アンド・マルコ　Fanchon and Marco　30
フィールディング，ヘンリー　Henry Fielding　125
『フィールド・オブ・ドリームス』 *Field of Dreams*　164
Hulu　215
フェアバンクス・ジュニア，ダグラス　Douglas Fairbanks, Jr.　48
フェリーニ，フェデリコ　Federico Fellini　122, 126, 127
フォアイエの会　41, 66
フォード，グレン　Glenn Ford　115
フォード，ジョン　John Ford　49, 63, 65, 67, 77, 85, 128, 129
フォード，フランシス　Francis Ford　13, 164
フォルケ，ベロニカ　Verónica Forqué　172
フォン・スタンバーグ，ジョセフ　Josef von Sternberg　35
フォンテイン，ジョーン　Joan Fontaine　89
藤竜也　190
富士正晴　16
藤田進　191
藤田弓子　204
富士テレビ（フジテレビ）　133, 143
双葉十三郎　91, 118, 210
プッチーニ，ジャコモ　Giacomo Puccini　36
『舞踏会の手帖』 *Un carnet de bal*　134
プドフキン，フセヴォロド　Vsevolod Pudovkin　97
フラー，ロバート　Robert Fuller　137, 141, 142
フライシャー，リチャード　Richard Fleischer　42
ブラウン，クラレンス　Clarence Brown　100
『プラトーン』 *Platoon*　167
フランシス，ケイ　Kay Francis　40
ブランド，マーロン　Marlon Brando　54, 115, 166
『プリシラ』 *The Adventures of Priscilla, Queen of the Desert*　175
『プリティ・ベビー』 *Pretty Baby*　160
『不良少年』　188
プリングスハイム，クラウス　Klaus Pringsheim　73
ブリンナー，ユル　Yul Brynner　121
ブルーバード映画　Bluebird Films　12
ブルックス，ルイーズ　Louise Brooks　33
『ブルックリン横丁』 *A Tree Grows in Brooklyn*　80
『プレイタイム』 *Playtime*　126
プレスリー，エルヴィス　Elvis Presley　120
『プレタポルテ』 *Prêt-à-Porter*　165
ブレッソン，ロベール　Robert Bresson　127, 134
『フレンチ・コネクション』 *The French Connection*　160
『プロスペローの本』 *Prospero's Books*　172
ブロンソン，チャールズ　Charles Bronson　123
ブロンテ，エミリー　Emily Brontë　43
『ブロンド・ヴィナス』 *Blonde Venus*　35
ベイカー，アーネスト　30
米国広報文化交流庁　U.S. Information Agency　134
ヘイズ，ヘレン　Helen Hayes　42
ベイスハート，リチャード　Richard Basehart　127
ヘイル，クレイトン　Creighton Hale　13
『ペギー・スーの結婚』 *Peggy Sue Got Married*　164
ペキンパー，サム　Sam Pekinpah　167
ペック，グレゴリー　Gregory Peck　80, 91
ヘップバーン，オードリー　Audrey Hepburn　122, 130, 147
ヘップバーン，キャサリン　Katherine Hepburn

42
『ベニスに死す』 *Morte a Venezia* 162
ヘミングウェイ，アーネスト Ernest Hemingway 111
ペラン，ジャック Jacques Perrin 165
ベルイマン，イングマール Ingmar Bergman 122, 160
ベルゲル，マイケル Michael Bergher 58
ベルトルッチ，ベルナルド Bernardo Bertolucci 211
『ベルベット・ゴールドマイン』 *Velvet Goldmine* 175
ベルンハルト，クルト Kurt Bernhardt 33
『ヘンリー5世』(1945年) *Henry V* 124
ボウ，クララ Clara Bow 37
ホウ・シャオシェン（侯孝賢） Hou Hsiao-hsien 211
『貿易風』 *Trade Winds* 62
邦楽座（東京） 29, 30, 34
包摂 3, 88, 176
『暴力教室』 *Blackboard Jungle* 118
『望楼の決死隊』 77
『ボー・ジェスト』 *Beau Geste* 77
ポー・ジュニア，フェルナンド Fernando Poe Jr. 216
ホープ，アンソニー Anthony Hope 48
ホームズ，フィリップス Phillips Holmes 39
『ポーリンの危難』(1914年) *The Perils of Pauline* 13
ボールズ，ジョン John Boles 38
ホールデン，ウィリアム William Holden 115
ボガード，ダーク Dirk Bogarde 162
ボガート，ハンフリー Humphrey Bogart 61, 106
『牧童と貴婦人』 *The Cowboy and the Lady* 60, 62
星野市子 212
『ボッカチオ'70』 *Boccaccio '70* 122
ホプキンス，ミリアム Miriam Hopkins 39, 40
ホワイト，パール Pearl White 13
ポワティエ，シドニー Sidney Poitier 121
ボンツィ，レオナルド Leonard Bonzi 112

マ 行

マー，マーティ Marty Maher 128
マーシャル，ハーバート Herbert Marshall 40
『麻雀放浪記 2020』 215
『まあだだよ』 200
マーチ，フレドリック Frederic March 62
前田吟 193
マカヴェイエフ，ドゥシャン Dušan Makavejev 216
マガジンハウス社 152
真木蔵人 205
マクマレイ，フレッド Fred MacMurray 101
マクリー，ジョエル Joel McCrea 61
マシーナ，ジュリエッタ Giulietta Masina 127
マストロヤンニ，マルチェロ Marcello Mastroianni 166
増村保造 207
『マダムと女房』 180, 181
『街の灯』 *City Lights* 46, 53, 126
『街の風景』 *Street Scene* 36
マッカーサー，ダグラス Douglas MacArthur 79, 80, 88
マックイーン，スティーブ Steve McQueen 123, 124
松林座（埼玉県松山市） 83
松本清張 193
松本座（神戸） 10
『招かれざる客』 *Guess Who's Coming to Dinner* 121
『真昼の決闘』 *High Noon* 167
マムーリアン，ルーベン Reuben Mamoulian 39
『真夜中へ5哩』 *Five Miles to Midnight* 120
マル，ルイ Louis Malle 125, 160
丸井日活館（函館） 87
マルクス，ハーポ Harpo Marx 32, 45
丸の内スバル座（東京） 84, 85, 100, 102
丸の内名画座（東京） 84
丸山修 185
マン，ダニエル Daniel Mann 115
マン，トーマス Thomas Mann 162
マンジュー，アドルフ Adolphe Menjou 42
三浦光子 185
『三日月の下の紫菖蒲』 *Under the Crescent* 161
三島由紀夫 187
水谷まさる 19

水野晴郎　149
溝口健二　178, 200–204, 207
『道』 *La strada*　127
路加奈子　190, 191
『未知との遭遇』　196
ミックス，トム　Tom Mix　64
ミッチャム，ロバート　Robert Mitchum　114, 160
『三つ数えろ』 *The Big Sleep*　147
水戸光子　186
緑魔子　191
『緑のそよ風』 *Our Vines Have Tender Grapes*　90
湊座（神戸）　10
『ミネソタの娘』 *The Farmer's Daughter*　95
三原葉子　188
三船敏郎　184, 188, 191, 196
『ミュージックシネサロン』　154
ミラー，アン　Ann Miller　103
『ミラーズ・クロッシング』 *Miller's Crossing*　171
民間検閲支隊　Civil Censorship Detachment　84
民間情報教育局　Civil Information and Education Section　81, 84, 89
『みんな〜やってるか！』　206
六日会　119
武蔵野館（東京）　29
『無法松の一生』　184
村上忠久　58
村田知栄子　185
室生犀星　19
『明暗二人女』 *Two Kinds of Women*　39
『名金』 *The Broken Coin*　12
『名犬リンチンチン』 *The Adventures of Rin-Tin-Tin*　134
『迷信家の新馬鹿大将』 *Cretinetti superstizioso*　11
メイヤー，チャールズ　Charles Mayer　82, 86
目黒キネマ（東京）　29
メトロ社　MGM　50, 51, 54, 58, 59, 115
メリエス，ジョルジュ　Georges Méliès　11
『萌の朱雀』　197
『黙示録の四騎士』（1921年） *The Four Horsemen of the Apocalypse*　117
モダン　2, 4–8, 11, 17, 24, 29, 34, 38, 58, 62, 75, 114, 121, 135, 153, 171–176, 178, 181, 184, 186, 187, 200, 203, 207, 215
『モダン・タイムス』 *Modern Times*　61
森満二郎　76
モリコーネ，エンリオ　Ennio Morricone　165
森崎東　191
森田健作　193
森本清　40
モロー，ジャンヌ　Jeanne Moreau　125

ヤ　行

役所広司　195, 196, 198
『野性の女』 *Untamed*　118
八千草薫　193
柳原義達　30
山路ふみ子　30, 152
山田五十鈴　76, 188
山田宏一　163
山田純世　197
山田幸男　188
山田洋次　4, 192, 193, 209, 211, 215
『山びこ学校』　134
山本嘉次郎　13
山本学　194
山本鼎　21
山本恭子　59, 138
油井正一　66
『誘拐』 *Ransom!*　120
『ユーコンの叫び』 *Call of the Yukon*　80
『誘惑』　183
ユナイテッド・アーチスツ社　United Artists　3, 10, 26, 46–54, 56–61, 63, 64, 67, 69, 71, 75, 76, 78, 163, 215
ユニヴァーサル社　Universal　10, 12, 50, 59
由原木七郎　89
『夢』　200
『夢の渚』 *Follow That Dream*　120
ゆりやんレトリィバア　215
『許されざる者』 *The Unforgiven*　170
『酔いどれ天使』　200
『用心棒』　199, 210
横浜レアルト劇場　83
『汚れた顔の天使』 *Angels with Dirty Faces*　131
与謝野晶子　19
吉田絃二郎　19
吉村公三郎　183, 184
淀川富子　8, 17, 26, 30

『淀川長治自伝』　5, 7, 27, 31, 41, 57, 58, 71, 80, 156, 219
淀川長治賞　153, 211
『淀川長治物語・神戸編　サイナラ』　213
『淀川長治ラジオ名画劇場』　154
淀川ならえ　7
淀川登　8
淀川晴雄　8
淀川久恵　8
淀川又七　7, 8, 78
淀川又四郎（敏治）　8
淀川りゅう　8, 156
米倉斉加年　193
米田喜一　138
『読売新聞』　147, 150, 153, 154, 210
『夜の未亡人』　183

ラ　行

ラール・エヴァンタイユ　30
ラ・カヴァ，グレゴリー　Gregory La Cava　42
ラグルス，チャーリー　Charles Ruggles　36
『ラ・シオタ駅への列車の到着』　*L'arrivée d'un train en gare de La Ciotat*　11
『羅生門』　114, 199
『ラストマン・スタンディング』　*Last Man Standing*　210
ラダニアン，タヘレ　Tahereh Ladanian　173
ラッセル，ハロルド　Harold Russell　101
『ラテン・アメリカの旅』　*Saludos Amigos*　80
ラパー，アーヴィング　Irving Rapper　91, 99
ラマー，ヘディ　Hady Lamarr　43
『ララミー牧場』　*Laramie*　129, 131, 137, 138, 140–143, 146, 147, 150, 220
ラング，フリッツ　Fritz Lang　54
リー，フランシス　Francis Lee　30
『リーダーズ・ダイジェスト』　*Reader's Digest*　98
リーフェンシュタール，レニ　Leni Riefenstahl　36
リオッタ，レイ　Ray Liotta　164
『リオ・リタ』　*Rio Rita*　204
リスキン，ロバート　Robert Riskin　77
リチャードソン，トニー　Tony Richardson　125
『掠奪された七人の花嫁』　*Seven Brides for Seven Brothers*　121
リュミエール兄弟　Lumière brothers　9, 11
リライアンス社　Reliance Pictures　55, 56
リン，ブリジット（林青霞）　Brigitte Lin　174
ルイス，シェルドン　Lewis Sheldon　13
ルーズヴェルト，フランクリン　Franklin Roosevelt　70
ルノワール，ジャン　Jean Renoir　112
ルビッチ，エルンスト　Ernst Lubitsch　40
『レイダース／失われたアーク《聖櫃》』　*Raiders of the Lost Ark*　169
レオー，ジャン＝ピエール　Jean-Pierre Léaud　172
レオーネ，セルジオ　Sergio Leone　123
レオン，トニー（梁朝偉）　Tony Leung　174
レザイ，ホセイン　Hossein Rezai　173
『レニングラード・カウボーイズ　ゴー・アメリカ』　*Leningrad Cowboys Go America*　172
レネ，アラン　Alain Resnais　160
『レベッカ』　*Rebecca*　147
『ローズ家の戦争』　*The War of the Roses*　170
ロータ，ニーノ　Nino Rota　127
『ロードショー』　130, 153, 169, 209–211, 220
ロートン，チャールズ　Charles Laughton　45
『ローハイド』　*Rawhide*　137
ローフォード，ピーター　Peter Lawford　103
『ローマの休日』　*Roman Holiday*　113
ローレン，ソフィア　Sophia Loren　120, 124, 166
ロジャース，ジンジャー　Ginger Rogers　42, 89
ロジャース＆ハマースタイン　Rodgers & Hammerstein　121
ロス，リリアン　Lillian Roth　30
『ロスチャイルド』　*The House of Rothschild*　53
ロビンズ，ジェローム　Jerome Robbins　121
ロビンソン，フィル・アルデン　Phil Alden Robinson　164
ロンドン・フィルム　London Films　55
ロンバード，キャロル　Carole Lombard　32

ワ　行

ワーナー社　Warner Bros.　10, 30, 59, 99, 114,

117
ワイズミュラー，ジョニー　Johnny Weissmuller　104
ワイラー，ウィリアム　William Wyler　43, 101
ワイルダー，ソーントン　Thornton Wilder　164
ワイルダー，ビリー　Billy Wilder　191, 196
『ワイルド・アット・ハート』 *Wild at Heart*　168
『ワイルドバンチ』 *The Wild Bunch*　167
『若草物語』(1933年) *Little Women*　42
『我が人生最悪の時』　196
『わが青春のフロレンス』 *Metello*　160
『わが町』 *Our Town*　164
『我が道を往く』 *Going My Way*　80, 83
若山弦蔵　138
若山富三郎　191
若山牧水　19
鷲尾いさ子　204
『私の部屋』　154
渡辺篤　180
渡辺義雄　73
渡哲也　190
『罠 THE TRAP』　196
『われら自身のもの』 *Our Very Own*　118
『我等の生涯の最良の年』 *The Best Years of Our Lives*　100, 101, 138
『ワン・フロム・ザ・ハート』 *One from the Heart*　164

図表一覧